La pasión deportiva del nuevo marketing

Guillermo Ricaldoni

Ricaldoni, Guillermo

La pasión deportiva del nuevo marketing.
1ª Edición.
LIBROFUTBOL.com, 2020

496 páginas: 22,9x15,2 cm.

ISBN 978-987-3979-81-1

1. Marketing. I. Título

CDD 658.802

LA PASIÓN DEPORTIVA DEL NUEVO MARKETING
de Guillermo Ricaldoni

Diseño de cubierta: Agencia Cantalupe, agenciacantalupe.com
Corrección: Gastón Saiz, @gastonsaiz

1ª edición 2020
ISBN 978-987-3979-81-1

LIBROFUTBOL.com
Olga Cossettini 1112 - oficina 8F - Ciudad de Buenos Aires - Argentina
ediciones@librofutbol.com - whatsapp +54 9 11 2215 1982

"No tenía más ambición que escribir bien algún día".
Joham Wolfgang von Goethe

"Que otros se jacten de las páginas que han escrito; a mí me enorgullecen las que he leído".
Del poema "Un lector", por Jorge Luis Borges

"Leemos en nuestra necesidad de ensimismarnos, pero también porque buscamos intensa, desesperadamente, comunicarnos".
María Teresa Andruetto, escritora argentina, que recibió en 2012, el premio Hans Christian Andersen, otorgado por IBBY (Organización Internacional para el Libro Juvenil), considerado "el pequeño Nobel de la literatura".

"No soy un escritor profesional, soy un aficionado que escribe libros. Es decir que nunca he tenido objetivos de escritor. Los libros me han llegado porque en determinados momentos sentía la necesidad de escribirlos y se han ido acumulando. Hay un objetivo que yo puedo cumplir y que forma parte de mi compromiso... sería culpable, me sentiría profundamente culpable, si teniendo la posibilidad de hacer llegar, con una facilidad que otros no tienen, todo tipo de mensajes... todo tipo de ideas e incluso todo tipo de acciones, yo no lo hiciera".
Julio Cortázar (1914-1984), escritor, traductor e intelectual argentino.

Dedicatoria

A la memoria de Guillermo Camilo Leonardi.

Mi amigo.

Mi confidente.

Un crack.

Jugador de toda la cancha.

Me diste siempre la palabra justa. Tu confianza. Tu amistad.

Tu ejemplo vive en mí como esos consejeros que la vida te regala.

Doy gracias a Dios por cada experiencia juntos, cada momento vivido.

Doy gracias a Dios por haber cruzado nuestros caminos.

Tus valores y creencias son la más pura muestra de respeto y amor por los demás.

El mundo ya no será el mismo lugar desde que te fuiste.

Me seguís haciendo falta.

A Martina y Joaquina Ricaldoni.

Mis hijas.

Mi todo.

Todo lo que hago en la vida lo hago por ustedes.

Todo mi esfuerzo.

Toda mi dedicación.

Todo.

Absolutamente todo.

Todo lo que hay de especial en mí, son ustedes dos.

Las amo con todo mi corazón.

Y no hay palabras para describir lo feliz que me hacen.

Espero ser digno de todo el amor que me generan.

Y espero puedan estar tan orgullosas de mí, como lo estoy de ustedes.

Son el centro de mi universo.

Martu… Joaqui… ustedes son mi vida.

Al Centro de Graduados del Liceo Naval Militar "Almirante Guillermo Brown".

El Centro.

El Tricolor.

El William.

Mis colores.

Mi club.

Mi casa.

Mis amigos.

Mi pasión.

Mis valores.

Mi lugar, en todo sentido.

Agradecimientos

"Sin la ayuda de mis compañeros no sería nada de nada. No ganaría títulos, ni premios ni nada".
Lionel Messi

Cuando un jugador o un equipo salen campeón, es común escuchar a sus protagonistas decir: "Esto lo logramos nosotros porque nadie nos regaló nada".

No vendría a ser mi caso. Muchas personas ayudaron para que este libro ahora esté en tus manos. Para empezar, me regalaron mucho tiempo y dedicación que lo restaron de sus trabajos, de sus familias, de su tiempo libre o a todo eso junto. También me apoyaron personas e instituciones con su confianza y su prestigio, quizás de lo más valioso que pueda existir. Otras también lo hicieron económicamente, que en los días de hoy es muchísimo pensar y significa creer en la idea, en el proyecto y en el autor. E incluso vos, que invertiste tiempo en buscar esta obra y dinero en comprarlo (¡Gracias!). Y por supuesto muchas, pero muchas personas dieron mucho sentimiento. Ofrecieron su apoyo, confianza, respeto, alegría, tiempo, compañía, consejo, experiencia, prestigio, su alma y hasta su corazón. Imposible pedir más. Cada uno de ustedes sabe.

A Celpi, gracias por todos estos años. Gracias por tu comprensión. Gracias. Gracias. Gracias. En serio: gracias Pel por tanto, de todo corazón.

A mis hermanos del alma: Fernando Martín Graziani, Federico Sebastián Moreno, Sebastián Fiocca y Germán Alejandro Riveiro. Mi verdadero póker de ases. Doy gracias a Dios por tenerlos como amigos. Como hermanos. Ustedes también son mi familia. Los llevo siempre en mi corazón. SIEMPRE.

A los integrantes de mi mesa chica de la vida, junto con los anteriores, mis amigos del alma Mariano López Sartorio, Rodrigo Arizaga y el nuevo integrante, Martín Szama. Gracias por estar siempre.

A mis amigos Marcelo Figueras, Leonardo Gutiérrez, Juan Andrés García, Gonzalo Blanco, Miguel Melo, Joan Vila Baltá y Pablo Badaroux. Ya sé que nos vemos poco, pero están siempre presentes en mi vida.

A Carmen María Galmarini, mi madre. En mis ojos ella hace todo bien, incluso cuando se equivoca. Gracias por tu equilibrio y tu paz. Gracias por tu corazón. Soy el hijo más afortunado del mundo.

A Carlos César Ricaldoni, mi padre, y a mis hermanos Juan Ignacio, Lucía y Cecilia. A mis sobrinos Florencia, Agustín, Catalina, Ignacio, Micaela y Nicolás. A mis ahijados Ciro Riveiro y Benjamín Graziani (junto a Florencia Jordan Ricaldoni y Agustín Badaroux).

A Mauro Medvetkin y su editorial LIBROFUTBOL.com por creer y confiar en mí demasiado. Es una gran responsabilidad.

A todos los columnistas invitados que forman parte de esta obra. Porque esta pequeña obra es también de ustedes. Gracias Luis Gustavo Lobo,

Agustín Pichot, Héctor Emiliano Grillo, Pablo Nicolás Matera, Jerónimo de la Fuente, Martín Jaite, Eduardo Novillo Astrada (h), Jorge Prat Gay, Juan Diego García Squetino, Marcelo Gantman, Luis Fernando Castro, Daniela Martínez, Santiago Chichizola, Martín Giménez Rébora, Claudio Destéfano, Pablo Fernández, Raúl Fagalde, Álvaro Mena Valverde, Franco Longobardi, Mariano Rodríguez Giesso, Fernando Bolan, Pablo Norberto Ruiz, Juan Pablo Pareja, Pablo Nieto Moreno, Jesús Valdez, João Pedro Mattar, Miguel Cardona, Nicolás Cañeque, Tadeo Timmermann, Federico McCormack y Rodrigo Arizaga. Ustedes dieron su apoyo inmediato y eso es algo que valoro siempre. Cada uno sabe el sentimiento y respeto que les tengo particularmente.

A María Eugenia Gené y su equipo de la agencia de diseño Cantalupe, especialmente a Agustín Roselli, por interpretar perfectamente la idea y diseñar esta tapa (y la del libro anterior). Gracias, Mery, por estar siempre con esa calidez tan especial hacia mí.

A Franco Longobardi particularmente, y a Marcelo Longobardi y Miguel Rothschild por su confianza y creer que WE ARE SPORTS era posible.

A Río Uruguay Seguros, especialmente al Contador Juan Carlos Lucio Godoy, a Julio Barbero y a Luis Morera. Ya es imposible entender el deporte sin RUS, como tampoco esta obra sin ustedes.

Al Municipio de Cañuelas y particularmente a Marisa Fassi. Inmediatamente que les comenté sobre el proyecto, dieron su apoyo invalorable. Tanto para agradecerles.

A Mariano Rodríguez Giesso, y a GIESSO, por confiar en mí.

A Simonetta Orsini y especialmente a Mercedes Quintana.

Al Gobierno de la Ciudad de Buenos Aires y especialmente a la Subsecretaría de Deportes por haber declarado de interés a este libro, un gesto que será imposible de olvidar. Gracias Luis Gustavo Lobo y Jorgelina Bertoni.

A las instituciones que han dado su apoyo institucional como la Asociación Argentina de Golf, la Asociación Argentina de Polo, la Asociación de Cricket Argentino, la Confederación Argentina de Deportes Acuáticos, la Asoción de Clubes de Básquetbol / Liga Nacional de Básquet, la Liga de Videojuegos Profesional, la Unión Argentina de Rugby, la Confederación Argentina de Hockey, la Federación Argentina de Ski y Andinismo, la Asociación del Fútbol Argentino, la Superliga Argentina de Fútbol, a la Asociación de Marketing Deportivo Argentina, y a los clubes Racing Club de Argentina, Universidad Católica de Chile, Flamengo de Brasil, Sporting Cristal de Perú, Deportivo Cali de Colombia y el Centro de Graduados del Liceo Naval Militar "Almirante Guillermo Brown" de Argentina.

Gracias Andrés Schönbaum, Miguel Leeson, Mariana González Avalis, Lucas Adur, Esteban Mac Dermott, Fernando Terrilli, Fabián Borro, Rodrigo García Squetino, Juan Diego García Squetino, Agustín Pichot, Miguel Dupont, Gastón Bel, Marcos Diehl, Magdalena Kast, Roberto Martínez Álvarez, Pablo Norberto Ruiz, Juan Pablo Pareja, João Pedro Mattar, Jesús Valdez, Juan Fernando Mejía Pérez, Miguel Cardona, Eduardo Zabalza y Leandro Martínez Zubeldía.

Y por supuesto, agradecerles a todas las personas que estuvieron cerca de algún u otro modo. Quizás algunas no saben la influencia positiva que generaron. Valoro mucho que hayan estado presentes en momentos en que hacía falta una mano amiga. Además de varios de los nombrados más arriba, son los casos de Juan Martín Fernández Löbbe, Paulina Valdés, Rosario Ariganello, Mark Lawrie, Ignacio Ardohain, toda la familia Bussoli (incluyendo Martín Carrara), Juan Pablo Varsky, Wally Diamante, Juliana Aubert, Soledad Solaro, Ariel Donatucci, Carlos Menéndez Behety, Diego y Sigrid Timmermann, Maximiliano Funes, Mariano Etcheverry, Magdalena Marcó, Javier Fígoli y Gastón Saiz.

Y gracias a aquellos que me ayudaron a ser mejor persona, incluso los que no estuvieron, porque eso me hizo más fuerte.

Gracias a todos. Espero ser merecedor de tanto.

Índice

Prólogos

Prólogo de Martina Ricaldoni.

Les voy a contar a todos lo que hace mi papá.

En realidad no sé muy bien, pero lo voy a intentar...

Papá busca sponsors para deportistas y para eventos deportivos. Por ejemplo, si un deportista que confía en papá le pide que adidas, Nike o PUMA le dé un poco de ropa para entrenarse, él va a intentar que el deportista y la marca firmen un contrato que diga que el deportista va a recibir una cantidad de ropa deportiva para ir al entrenamiento durante determinado tiempo.

Yo creo que está bueno que papá haya escrito un libro, porque aunque le llevó bastante tiempo, me pareció que lo disfrutó y se sintió muy orgulloso cuando lo terminó. Pero lo más importante es que se trataba de algo que él hace y le gusta mucho. Eso es lindo.

Que escriba otro libro (este que estás leyendo) me parece una muy buena idea porque todo cambia y yo creo que ahora todo es más digital, incluyendo el marketing deportivo. Y ahora que lo terminó les va a gustar mucho a todos los que lo lean. ¡Y a mi papá también! A él le va a gustar mucho más que a mí (y eso que a mí me parece que va a ser muy interesante).

Ahora les cuento cómo es mi papá... Papá es muchas cosas. Él es el mejor papá del universo. Es muy amoroso. Trabaja muchísimo. Se esfuerza mucho. Y es el jefe de su propia empresa de marketing deportivo (WE ARE SPORTS). Pero lo que a mí más me gusta de él es que por afuera puede parecer un super señor de negocios, pero en el fondo es el mejor osito cariñosito que te podés encontrar.

A mí me gusta mucho que papá tenga la empresa suya con Franco porque entre los dos se enseñan cosas que el otro no sabía. Y me parece que, aunque no fueran socios, podrían ser amigos porque se llevan muy bien.

Amo a mi papá y él siempre me dice que me ama con todo su corazón. Pero yo siempre lo amo más.

Martina Ricaldoni (12 años)

Prólogo de Joaquina Ricaldoni.

¿Qué hace mi papá? Papá busca marcas para sponsorear deportistas, organiza torneos de polo y de golf, hace cosas de hockey, rugby, natación, atletismo y hasta cricket, trabaja en su oficina y lo más importante... él trabaja como mi "papa mutante", como me gusta decirle (así, sin acento: papa, como la que se come, jajaja).

Me encanta que haya escrito un libro y lo que más me gustó es que el libro es sobre lo que más le gusta hacer. ¡Y estoy encantadísima de que haya escrito un nuevo libro porque el otro era buenísimo, pero éste se viene con toda!

Papá es muy bueno. Es amoroso. Inteligente. A veces se enoja, pero no tanto. Ah, y es un excelente chef (al menos para mí). También siempre me ayuda e intenta animarme cuando estoy triste. Trabaja duro. Muy duro. Y si mi papá empieza algo, no para hasta terminarlo. Lo que mi papá promete, lo cumple.

Lo que (casi) nadie sabe es que mi papá antes de escribir su primer libro de marketing deportivo (el anterior a este que estás leyendo), escribió un libro de poesías. Todavía no lo leí, pero me gustaría leerlo cuando termine los que estoy leyendo ahora. Pero les juro que seguro está buenísimo. Otra cosa que no sé si mucha gente sabe es que antes de empezar a hacer lo que hace ahora, es que trabajaba en McDonald's. Ese fue su primer trabajo cuando tenía 17 años.

Me gusta mucho que papi tenga su empresa con Franco... la verdad que, en vez de llamarlo a Franco por su nombre, yo le digo el Chinito por cómo pone los ojos cuando se ríe... Bueno, sigamos hablando de la empresa WE ARE SPORTS... me gusta porque yo cuando sea grande quiero ser diseñadora de moda, médica o empresaria. Y viéndolo a él trabajar, aprendo para cuando sea grande. Me voy a esforzar mucho como lo hace mi papá.

Lo amo tanto. Es mi papi.

Joaquina Ricaldoni (10 años)

Prólogo de Fernando Martín Graziani.

- Yo creo que, si el producto es bueno, no hace falta hacerle tanta "propaganda".

- No es propaganda, es publicidad. No seas bruto.

Este diálogo lo tuve no menos de mil veces con Rica.

Más allá del humor, yo realmente pensaba eso a veces. ¿Para qué gastar tanto dinero en promocionar un producto? Sin embargo, deambulan por mi cabeza muchos slogans publicitarios que no puedo borrar de mi mente. Ni tampoco a las marcas con las cuales están relacionados. Esta es la causa por la que terminé aceptando que Guille tenía razón.

Me confieso un ignorante del tema. Pero un ignorante que siente una inquietud constante por el marketing y los objetivos que persigue. Rica me ayuda mucho en esto. Es mi fuente de consulta para dilucidar muchos detalles, sobre todo en eventos deportivos. Él observa detalles que yo nunca hubiera percibido. Recuerdo que a fines de los 90s empecé a notar que muchos músicos de rock, como los músicos argentinos Luis Alberto Spinetta (a quien admiro profundamente) y Gustavo Cerati, y hasta la banda mexicana Molotov, entre otros, salían a tocar en vivo con camisetas adidas de equipos de fútbol ("el Flaco" Spinetta con la de la selección nacional de Noruega -lo recuerdo claramente-), además del jamaiquino ícono del reggae Bob Marley. En ese momento veía al rock y la música en general, en las antípodas del deporte. Charlando con mi amigo Guille pude entender cuál era la estrategia de la marca deportiva y cómo terminó convirtiéndose en un gran negocio.

Como para leer de marketing deportivo tenemos todo este libro por delante, no creo que sea este prólogo el lugar apropiado ni yo el interlocutor adecuado.

De lo que sí voy a hablar -y en lo que me creo un experto- es acerca de mi amistad con Rica. Nos conocemos ya hace más de 20 años y lo considero mi hermano (varón) que nunca tuve. Es la persona exacta que necesitás cuando estás mal. El que sabés que siempre está pensando en vos. Porque Rica siempre está a disposición del otro para ayudar. Hoy nos separan algunos kilómetros más de lo que los dos quisiéramos, y esa distancia impide que nos veamos con la periodicidad que querríamos. Pero él siempre está presente en mi cabeza. Compartimos muchas cosas, desde nuestros padrinazgos cruzados (él de mi hijo Benjamín y yo de su hija Martina), pasando por nuestra pasión por el rugby, hasta nuestras partidas de póker con Fede, el Pumi y Yerman (grandes amigos también).

Para los que no lo saben, Rica es un facilitador por elección. Y un gran trabajador (aunque a veces se pasa). Él siempre va a estar para ayudar cuando lo necesites. Me resultaría muy difícil encontrar una persona que le haya pedido un favor, y Rica no se lo haya hecho, no lo haya intentado o le haya dicho que no puede hacerlo.

Cuando Rica me dijo que iba a escribir un nuevo libro me alegré mucho por él. Sé que le hace muy bien escribir. Por mi parte, me produce mucha ansiedad poder leerlo, en estos tiempos donde la ansiedad es la madre de casi todos los males. A mí, en este caso, no me importa: ya quiero ponerme a leerlo. Espero disfruten leyendo este libro, tanto como yo disfruto de su amistad. ¡Gracias por todo, hermano!

Pelo (@jaco2701)

Palabras del autor

"Trabaja duro. Diviértete. Haz historia".
Jeff Bezos

Palabras de Guillermo Ricaldoni.

La vida te da sorpresas constantemente. Algunas buenas. Y otras no tanto. El tema está en saber diferenciarlas. Porque el proceso suele ser interior. A veces, lo que alguna persona considera bueno, otra lo percibe de distinta manera. Y lo que puede ser considerado malo para alguien, con el tiempo, la experiencia y sabiduría se transforma en algo necesario y positivo.

En el libro anterior que escribí, "La pasión deportiva del marketing", incluí una frase que, si bien se le ha escuchado repetidas veces al Maestro del golf argentino Roberto De Vicenzo, pertenece a otro golfista, Gary Player. El sudafricano es considerado uno de los Big Three de ese deporte junto con Jack Nicklaus y Arnold Palmer. El Caballero Negro dijo: "Cuanto más me entreno, más suerte tengo". En lo personal creo que es una frase brillante, porque expresa que nada ocurre por azar cuando detrás hay esfuerzo, dedicación y constancia. El genial artista español Pablo Picasso es dueño de una frase que, si bien es diferente, expresa lo mismo: "Cuando llegue la inspiración, que me encuentre trabajando". O… que te encuentre entrenando, podría ser, para adaptarla a este libro relacionado con el deporte. Me fascinan ambas frases. Realmente me inspiran. Eso expresa la pasión. Ya sea de una persona en el campo de las artes u otro en un campo de golf o cualquier ámbito deportivo. Sentir pasión por lo que hacemos. La pasión de dar todo de sí y no depender de la casualidad. No esperar solamente del Cosmos, sino provocar el caos para que el Universo también se acomode. Ir por ello que queremos. Dar todo siempre. No esperar a que otro tome decisiones por nuestros deseos. Por nuestra felicidad.

Pero con el tiempo comprendí que aquellas frases similares, si bien eran perfectas, no eran suficientes para expresar la pasión. Para expresar el cumplir los proyectos de una manera real. Genuina y verdadera. Ahí es donde por casualidad, fuera del deporte y muy al margen de las artes, leí esa frase de Jeff Bezos que me partió la cabeza en un instante. "¡Esto es!", dije en ese mismo instante que la vi (porque vi la matrix incluso antes de leerla). Jeffrey Preston Jorgensen (ése es el verdadero apellido de nacimiento del padre biológico, de Jeff Bezos, que abandonó a su madre, dio a luz al pequeño Jeff a sus 17 años y luego se casó con el cubano Miguel Bezos), nació en Albuquerque, Estado de Nuevo México, Estados Unidos, el 12 de enero de 1964.

Fundó Amazon, la compañía de comercio electrónico y servicios de computación en la nube. El bueno de Jeff fue considerado el hombre más rico del mundo en 2017 y 2018 por la revista Forbes. En concreto, su frase fue: "Trabajá duro. Divertite. Hacé historia.", caló hondo en mí. Solo le agregaría, de molesto no más que soy, "y en ese orden". ¡Pero claro, querido! Podrías llegar a hacer historia y luego divertirte viendo que la hiciste. #Ponele. Pero no. Hay que disfrutar el proceso. "Lo importante no es llegar, lo importante es el camino", dice la canción. Lo que les aseguro es que antes de hacer historia y divertirse en el proceso, hay que trabajar duro. Durísimo. Y eso está bien. A veces les digo a mis alumnos (ufff, ¡qué viejo estoy!), "lean entre líneas, traten de visualizar lo que no está escrito". ¿Qué es lo que no está escrito en este caso? Fíjense que en ningún lado dice "ganen". Tampoco dice "después de lograr los objetivos". Porque no es necesario ser el campeón para hacer historia. Si no, salvo uno solo, todo el resto fracasaría. Pregúntenle a Holanda de la Copa del Mundo FIFA 1974 si no hizo historia. O Karl Malone, que no ganó un anillo de la NBA. O al mismísimo Lionel Messi o a la bestia Cristiano Ronaldo. Ninguno de estos dos cracks contemporáneos se consagró en un Mundial FIFA de mayores. ¿Pero ellos qué hacen? Trabajan duro, se divierten (cada uno con su estilo) y están escribiendo su historia desde hace mucho tiempo. No sé si Bezos quiso decir (si él quiso llamarse así, no le voy a cambiar su apellido yo) que las partes de esa trilogía no funcionan por separado. Ok, ok, fine... funcionan. Pero no es lo mismo. Si te vas a esforzar y tenés la oportunidad de hacer historia, si no lo disfrutás y no te divertís, me apiado de tu alma. Si te divertís solamente, sin trabajar duro, hablar de "hacer historia" es tentar a la suerte, confiar solo en las casualidades. Y si no trabajás duro ni te divertís haciéndolo, tengo que decirte mi amigo que no tenés ninguna chance de hacer historia, porque si llegaras a lograrlo, ese logro no te pertenecerá. Sólo vino y vos estabas ahí.

Sean éticos. Tengan valores humanos. No traicionen con malas prácticas. No se traicionen. Ya hay bastante mierda en el mundo. Compensemos nosotros un poco. Para dar una luz de esperanza. Para equilibrar la balanza. Siempre con respeto por los demás y por uno mismo. Y con el motor de todo: la pasión, por supuesto.

Si bien es conocido por muy pocos, a partir del prólogo de mi hija Joaquina en este libro, de ahora en más será mayoría la que sabrá que en 1999 cometí la locura de escribir y publicar un libro de poesía que decidí llamar "***Algún día, en algún lugar (palabras desde el alma)***". Apenas 600 ejemplares y vaya uno a saber dónde estará cada uno de ellos. A la distancia puedo ver que fue un atrevimiento hacerlo. Raro que un chico de 27 años exprese sus sentimientos de manera tan abierta en un mundo que suele criticar desmedidamente a todo aquel que abre su corazón. En aquel momento no lo pensé. Tenía ganas de hacerlo. Solamente lo hice. ¡Y ya! Reuní algunos libros de inspiración como "El Principito" de Antoine de Saint-Exupéry; "Juan Salvador Gaviota", "Ilusiones", "Puente hacia el infinito" y "Uno", de Richard Bach; "Vivir, amar y aprender" de Leo Buscaglia y algunos más, que sumados a escritos que tenía guardados desde los 14 años, me sirvieron de inspiración. Alquilé un auto FIAT 147 (no tenía auto en ese momento) y viajé cuatro horas por la ruta hasta la playa de Pinamar en Argentina. Fueron cuatro días de inspiración. Y las palabras fluían al lado del mar (literalmente en un bar sobre la playa). Volví de esos días con todo el material y así fue como lo ordené y publiqué. Fui a buscar los ejemplares impresos en un auto prestado a una pequeña imprenta del barrio de Barracas, en Buenos Aires. Fue un placer total haber terminado ese libro. Sobre todo, haber podido plasmar –y sin ningún tipo de vergüenza- esos sentimientos que quizás en otra etapa anterior no surgían. En aquel momento fue Guillermo Leonardi quien escribió el prólogo y lo presentó. Bastará con leer la dedicatoria de este libro que estás leyendo en este momento para comprender lo que significa Guillo en mi vida. Quizás fue un error haberlo presentado el 30 de agosto de ese año, porque no había caído en la cuenta que esa noche era la tormenta de Santa Rosa, que nunca falla en su fecha de aparición. Esa tarde-noche, el cielo se vino abajo. No le importó a nadie y estuve rodeado de mis seres más queridos y varios amigos de la vida. Bah, a mí tampoco me importó. Si alguno quisiera leerlo, no tiene más que ir a la Biblioteca Pública de la Ciudad de Buenos Aires (Argentina) y pedirlo gratuitamente para leer allí con una vista fascinante de la ciudad desde una posición elevada inmejorable. Si lo acompañan con un café, mejor. Más aún si es Nespresso...

En 2013 publiqué mi segundo libro: "La pasión deportiva del marketing". El primero de marketing deportivo. Una historia diferente. Siempre fui un apasionado por el deporte. Y por el branding. Y tanto en Argentina como en el resto del mundo, me costaba encontrar un libro de sports marketing. Encontré un manual en Madrid. Compré uno en Londres. Leí otro en Buenos Aires. Pero sentía que eran demasiado duros para una práctica no exacta como el marketing y menos aún para el deporte, o que eran una serie de casos exitosos. El libro que yo buscaba era académico con casos. Necesitaba que me diera herramientas por aplicar, basadas en la visión y experiencias de otros. Que me impulsara a pensar y al mismo tiempo me ayudara a desarrollarme. No lo encontré en aquel momento. Durante más de 10 años tuve el orgullo de dar clases y liderar el módulo de "Marketing y Patrocinios" del postgrado "Management del Deporte" que la Red Internacional FIFA/CIES tenía en Argentina a la Universidad Católica Argentina como partner. Vale aclarar que el CIES es el Centro

Internacional de Estudios del Deporte, con sede en la Universidad de Neuchâtel (Suiza) que surge como una fundación entre la Federación Internacional del Fútbol Asociado (FIFA), y la Universidad, la ciudad y el Estado de Neuchâtel, con foco en la investigación, consultoría y educación de alto nivel en el mundo del deporte (no solamente sobre fútbol). En el primer año fueron apenas tres clases, para llegar a 14 en los últimos años. Y los alumnos me consultaban sobre bibliografía. Siempre recomiendo estudiar las bases: el marketing, para luego aplicar todos sus conocimientos en el área que quisieran, que en este caso es el negocio del deporte. Quizás yo, tan inquieto como los alumnos, pensaba que debía existir un libro donde se pudieran reunir aquellas clases y mezclarlas con casos prácticos. No sé cuándo fue el momento exacto, pero recuerdo perfectamente que realicé un posteo en twitter a mediados de 2013 donde consultaba qué opinaban si escribiese un libro de marketing deportivo. Por supuesto que las respuestas fueron pocas. Algunas escasas de familiares (lástima que mi madre no tuviera twitter en ese momento, porque habría sumado alguna respuesta positiva más), de colegas y amigos, más alguna que otra aislada. Pero fue la respuesta de Mayca Gowland, Gerente de Marketing de Umbro y FILA Argentina, la que ya no me hizo dudar. Con ella nos conocíamos pero, por una razón u otra, no habíamos tenido el placer de trabajar juntos en patrocinios. Ella twitteó "Yo lo compraría". Esas tres palabras fueron las que me hicieron decir "¿Y por qué no?". Pablo Ruiz, Gerente de Marketing de Racing Club de Argentina, me presentó a Mauro Medvetkin, de la editorial LIBROFUTBOL.com, y nos pusimos de acuerdo inmediatamente: a él le gustó la idea y yo quería hacerlo. Todos contentos. Así fue que reuní el material de estudio que había desarrollado para las clases del postgrado FIFA/CIES, los casos que ejemplificaban cada clase, y empecé a investigar ciertos datos que tenía en mi cabeza como parte de las conferencias que dictaba, pero necesitaba agregar rigurosidad y exactitud al contenido. Lo fui pensando y pensando, y un día empecé a escribir. Las palabras surgían y la inspiración iba llegando como esa ola gigante que todos los surfers quieren bajar. Comenzaba a las once de la noche después de cenar y terminaba a las dos de la madrugada. Luego a las tres. Y un día incluso sin dormir. Los que me conocen saben que antes de ir a la oficina, siempre voy al mismo café todas las mañanas después de dejar a mi/s hija/s en el colegio (demasiado tarde para hacer algo, demasiado temprano para ir a trabajar). Sea donde fuere mi oficina, identifico un coffee store y lo hago propio. Y allí seguía escribiendo. Y escribía. Y escribía. Cuando el periodista y comunicador argentino Juan Pablo Varsky presentó aquel libro (de manera totalmente desinteresada, no me voy a cansar de decirlo, en un gesto humano que no olvidaré jamás), me preguntó: "¿Cuánto tardaste en escribirlo?". Le contesté: "Depende de cómo lo veas...". Le dije que en realidad me llevó 41 años, que era mi edad en ese momento, porque la realidad es que esa obra incluía conocimientos y formas de pensar de ese momento que me había llevado una vida ser quién era y cómo pensaba. Pero la realidad es que las 350 páginas de mi primer libro de marketing deportivo me llevaron 22 días entre la primera palabra escrita y cuando lo entregué para su edición. Una-verdadera-locura. Totalmente insano. ¡Y lo disfruté tanto! En aquel libro, en las conclusiones finales escribí que tuve la suerte y la oportunidad de escribir el libro que me hubiese gustado leer cuando empecé a entender que lo que quería hacer era la conjunción de marketing y deportes. Esa era mi pasión. Y al mismo tiempo dejar un legado para los que vinieran. No acaparar conocimientos, ni experiencias para mí. Si no más bien, compartirlas. Hacer historia al mismo tiempo. Después de haber trabajo duro y divertirme mientras todo ocurría, claro.

Para mi sorpresa, y gracias a las comunicaciones en redes sociales, me han escrito que leyeron el libro desde muchos rincones de la Argentina, pero también de Chile, Uruguay, Paraguay, Ecuador, Perú, Colombia, Venezuela, Bolivia, Costa Rica y México, y hasta incluso de Portugal, Irlanda, Inglaterra, España y Brasil.

Además, en 2018, con la ayuda de Paulina Valdés, comencé a averiguar con el objetivo que "La pasión deportiva del marketing" estuviese en la New York Public Library. ¿Para alimentar mi ego? No, de ninguna manera. El 31 de diciembre de 1993 a las 23.35 horas, con tan solo 21 años, tomé el vuelo hacia New York para estudiar inglés en el barrio menos conocido de los cinco que conforman NYC: en el Wagner College de Staten Island. Un viaje que emprendí solo con mi alma, sin teléfono móvil (celular o smartphone), sin whatsapp, ni redes sociales, ni mail... Un viaje del que tiempo después me daría cuenta que me había costado demasiado en la vida. Festejamos Año Nuevo arriba del avión. Dos veces: una por la hora de Argentina y otra por la hora de USA (era un vuelo de American Airlines). Mi primer viaje de los once actuales a la Gran Manzana. Cuento esto a raíz de la pregunta si es que comencé a averiguar para que mi libro estuviera en la NYPL por ego... En aquel viaje del '94 conocí New York. Y me enamoré de esa ciudad, aunque me costase tanto. Y conocí la biblioteca de la ciudad, un lugar que siempre volví a visitar en cada uno de mis diez viajes siguientes junto al MoMA (Museum of Modern Art), el Solomon R. Guggenheim Museum y Washington Square los domingos. Me gusta New York. Me apasiona. Me da una energía positiva especial. Y la New York Public Library, con sus dos leones al frente y el Bryan Park detrás, tiene ese no sé qué que me da paz. Cuando estoy en Bryan Park no escucho el ruido de la ciudad. Incluso, a pesar de que la NYPL está sobre la ruidosa 5ta. Avenida. Les recomiendo que si van a la Biblioteca de Nueva York, además de tomar un café en Bryan Park, se paren sobre las escalinatas del frente y vayan acercándose a la derecha de la entrada principal, levanten la vista y vean la frase inscripta en bajo relieve, que dice más o menos así: "Por sobre todas las cosas, la verdad llevará a la victoria". Para mí fue revelador en el crudo invierno de 1994, cuando la vi un domingo soleado de enero con casi diez grados bajo cero. Y quise llevar ahí mi libro. Quise "regalarles" mi libro. Y de algún modo, testear si más o menos estaba bien escrito y el contenido resultaba atractivo. Me respondieron que lo recibirían y lo analizarían. En abril de 2019 viajé por placer con mis mejores amigos a New York. Siete días inolvidables. Y así fue que el 2 de mayo llevé en mano en la General Research Division del Stephen A. Schwarzman Building de la New York Public Library, en el 476 de la Fifth Avenue de la Ciudad de Nueva York. Me acompañaron Fernando Martín Graziani, Federico Sebastián Moreno, Sebastián Fiocca y Germán Alejandro Riveiro. Lo recibieron gentilmente y me dijeron que iban analizar su inclusión. Pues bien, el 20 de junio de 2019 recibo un mail que decía "Estimado Sr. Ricaldoni: He recibido el libro que generosamente nos ha dejado en donación. Le informo que hemos decidido integrarlo a nuestro acervo. Lo integraremos a nuestro catálogo. ¡Muchas gracias por tan amable regalo! Atentamente, Paloma Celis Carbajal, Curator for Latin American, Iberian and U.S. Latino Collections, Collection Development, The New York Public Library". Pfffff. Dejá, olvídate, está todo pago. Traeme un café y la cuenta. #sunalocura. Y además, pude compartir aquella entrega con mis hermanos de la vida. What else?

Después de todo esto... ¿para qué escribir otro libro de marketing deportivo? ¿No? Dale... decime... ¿para qué? Todo muy lindo. Casi como un cuento de hadas. Pero no. Rica no entiende estas cosas. Él siempre quiere dar un paso más. Y así fue que cuando LIBROFUTBOL.com me propuso escribir una nueva obra de marketing deportivo, que sirviera como continuidad de la anterior por todo lo que había pasado en estos seis años, dije: "aiaaaaaa (?), ¡obviooooo!". Y así fue que empecé a planificar en mi cabeza qué es lo que había pasado desde el libro anterior, qué es lo que quería contar y cuál era el legado que quería dejar. Y acá estoy ahora escribiendo (y vos leyendo el producto de eso).

Comenzó el proceso en mi cabeza, testeé el título y los temas en redes sociales (el contenido) y llegaron todos comentarios positivos de diferentes países de América Latina. Otra grata sorpresa. En enero de 2019 puse una encuesta en twitter con los posibles nombres del libro, y el actual ganó con el 47% de los votos. Entre los temas surgieron "manejo de redes sociales, interacción con cada una de ellas en base al público objetivo, contenido exclusivo propio y cómo generar engagement por fuera del evento" (Martín Caruso @M_Caru), "fútbol femenino" (Carolina García @carolina_latina), "marketing digital, auspicios web, facebook en los deportes y Big Data" (David Contreras @Davidcontrerasu), "compra de deportistas" (Isabel Peña @IsabelPea10), "cómo pueden hacer las marcas deportivas sin referentes (estrellas) ni equipos de élite, conectar con la mente del consumidor, más allá de abastecer algún equipo de categorías menores" (BG @GarauGuillermo), "estrategias de marketing deportivo para aplicar en clubes de barrio o chicos donde todo se hace a pulmón y la gente en general no tiene cultura del club como se la tiene en los grandes centros urbanos" (Adrián Belloto @maverickzero1), "marketing en automovilismo" (Eze Frechero @ezefrech), "sobre el patrocinio en los e-sports (ya que) hay mucha diferencia por target, activaciones, presencia digital y objetivos" (Alvaro @menottimena), "tendencias" (Felipe García @Feligol), "estrategias para fidelizar hinchas del fútbol y convertirlos en clientes cotidianos" (gwolf @gerardofb95), "ROI en patrocinio" (Alvaro @menottimena), "esports y también marketing deportivo en los videojuegos" (Lore Rodriguez @LoreR90), "nuevas gestiones digitales, el manejo de redes personales en deportistas" (Carlos E. @eldrix), "deporte y turismo, vinculación con la comunidad" (Alejandro R. Macri @AleRMacri), "nuevos mecanismos de fan engagement, sobre todo los digitales" (Edgar @edgareraz), "neuromarketing" (Emanuel @MKTDeportivoLvz), "green marketing en eventos deportivos" (Gustavo Rinaldi @gusrinaldiok), "inteligencia artificial y Big Data en el Marketing Deportivo, también otro capítulo sobre eSports y otro de cómo piensan las marcas el auspicio de los deportistas y equipos de distintos deportes" (Daniel Crivelli @daniel_crivelli), "el impacto de redes sociales y las marcas (también los agentes) sobre los atletas jóvenes" (Pablo Aguilera M. @pabloelectribe), "patrocinios y fortalecimiento del valor comercial del fútbol femenino" (Jesús Valdez @jexuvaldez) y "un review profundo con diez casos exitosos y diez casos de fracaso" (Daniel Lussich @Lussich). Todos los temas, que no estaban ya desarrollados en el libro anterior, fueron incluidos en esta obra. Pasé de la idea a las redes sociales, y de lo digital a la investigación y redacción en papel.

Siguiendo el proceso de construcción del libro en mi cabeza, después les escribí a todas y cada una de las personas que redactaron columnas especiales en este libro. Pensé en cada una de ellas para que lo hicieran. No fue una lista al azar. Y para mi sorpresa (una vez más) todas dieron el sí. A decir verdad, solo dos no pudiero darme el gusto que estén incluidas, pero por temas más relacionados con políticas y autorizaciones de las instituciones de las cuales forman parte. Pero hablamos, me dieron las gracias y me aseguraron que les hubiese encantado formar parte. Por supuesto que lo entendí.

Después hablé con Mery Gené por el diseño. Hacía realmente muy pero muy poco tiempo que había sido madre por segunda vez después de Santi, y ahora de Nacho. Y desde su licencia, tras un fin de embarazo complicado, me dijo: "Contás conmigo, nene". Le agradecí por triplicado: por apoyarme una vez más, por hacerlo desde su descanso por maternidad y por decirme "nene" a los 47 años, je. Sólo comenté la idea de mantener el layout y el estilo, además de incorporar a la deportista femenina, porque también de inclusión se trata este libro. Gracias a Dios, el mundo también cambió en ese sentido. Y agregué la referencia a las redes sociales.

Tomando un café (¡cuándo no!) con mi amigo Claudio Destéfano, le comenté que no tenía muy claro quién podría escribir el prólogo. El libro anterior tuvo dos: uno de Bertrand Reeb, Presidente del CIES, que había apoyado y patrocinado aquella obra; y el otro del propio Claudio. Yo le daba vueltas y tiraba nombres e instituciones... Y Clod (como le digo), miraba para el costado con desaprobación ante cada idea. "Al final, hoy no le gusta nada a Claudio", decía yo dentro de mi cabeza. De pronto, le retruqué: "¿Y si lo escriben Martina y Joaquina Ricaldoni, mis hijas de 12 y 10 años?". Claudio bajó sus ojos, sonrió y me dijo: "Eso estaba pensando hace rato, pero quería que fuera idea tuya y no mía". Gracias por tanto, amigo.

¿Por qué escribir un nuevo libro? Porque quiero. Porque tengo ganas de hacerlo. Porque puedo hacerlo. Porque me da la gana, diría el Chavo del 8.

Pero esa no es la pregunta. La pregunta es "¿para qué?". ¿Para qué lo hago? Lo hago para los demás. Parece demagogia: "lo hago por la gente", podría ser una declaración tribunera. En realidad lo hago para mí. Porque me da placer transmitir conocimientos a los demás. Poder compartir con otros mi forma de ver el marketing deportivo. Poder plasmar en papel mi visión de la evolución del negocio deportivo en estos últimos seis años. Poder actualizar el libro "La pasión deportiva del marketing", en este otro "La pasión deportiva del nuevo marketing". Para todos ustedes. Para vos que lo estás leyendo. Para que puedas leer lo que tengo para decir del nuevo sports marketing. Y también lo hago por mí. Porque me da placer compartirlo con vos.

En estos seis años pasaron muchas cosas. De 2013 a 2019 también me pasaron muchas cosas. Me fui del mundo corporativo para comenzar una nueva aventura fundando nuestra propia marca y empresa, trabajando duro junto a Franco Longobardi: WE ARE SPORTS. Si bien el nombre habla por sí solo, está bien mencionar que está enfocada en sponsorship, branding y consultoría en marketing deportivo, si bien estamos ampliando el foco. En lo personal también pasó mucho. Bueno y de lo otro. La vida misma. Encuentros y desencuentros. Todo se trata de vivir. Todas son experiencias. Todas son vivencias. Aunque haya a veces momentos que no hubiese imaginado, el saldo es super positivo. Teniendo a Martina y a Joaquina, el resto es gratis.

Justamente de Martina y Joaquina quería comentarles. Joaqui y Martu. El primer libro y este actual tienen un diseño similar con cuerpos atléticos en sombras y algunos detalles que simbolizan el marketing deportivo, el branding y las redes sociales. Se diferencia con el primero que este segundo contiene la palabra NUEVO en su título, por cuestiones obvias de contenido actualizado. Y visualmente, el anterior tiene colores turquesa y el segundo, fucsia. ¿Para diferenciarlos bien a la vista? Por supuesto. Pero también porque la habitación de Martu es color acqua con detalles turquesa, y la de Joaqui tiene la pared color coral con elementos derivados del fucsia. Disculpen, un gusto personal que me dí.

¿Qué más pasó en estos seis años en marketing deportivo? El nuevo marketing deportivo. La revolución de la mujer en el deporte de una vez por todas (¡y gracias por eso!). Las redes sociales y las transmisiones deportivas a través de ellas. La interacción y el engagement entre las marcas, los deportistas, los influencers y los fanáticos. El avance de los teens and kids (centennials y alfa) por sobre los millenials. El big data en el deporte para comprender aún más lo que ocurre detrás de todo y cómo manejar toda esa masa de información. El abandono de "solamente logos" en el deporte, para pasar a experiencias únicas y sensaciones inolvidables. Del exceso de color en el calzado deportivo a volver a las fuentes con el negro y el blanco (en todas las marcas deportivas... ¡todas!). El profesionalismo y las buenas prácticas para utilizar el deporte y los eventos deportivos en favor del posicionamiento y visibilidad de ciudades, regiones y países de tal forma que contribuyera al negocio turístico. Los eSports o eGames, como prefieran llamarlo, y el business case y cantidad de fanáticos detrás de ellos para un público digital que le gusta el deporte y el entrenamiento desde otro lugar, tanto que podrán ganar esas competencias de videojuegos, aunque nunca practiquen deportes. El green marketing en espectáculos deportivos. La constante búsqueda del retorno sobre la inversión (ROI) en sports marketing (el Santo Grial que nunca se alcanzará). Y siempre estarán las acciones de bien común y social en el deporte, ya sea en clubes de barrio en una ciudad, en un municipio que piensa en los que más necesitan o en una ONG de alcance global como unicef, que encuentra en el deporte un canal genuino de comunicación para hacer llegar su misión a donde otros no llegan. Eso pasó. Todo eso pasó en seis años. Todo eso está pasando. Entonces, pasen y vean. Pasen y lean. La invitación está hecha. Animate. Vení conmigo de una vez. Caminemos juntos.

Y lo más lógico es que me repita. Para explicar el nuevo marketing deportivo, a veces deberé recordar conceptos básicos desarrollados en el libro anterior ("La pasión deportiva del marketing" de 2013).

No es que quiera hacerlo, sino que es inevitable. El mundo cambia constantemente. Las personas también. Pero la esencia se mantiene.

Gracias por tenerme en este momento en tus manos. Gracias por confiar. Gracias por creer. Gracias por todo.

Acá está Rica. Un hombre simple complejo. No hay más que esto. No hay nada más. No hay nadie más. Sólo vos y yo.

Trabajen duro. Durísimo. Con mucha pasión.

Disfruten el proceso de trabajar duro por sus objetivos. Por aquello por lo que sienten pasión.

Hagan historia. Por ustedes. Y por inspirar a los demás a ir con pasión y esfuerzo por aquello que desean.

Y no se olviden: en-ese-orden.

Primera página. Espero disfruten el camino al leerlo, tanto como yo lo hice al escribirlo.

Por el Licenciado Guillermo César Ricaldoni
(pero podés llamarme "Rica").

Columna especial de Franco Longobardi.

La mesa de WE ARE SPORTS.

Por Franco Longobardi (@flongobardi89), Director de WE ARE SPORTS (@_WEARESPORTS) junto al autor Guillermo Ricaldoni, empresa de sponsorship, marketing deportivo y consultoría de Argentina. Recibido en el postgrado "Management del Deporte" FIFA/CIES de la Universidad Católica Argentina en 2013. Ex Marketing y Sponsorship de IMG Argentina. Ex presentador de Golf Channel.

WE ARE SPORTS tuvo su origen en 2015. Desde aquel momento, ha crecido constantemente, a paso firme y seguro. Siempre un paso después del otro. Sin frustrarnos por aquello no conseguido, ni marearnos por los éxitos.

Mirando hacia atrás, teniendo en cuenta el contexto actual y lo que ha sucedido en Argentina en estos últimos cuatro años, toma aún mayor valor cada uno de los logros que fuimos alcanzando en cada momento. En mayo de 2015, fecha del inicio de actividades de la compañía, el tipo de cambio en el país era de $11 (pesos de Argentina) por 1 dólar, siendo que hoy en día es de $45, por solo considerar la devaluación. Y siendo que cada uno de los años transcurridos la inflación fue superior a 30% anual, llegando incluso a 47% uno de ellos. Eso llevó a recesión y recortes de presupuesto de varias de las empresas que eran nuestro target. Difícil escenario.

Esta aventura comenzó con una inversión inicial prevista de tan sólo 12 meses vista, pero una gran cantidad de sueños, deseos, energía, proyectos, know-how y contactos. Siempre convencidos que en el mercado de sports marketing, había lugar para una nueva empresa. Pero al comenzar no teníamos ningún cliente en carpeta ya que, por principios, nos habíamos propuesto no tentar a ningún cliente de IMG, la agencia multinacional de marketing deportivo y moda líder mundial de la cual proveníamos ambos Managing Partners, a firmar con WE ARE SPORTS como su agente comercial, ya que considerábamos que éticamente no era lo correcto.

Así fue que el primer día no teníamos qué vender. No teníamos properties. Sabíamos que las marcas nos recibirían y escucharían porque entendíamos que confiaban en nosotros como personas y también como profesionales por nuestra experiencia, pero... ¿qué les íbamos a ofrecer? En nuestro lugar de trabajo, WE ARE SPORTS sólo tenía una gran mesa de 3,50 metros de largo por 1,50 metros de ancho. Ese era nuestro espacio de oficina dentro de LRH Producciones, la empresa que confió en el proyecto, invirtió y nos dio un espacio de trabajo en los primeros años. Rica (Guillermo Ricaldoni) de un lado y yo del otro, a lo ancho, para estar cerca e intercambiar ideas. Por suerte, a los 2 meses incorporamos al tercer integrante a la mesa: la impresora, que instalamos y colocamos arriba de la mesa sobre una cabecera contra la pared. Fundamental: si confiábamos en nosotros, generaríamos contratos y en algún lugar habría que imprimirlos para poder firmar.

Ahí, en esa mesa, trabajamos durante 4 años de manera incansable. Muchas veces volviendo a nuestras casas después del horario de la cena; y siempre nos decíamos "cuando tengamos una oficina propia, esta mesa va a estar en la sala de reuniones". Pasamos más tiempo ahí trabajando que cada uno en su casa con su familia.

Los eventos deportivos de jerarquía con los que nos habíamos propuesto intentar trabajar como properties, estaban ya gestionados por otras agencias comercializadoras (no íbamos a ofrecernos donde estaba otro haciendo el suyo, no estaba bien hacer eso), o lo hacían in house las propias federaciones deportivas o el evento en sí mismo. Así fue que comenzamos a trabajar con deportistas olímpicos (era un razonamiento lógico ya que al año siguiente eran los Juegos Olímpicos de Rio 2016, incluso con la facilidad de la cercanía geográfica que eso significaba siendo un país limítrofe a las oficinas de WE ARE SPORTS) que no tenían representante, la polista Lía Salvo (ya que IMG Argentina había abandonado el polo), Juan Martín Fernández Löbbe (el ex capitán de Los Pumas, la selección argentina de rugby), asesoramiento ad honorem para unicef Argentina y un trabajo de marketing, branding y sponsorship consulting para la Asociación de Cricket Argentina que debían presentar a la International Cricket Council. Hubieron también en los comienzos, muchos intentos, muchas excelentes reuniones, pero escasos contratos. Ese esfuerzo inicial no alcanzó: el resultado del primer ejercicio fue pérdida. Y, además, le debíamos a nuestros inversores. Ellos nos siguieron apoyando porque entendieron que podía ser posible a futuro lograr la estabilidad y rentabilidad necesarias. El segundo ejercicio el resultado fue positivo, pero no lo suficiente para reintegrar la inversión, ni generar el capital de trabajo del año siguiente. Pero algo bueno estaba pasando. Lo sentíamos. Los inversores nos volvieron a apoyar. Tercer año, 2017, logramos recuperar toda la inversión y quedar en break-even, para luego ya si lograr el crecimiento en 2018. Fue un comienzo de libro: inversión, desarrollo, consolidación y crecimiento. Polo, golf, tenis, rugby, hockey, atletismo, cricket, deportes acuáticos, remo, conferencias, consultoría y hasta algo de fútbol.

Una de las características que nos caracterizó (y nos sigue marcando, porque así lo queremos) fue la insistencia. Para ejemplificar citaré dos casos. En 2016 la Asociación Argentina de Polo (AAP), llevaba un tiempo realizando el sponsorship de manera interna porque entendía que no necesitaba un agente comercial, y ese fue precisamente el mensaje en la reunión que nos concedieron, en la que nosotros les propusimos trabajar en conjunto como partners. Si bien nos recibieron con cordialidad y nos explicaron las razones, la reunión duró 25 minutos. Como entramos, nos fuimos la cabeza gacha. El mejor polo del mundo, en Palermo, estaba lejos. Casi en simultáneo, perdimos la compulsa para ser agentes comerciales exclusivos de la Asociación Argentina de Golf (AAG) y el Abierto de la República Argentina (VISA Open de Argentina). Así como recibimos un revés en ambos casos, podemos decir que seguimos yendo siempre adelante. El nuevo Consejo Directivo de la AAP nos invitó a trabajar con ellos un año en un período de prueba, y ya llevamos 3 años como agentes comerciales exclusivos, y la AAG exactamente del mismo modo. Podemos decir que hoy son dos de los principales clientes de WE ARE SPORTS y nos sentimos orgullosos de eso. Había que haber esperar el momento y no desistir de trabajar con esas instituciones tan prestigiosas, ante la primera negativa. Haber perdido aquellas dos posibilidades iniciales, hoy nos lleva a valorar aún más la importancia y la responsabilidad que conlleva trabajar con ellas hoy en día. Dicen que lo que no cuesta, no vale.

Una compañía como la nuestra nunca debe detenerse en la búsqueda de nuevos desafíos. Siempre debemos trabajar con nuevos properties, nuevos eventos, deportistas, ex deportistas, entrenadores y hasta incluso, quizás, otros talentos como chefs o artistas, y hasta eventos culturales, musicales y fashion. En ese camino estamos. Siempre creciendo sobre cimientos bien construidos sin olvidar que el deporte es nuestro origen, nuestro foco y nuestra pasión.

Vocación de servicio, alta calidad de atención tanto al property como al sponsor, confiabilidad, profesionalismo, dedicación y pasión entiendo que son las palabras que más nos representan, pero al mismo tiempo con las que más nos identifican. Y eso es difícil de lograr. Menos en tan poco tiempo. Se logra con esfuerzo, constancia, tiempo, dedicación, devoción por el detalle, ambición medida, mirar hacia adelante y siempre tratar de ser mejores cada día. Y pasión, por supuesto. Somos apasionados de lo que hacemos. No hay secreto, está todo inventado. Solo hay que hacerlo bien. Dando resultados, pero con respeto y valores humanos.

Nada de esto hubiese ocurrido sin la confianza y apoyo que nos ha dado mucha gente. Entre ellos nuestros clientes. Y cuando hablamos de clientes, lo hacemos en sentido amplio: deportistas, ex deportistas, coaches, eventos, clubes, equipos, federaciones, entidades de gobierno, instituciones de bien público, empresas, agencias y marcas. Y las personas. Porque el patrocinio es un negocio de personas. De confianza. Ellos confiaron y confían en nuestra forma de entender qué es lo que necesitan, y la forma en que WE ARE SPORTS lo lleva adelante, así poder hacerlo en conjunto.

Hoy transcurriendo nuestro quinto año, Paulina Valdés, Marcos Garat y Gerardo Fadanelli se han sumado al equipo. La mesa que fue nuestro escritorio allá en los inicios, ya está instalada en la sala de reuniones de nuestra nueva oficina propia. Y esa mesa de la sala de reuniones, volverá a ser mesa de trabajo diario de otras personas si seguimos creciendo. Pero igual, aunque no escuche por ser una simple mesa, tiene que saber esto recién empieza.

Apoyo institucional y declaración de interés

"La inspiración existe pero nos tiene que
encontrar trabajando".
Pablo Picasso

Este libro cuenta con apoyo institucional y declaración de interés de las siguientes instituciones, que han confiado y prestigiado en tal sentido a esta obra. Gracias por su confianza.

Asociación Argentina de Golf (@golfaag): Firmada por su presidente y su director ejecutivo, Andrés Schönbaum y Miguel Leeson, respectivamente.

Asociación Argentina de Polo (@asocdepolo): Firmada por su CEO, Lucas Adur.

Asociación de Cricket Argentino (@cricketarg): Firmada por su CEO, Esteban Mac Dermott.

Asociación del Fútbol Argentino (@afa.oficial & @afaseleccion): Firmada por su presidente, Claudio F. Tapia.

Asociación de Marketing Deportivo Argentina (@amdaoficial): Firmada por su presidente, Matías Cecileo.

Asociación Deportivo Cali (Colombia) (@deportivocalioficial): Firmada por su presidente y su manager deportivo, Juan Fernando Mejía Pérez y Miguel Cardona, respectivamente.

Centro de Graduados del Liceo Naval Militar "Almirante Guillermo Brown" (Argentina) (@liceonavalrugby & @lnhockey): Firmada por su presidente y su secretario, Eduardo Zabalza y Leandro Martínez Zubeldía, respectivamente.

Clube de Regatas do Flamengo (Brasil) (@flamengo).

Club Deportivo Universidad Católica / Cruzados SADP (Chile) (@ cruzados_oficial): Firmada por su Gerente General, Juan Pablo Pareja.

Club Sporting Cristal (Perú) (@clubsportingcristal): Firmada por su jefe de la División Femenina, Jesús Valdez.

Confederación Argentina de Deportes Acuáticos (@cadda1969): Firmada por su presidente, Fernando Terrilli.

Confederación Argentina de Hockey (@ArgFieldHockey).

Federación Argentina de Ski y Andinismo (@fasateam): Firmada por su presidente, Magdalena Kast.

Liga de Videojuegos Profesional (@lvparg): Firmada por su Country Manager Argentina, Chile y Perú, Juan Diego García Squetino.

Liga Nacional de Básquet (Argentina) (@laligabasquet): Firmada por su presidente, Fabián Borro.

Municipalidad de Cañuelas (Argentina) (@municanuelas): Firmada por su Jefa de Gabinete, Marisa Fassi.

Racing Club (Argentina) (@racingcluboficial): Firmada por Roberto Martínez Álvarez y Pablo N. Ruiz, Comisión Directiva del club y Gerente de Marketing, respectivamente.

Río Uruguay Seguros (@ruseguros).

Subsecretaría de Deportes del Gobierno de la Ciudad de Buenos Aires (@deportesba): Firmada por su subsecretario, Luis Gustavo Lobo.

Superliga Argentina de Fútbol (@superligaargentina): Firmada por su gerente de marketing, Matías Cecileo.

Unión Argentina de Rugby (@unionargentina): Firmada por su Gerente Comercial, Miguel Dupont.

Auspicio

"Un atleta no puede correr con el dinero en sus bolsillos. Debe trabajar con la esperanza en su corazón y los sueños en su cabeza".
Emil Zapotek

Este libro cuenta con el auspicio de las siguientes marcas e instituciones que han confiado en la obra. Su apoyo ha sido de vital importancia para su desarrollo y su presencia es motivo de orgullo.

Ellos son GIESSO (@giesso), Montblanc (@simonetta.orsini), la Municipalidad de Cañuelas (@municanuelas), Río Uruguay Seguros (@ ruseguros) y Skintegrity (@skintegritylab).

Capítulo #0: Introducción

"Tienes que esperar cosas de tu mismo antes que las puedas hacer".
Michael Jordan

"He fallado una y otra vez en mi vida y ese es el motivo por el que he triunfado".
Michael Jordan

"No te midas por lo que has logrado, sino por lo que deberías haber logrado con tu capacidad".
John Wooden

"Tienes que hacer algo en tu vida que sea honorable y no cobarde si quieres vivir en paz contigo mismo".
Larry Brown

"Solo hay dos opciones con respecto al compromiso. Estás dentro o estás fuera. No existe la vida en el medio".
Pat Riley

Capítulo #0

Un nuevo orden deportivo mundial

"La vida te da sorpresas constantemente. Algunas buenas. Y otras no tanto". Eso mencioné en el apartado "Palabras del Autor" de este libro.

Pues bien, el 11 de noviembre de 2013 presenté mi libro "La pasión deportiva del marketing", editado por LIBROFUTBOL.com. Han pasado 6 años desde aquel momento. Aquella obra fue estructurada como una especie de manual, una guía, acompañada de casos reales y descripción de situaciones históricas y vigentes. Muchos de los casos, que ejemplificaban el contenido académico, los había vivido en primera persona. Ese detalle le dio aún más autenticidad al texto. Y el hecho de haberlo redactado en lenguaje "hablado" (escribir como hablo), lo entiendo ahora como un acierto, ya que la mayor virtud que me transmitieron en general fue que era una obra muy fácil de leer. ¡Punto para Rica!

Y en estos 6 años han pasado muchas cosas. Hechos deportivos sorpresivos. Algunos le llaman hazañas. Otros preferimos considerarlos la consecuencia del esfuerzo y dedicación. También se sucedieron otras situaciones relacionadas con el negocio del deporte, y más específicamente con el marketing deportivo. Algunas que surgieron como nuevas y no existían hace más de un lustro y otras que solo se adaptaron, perfeccionaron o cambiaron sustancialmente de rumbo. Eso las hace distintas. Y por ende merecen ser destacadas, analizadas y conceptualizadas. Es aquí donde quizás la lista se haría eterna, pero es importante destacar las más trascendentes, al menos desde mi punto de vista, tanto profesional como desde mi lugar en el mundo.

Repasemos algunas de las sorpresas deportivas de los últimos años. Porque en realidad hubo algunas Cenicientas. Aquellas chicas que se transformaron en princesas. Pero no fue de la noche a la mañana. O mejor dicho, no fue por tres hadas madrinas, varitas mágicas y zapatos de cristal a la medianoche. Porque, como por supuesto ya dijimos, para hacer historia es necesario trabajar duro. Y estos atletas y equipos trabajaron intensamente. La circunstancia es que trabajaron duro y seguramente se divirtieron en el proceso, de manera silenciosa, sin alarde. Probablemente, a ellos no los sorprendió lo obtenido. Pero todos tenemos claro que el deporte global no lo esperaba. Y vale aclarar que el éxito no es sólo ganar. No es sólo ser el número 1. No es sólo ser campeón. El éxito es superarse a sí mismo. Dar todo.

Hasta quedarte vacío. Y a veces el otro, el rival, es superior. Y eso no impide que disfrutes haber entregado lo máximo y que eso haya sido el fruto del trabajo y el esfuerzo, y puedas disfrutar que tu camino haya terminado mucho más allá de lo que muchos esperaban. Eso es ganar. "Ganar ganar", diría Juan Pablo Varsky, el periodista argentino. Y en general, esos logros llegan también como producto de una cierta forma de entender el deporte. De entender la vida. Con respeto. Con valores humanos. Con ética. Con moral. Y con pasión, el motor de todo.

Muchas cosas pasaron. Muchas sorpresas.

Y ahí va el Leicester City Football Club, el campeón de la temporada 2015-2016 de la Premier League de Inglaterra. Se consagró por primera vez en sus 132 años de existencia cuando, a dos fechas del final de la liga inglesa, los Zorros empataron 1 a 1 ante el poderoso Manchester United. Fue el domingo 1 de mayo de 2016 y en condición de visitante. Al día siguiente, su inmediato seguidor, el Tottenham Hotspur Football Club, igualó 2 a 2 con el Chelsea Football Club, con lo que el Leicester mantuvo los siete puntos de ventaja con tan solo seis por jugar. Como dijo la BBC: "La gesta fue conseguida este lunes y, para muchos, parece un milagro. Fue un título logrado con un puñado de jugadores que nadie quería y por un club en el que nadie –ni sus hinchas, ni sus rivales, ni el país entero– creía". Las casas de apuestas lo daban con chances de campeón por 5.000 a 1 al comenzar la liga. Valga una comparación: la casa de apuestas británica Paddy Power pagaba 2.000 a 1 si Kim Kardashian se convertía en presidente de los Estados Unidos; es decir que ella tenía más chance de ser la líder del país más poderoso del mundo que la posibilidad de Leicester campeón de la Premier. Y otras probabilidades de la misma casa pagaban 2.000 a 1 si Elvis Presley era hallado en ese momento con vida a los 81 años y 39 de haber sido enterrado, o 500 a 1 si alguien encontraba al monstruo del Lago Ness. Seis jugadores llegaron al club por 0 libras (sí, cero) por ser cuatro de ellos agentes libres y dos de la cantera del club. Fue el primer título de su entrenador, el italiano Claudio Ranieri, en una liga de primera división. El Leicester City FC terminó 14° entre 20 equipos en la temporada previa a ser campeón. Batacazo. Patear el tablero. Sorpresa. Como quieran llamarle.

En la UEFA Eurocopa 2016 de Francia fue sorpresa la selección de fútbol de Islandia. Ya había conmovido a todos en el cruce de los cuartos de final. Tanto que la BBC escribió: "*Islandia sorprende al sacar a Inglaterra de la Eurocopa 2016 antes de lo previsto. Islandia sacudió las jerarquías del fútbol al vencer a Inglaterra y ser la última selección en clasificarse a los cuartos de final de la Eurocopa 2016. El país con menos población en llegar a la fase final de una Eurocopa o Mundial, el que no cuenta con una liga profesional, superó a la selección con el fútbol más rico del planeta, donde nació el deporte en su forma moderna"*. Clarito, ¿no? Sorpresa. Luego perdería 5 a 2 en busca del acceso a la semifinal con el local (luego finalista de esa Eurocopa y dos años más tarde campeón mundial en Rusia 2018). Pero Islandia ya había ganado en la Euro. Justamente dos años más tarde quedó fuera de la Copa del Mundo FIFA Rusia 2018 tras caer ante Croacia por 2 a 1 en el último partido del Grupo D. Su primer encuentro en una Copa del Mundo sería ese mismo año, en el primer partido de esa zona, ni más ni menos que frente al último subcampeón, la Argentina de Lionel Messi. Y fue Alfreð Finnbogason quien anotó el primer gol islandés en un Mundial para empatar el partido, luego del tanto de Sergio Leonel "el Kun" Agüero. Finalmente, el duelo terminaría justamente 1 a 1. Sorpresa. Más aun teniendo en cuenta que es una federación joven (1947), que recién se afilió a la UEFA en 1954. Su primer Mundial, como se dijo, lo disputó en 2018, tras vencer a Kosovo por 2 a 0 el 9 de octubre de 2017. La población de Islandia es de poco más de 300.000 habitantes y son menos de 20.000 los jugadores federados. Hay 100 profesionales (si bien solo 40 viven del fútbol), la liga de fútbol es de doce equipos y dura tan solo 5 meses, ya que el resto del año no poseen luz natural y la nieve cubre los campos de juego. Otro dato: solo hay 90 clubes de fútbol y ninguno de ellos profesional. A finales de los 90, la tranquilidad, estabilidad y seguridad se vieron afectadas. Estudios pedagógicos e investigaciones policiales dieron cuenta que estaba aumentando rápidamente el consumo de alcohol, tabaco y cannabis entre los más jóvenes, propiciando violencia en las calles. Se establecieron restricciones legales de venta y consumo, entre otras medidas, al tiempo que el gobierno nacional lanzó el programa "Juventud en Islandia". Básicamente, hubo un análisis durante dos años y aplicación de medidas según lo que arrojaran los resultados. El trabajo se realizó por escuela e instituto educativo, separados por distritos, en el que intervinieron los docentes, directivos, alumnos, padres y hermanos, con el objeto de centralizar el problema que puntualmente pudiera tener cada joven. Los problemas más recurrentes que demostraban los estudios eran la frustración o la soledad ante tanto tiempo libre y de ocio de los adolescentes y su consecuente estrés, lo que incluso aumentó la tasa de suicidios. Según una nota del portal "El orden mundial", se podía empezar a entender el porqué de todo: "Es en este punto donde el deporte cobra una importancia vital y donde el fútbol se ha consagrado como una herramienta social muy útil. Cuando las autoridades islandesas pusieron en marcha su programa, que incluía la práctica deportiva, no tenían en mente convertir el pequeño país en una revelación futbolística. Su propósito era encontrar un entorno para los menores que combinara dosis de diversión y entretenimiento, favoreciera la socialización y difundiera valores como el respeto, la disciplina, el trabajo en equipo y el esfuerzo. Se ha necesitado de una considerable inversión pública, realizada principalmente por los ayuntamientos de cada municipio, para proporcionar las instalaciones deportivas necesarias para la práctica del fútbol. En menos de 20 años se multiplicaron los campos de césped natural, hierba artificial y pistas cubiertas en todo el país. Además, se ha facilitado que cada colegio, instituto y club deportivo pudiera contar con un recinto donde los alumnos hagan deporte todos los días de la semana. Igualmente, existe un paquete de ayudas sociales del Gobierno dedicado a financiar el deporte para los menores de edad. La familia de un escolar islandés recibe cerca de 300 euros anuales por cada hijo para poder costear los gastos de la práctica deportiva. Por otra parte, existen programas específicos de la Administración Pública para formar a todo aquel ciudadano que lo desee como técnico deportivo, además de becas para ampliar sus conocimientos en centros deportivos en el extranjero". Como vengo diciendo, los resultados y logros deportivos de la selección islandesa de fútbol mencionados pudieron haber sido sorpresivos. Pero no. No fue casualidad. Y lo diré hasta el hartazgo: trabajaron duro (que en este caso sería pensar y hacer), se divirtieron (esos jóvenes pasaron a entretenerse haciendo deportes en general y fútbol en particular) y por supuesto que hicieron historia. Sorpresa para muchos. No para ellos. No para Islandia ni para sus gobernantes, sus colegios y sus docentes. Todos adelante en pos de un objetivo. Y por supuesto que, al finalizar cada partido, todos sonreímos con aquel ritual tribunero tan particular: el característico silencio inicial del estadio y los aplausos con brazos abiertos, cada vez más repetitivos, para terminar en aplausos apasionados. Verdaderos vikingos. No solo el campeón triunfa.

El 10 de junio de 2016, ante 75.868 espectadores en el Stade de France (Saint-Denis, Francia), se disputó la final de la UEFA Eurocopa 2016 FRANCE. La final no fue animada por Alemania (último campeón de la Copa del Mundo de la FIFA de Brasil 2014), ni el campeón (España), ni el finalista (Italia) de la anterior UEFA Eurocopa 2012 que se realizó en Polonia y Ucrania. Fueron Portugal y Francia. Ventaja para Francia como local, por la calidad de sus jugadores, por la jerarquía de su Ligue 1 (considerada entre las 5 grandes ligas de fútbol junto a LaLiga de España, la Serie A de Italia, la Bundesliga de Alemania y la Premier League de Inglaterra) y por su historia con 2 títulos de la FIFA World Cup en Francia 1998 y Rusia 2018. ¿Dije 2018? Ah, entonces van a entender por qué fue una sorpresa que Portugal fuese el campeón de la Euro de Francia contra todos los pronósticos, lo que agiganta aún más dicha proeza, ya que dos años después, su vencido, Les Bleus, se alzó con el Campeonato del Mundo. Además, su jugador estrella y capitán, Cristiano Ronaldo, abandonó lesionado el campo de juego a los 24 minutos del primer tiempo de la final, mientras que el gol del triunfo por 1 a 0, llegó en el minuto 109 (Éder, a los 4 minutos del segundo tiempo suplementario). Portugal campeón. Sorpresa.

La selección argentina masculina de hockey sobre césped no participó en los Juegos Olímpicos de Helsinki 1952, Melbourne 1956, Roma 1960 y Tokio 1964. En México 1968 y Munich 1972 terminó en la posición 14. En Montreal 1976 finalizó en la 11va posición. Por el boicot decidió no participar en Moscú 1980 y tampoco formó parte en Los Ángeles 1984. Fue 8° en Seúl 1988, 11° en Barcelona 1992, 9° en Atlanta 1996, 8° en Sidney 2000 y 11° en Atenas 2004. No se clasificó para Beijing 2008, y en Londres 2012 obtuvo el puesto 10. El 18 de agosto de 2016, los Leones vencieron 5 a 2 en la semifinal al último campeón olímpico, Alemania, y lograron el hito de acceder por primera vez en su historia a una final olímpica. Pero no quedaría allí, ya que en la definición se impusieron por 4 a 2 a Bélgica y la selección obtuvo la medalla dorada de los Juegos Olímpicos de Río de Janeiro, consiguiendo la primera presea de ese metal. Ni siquiera lo habían podido lograr las multicampeonas Leonas, la selección femenina de este país. ¿Sorpresa? ¡Por supuesto! Sorpresa para el mundo, pero no para el hockey sobre césped de la Argentina, ya que después de figurar entre los puestos 6° y 12° de los Mundiales hasta 2010, en La Haya 2014 concluyeron terceros (bronce). En el Champions Challenge (el escalafón inferior al Champions Trophy), disputado en 2012 en la ciudad de Quilmes (Argentina), también habían sido campeones, título que les dio el acceso al Champions Trophy, siendo que no participaban en esa competencia de 2009 a 2012 (fueron 6tos en 2014 y 4tos en 2018). Quizás la clave, según los entendidos, se basó en una camada numerosa de jugadores jóvenes que se sumaron a algunos históricos: Argentina se adjudicó la medalla de plata en el Campeonato Mundial Junior de Hobart (Australia) en 2001, y la de oro en el de Rotterdam (Holanda) en 2005; además de haber finalizado campeones en los Campeonatos Panamericanos Juveniles Sub17 de Hermosillo (México) en 2010 y San Juan (Puerto Rico) en 2014. Asimismo se obtuvieron todas las medallas de oro de los Campeonatos Panamericanos Junior de 1978 a 2016 inclusive, pero siempre este país fue líder en la región (10 medallas de oro y 4 de plata en los Juegos Panamericanos de 1967 a 2019). Resumen: ninguna selección de hockey sobre césped (ni masculina ni femenina) había sido campeona olímpica. Más allá de la excepción de los Juegos Olímpicos de Londres 1948 (5° puesto), la selección argentina masculina había finalizado siempre entre las posiciones 8° y 14° en los Juegos Olímpicos, o no se había clasificado o directamente no se presentó. Es más: hasta 2012 y por 4 años no jugaba la Champions Trophy, debido a que solo formaba parte de su competencia inmediata inferior. En unos Juegos Olímpicos anteriores finalizaba 10° y en el previo a ese (Beijing 2008) no había podido clasificarse tras fracasar en un repechaje con Nueva Zelanda. Es sorpresa. Y es hazaña. Argentina campeón olímpico. Aún se lo recuerda a Agustín Mazzilli marcando el cuarto gol y sentándose junto con Manuel Brunet a festejar en la tabla del arco belga, sentenciando la historia y comenzando una nueva era de este deporte.

Podríamos agregar al tenista argentino Juan Martín del Potro, que después de varias lesiones anunció su regreso a las canchas el 3 de febrero de 2016. Por entonces aparecía en la posición 1.042 del ranking mundial ATP. Ese mismo año accedió a disputar los Juegos Olímpicos de Río de Janeiro 2016 (primera sorpresa) que se realizaron sobre superficie dura en el Centro Olímpico de Tenis, del 6 al 14 de agosto. Y allí venció en la primera rueda al serbio Novak Djokovic, número 1 del mundo en ese momento por 7-6 (4) y 7-6 (2) (segunda sorpresa -"El gran golpe" titularon algunos-). En el segundo partido derrotó al portugués João Pedro Coelho Marinho de Sousa por 6-3, 1-6 y 6-3; en tercera batió a Taro Daniel (Japón) por 6-7 (4), 6-1 y 6-2 y en cuartos de final eliminó al español Roberto Bautista Agut por7-5 y 7-6 (4). En semifinales lo esperaba ni más ni menos que Rafael Nadal (España, 5to del mundo en aquel entonces), campeón olímpico en los Juegos de Beijing 2008. Pero fue triunfo para el tandilense, que venció por 5-7, 6-4 y 7-6 (5) y medalla de plata asegurada (tercera sorpresa). En la final lo esperaba Andrew Barrow Murray (Andy, para los amigos), que venía de colgarse la medalla de oro cuatro años atrás en los Juegos Olímpicos de Londres 2012, en el césped de Wimbledon, y volvería a repetir en Río tras imponerse a Del Potro por 7-5, 4-6, 6-2 y 7-5. Para ese momento, ya el argentino había encadenado sorpresa tras sorpresa por todo lo relatado.

El tenis tiene más ejemplos. Como la preclasificada 20ª, la japonesa Naomi Osaka, que le ganó a la norteamericana Serena Williams en la final del US Open 2018 por 6-2 y 6-4. Podrán algunos decir que Serena Jameka Williams Price no estaba en forma (¡había llegado a la final!) tras haber dado a luz a su hija Alexis Olympia Ohanian Jr., apenas un año y una semana atrás. O que tan solo estaba preclasificada 17ª en aquel Abierto de los Estados Unidos. Señores: Serena lleva ganados 23 títulos de Grand Slam, solo superada por Margaret Court, y fue número 1 del mundo (WTA) por más de 300 semanas. Naomi Osaka, hija de padre haitiano y madre japonesa a pesar de su ciudadanía norteamericana, tenía tan solo 20 años el 8 de septiembre de 2018, cuando enfrentó en aquella final a Williams, de 36. Así, Osaka se convirtió en la primera japonesa (o japonés) en ganar un título individual de Grand Slam, sin contar los 22 de Shingo Kunieda en masculino individual en silla de ruedas (adaptado, lo llaman algunos). Pero el camino ascendente de Naomi continuó al llevarse un nuevo trofeo de Grand Slam, el Australian Open 2019, conquista que la convirtió en la

número 1 del ranking mundial de la WTA. Más allá de la controversia de Serena con el juez de silla en aquel partido definitorio en el Arthur Ashe Stadium, resultó una sorpresa ver a Osaka levantar la copa del US Open entre llantos. Y doble sorpresa por llegar a la cúspide del ranking mundial luego. La historia nipona continuaría en Wimbledon al año siguiente, cuando Shintaro Mochizuki venció al español Carlos Gimeno Valero 6-3 y 6-2 en la final de single junior, siendo el primer título single masculino de un japonés en Grand Slams. Para el US Open 2019, continuó la sorpresa, ya que el sábado 7 de septiembre de ese año, la canadiense Bianca Vanessa Andreescu, que con tan solo 19 años de edad y 15ª preclasificada, venció en la final (otra vez ella) a Serena Williams (preclasificada 8va. Y con 37 años) por 6-3 y 7-5 en el mismo estadio, tras 1 hora y 40 minutos. Así, Andreescu se convirtió en la primera persona de Canadá en ganar un Grand Slam del cuadro principal de singles (Daniel Nestor y Sébastien Lareau, ganaron 8 y 1, respectivamente, en dobles masculino, y Daniel Nestor 4 en dobles mixto, y Sébastien Lareau, 2 en dobles masculino junior; Filip Peliwo, 2 en singles masculino junior; Eugénie Bouchard, 1 en single femenino junior y 3 en dobles femenino junior; Leylah Annie Fernandez, 1 en single femenino junior; Denis Shapovalov, 1 en single masculino junior y 1 en dobles masculino junior; Félix Auger-Aliassime, 1 en single masculino junior y 1 en dobles masculino junior; Sébastien Leblanc, 2 en dobles masculino junior; Jocelyn Robichaud, 3 en dobles masculino junior; Sharon Fichman, 2 en dobles femenino junior; Carol Zhao, 1 en dobles femenino junior; Bianca Andreescu, 2 en dobles femenino junior; Carson Branstine, 1 en dobles femenino junior; Greg Rusedski, 1 en dobles masculino junior; Frank Dancevic, 1 en dobles masculino junior), siendo además su primer título de los cuatro grandes y dos días después alcanzaría el 5to. puesto del ranking de la WTA, su mejor posición histórica. Duelo generacional con campeones por primera vez en Grand Slam que vencen a una multicampeona récord ¿Sorpresa? Mmmm, ya no; creo que podríamos llamarlo tendencia. Duelo de gene

En 2018 se disputó la edición 59° de la CONMEBOL Libertadores, históricamente conocida como la Copa Libertadores de América, que disputan los clubes de fútbol de Sudamérica, más allá de ciertos equipos de México invitados ocasionalmente. En este certamen organizado por la CONMEBOL (Confederación Sudamericana de Fútbol), todos los partidos de zona de grupos y eliminaciones, incluyendo la final, fueron disputados a dos partidos, con la condición alternada de local y de visitante para cada equipo. Desde 2019 se determinó que la final se jugara a un solo partido en estadio predefinido, cuya primera sede elegida fue el Estadio Nacional de Santiago de Chile. Para terminar con tanta historia hacía falta un recuerdo imborrable. Ya veremos el porqué. El Club Atlético River Plate y el Club Atlético Boca Juniors se enfrentaron en esta última final a dos partidos. River y Boca (o Boca y River), son los clubes más populares de la Argentina y sus partidos son el superclásico de este país, que incluso genera admiración de todo el mundo por la trascendencia del espectáculo en sí mismo, la rivalidad histórica y la pasión que demuestran sus hinchas en las tribunas y fuera de ellas. Ambos clubes nunca se habían enfrentado en una final de CONMEBOL Libertadores. De hecho, solo en dos ocasiones anteriores se enfrentaron dos equipos de un mismo país en la final: São Paulo Futebol Clube vs. Club Athletico Paranaense en 2005 y Sport Club Internacional vs. São Paulo Futebol Clube en 2006. Pero sigamos con los equipos de la final de 2018... La planificación ya comenzó complicada, puesto que originalmente las finales se iban a disputar el 7 y 28 de noviembre, siendo Boca Juniors local en el primer partido. Pero por distintos motivos se programó finalmente para el 10 y 24 de noviembre. Sin embargo, tampoco se jugaría en esas fechas. ¿Cómo? El primer partido en el estadio Alberto J. Armando, más conocido como La Bombonera, se reprogramó del 10 al 11 de noviembre por las intensas lluvias que cayeron a las 17, en el mismo momento que debía dar comienzo al partido. Al día siguiente, el encuentro arrancó a las 16 y culminó con un empate 2-2 tras los goles de Ramón Ábila (Boca, 33'), Lucas Pratto (River, 35'), Darío Benedetto (Boca, 45') y Carlos Izquierdoz (Boca, en contra, 60') ante 49.000 espectadores. El segundo duelo, el partido de vuelta y definitorio, programado para el 24 de noviembre a las 17 horas, fue suspendido por una agresión de hinchas de River Plate al ómnibus que trasladaba al plantel de Boca Juniors cuando se dirigía rumbo al estadio Antonio Vespucio Liberti, conocido como El Monumental. En los días siguientes hubo extremo silencio, misterio y desconcierto respecto de cómo concluiría esta particular final, hasta que el 29 de noviembre la CONMEBOL informó que el cotejo definitorio se disputaría el 9 de diciembre en el Estadio Santiago Bernabeu (Madrid, España). La final de la UEFA Champions League, que reúne a los clubes de Europa disputada por dos equipos sudamericanos. Ah, no, ¡pará! La final de la Copa Libertadores de América que enfrenta a dos equipos argentinos en un estadio de Europa. ¿La final de la Copa Libertadores de América disputada por dos equipos argentinos en un estadio de Europa? Sí, sí, señores: siempre hay una nueva sorpresa en el fútbol mundial. Como mínimo, polémico. Y así fue nomás esta novela... perdón, esta historia. El 9 de diciembre de 2018 a las 20.30 y ante 62.282 personas, en el Estadio Santiago Bernabeu del Real Madrid Club de Fútbol, el Club Atlético River Plate ganaría su cuarta Copa Libertadores (o CONMEBOL Libertadores ahora), tras las conseguidas en 1986, 1996 y 2015. Darío Benedetto había abierto el marcador para Boca Juniors, el "visitante", a los 43 minutos del primer tiempo. Lucas Pratto empató a los 67 minutos, resultado que se mantendría hasta la finalización de los 90 minutos reglamentarios. Como no podía ser de otra manera, el destino quiso que se vieran 30 minutos más de esta fabulosa historia. El colombiano Juan Fernando Quintero pondría en ventaja a River a los 18 minutos del primer tiempo extra, tras un tiro fortísimo que pegó en el travesaño e infló la red. Con el equipo de Boca ya jugado en el terreno el todo por el todo en el terreno rival, fiel a su estilo de garra histórico, sobre el final surgió la contra de Gonzalo Martínez, que enfiló en soledad hacia el arco defendido por el club de la Ribera, para marcar el 3 a 1 definitivo en el minuto extra agregado a los 120 minutos, sumando tiempo reglamentario y prórroga. Todavía los simpatizantes de River recuerdan (y seguramente recordarán por mucho tiempo), aquella corrida del Pity Martínez. Una final sudamericana jugada en terreno europeo. Si eso no es sorpresa, ya no sé qué más decir. No es hazaña. Es el resultado de las desavenienciass del fútbol de Sudamérica, que no es ajeno a diferentes situaciones poco felices ocurridas a lo largo de la historia en el fútbol mundial. Pero no deja de ser sorpresa.

Podemos hablar de la selección de fútbol del Perú, finalista de la Copa América disputada en Brasil, tras 44 años. ¿Se entendió eso?: cuarenta-y-cuatro-años. #Sunalocura. OK, perdieron con el poderoso equipo local (incluso sin Neymar Junior, ausente del torneo por problemas físicos declarados y extra deportivos sabidos). Finalmente, el domingo 7 de julio de 2019, en el Estadio Jornalista Mário Filho de la cidade maravilhosa de Río de Janeiro, más conocido como Estadio Maracaná, Brasil ganó por 3 a 1 con goles de Everton Sousa Soares, Gabriel Jesús y Richarlison, en tanto que Paolo Guerrero había marcado el 1 a 1 de penal. Sorpresa sin lugar a dudas. No para Paolo Guerrero, su DT argentino Ricardo Gareca ni los gladiadores peruanos que se habían ganado por sí solos disputar aquella final.

New England Patriots se llevó el Super Bowl LIII de la NFL (National Football League, fútbol americano para gran parte del mundo) ante 70.081 personas en el Mercedes-Benz Stadium de Atlanta (USA), tras vencer a Los Ángeles Rams por 13 a 3. Podría no ser una sorpresa, si se considera que los Patriots lograron el 3 de febrero de 2019 su sexto título en 11 apariciones en la definición, igualando en trofeos Vince Lombardi a Pittsburg Steelers como los máximos ganadores. Pero (siempre hay un pero), su mariscal de campo Tom Brady, estrella del equipo y quizás una leyenda activa de la NFL condujo a los Patriotas de Nueva Inglaterra con 41 años. Como mínimo es sorpresa. No tanto como la belleza de su mujer-madre-modelo brasileña Gisele Caroline Bündchen (que además tuvo su gloria en el deporte al portar la Copa del Mundo FIFA en la final de Brasil 2014 junto al español Carles Puyol en el mismísimo Estadio Maracaná, y en realizar su último desfile por la pasarela justamente en la ceremonia de apertura de los Juegos Olímpicos de Verano de Río de Janeiro 2016 en el mismo escenario deportivo). Si te quedaste pensando si el bueno de Tom es leyenda, solo ponete a pensar que es el primero de todos los tiempos en yardas de pases de carrera y pases de touchdown, además de uno de los dos jugadores (el otro es Brett Favre) en la historia de la NFL en acumular 70.000 yardas aéreas y 1.000 yardas terrestres. Dato mata opinión. Con 41 años. Sorpresa. No discutamos. Podemos discutir si el show de Maroon 5 con los raperos Big Boi y Travis Scott estuvo bien, pero no pongamos en tela de juicio a Thomas Edward Patrick Brady Jr.

Desde el 13 de junio de 2019, todavía se sigue festejando en todo Canadá el anillo de campeón de la NBA de los Toronto Raptors, franquicia surgida tan solo en 1995 y la única fuera de los Estados Unidos tras la partida de los Vancouver Grizzlies a Memphis (USA) en 2001. Quedaron bien grabadas en la memoria las fotos del trofeo Larry O'Brien levantado por Kawhi Anthony Leonard, que también portaba el Premio Bill Russell como MVP de las Finales, tras su paso anterior como campeón con San Antonio Spurs, y su partida a Los Ángeles Clippers, cuando todavía estaban barriendo los papelitos de campeón en Toronto. ¿El resultado? Toronto Raptors ganó la serie final por 4 a 2 frente al defending champion Golden State Warriors (3 veces campeón en los anteriores 4 años), y se convirtió en el primer equipo no estadounidense en transformarse en el monarca de la NBA.

También podríamos mencionar al sensacional equipo del entrenador argentino Mauricio Pochettino, el Tottenham Hotspur Football Club, finalista de la UEFA Champions League 2018/19. ¿Por qué? Porque más allá que consiguió los torneos continentales de la Copa de la UEFA en 1972 y en 1984, además de la Recopa de la UEFA en 1963 (observe la antigüedad de las fechas), era la primera vez que los Spurs llegaban a una final de Champions. Sólo en una oportunidad se habían clasificado para las semifinales en la edición de 1961/62, cuando fue eliminado por el Benfica, luego campeón ese año. Además, había caído en los cuartos de final en la 2010/11. Y de hecho, las cuatro ediciones mencionadas fueron las únicas en las que participó este club de Londres fundado el 5 de septiembre de 1882. Para acceder a la final derrotó a equipos de la talla del Inter (Football Club Internazionale Milano S.p.A., Milán, Italia) y empató con el Fútbol Club Barcelona (Barcelona, España) y el PSV (Philips Sport Vereniging, Eindhoven, Holanda), en el Grupo B. Superó al Borussia Dortmund (Ballspielverein Borussia 09 e.V. Dortmund, Dormund, Alemania) en las dos ocasiones en octavos de final. En cuartos batió al Manchester City Football Club (Manchester, Inglaterra) en el primer partido y, si bien perdió en el desquite, terminó avanzando a las semifinales por haber convertido más goles de visitante. En las semifinales doblegó al Ajax (Amsterdamsche Football Club Ajax, Ámsterdam, Holanda) en el segundo partido, tras haber perdido el primero de local, y accedió a la final por gol de visitante. La

historia dirá que el 1 de junio de 2019, a las 21, en el Estadio Wanda Metropolitano (Madrid, España) y ante 63.272 personas, el Liverpool Football Club (Liverpool, Inglaterra) se proclamó campeón de la UEFA Champions League2018/19 gracias a los goles de Mohamed Salah (2') y Divock Origi (87'), pero el Tottenham Hotspur ya había dado establecido su nueva marca, para sorpresa de muchos.

Extraña situación se dio en la Superliga Argentina de Fútbol (SAF) en 2019. Intentaré que el lector comprenda el sistema del descenso de los clubes de fútbol en la liga de ese país, establecido en 1983. Para el descenso se considera el promedio de puntos de cada equipo en los últimos 3 años, considerando exclusivamente las unidades obtenidas en la máxima categoría (llamémosle "Primera División", si bien actualmente es la mencionada Superliga). En los orígenes de la creación de este sistema, el espíritu de la norma era que un equipo no descendiera solamente por una única temporada mala. Y por esas reglas extrañas que luego perduran en el tiempo, ocurre lo que describiré muy sencillamente. El Club Atlético Tigre, fundado el 3 de agosto de 1902 en Victoria, Provincia de Buenos Aires, Argentina, recién logró ascender a la máxima categoría del fútbol argentino a mediados de 2007 (accede a la promoción en la que vence al Club Atlético Nueva Chicago, tras eliminar en un torneo reducido al Club Atlético Chacarita Juniors y al Club Atlético Platense). Al año siguiente, en el Torneo Apertura 2008, queda empatado en la primera posición con el Club Atlético Boca Juniors y el Club Atlético San Lorenzo de Almagro por lo que tuvieron que jugar un torneo triangular para definir al campeón, título que finalmente quedaría en manos de Boca, mientras que Tigre concluiría segundo. Hasta ahí, su máximo logro, más allá de haber sido subcampeón de la Copa CONMEBOL Sudamericana 2012 frente a Sao Paulo de Brasil, en medio de un escándalo por denuncias de agresiones a los jugadores de Tigre en el entretiempo, episodio que nunca fue aclarado. El 2 de junio de 2019 consiguió su primer título oficial en la máxima categoría del fútbol argentino, al consagrarse campeón de la primera edición de la Copa de la Superliga Argentina de Fútbol 2019 (Copa Superliga YPF Infinia 2019), tras derrotar a Boca Juniors por 2 a 0 tras los goles de Federico Rafael González (24') y Lucas Ezequiel Janson (32'), en la final disputada en el Estadio Mario Kempes (Córdoba, Argentina). Hasta ahí todo era festejos para los fanáticos de El Matador. Pero casi dos meses antes, el 7 de abril de ese año, se concretaba el descenso de Tigre por el sistema de promedios mencionados (quedó entre los 4 equipos con peor promedio, junto a San Martín de Tucumán, Belgrano de Córdoba y San Martín de San Juan). Sin embargo, al haber finalizado 9° en la tabla general de la Superliga en la temporada 2018/19, Tigre consiguió un cupo en la CONMEBOL Sudamericana, derecho que perdió según lo que indicaba el reglamento, ya que que si un equipo desciende no puede llegar a las competiciones internacionales. En este momento habría que poner un Emoji de una carita tapándose la cara, al no poder creer ni entender tal situación. Pero hay más... ¿Cómo? ¿Más aún? Sí: como Tigre fue campeón de aquella Copa de la Superliga, obtuvo el derecho a participar en la próxima edición de la Copa CONMEBOL Libertadores de América. ¿Esa la puede jugar a pesar de haber descendido? Sí. Ah, menos mal. Este sistema de promedios multianuales que establece los descensos en el fútbol de la región se utiliza también en Colombia, México y Paraguay, mientras que en Brasil, Bolivia, Chile, Ecuador, Perú, Uruguay y Venezuela descienden por puntos tras la finalización de la temporada. Desciende, pero es campeón de la Copa de su país. Como es campeón juega el máximo torneo continental. Pero termina noveno en la liga, se clasifica al segundo torneo de la región, pero no puede jugarla... ¡por haber descendido! Si a esta altura el lector se indignó, sonrió (por no llorar), o directamente no entendió, le prometo que le doy un fuerte abrazo contenedor porque tiene razón. Si bien lo que pasó es sorpresivo, esperemos que no haya más de este tipo de sorpresas.

Hubo más batacazos a primera vista. Como los Jaguares, que forma parte del Super Rugby, la competencia más dura de este deporte con equipos de Nueva Zelanda, Australia y Sudáfrica, y uno de Japón. La franquicia argentina llegó hasta la final de 2019 a tan solo 4 años de la creación del equipo por parte de la Unión Argentina de Rugby. Para mayores méritos, Pablo Matera (columnista de este libro) fue elegido MVP de la final ante Crusaders, que contó con varios jugadores de los All Blacks (la selección de rugby de Nueva Zelanda y considerada la más poderosa del mundo) entre sus filas. Resulta anecdótico que Jaguares haya perdido 19 a 3 en la tierra de los maoríes en el Orangetheory Stadium (Christchurch, Nueva Zelanda) el 5 de julio de 2019.

Inexplicable resulta que la selección argentina se consagrara campeón mundial de softbol el 23 de junio de 2019. De visitante (Praga, República Checa), se impuso por 3 a 2 ante el poderoso seleccionado de Japón, luego de remontar un 0 a 2. Un choque decisivo que terminó definiendo Federico Eder en "una jugada increíble", en el tercer inning extra (10° porque se juega a siete). ¿Sorpresa? Pfff. Ni hablar. Cuando regresó al país, Eder volvió a ponerse al frente de sus alumnos en la ciudad de Paraná, ya que es profesor para chicos con capacidades especiales. Otro, Mariano Montero, trabaja en la administración de un casino de Paraná. Viven todos en esa ciudad porque allí está el estadio nacional. Si querés dejar huella en el softbol, tenés que mudarte a ahí. Excepto el pitcher, Huemul Ezequiel Mata Carabajal, que vive y juega en Japón, siendo el único profesional full time. Dato: Argentina había perdido un solo partido en la etapa clasificatoria. ¿Resultado? 4 a 8.

¿Con quién? Con Japón. Dale, decime. Dale. Hablemos de éxito, pero también de sorpresas.

No es una lista exhaustiva. Son tan solo ejemplos globales con algunos de condimento regional, y por supuesto, de referencia local propia. Cada lector encontrará en su propio país una circunstancia similar. Un nuevo ejemplo. Un campeón o logro que no estaba en los planes de nadie. Triunfos de impacto. Es obvio. Pueden enviarme sus victorias inesperadas deportivas de los últimos 6 años por redes sociales. Todo sirve para seguir conociendo más y más. Para seguir aprendiendo.

Pero está claro que algo está cambiando. Logros, triunfos y campeonatos y partidos sorpresivos. Impactantes. Inesperados. Con la historia y la camiseta ya no se gana. Es necesario esforzarse sostenidamente para hacer historia. Hay espacio para un nuevo orden mundial en el deporte que cada vez se sorprende menos con las sorpresas.

¿Qué pasó en estos años en sports marketing? De 2013 a 2019.

¿Qué más ocurrió en estos 6 años desde el libro anterior "La pasión deportiva del marketing"? Muchas cosas. Algunas de moda efímera. Otras de tendencia constante. Varias como evolución de algo que ya se vislumbraba. Y otras surgieron absolutamente nuevas respecto de su impacto. Y es lo que quedará plasmado en este libro.

Imposible estar ajeno a los eSports. Tanto que ya existen ligas profesionales de videojuegos que, según los últimos estudios, movilizan más de 10.000.000 de seguidores, incluso todo ello mensurable por el juego on line, lo que establece una información valiosa. Sus finales convocan a miles de espectadores no solo por la red, sino en vivo, en el "estadio" cubierto. Y habrá que ver la transmisión para entender el fanatismo de los relatores y la pasión de los jugadores.

Criptomonedas. Palabra y concepto raro. Novedoso. Pues bien, ya existen varios patrocinios pagados con estos valores. En fútbol, en automovilismo y hasta en polo.

¡Qué podemos decir de la verdadera revolución de la mujer en el deporte! No porque antes no la hubiere, sino por el nivel de promoción, consumo y demanda que crece día tras día, torneo a torneo y deporte a deporte. La última Copa del Mundo de la FIFA femenina disparó un récord en audiencia y venta de tickets, tan solo por poner un ejemplo.

Entender los eventos deportivos como una atracción turística para la ciudad, región y/o el país que los aloja, es un crecimiento paulatino pero que no puede dejar de destacarse. Gran cantidad de fanáticos de los equipos o deportistas que participan se trasladan hacia el lugar de ocurrencia, no sólo para gastar en la compra de tickets, sino también en transporte, alojamiento, comida, merchandising, visita de museos, adquisición de recuerdos y tanto más. No solo el negocio es importante en esos días del evento, sino que también es relevante la difusión hacia el mundo respecto de sus transmisiones, además del efecto residual de todos los turistas que visitarán a partir de ese evento en adelante. Deporte, turismo e ingresos de largo plazo.

El uso moderno del término "Big Data" tiende a referirse al análisis del comportamiento del usuario, extrayendo valor de los datos almacenados y formulando predicciones a través de los patrones observados. La disciplina dedicada a los datos masivos se enmarca en el sector de las tecnologías de la información y la comunicación. El análisis de datos se convirtió en una verdadera revelación dentro del sector deportivo. Gracias al tratamiento de grandes volúmenes de información que ofrecen los distintos eventos deportivos, es posible ofrecer la oportunidad de mejorar la toma de decisiones en terrenos deportivos tan heterogéneos como la táctica durante un partido, la gestión de fichajes y hasta ofrecer al consumidor de deportes exactamente lo que él necesita en base a la información predictiva, la interpretada y la fáctica.

Antes no nos podíamos mover del televisor si queríamos seguir un partido sin perdernos ningún detalle. Podíamos grabarlo en VHS, luego en compact disc y recientemente en pen drives o discos duros. Hoy tenemos varias alternativas para disfrutar mejor este entretenimiento; es vivir y palpitar el deporte desde la óptica de espectador con mayor tranquilidad. Es el consumidor el que decide cómo, cuándo y dónde verlo. Las opciones son múltiples: puede ser a través de las transmisiones de redes sociales como YouTube, facebook o twitter, en la notebook, en el teléfono, pausar, retroceder, grabar en formato digital en el propio dispositivo del televisor por el sistema de cable o satelital, o directamente guardarlo en la nube a través de nuestro proveedor de señal. Conceptos de on demand. Y todo en la más alta calidad de imagen y sonido.

Hablaremos del equipo modelo con las tendencias en concepto de calzado e indumentaria deportiva, pero también del modelo-deportista, ya que las marcas exclusivas de moda como Armani, Ralph Lauren o GIESSO visten a los equipos, delegaciones y deportistas individuales fuera del campo de juego, en su vida privada e incluso en actos oficiales como si fueran altos ejecutivos y empresarias consagradas.

El libro anterior, "La pasión deportiva del marketing" tuvo como último dato actualizado la transferencia del galés Gareth Bale del Tottenham Hotspur al Real Madrid. La llegada del belga de 28 años, Eden Hazard, también a la Casa Blanca por 100 millones de euros fijos y un monto variable con tope de 30 millones de la misma moneda, pero proveniente del Chelsea Football Club, lo convertía en 2019 en merengue. El delantero francés campeón del mundo en Rusia 2018, Antoine Griezman, con 28 años, fue traspasado el mismo año del Club Atlético de Madrid (España) al Football Club Barcelona (España) por 120 millones de euros; al igual que el brasileño Philippe Coutinho que con 26 años, fue fichado también por el Barcelona proveniente del Liverpool Football Club (Inglaterra). En 2019 el portugués de 19 años João Félix pasó del Sport Lisboa e Benfica (Portugal) al Atlético de Madrid por 127.100.000 de euros; mientras que Kylian Mbappé, también campeón del mundo con Francia en la Copa del Mundo FIFA Rusia 2018, fue adquirido por el Paris Saint-Germain Football Club (Francia) al Association Sportive de Monaco Football Club (Francia). Pero aún no fue superada la cifra de Neymar da Silva Santos Júnior cuando, proveniente del Barcelona (si bien volvió en 2019), pasó al PSG en 2017 por 222 millones de euros. Todo ello para entender las cifras millonarias de transferencias que solo pueden entenderse cuando se comprende el tamaño del negocio deportivo.

Antes hablábamos de la nueva generación de consumidores: los millennials y su carácter intempestivo, esa seguridad acerca de lo que quieren. Hasta ahora se los trató con excesivo respeto e incluso, condescendencia. Ahora es el momento de mirar aún más abajo: son los centennials teens (12 a 18 años) y los kids (6 a 12) a quienes debemos comprender, al tiempo de comenzar a conocer los niños y bebés de la Generación Alfa. Si hablamos de smartphones, criptomonedas, Big Data… estamos hablando de tecnología. Los millennials comenzaron tecnológicos. Pero los centennials ya nacieron digitales. Ahí están hoy los consumidores del mañana.

El sports marketing comenzó a amplificar y profundizar el concepto de experiencias únicas para fanáticos, clientes y sponsors. Incluso en septiembre de 2018, el Stade Malherbe Caen, un club de la Ligue 1 de Francia, tras un acuerdo con Thalazur, un sponsor dedicado a la hotelería y spa, instaló un jacuzzi (tina de hidromasajes de lujo) a un costado del campo de juego cuando recibieron en su estadio Michel d'Ordano al Lyon que. Tras un sorteo en redes sociales, una pareja disfrutó el partido desde allí en traje de baño tomando champagne en el campo de juego. Otra de las activaciones de marca atractiva y novedosa se dio durante los partidos de Jaguares y otros partidos de Los Pumas: se instaló un asiento, patrocinado por la marca de telefonía móvil argentina Personal, en asociación con Samsung, que se deslizaba automáticamente a lo largo del costado del campo de juego (touch) para que los elegidos, que accedían por concurso, pudieran siempre ver (más) de cerca las jugadas.

Empezamos a entender que al planeta hay que cuidarlo entre todos y surgió el Green Marketing en los deportes, estadios, canchas y eventos.

Y por suerte, se profundizaron las acciones de bien común y bien social que se venían haciendo a través del deporte. Veremos ejemplos de una ciudad, de un municipio y de una ONG de alcance global, entre otros ejemplos relacionados al deporte.

¿Cine, teatro o NETFLIX (R.I.P. Blockbuster)? ¿Remise, taxi, Uber o Cabify? ¿Hotel, inmobiliaria o airbnb? ¿Agencia de viajes, Despegar. com, Trivago.com o Booking.com? ¿Cita a ciegas de conocidos o

Tinder? ¿Radio o Spotify (R.I.P. Compact Disc)? ¿Video cassette, Blue Ray o YouTube? ¿Mail, SMS o WhatsApp o DM de Instagram o de twitter? ¿Quedarse viendo el partido por televisión sin moverse y esperar el entretiempo para ir al baño o agarrar comida de la heladera, o hacer stop, rewind y forward por Cablevisión Flow, Directv Plus, o directamente on demand por plataformas digitales on line? ¿Ir a buscar un libro, pedir a alguien que viaja que nos traiga un parlante o pedir todo eso por Amazon? Y podríamos seguir así. Las empresas ya casi no tienen activos. En muchos casos como Airbnb o Uber, solo administran bienes de otros y cobran por ello, manteniendo una estructura liviana, flexible y barata. Es necesario adaptarse a los cambios digitales, a las aplicaciones y las redes sociales. El mundo cambió. El mundo está mutando. El consumidor varió. El consumidor está resignificándose constantemente. Lo único fijo y estático es el constante cambio. Eso no es el futuro. Es el ahora. Y mañana será otra cosa. Mi gran amigo Guillermo Camilo Leonardi (¡cuánto te extraño!), me dijo una vez: "inteligente no es el que más sabe; inteligente es el que mejor se adapta a las diferentes situaciones y circunstancias que se le presentan". Pues bien, entonces, como dijo Guillo, el mundo actual (y el que vendrá), será de los inteligentes.

El deporte está cambiando. Los resultados deportivos están modificándose. El atleta está reconvirtiéndose. Las transmisiones deportivas. Los estadios. Las competencias. Las reglas. La indumentaria dentro y fuera del campo de juego. El público y los seguidores. Todo está cambiando. Incluso el sports marketing está evolucionando.

La vida te da sorpresas. El deporte también. Y el marketing deportivo es el nuevo marketing deportivo. Pero la pasión no se negocia. Por suerte.

Columna especial de Agustín Pichot

Nada es imposible cuando se sueña en grande

Por Agustín Pichot (@agustinpichot), desde mayo de 2016 es Vicepresidente de World Rugby (@worldrugby), organizador de la Rugby World Cup (@rugbyworldcup). Ex jugador de rugby surgido en el CASI (Club Atlético de San Isidro, Argentina), y profesionalmente jugó en Richmond RC (1997-1999, Inglaterra), Bristol FC (1999-2003, Inglaterra), Stade Français Paris (2003-2007 y 2008-2009, Francia) y Racing Metro 92 (2007-2008, Francia). Con la selección argentina "Los Pumas", jugó de 1995 a 2008 y disputó cuatro Rugby World Cup (Sudáfrica 1995, Gales 1999, Australia 2003 y Francia 2007) y fue capitán en el Mundial de Francia 2007, donde obtuvieron el tercer puesto. Además, entre otras presencias en seven, participó con Los Pumas del Mundial de Seven de Mar del Plata 2001. Recibió el Premio Konex de Platino en 2000 y 2010 como mejor rugbier de la década en Argentina. Desde 2011, es miembro del Salón de la Fama de la World Rugby. Jugador de Barbarian FC en 7 oportunidades.

Cuando se habla de gestión, en el ámbito que sea, lo que hay que establecer y considerar es cuál o cuáles son los objetivos. Tener bien claro, cuál es la meta, resulta fundamental antes de dar el primer paso. Y eso es lo que definimos en primera instancia: ¿qué queremos hacer? y ¿hacia dónde pretendemos ir?

Una vez establecido nuestro horizonte, la siguiente medida fue enunciar los caminos a desandar para poder concretar lo que buscábamos. Al mismo tiempo que nos dábamos cuenta de lo que teníamos que hacer, comprobábamos qué cosas de nuestra estructura organizativa nos iba a permitir avanzar y qué otras debíamos cambiar. La búsqueda entonces, también implicaba una transformación que, en algunos casos, tuvo que ser drástica y en otros, con un poco más de aprendizaje.

Uno de los primeros desafíos con la International Rugby Board en aquel momento (hoy ya rebautizada como World Rugby) fue lograr que el rugby, uno de los deportes más convocantes del mundo, fuera reincorporado dentro del programa olímpico, luego de 92 años (la última participación había sido en Berlín 1936). No fue nada sencillo convencer a los líderes del Comité Olímpico Internacional. Y, esa misión, nos demandó dos años de ardua tarea, más allá que para poder reincorporarnos, era indispensable que se hiciera un espacio con la eliminación de alguna disciplina. El primer cambio en la estrategia fue proponer la incorporación del rugby a los Juegos Olímpicos, pero en su versión de seven, y no en el tradicional formato de 15 jugadores, algo más complicado por los requerimientos y las necesidades de descanso en esa modalidad. Y, una vez asumido que el seven era ideal para ser expuesto, fueron dos años de perseverancia, hasta que, casi a fines de 2009, se logró que en los Juegos Olímpicos de Río 2016, el rugby volviera de ser aceptado. Por supuesto que las propuestas fueron respaldas por hechos, y los dirigentes del Comité Olímpico pudieron verificar con el Circuito Mundial de Seven que la alternativa era más que consistente.

Un poco se trata de romper estigmas, demostrar que se puede cambiar, que la evolución y el deseo de crecer es una fuerza incontenible. En resumen, abrir nuevos caminos.

Una situación parecida, aunque en su trasfondo más compleja porque las estructuras en nuestro país estaban anquilosadas y nada tenían que ver con la reconversión que se había dado en el resto del universo deportivo, fue la aceptación de Los Pumas en el Rugby Championship, y la consecuente creación de una franquicia profesional (Jaguares) para sumarse al Super Rugby. Luego de la consagratoria actuación en el Mundial de Francia 2007, en el cual Los Pumas lograron la medalla de bronce, todo el mundo reconoció que la Argentina merecía otro trato y debía ser reconocida dentro de la elite de este deporte. Los resultados en el campo de juego no iban de la mano con lo que sucedía fuera de ella. Con el impulso inmejorable del bronce se decidió hacer un cambio radical de adentro hacia afuera, para responder a los que requerimientos de una vida: si queríamos estar, competir de igual a igual con los mejores del mundo, había que copiar sus estructuras profesionales, pero sin resignar nuestra identidad. Nuestra esencia, esa que nos distingue, era innegociable. La vigencia de los demás estereotipos había caducado.

Otro gran ejemplo de reinvención tiene como protagonistas a las mujeres que, rompiendo con los paradigmas de este deporte, han dado muestras que ellas también pueden ser parte de esta hermosa disciplina. Siempre me enseñaron que el rugby es para todos, y como no tengo duda de eso, es que ellas también merecían su oportunidad. Y no nos equivocamos. El éxito de una gestión está determinado por la persecución de una inagotable necesidad de superarse. Todos los recorridos están pautados por metas de distinto calibre y en diversas instancias, pero ¿dónde está el límite?, ¿existe ese límite, o simplemente uno vive todo el tiempo soñando que se puede un poco más?

Columna especial de Martín Jaite

Organización local de un evento deportivo de un tour global

Por Martín Jaite (@MartinJaite64), ex tenista profesional, comentarista de televisión, y organizador y director deportivo del Argentina Open (ATP 250 de Buenos Aires, @ArgentinaOpenATP). Como deportista obtuvo 12 títulos ATP en singles (récord de 301 victorias y 179 derrotas) habiendo participado de los 4 Grand Slams y 1 título en dobles junto a Christian Miniussi (60 y 82). Fue número 10 del mundo en 1990. Jugador (1984 a 1992) y capitán (2012 a 2014) del equipo argentino de Copa Davis. Además, fue capitán del equipo de la Copa Federación de su país. Ganador del Premio Konex a uno de los cinco mejores tenistas de su década. Actualmente es Director de la Licenciatura de Gestión Deportiva en UADE (Universidad Argentina de la Empresa).

Siempre hay que tener en cuenta cuatro cosas para hacer un evento: mantener contento al público, a la prensa, a los sponsors y a los protagonistas. Lo otro ya llegará. Eso me decía el primer jefe que tuve, un norteamericano llamado Butch Buchholds, quien fuera creador del Miami Open de tenis, la Copa Ericsson y dueño del Argentina Open desde su inicio hasta el año 2009.

A partir de esas palabras de Butch, empecé prácticamente mi carrera como organizador del Argentina Open de tenis, torneo que esta próximo a cumplir 20 años en febrero de 2020. Y hablo de los 20 años porque no es nada fácil organizar, en un país como Argentina, con todos sus vaivenes económicos, un evento grande donde muchas veces se hace muy difícil programar el trabajo con tiempo, ya que nunca, o pocas veces, se sabe qué va a pasar dentro de seis meses.

Previamente a esta experiencia del Argentina Open de tenis que pasó por varios nombres por los cambios de sponsors (Copa AT&T, luego Copa Telmex, luego Copa Claro), trabajé con Butch durante cinco años con la Copa Ericsson que se jugaba en siete ciudades latinoamericanas y que ayudó y fomentó muchísimo el tenis en Latinoamérica; de hecho, allí se formó la ya famosa Legión Argentina.

Una de las primeras cosas que tuvimos en cuenta, y creo que hace la diferencia cuando organizas eventos, es la calidad del servicio que estás ofreciendo. Siempre hay que ponerse del lado del espectador, quien es el que paga y tiene derecho a estar bien atendido. Por eso un organizador de un torneo de tenis tiene que estar muy atento a las cosas que dependen de uno. Hay dos cosas que no puedo controlar en un evento. Por un lado, los resultados deportivos. Y por otro, las inclemencias climáticas. Entonces hay que poner mucho foco a lo que se puede controlar que son muchas cosas, y fundamentalmente, brindar mucho servicio. Hoy en día, un espectador no viene a ver solo tenis. Muchos se pasan el día entero en el predio, por lo que debería tener una buena limpieza en el lugar, un patio gastronómico con varias propuestas y pulcro, una buena cantidad de sanitarios, algunos esparcimientos fuera de lo tenístico y algo que es muy importante: una buena señalización del predio. Una de las peores situaciones que le puede pasar a un organizador, es que el público esté preguntando contínuamente dónde están las canchas, dónde están los baños, dónde está la salida, etc etc etc. Por eso la necesidad que el predio se encuentre bien señalizado.

La gente que trabaja en el torneo tiene que tener un buen lugar de descanso y un restaurante propio donde poder alimentarse e hidratarse. Porque hay que tener en cuenta que si la gente que trabaja en tu evento, no está contenta, entonces será muy negativo para el evento, ya que son la cara visible del torneo, son los que te reciben cuando llegás, son los que te orientan ante cualquier pregunta, son los que te abren las puertas del estadio y son los que hacen el evento, sin lugar a dudas.

Los sponsors del torneo tienen que sentir que todo lo que se le prometió en los momentos de negociación se cumpla; que su marca se vea bien, que no haya ningún obstáculo que le tape su marca, que sus invitados se sientan cuidados y que el organizador esté atento a cualquier duda o reclamo. En tiempos de evento, el organizador debe estar de guardia las 24 horas.

En un país como Argentina, con toda la incertidumbre que hay, tal cual mencioné más arriba, es difícil poder negociar. Cada vez que se acuerda con una marca como patrocinador, es una satisfacción enorme. Cada vez que se renueva un sponsor es un logro muy importante, ya que su presencia es fundamental para que el evento pueda subsistir económicamente. Cada año que comenzamos con una nueva edición, tenemos que salir a buscar el dinero para poder solventar el proyecto, y los sponsors, junto con la venta de tickets, sumado a los derechos de televisión, más las ventas que se producen de gastronomía y merchandising, son los que hacen sustentable el proyecto.

Mencioné la venta de tickets, es decir, entradas. Este es otro rubro importantísimo para el evento. Varios se enojan cuando no los invitas al torneo. Otros se incomodan cuando los invitás pero no le das la ubicación que consideran que se merecen y no entienden que las entradas son parte del negocio. Siempre pongo el ejemplo que cuando entro a local, no le digo al vendedor: "regalame ese pantalón, si de todos modos, no te cuesta nada, con la cantidad de pantalones que hay". Ni se me ocurriría decir algo así, pero lamentablemente en los eventos pasa otra cosa muy diferente. Y cuando se organiza un evento hay que estar muy atento a millones de detalles, entre ellos la venta de entradas.

Cuando hablamos de comodidad también tenemos que pensar en la prensa ya que ellos también están trabajando. Por lo tanto, tienen que tener un lugar cómodo para poder trabajar, un sector en la cancha con buena visibilidad para poder ver y opinar al ejercer su profesión, como, por supuesto, unos sanitarios que estén cerca de su puesto de trabajo, ya que muchos de ellos se pasan, el día y la semana entera, acompañando el torneo y por lo tanto debemos procurar que estén bien atendidos, cómodos y a gusto.

Los verdaderos protagonistas son los jugadores, que vienen de todas partes del mundo y el torneo pasa a ser su casa durante una semana. Tenemos un déficit en Argentina de infraestructuras deportivas si los comparamos con otros países y torneos. Nuestros estadios no son modernos y no tienen las comodidades que hoy tienen los nuevos predios. Pero lo suplimos con algo muy típico nuestro y que es la hospitalidad, el calor humano, lo que se llama "el recurso humano". Y en eso somos muy buenos y por eso, a veces, pasa desapercibido (o choca menos), el estado de nuestros predios y lo que finalmente evalúan es la buena atención. Lo friendly que somos generalmente. Y eso hace que quieran volver, además de tener un público muy fiel y conocedor del deporte que se vuelca al evento, más allá de tener que hacer grandes esfuerzos para comprar una entrada en muchísimos casos.

Capítulo #1:
La mujer en el deporte

— ¿Por qué son ustedes, las mujeres espartanas, las únicas que mandan sobre los hombres?
— Porqué somos las únicas mujeres que son madres de hombres.
Gorgo, reina de Esparta y esposa de Leónidas I.

"Realmente no creo en el destino. Siento que uno puede cambiar su propio mundo".
Cori "Coco" Gauff, tenista estadounidense que en 2019, a los 15 años, llegó a los Octavos de Final de Wimbledon tras eliminar a su ídola e inspiración, Venus Williams, perdiendo en esa instancia con la rumana Simona Halep, finalmente campeona del torneo.

Capítulo #1

Historia, presencia y revolución femenina en el deporte global.

La Maratón de Boston (Massachusetts, USA) de 1967 no sería un evento deportivo más. Marcaría al deporte por siempre. En la organización de la Boston Marathon del '67 pasó inadvertido que había un corredor registrado como "KV Switzer", al que le asignaron el dorsal 261: "261. K. Switzer, Syracuse Harriers", decía la planilla de inscripción. O una corredora, a decir verdad, porque se trataba de Kathrine Virginia Switzer, una mujer. El 19 de abril de aquel año, Kathy tampoco fue identificada en la línea de salida por los funcionarios. Así fue como la alemana oriunda de Amberg, nacida el 5 de enero de 1947 y con 20 años cumplidos, fue la primera mujer en la historia en utilizar un dorsal oficial en una maratón, comenzarla y terminarla. Su tiempo, anecdótico, fue de 4 horas y 20 minutos. ¿Por qué tanto alboroto? Quizás las nuevas generaciones y algún desprevenido pase por alto que fue un hecho totalmente sin precedentes, ya que la participación femenina estaba vetada en este tipo de competencias.

"Empecé a correr cuando tenía 12 años porque quería ser del equipo de hockey sobre césped del colegio. Mi papá me animó para que corriera una milla al día. Yo era una niña flaca e insegura, y cuando corrí esa milla, aunque nunca entré al equipo de hockey, me convertí en una persona muy empoderada", declaró Switzer a la BBC en una nota publicada el 16 de mayo de 2015. Ella había conocido a Arnie Briggs, que colaboraba en el entrenamiento del equipo de cross-country masculino de la Syracuse University (New York, USA), y le pidió entrenarse para correr la Maratón de Boston, a lo que Briggs respondió: "las mujeres no pueden correrla. Si puedes demostrarme en la práctica que puedes correr la distancia de la maratón (42 kilómetros y 195 metros), seré la primera persona en llevarte". Cuenta Kathy que era tanta su convicción y pasión que incluso llegaron a correr 49 kilómetros, y así fue como Arnie Briggs cumplió su palabra y la inscribió en la carrera como parte del club Syracuse Harriers. "No hay nada sobre género en el reglamento y no hay nada de género en el formulario", a lo que ella contestó "Bien, ok", y pagó los 2 dólares de la inscripción. Cabe destacar que las inscripciones no se hacían de forma presencial, sino que desde los diferentes clubes de atletismo se enviaba un listado con los nombres de los participantes de cada asociación deportiva.

La mañana del 19 de abril de 1967 estaba nevando y los corredores de la Boston Marathon debían afrontar un fuerte viento en contra. Comenta la protagonista que había elegido una linda remera que le hubiese gustado mostrar, pero hacía tanto frío (habitual en esa época de año en la ciudad), que no fue capaz de quitarse el pesado y amplio buzo de entrenamiento, y fue quizás una de las razones por las que los organizadores tampoco la identificaron en la línea de largada. La corredora con el dorsal número 261 le dijo a Arnie: "Tenías razón, no hay problema", a lo que su entrenador respondió: "Te dije que no había problema". Según comenta Kathy a la nota con la BBC de Londres, "las dos primeras millas estuvieron fantásticas, pero la prensa me vio desde afuera, y se volvieron locos: '¡Una chica en la carrera! ¡Tiene un número!', gritaban. Y también nos tomaban fotos. Nosotros respondimos saludando con la mano, ya que era simplemente un instante mediático. Pero de repente, escuché detrás de mí el sonido de unos zapatos de cuero, claramente no eran zapatos para trotar. Y vi a este hombre de mirada furiosa. Fue aterrador. Me tomó por los hombros y me empujó hacia abajo, y trató de quitarme el número del pecho. 'Sal de mi maldita carrera y entrégame esos números', dijo". En declaraciones al periódico inglés The Guardian, en 2017, Kathy recordó aquel momento de esta forma: "Sacudí mi cabeza rápidamente y miré a la cara más cruel que jamás había visto. Un hombre grande, un hombre enorme, con los dientes descubiertos estaba listo para saltar, y antes de que pudiera reaccionar, me agarró del hombro y me arrojó hacia atrás". Ese hombre era el codirector de la carrera y uno de los comisarios de la maratón, Jock Semple, calvo, con zapatos, pantalón de vestir, camisa y saco oscuros. Y con gesto furioso, ceño fruncido y apretando los dientes, empuja por detrás a Katherine Switzer, en una clara actitud cobarde. En ese momento, el primero en percatarse de tal situación fue el corredor con el dorsal número 496, ni más ni menos que Arnie Briggs, su entrenador, que intentó separar al agresor interponiendo su brazo izquierdo para que Semple no la tocara, mientras que con su mano derecha sostenía a Kathy por el hombro para que no perdiera estabilidad. En ese instante se suma el novio de Kathy, Tom Miller (dorsal número 390, y la leyenda "TRACK" en su buzo de carrera al igual que su novia, pero él de manera horizontal y ella vertical), que la defendió empujando a Semple con su hombro y pierna derechos. Los corredores con dorsales 225 adelante, 368 a la derecha, y 212 y 295 detrás, no comprendían qué ocurría. Muy adelante el 366, y muy detrás el 590 no llegaban siquiera a ver lo ocurrido, si bien el 584, mucho más adelante, volteaba su mirada al escuchar los ruidos del tumulto.

Así describe Switzer lo que continuó: "En algún punto sobre la milla 21, la rabia me dejó. Uno no puede correr largas distancias si está enfadado. Le dije a mi entrenador: 'Tengo que terminar esta carrera, así sea sobre mis manos y mis pies, porque si no la termino nadie creerá que las mujeres pueden hacer esto, que las mujeres deben estar aquí'. Cuando la terminé, sentí que tenía un plan de vida, una meta, un propósito para cumplir. Me sentí plena también porque corrí mi primera maratón bajo las circunstancias más difíciles, y después de eso nada más sería tan duro".

Vale decir que Jock Semple declaró que intentó detenerla porque cualquier tipo de incidente anómalo (en aquellos tiempos, que corriese una mujer con dorsal lo era), podría provocar la pérdida de los permisos para seguir organizando la maratón.

Switzer corrió oficialmente en más de 30 maratones y de hecho ganó en Nueva York en 1974 con un registro de 3h07m29s. Fundó el club de carreras para mujeres "261 Sin Miedo", que lleva el nombre de su número de maratón de Boston de 1967. En los siguientes años, otras mujeres siguieron corriendo la Maratón de Boston, aunque de manera extraoficial. Hasta 1972 no se autorizó oficialmente la inscripción de chicas en esta maratón del Estado de Massachusetts, pero lo pudieron hacer a partir de aquel momento portando un dorsal, es decir, de manera formal y oficial.

Katherine Switzer estaba convencida que aquella mañana nevada y fría de Boston no debía ser en vano. Organizó más de 400 carreras en 27 países y empleó las estadísticas de esas carreras para hacer lobby ante el Comité Olímpico Internacional, que finalmente logró incluir a la competencia el maratón femenino en los Juegos Olímpicos de Los Ángeles (USA) en 1984. La nota de Kathy a la BBC en 2015 finaliza con sus palabras, que no merecen mayor aclaración: "Sabemos que si logramos empoderar a las mujeres podemos hacer cualquier cosa". Say no more KV Switzer. SNMKVS.

Probablemente la historia termine siendo injusta para Roberta Gibb, la primera mujer que corrió en una maratón en 1966. Durante tres años consecutivos, *Bobbi* Gibb participó la Maratón de Boston pero de manera extraoficial, sin inscribirse. Roberta se escondía bajo una capucha de su sudadera entre unos arbustos junto a la línea salida y, cuando comenzaba la carrera, se unía a la masa de corredores y no era identificada. Así lo hizo en 1966, 1967 (el año del incidente de Katherine Switzer) y 1968, completando la maratón sin problema alguno. Lo único que la diferenciaba de los demás corredores era que no portaba dorsal, algo que era frecuente en algunos espontáneos que se unían a la carrera sin haberse inscripto previamente. Los comisarios de la carrera miraban hacia otro lado y no daban importancia al hecho de que participasen extraoficialmente corredores no anotados e incluso imaginaban que alguna mujer podría haber entre tantísima gente. Lo que no permitirían es que fuese de manera oficial. Gibb terminó por delante de Switzer con un mejor tiempo, y siempre dijo estar segura de que Semple no sólo la había visto aquel año, sino también el año anterior, cuando fue la primera mujer en finalizar la Maratón de Boston por delante de más de 290 de los 415 corredores en la planilla. Gran mérito de Switzer en dejar la huella marcada para hacer historia para los derechos de la mujer en el deporte, pero no menos meritorio el coraje de Gibb. Hay que decirlo.

El 18 de marzo de 2017, Kathrine Virginia Switzer volvió a correr la Maratón de Boston con 70 años y a 50 de su hazaña de 1967. Y con un tiempo admirable de 4 horas, 44 minutos y 31 segundos (25 minutos más lento que a los 20 años). Llevaba el dorsal 261, obvio, que incluso fue retirado luego de esa carrera de manera definitiva como una marca de honor.

Quizás es un dato menor para la historia, pero no para este libro: Kathy, su novio Tom y su entrenador Arnie utilizaron zapatillas adidas para correr la ya trascendental Boston Marathon de 1967. Detalles.

¿Cómo seguir este capítulo, no? Difícil. Está complicado. Después de semejante historia de convicción, esfuerzo y superación de obstáculos en todo sentido, es muy probable caer en el lugar común. Pero el mundo no está hecho para tibios, así que ahí vamos.

No voy a mencionar lo siguiente para hacer un juicio de valor con una de las personas más importantes a nivel mundial en toda la historia. El hombre que cambió la historia de los deportes olímpicos para siempre. No sólo era un señor y un caballero, sino que además poseía un título de nobleza. Porque era realmente noble. El 1 de enero de 1863, en París (Francia), nace Pierre Fredy de Coubertin, barón de Coubertin. Fue un pedagogo e historiador francés, fundador de los Juegos Olímpicos modernos. Su padre quería que fuese militar, pero no pudo continuar y pidió la baja de la Escuela Especial Militar de Saint-Cyr. Así, decidió dedicarse a la pedagogía, en gran parte por su temperamento sensible. Al continuar sus estudios en Inglaterra conoció la doctrina del cristianismo muscular: la búsqueda de la perfección espiritual por medio del deporte y la higiene. Con el tiempo, Pierre comienza a imaginar y soñar, para luego proyectar, una competencia mundial que reuniera a todos los atletas del mundo en unión y hermandad por la gloria misma del deporte. Competir por el sólo hecho de competir. A partir de esa iniciativa, la historia ya es conocida. ¿Qué tendrá que ver esto en este capítulo sobre la mujer en el deporte? Mucho. Estas son tan sólo algunas de las frases de Pierre de Coubertin respecto de la participación femenina en los Juegos Olímpicos: "Las mujeres sólo tienen una labor en el deporte: coronar a los campeones con guirnaldas", "El deporte femenino no es práctico, ni interesante, ni estético, además de incorrecto", y "Estimamos que los Juegos deben estar reservados a los hombres. ¿Es posible aceptar que las mujeres participen en todas las pruebas? No. Entonces ¿por qué autorizarlas a hacerlo en algunas y prohibirlas en otras?". En defensa del barón de Coubertin podemos decir que era un pensamiento realmente extendido y aceptado para la época. Lo que no se puede decir es que haya sido un osado o un adelantado en la igualdad de género o rupturista e inclusivo. No. Viéndolo hoy en día, es realmente polémico. Más que polémico, es absolutamente criticable y repudiable. Pero es necesario comprender la época y el contexto. Es más: alguien podría concluir que pudiera haberlo hecho para lograr el objetivo de creación y consolidación de los Juegos Olímpicos, ya que si además incorporaba esta idea de diversidad y participación igualitaria de género en el deporte, seguramente las instituciones y los países no hubiesen apoyado su idea de los Juegos Olímpicos y la creación del Comité Olímpico Internacional en 1894. Sí, sí, sí, ya sé, es un intento de defensa injustificada. Pero a veces es preferible creer en las personas y sus buenas voluntades cuando también lo han demostrado en otros ámbitos de la vida. También es importante poder observar lo que no se está diciendo: si hasta Pierre de Coubertin no incluyó ni estaba convencido de la participación de la mujer en el deporte, tan solo con eso podemos imaginarnos lo arraigado que estaba en la sociedad esa idea totalmente deleznable, y lo difícil que ha sido para ellas abrirse paso por los derechos igualitarios en la historia de la humanidad.

Si era difícil seguir con este capítulo antes, con las declaraciones a la prensa (¿?) de Pierre, ahora lo es aún más. Sigamos...

A pesar de lo dicho, fueron justamente los Juegos Olímpicos el primer ámbito donde se incluye a la mujer de manera formal, oficial y reconocida de manera masiva. En los Juegos Olímpicos de París (Francia) en 1900 (los segundos juegos olímpicos modernos) fue cuando las mujeres participaron en golf y tenis, además de las competencias mixtas de tenis, vela, croquet e hípica. Esta cita tuvo el mérito de agrupar un número impresionante de competidores: 1.060, y, entre estos, 6 mujeres. Así fue que desde el 6 hasta el 11 de julio de 1900 en el Club Deportivo de Putteaux (París, Francia), se disputó la competencia de tenis de aquellos Juegos, y la británica Charlotte Reinagle Cooper (nacida en Ealing, Middlesex, Inglaterra, el 22 de septiembre de 1870) logra la primera medalla de oro femenina en tenis (individual femenino, al vencer a la francesa Hélène Prévost por 6-1, 7-5) y la segunda (dobles mixto junto a Reginald Doherty, cuando triunfan frente al Equipo Unido de Prévost y el británico Harold Mahony), ambos partidos disputados el 11 de julio. El golf tuvo su debut olímpico justamente en esos juegos parisinos. Se realizó en el Compiegne Golf Course, con un recorrido de 6.701 yardas que abrió en 1896, y jugado en la modalidad de stroke play. Se disputó el 2 y 3 de octubre de 1900. En caballeros se jugó el primer día a 36 hoyos, y en damas el segundo día a 9. La competencia femenina estuvo integrada por tan solo 10 jugadoras de dos países: cinco de los Estados Unidos de Norteamérica y cinco de Francia, siendo medalla de oro Margaret Ives Abbott (USA, 47 golpes), mientras que Pauline Whittier (USA, 49) y Daria Pratt (USA, 53), se quedaron con las preseas de plata y bronce, respectivamente. Dicen que Abbott, una estudiante de arte de Chicago, jugó y ganó un torneo de golf a nueve hoyos un martes de octubre, en París. Y que cuando murió en 1955, desconocía que el torneo era parte de los Juegos Olímpicos, además de haberse transformado en la primera campeona olímpica en golf de la historia. Al mismo tiempo, la primera mujer en ganar una medalla dorada olímpica para los Estados Unidos de Norteamérica. Locura.

En los Juegos Olímpicos de San Luis (USA) en 1904 se incorporó la mujer en el tiro con arco, dentro del programa de disciplinas en las que podían competir. Ya en los Juegos Olímpicos Londres 1908 podían tomar parte de las regatas de vela y patinaje artístico, aunque no eran reconocidas con medallas. Posteriormente, en Ámsterdam 1928, se incorporó el atletismo.

Es claro que la participación de la mujer en el deporte ha sido totalmente inferior respecto a la de los hombres. Pero no porque no hayan querido. Ni siquiera porque no hayan podido hacerlo. Si no más bien, porque no se lo permitieron en los orígenes y durante gran parte del comienzo y evolución del deporte. Y cuando hablamos de deporte y la discriminación de la mujer en él, se hace en sentido amplio: ni de manera social, ni alto rendimiento, y durante mucho tiempo tampoco como espectadoras. De hecho, aún en nuestros días existen ciertos países donde no está bien visto y en otros donde directamente no está permitida la participación de ellas.

Tan sólo recordar a Triệu Thị Trinh (225-248; una guerrera que en el siglo III en Vietnam logró resistir al Estado chino del este de Wu durante la ocupación vietnamita), a Santa Juana de Arco (1412-1431; la Doncella de Orleans, una joven campesina francesa que guió al ejército francés en la Guerra de los Cien Años contra Inglaterra, logrando que Carlos VII de Valois fuese coronado rey de Francia), Septimia Bathzabbai Zainib (240-274; más conocida como Zenobia, que fue la segunda mujer del príncipe Septimio Odenato de Palmira, dependiente del Imperio romano, y reina del Imperio de Palmira entre 267 y 272, tras el asesinato de su marido en 267, cuando tomó el poder en nombre de su joven hijo heredero). Y a Juana Azurduy de Padilla (1780-1862; patriota del Alto Perú que luchó en las guerras de independencia hispanoamericanas por la emancipación del Virreinato del Río de la Plata contra la Monarquía española y asumió la comandancia de las guerras). De esta forma, vemos que la mujer ha sido tan trascendente

en la historia de la humanidad como el hombre. Iguales. Como debe ser considerado. Y percibido. Vayan a decirles a estas mujeres que son el "sexo débil". Basta con mencionar sus historias, símbolos de fortaleza en todo sentido.

El deporte en la antigüedad fue creado por los hombres y para los hombres. Los historiadores sostienen diferentes teorías respecto de las competencias "físicas", lo que luego podríamos llamar competencias deportivas. La historia nos contó que el hombre tuvo que pelear desde los comienzos de la humanidad con sus pares. Implicaba una demostración de fuerza como consecuencia del poderío que quería ejercer sobre el territorio para vivienda, caza y alimento. Sobrevivía el más apto. Y el más apto era el más fuerte. El más fuerte era el más poderoso. Y el más poderoso establecía las reglas. También en cierta forma para defender y sostener los intereses de su comunidad, su tribu. Y los de su familia, donde las mujeres y los niños eran considerados los más débiles en este sentido, si bien la mujer era la que muchas veces cargaba con pesadas tareas de las aldeas y más atrás, de las cavernas. Hoy ya es una obviedad decir que la historia fue escrita en su mayoría por hombres. Porque eso es lo que nos transmitieron. Pero durante mucho tiempo (y mucha historia), fueron las mujeres las que también estuvieron luchando, cazando y tanto más, a la par del hombre. Hay que decir la verdad más allá de lo que nos contaron. Ese relato "de los hombres", ya suena solo a "cuentito repetido", sin tener veracidad. Una historia simplista contada únicamente desde una parte. Todos sabemos que no fue así. Volvamos a traer a la memoria más de esas mujeres para entender y reconstruir la verdadera historia. En la mitología griega, Artemisa o Ártemis fue una de las deidades más veneradas, diosa helena de la caza y los animales salvajes, entre otros, que traía y aliviaba las enfermedades; a menudo se la representaba como una cazadora llevando un arco y flechas. Aluden a ella como "Artemisa del terreno virgen, Señora de los Animales". Neferu Atón Nefertiti (1370 antes de Cristo-1330 antes de Cristo), conocida como Nefertiti, fue una reina de la dinastía XVIII de Egipto, la segunda gran esposa real de Akenatón. Si bien su belleza es bien conocida, su papel político y religioso en el desarrollo de la experiencia amarniana fue fundamental, en tanto que su reinado revolucionó por completo la sociedad y la cultura egipcias. Mientras que algunos piensan que se vio arrastrada por el poco saber hacer de su marido y asumió sus funciones, situación única en la historia anterior egipcia, fue su esposo quien decidió elevar al cargo de Gran Esposa Real a Nefertiti, convirtiéndola en reina-faraón a su lado, hecho por el cual en numerosas representaciones ella aparece en igualdad de condiciones respecto a su marido. Cómo olvidar a Boudica (27-61), Reina guerrera de los icenos, que acaudilló a varias tribus britanas, incluyendo a sus vecinos los trinovantes, durante el mayor levantamiento en Britania contra la ocupación romana, entre los años 60 y 61 d. C., durante el reinado del emperador Nerón. Y a Lozen (1840-1889), la guerrera y profeta de los apaches chiricahua que, según las leyendas, era capaz de utilizar sus poderes en batalla para conocer los movimientos del enemigo y que Victorio narró: "Lozen es fuerte como hombre, más valiente que la mayoría y astuta en la estrategia; Lozen es un escudo para su gente". Mujeres líderes. Mujeres fuertes. Mujeres políticas. Mujeres trascendentales en la historia. Mujeres. Historia pura.

Podríamos hacer un pequeño repaso aislado de diferentes situaciones que incluyen la consideración de la mujer en las competencias deportivas. O mejor dicho, que la excluyen.

Siguiendo con el concepto anterior, en la antigua Grecia, los espartanos eran considerados, incluso hasta en la actualidad, los guerreros más valientes y fuertes. Gracias a una rigurosidad militar y agresividad brutal, lograban salir airosos en la mayoría de las batallas, fundamentalmente territoriales, con todo el poderío y elementos que traía con ellos: salida al mar, comida, rutas necesarias, materiales útiles como madera para fuego o necesarios para la confección de armas y fortalezas, acceso a ríos y demás. En tiempos de paz fueron naciendo competencias lúdicas que cumplían con dos objetivos: conservar el espíritu vivo de aquellos soldados, mantenerlos animados y atentos de manera lúdica, por un lado; y por el otro, que permanecieran activos físicamente si es que volvían los tiempos de combate y no los encontrasen fuera de forma. Así comenzaron ciertas competencias físicas y de destreza. Muchas de ellas, luego darían comienzo a actividades deportivas. Justamente aquellos juegos cumplían varios de los objetivos actuales del deporte: actividad física lúdica, mantener una mente sana y que un grupo se mantuviera unido.

El blog mujerydeporte da una referencia importante para entender parte de los comentado: "Si nos remontamos nada más y nada menos hace 3.000 años atrás, hacia el 776 antes de Cristo en la ciudad de Olimpia (Grecia), nos daremos cuenta de que durante mucho tiempo el deporte ha sido un terreno completamente vetado a la mujer. Ya por estos tiempos, se excluía la participación de las mujeres no solo como deportistas sino también como espectadoras. Sólo las mujeres solteras podían asistir a los juegos, y la pena para una mujer casada que observase a los atletas en acción era la muerte, pues los atletas competían desnudos, exhibiendo sus cuerpos como símbolo de perfección y dedicación".

El 5 de mayo de 1884 nace en Nantes (Francia) Alice Milliat, cuya información objetiva dice que practicó remo, además de haber sido traductora y entrenadora de fútbol; enviudó tras cuatro años de matrimonio y no tuvo hijos. Murió el 19 de mayo de 1957. Pero Milliat fue mucho más que eso para la historia del deporte. Más aún: se erigió como una figura trascendental para la participación de la mujer en el deporte. Así lo describen el sitio CarrerasPopulares.com y mujerydeporte. La francesa Alice Milliat fue una de las pioneras en el asociacionismo para el deporte femenino y la impulsora de las primeras competiciones deportivas para mujeres. Miembro de Femina Sport, un club fundado en 1911, ayudó a formar la Federación Francaise Sportive Feminine (FFSF) en 1917, convirtiéndose en presidenta poco después. Más tarde, el 31 de octubre de 1921 y con el apoyo de Estados Unidos, Gran Bretaña, Italia, Checoslovaquia y Francia, organiza la Federación Internacional Deportiva Femenina (FSFI). También en 1921 organizó el primer evento deportivo femenino internacional en Montecarlo. Las primeras competiciones femeninas fueron de atletismo (60m, 250m, 800m, 4x75m relevos, 4x175m relevos, 65 metros vallas, salto de altura, salto de longitud, jabalina y lanzamiento de peso) e incluyeron torneos de exhibición de baloncesto, gimnasia, empuje de pelota y gimnasia rítmica. A Milliat se le atribuye el mérito de ejercer una presión sobre los Juegos Olímpicos para permitir la representación femenina en un mayor número de deportes. La FSFI, al ver que la Federación Internacional de Atletismo (IAAF) no las escuchaba en el sentido de incluir pruebas femeninas en los Mundiales de Atletismo, organiza los primeras Olimpíadas Femeninas en el estadio Pershing de París el 20 de abril de 1922, donde compitieron mujeres de Estados Unidos, Gran Bretaña, Suiza, Checoslovaquia y el país anfitrión, Francia. Once eventos de atletismo se llevaron a cabo en un estadio abarrotado con 20.000 personas. Sin embargo, no lo tuvieron nada fácil. El Comité Olímpico Internacional convenció a Milliat y a la FSFI de cambiar el nombre de su evento para que no incluyera la denominación de "Olimpíadas", a cambio de añadir varios eventos femeninos a los Juegos Olímpicos de 1928. El barón Pierre De Coubertin, ampliamente conocido por ser el hombre que fundó los Juegos Olímpicos en el mundo moderno, estaba entre los mayores oponentes a la participación femenina en los juegos. La siguiente edición del evento, celebrada en Gotemburgo (Suecia) en 1926, se denominó "Juegos Mundiales Femeninos". Diez equipos participaron en esa edición.

La IAAF pretenderá acabar con la organización incluyendo los 100m y 800m, el salto de altura, el lanzamiento de disco y los relevos de 4x1000m, en los Juegos Olímpicos de 1928 en Ámsterdam y firmando un protocolo de acuerdo con la IAAF. Los Juegos Olímpicos de Coubertin, debido a la presión de Milliat, finalmente integraron cinco eventos femeninos de atletismo en los Juegos Olímpicos de Ámsterdam en 1928. Sin embargo, para Milliat no fue suficiente, ya que a los hombres se les permitió competir en 22 eventos. Alice, no contenta con la poca atención de los Olímpicos de Ámsterdam 1928 y de Los Ángeles en 1932 a su movimiento mundial, decide realizar en 1930 y en 1934 los Juegos Mundiales Femeninos en Praga y Londres respectivamente. Los últimos Juegos Mundiales Femeninos se celebraron en terreno londinense en 1934, tras la promesa del Comité Olímpico Internacional de integrar el deporte femenino en su infraestructura y promover desde el propio comité el papel de la mujer en el deporte moderno. La FSFI se disolvió en 1938, pues las pruebas femeninas poco a poco se fueron incluyendo en los Juegos Olímpicos y el atletismo femenino definitivamente irrumpe triunfalmente en el programa de la IAAF. Muchas barreras han sido superadas desde entonces y algunas otras lo serán, pero nada de esto habría sucedido de no ser por esas primeras valientes que, como Alice Milliat, tuvieron el coraje de levantarse y defenderse de las injusticias". Excelente resumen de una pionera. Una heroína más que luchó por la integración de la mujer en el deporte, por la igualdad de género, que, si bien en este caso es el deporte, bien ha servido como inspiración para derechos igualitarios del hombre y la mujer en otros aspectos. Básicamente, Milliat les demostró con hechos varias cuestiones al status quo. Primero, la mujer puede, la mujer tiene los mismos derechos en el deporte. Y en la vida. Segundo: si no incluyen a la mujer, no se preocupen: lo hacemos nosotras. Y lo hicieron muy bien. Así fue como tuvieron que no solo aceptarlo, sino incorporar la organización y competencia que Milliat había logrado alcanzar como líder de un movimiento de muchas personas. Brillante.

Repetidas veces he mencionado que con la pasión solamente no alcanza para realizar una gestión deportiva profesional. Con el empuje y las ganas se pueden lograr resultados, pero de algún modo serán consecuencia de algo fortuito. Probablemente haya servido tiempo atrás, donde el mundo veía surgir líderes y referentes con ímpetu para realizar los cambios necesarios. Lo que quiero transmitir no es que no sirven la pasión ni la tenacidad hoy en día. Lo que menciono tiene asidero en que ésa es condición necesaria pero no suficiente. Y mi mensaje es más práctico todavía: hoy en día hay herramientas disponibles como para que esos objetivos y esa pasión se puedan hacer de manera menos compleja. Todo esto a través de planificación llevada adelante por profesionales. Es conocido que los Juegos Olímpicos de Barcelona 1992 han sido un real y verdadero punto de inflexión para el deporte español. En todo sentido. Por un lado, comenzó la preparación para esos juegos que sentaron las bases para una reorganización y revolución en el país ibérico. Y esos campeones se convirtieron en ídolos hasta llegar a ser íconos deportivos y de la vida, que inspiraron a las siguientes generaciones. Pero no sólo en el alto rendimiento, sino también para la práctica deportiva en general, sinónimo de salud y energía, y por los valores humanos que transmitían.

¿Cómo se hizo? Cuando el 17 de octubre de 1986, en Lausana (Suiza), el entonces presidente del Comité Olímpico Internacional, el español Juan Antonio Samaranch anunció que los XXV Juegos Olímpicos tendrían lugar en Barcelona, el deporte español se preparó para ser un buen embajador y anfitrión de los valores olímpicos. En 1988 se crea el Programa ADO (Asociación de Deportistas Olímpicos), que becaba y premiaba a atletas españoles y los ayudaba en su formación, desarrollo y crecimiento. Según menciona europapress: "Con la colaboración del Comité Olímpico Español (COE), el Consejo Superior de Deportes (CSD) y Radio Televisión Española (RTVE), ADO empezó su andadura y pulió el talento español. Hasta los Juegos de Seúl 1988 España había logrado 26 preseas en 16 ediciones". Finalmente fueron 22 medallas, siendo 13 de oro, 7 de plata y 2 bronce, que hasta hoy en día no han sido superadas para España. ¿El dato? 37% de las medallas fueron obtenidas por mujeres: 8 de 22. Planificación profesional sostenida en esfuerzo.

En los Juegos Olímpicos de Sydney 2000, el deporte femenino representaba el 40% del programa olímpico. Ya para los Juegos Olímpicos de Londres 2012, prácticamente se alcanzó la paridad, y por primera vez todos los países participantes acudieron con delegación femenina, lo que me parece un gran dato. ¿Qué pasará en los Juegos Olímpicos de Tokio 2020? El Comité Olímpico Internacional anunció que incorpora quince nuevas pruebas Japón. Entre ellas, cinco disciplinas femeninas, seis mixtas y cuatro masculinas. El objetivo del COI es aumentar la participación femenina y conseguir la paridad entre hombres y mujeres. Se espera que 2020 sea la cita con mayor cantidad de mujeres en la historia, el 48.9% respecto del total de deportistas. Sobre las modificaciones del programa olímpico de Tokio, el presidente del Comité Olímpico Internacional, el alemán Thomas Bach, comentó: "Estoy encantado que los Juegos Olímpicos Tokio 2020 sean más jóvenes, más urbanos y que incluyan más mujeres". Bien por el abogado y ex esgrimista, número 1 del COI actual.

Volviendo a España, hay que interpretar que han sido pioneros en la igualdad de género en el deporte y ello se ha visto a fines de los '70, tras la época dura en aquel país. Más mujeres comenzaron la práctica deportiva, con un porcentaje que creció del 26 al 40%. A su vez, en 2004, el Comité Olímpico Español creó la Comisión Mujer y Deporte para promover la incorporación de las chicas en los puestos de dirección y gestión del deporte. En 2006, el Consejo Superior de Deportes inició su Programa de Mujer y Deporte, dentro de la Subdirección de Promoción Deportiva, que ha desembocado en un programa de Promoción Integral del Deporte en el que se inserta el Plan Mujer y Deporte. El deporte español entiende que ahora se necesita mayor inserción y representación femenina en otros ámbitos del rubro deportivo como en los órganos de gobierno del deporte nacional e internacional. Y por supuesto, también en las estructuras, como la de entrenadores o jueces, donde la presencia femenina sigue siendo minoritaria. En España sólo tres mujeres presiden una federación nacional: remo, vela y salvamento y socorrismo. "Cuanto más se profesionalizan las estructuras, más mujeres entran a formar parte de ellas", explica María Carlota Castrejana Fernández, ex atleta española multipremiada en básquet y atletismo, ex Directora General de Deportes de la Comunidad de Madrid, ex vicepresidenta de la Real Federación Española de Atletismo y actual Secretaria General de la Real Federación Española de Atletismo. Será tiempo entonces de contar con más y más mujeres en el deporte, tanto en el alto rendimiento como en la práctica social, en los estamentos y diferentes niveles técnicos y también en la administración, gestión y dirigencial de las instituciones. Fundamentalmente, en posiciones de liderazgo y toma de decisiones. No sólo deportivas, sino también en las relacionadas.

Es cierto que también la mujer ha participado históricamente en menores actividades denominadas públicas. Hubo una menor participación femenina en todo sentido en las diferentes expresiones humanas. En la política, en las artes, en ámbitos culturales, laborales, empresarios y, por supuesto, en el deporte. Pongamos esto en duda. Porque ése es el relato que nos contaron desde siempre. Merece que lo cuestionemos. Como mínimo. Se ha mencionado anteriormente, y las razones por las cuales esto ha sucedido da lugar a un debate constante. Hay una razón física para comenzar. El hecho que, en tiempos de la prehistoria, era la fuerza el carácter dominante. Quien tenía fuerza, obtenía la supremacía sobre otras tribus, animales salvajes y sobre la tierra. Desde ese punto de vista no es ningún descubrimiento decir, que, en líneas generales, y considerando la fisiología de los cuerpos humanos, el hombre tiene más fuerza que la mujer, por lo que la estructura de la sociedad en esos momentos le otorgaba al hombre la posición de liderazgo, mientras que la mujer desempeñaba un rol de acompañamiento a esa característica. Básicamente era una sociedad patriarcal, en donde la figura del hombre (el padre) era quien dirigía el acontecer en los diferentes estratos sociales. Por otra parte, existe la naturaleza. La mujer tiene la capacidad de engendrar otro ser. En su embarazo, lleva en su vientre una vida humana. Y ésa, en mi opinión, es la diferencia más profunda y visible entre el hombre y la mujer. Por ende, las mujeres que tienen la bendición y alegría de ser madres poseen un tiempo donde sus condiciones orgánicas habituales se ven alteradas. Y no hablamos exclusivamente de su composición hormonal, sino también en que su físico se transforma, su peso se altera al igual que su movilidad, con lo que se le da prioridad a los cuidados y a la atención que debe tener para dar salud al hijo que lleva dentro sí.

No es opinión. Es dato. Eso ocurre. Por lo tanto, ante condiciones iguales con el hombre, si están embarazadas, las mujeres deberán prestar atención al menos durante un tiempo a la limitación de su accionar, ya sea por las últimas semanas de gestación o por el parto en sí mismo. Tal contingencia altera su ritmo normal. Su rutina. ¿Eso le impide desarrollar actividades al nivel de los hombres o por encima de ellos? No, de ningún modo. Es solo mera descripción, y quizás una desventaja frente al hombre, siendo incluso que los derechos de la mujer sólo fueron reconociéndose y desarrollándose a conciencia en esta última parte de la historia de la humanidad. Y tampoco es tan así. Vayan a contar este cuento y clase de anatomía, fisiología y vaya uno a saber cuántas ciencias más, que a principios del siglo XX (y también antes, y después, pero al menos es algo que puedo contar porque me lo han relatado personas que fueron trascendentales en mi historia), las mujeres trabajaban en las tareas duras y pesadas del campo, a la par de su padre y hermanos, incluso minutos antes de dar a luz. Entonces... ¿no es tan así? #Ponele.

Es notorio ver cómo la sociedad fue construida por el hombre según su antojo, de tal modo que le ha otorgado a la mujer un papel secundario. Un rol inicial de acompañamiento a las actividades que el hombre desarrollare. Cuidado del hogar y los detalles, ser responsable de la alimentación familiar y los quehaceres domésticos, enseñanza y cuidado diario de los hijos, además de mantener una presencia y actitud de pareja del hombre. Ser "la mujer de". Hasta hace muy poco, en varios países las etiquetas de protocolo incluían la prohibición que la mujer se dirija al mozo (mesero) en un restaurant, ya que debía ser el hombre quien debía ordenar la comida. En sentido amplio: la mujer tampoco podía expresar abiertamente sus diferencias de opinión con su esposo en un ambiente social. No lo podía contradecir ni tener voz propia. Una locura pensar en vivir así. Un despropósito con solo pensar así.

La fortaleza natural del hombre por sobre la mujer ha llevado a la caracterización de la mujer como "el sexo débil". En algunos sectores, cuando ocurría el período de menstruación, se le decía que estaba "enferma", tanto en el trato y la mirada del hombre hacia una embarazada como en una situación de incapacidad.

En todos estos textos no vemos más que una pesada herencia de la sociedad que lentamente comienza a comprender que antes de ser hombres y mujeres, somos humanos. Voy a decirlo de una vez por todas: los hombres y las mujeres no son iguales. Son diferentes. Por eso llevan nombres distintos: hombre y mujer. Para poder diferenciarlos al ser nombrados e identificados. Se complementan en muchísimos aspectos y en otros son iguales. Como en cualquier caso con cualquier persona de igual o diferente sexo. Nos identificamos con semejanza e igualdad, o nos complementamos con nuestras diferencias acoplables. La pesada carga de la historia de la sociedad, donde el hombre ha construido su zona de confort en cada ámbito, lleva a la mujer a tener que realizar proezas y levantar la voz para hacerse escuchar y ocupar el lugar que le corresponde: de igualdad. Y cuando hablo de igualdad, debemos hablar de igualdad de oportunidades. No de obligar a la humanidad a darle obligatoriamente un espacio a la mujer solo por su condición de tal. Para que nadie se altere a esta altura del texto, voy a poner un ejemplo muy sencillo: para dar una equivalencia de oportunidades a la mujer respecto del hombre, no es necesario reglamentar una ley donde diga que cada cuatro años de presidencia de un hombre en un país deben proseguir cuatro años de presidencia de una mujer, obligatoriamente. Esa no es la lucha de igualdad. La igualdad es que tanto el hombre como la mujer puedan ocupar el lugar de presidente. De ahí en más dependerá de muchas cosas, incluyendo la capacidad de cada candidato y sus aptitudes, pero nunca deberá primar el género por sobre las características básicas ante una oportunidad.

Y podríamos incluso seguir con el análisis y descripción, mucho más allá de la comprensión de diferencias físicas y fisiológicas entre hombre y mujer. Podríamos ahondar también en las definiciones de intergénero (término para las personas que no se identifican como hombre ni como mujer, o cuya identidad se encuentra fuera del binarismo de género tradicional "masculino y femenino"), intersexo (término general que se utiliza para una variedad de situaciones en las cuales una persona nace con una anatomía reproductiva o sexual que no se ajusta a las definiciones típicas de mujer u hombre, siendo que algunas veces, si los genitales externos no son claramente masculinos o femeninos, se le asigna el género femenino o masculino al bebé intersexo al nacer de manera quirúrgica; siempre se les asigna un género legal a los bebés intersexo, pero, a veces, al crecer, no se identifican con el género que se seleccionó para ellos -algunas personas intersexuales son transgénero, pero "intersexo" no significa "transgénero" necesariamente-), transgénero (también conocido como "trans", término general para describir a aquellas personas cuya expresión o identidad de género difieren del sexo asignado al nacer -algunas personas colocan un asterisco al final como 'trans*' para ampliar la palabra con el fin de incluir a todas las personas con expresiones e identidades de género no conformes), entre otras definiciones. También poseen su propia identidad. Y su propia lucha por el reconocimiento de la sociedad y su consecuente igualdad de oportunidades.

Es necesario abandonar la violencia en la búsqueda de ese equilibrio de igualdad de oportunidades. Ese horizonte donde las personas sean exactamente eso: personas, sin necesidad de estar constantemente indicando su condición y género. Estarán los que digan "y bueno, son tantos años y años de opresión y desigualdades que ahora hay que llevar todo al otro extremo hasta encontrar la estabilidad e igualdad final". No es necesario. El universo no necesita de esa energía negativa hasta hallar lo positivo. Los estereotipos son algo que siempre han hecho (y siguen haciendo) mal a las sociedades. Las barreras culturales y sociales se han levantado hace tiempo, si bien aún no ocurre en muchos lugares del planeta. Y muchas veces no es necesario demolerla a golpes. Con el tiempo, esas altas murallas se van deteriorando. Por obra del tiempo, el agua, el frío, el calor y hasta por el desgaste mismo de los materiales que las componen. Con los estereotipos y las barreras ocurre lo mismo. El mundo no necesita más violencia. Esas barreras se vienen cayendo desde hace un tiempo atrás a esta parte. Afortunadamente. Y así seguirá siendo hasta encontrar el equilibrio.

¿Y qué pasa con el deporte? Lo mismo. La mujer ha tenido que atravesar todo tipo de estereotipos e imposiciones. Ni más ni menos por ser el deporte una expresión cultural y social, y por lo tanto no es ajena a sus vaivenes. Si bien el hombre, de manera generalizada, es más fuerte, la mujer no sólo lo es también, sino que es más flexible para la práctica deportiva. En promedio, el peso del cuerpo femenino es inferior al del hombre, por lo que posee ventaja en gran cantidad de disciplinas deportivas. Ya no es necesario aceptar la imposición de la sociedad que un físico con músculos marcados no corresponde a una mujer. Que caigan las barreras. Desestimar estereotipos.

Damas y caballeros. Hombres y mujeres. En general compiten separados en el deporte adulto, y más aún en alto rendimiento. Pero esa tendencia puede revertirse. ¿Es importante el género en arco y flecha? ¿En tiro? ¿Equitación? ¿Automovilismo? Bueh... ¡ajedrez! Los deportes en que hombres y mujeres compiten de igual a igual son pocos. Excepciones que confirman que las capacidades físicas de cada sexo influyen demasiado en el rendimiento como para tener una sola serie competitiva. "En términos generales, los hombres tienen una mayor capacidad y tonicidad muscular. Eso hace que en muchos deportes de fuerza o contacto tengan siempre mejores resultados. Las mujeres son de especificidad técnica, cuentan con un componente de finura de ejercicios. Por ejemplo, les va bien en esquí o en deportes de motor. Y por eso hacen deportes como la viga en la gimnasia, porque tienen características como fijadores de la columna que las favorecen. A los hombres les sería imposible hacer esos ejercicios, son más torpes", explica el preparador físico Claudio Basualdo, Jefe de Medicina del Deporte de la Clínica Las Condes (Santiago de Chile).

En declaraciones al diario La Tercera (Chile) en 2016, el colombiano Leonardo Viana, jefe de la Unidad Técnica Metodológica del Plan Olímpico, explica: "Las metodologías de entrenamiento son, en general, iguales para hombres y para mujeres. Sin embargo, pueden haber casos específicos donde se maneje de manera diferencial a la mujer. Eso tiene que ver especialmente con los temas hormonales femeninos. Por otra parte, la sensibilidad psicológica también es distinta en algunos casos y por estas mismas características. Generalmente, la mujer tiene mayor tolerancia al dolor y predisposición a los trabajos de resistencia, aunque muchísima mayor sensibilidad en el manejo de la sesión de entrenamiento".

Interesante también lo de Mar de Villa Molina, Licenciada en Derecho, Procuradora de los Tribunales, Profesora/tutora de Derecho Procesal, empresaria con despacho propio de procuraduría y cargo en numerosas asociaciones de mujeres empresarias y deportista federada en la Real Federación Española de Automovilismo (RFEA), donde también fue vocal de su Junta Directiva y forma parte de la Comisión Mujer y Deporte del Comité Olímpico Español (COE). Mar expresa en una nota de mayo de 2019 para la revista "Con la A": "Las investigaciones respaldan la noción de que se valoran menos los deportes femeninos, lo que conlleva salarios y cobertura desigual en comparación con los deportes masculinos. Según la Fundación Deportiva de Mujeres, a pesar de que, aproximadamente, un 40% de los practicantes de deportes y actividades físicas son mujeres, sólo entre un 6% y 8% de la cobertura de los medios de comunicación deportivos se dedican a sus atletas. Un ejemplo claro en España de discriminación ha sido y es el de Gala León, quien ha sido cuestionada por su género al ser nombrada capitana de la Real Federación Española de Tenis. Este, como otros muchos, es un caso en el que se utiliza el cuerpo de las mujeres en el deporte para aumentar el 'espectáculo' y no para fomentar el deporte. La conclusión final a la que llegamos (sobre las mujeres y el deporte) es que, tradicionalmente, la mujer ha sido excluida de la práctica deportiva porque no encajaba en su rol de género, pues se consideraba que no reunía las condiciones necesarias para practicar una actividad que realizan los hombres. Esto se debe a que desde la infancia nos hacen ver que el fútbol es cosa de niños y la gimnasia cosa de niñas, cuando podemos ser eficaces los dos sexos en los dos deportes. En lo que se refiere a los deportes, el fútbol es el deporte rey, pero sólo se destacan futbolistas masculinos y apenas existen equipos femeninos ni se nombra algún detalle sobre la liga femenina de algún país". Interesante.

Acá surge un punto que es importante no pasar por alto. La igualdad económica entre el hombre y la mujer en el deporte. En primer término podemos mencionar los montos de los premios en dinero. Por otro lado, los importes de los contratos de sponsorship de deportistas de diferentes sexos. Y podemos incluir en esta noción, también, a la cobertura mediática en cuanto a prensa escrita, horas de transmisión,

así como los montos de los acuerdos de broadcasting de eventos deportivos femeninos respecto de los masculinos. Vamos a tratar más a fondo este punto, del que me parece importante ahondar para establecer un parámetro de discusión valedero y opcional al momento de analizar el contexto global del marketing deportivo.

En Wimbledon 2019, el serbio Novak Djokovic venció al suizo Roger Federer por 7-6 (5) 1-6, 7-6 (4), 4-6 y 13-12 (3) en la final más larga de su historia, tras un partido de 4 horas y 57 minutos en el césped inglés del All England Lawn Tennis y Croquet Club. Nole se llevó un premio por ser campeón de 2.613.400 euros, mientras que el finalista de 37 años "sólo" recibió 1.310.900 de la misma moneda. Bien por Wimbledon que la rumana Simona Halep, campeona tras vencer a la norteamericana Serena Williams en la final (6-2 y 6-2) se llevara el mismo monto que el serbio. Lo mismo en el Australian Open (USD 3.200.000 para cada campeón). Igual en Roland Garros (2.300.000 euros). Y por supuesto, el US Open, con USD 3.800.000 cada uno. Los torneos de la WTA y ATP World Tour se han estado alineando en sus prize money en los últimos años como el caso del Miami Open, si bien en la estructura de competencias aún queda mucho camino por recorrer en este sentido.

Pero no todos opinan igual en el tenis. Novak Djokovic rectificó días después sus declaraciones: "El mundo de la ATP debería luchar por más (dinero), porque las estadísticas muestran que tenemos muchos más espectadores en los partidos de hombres. Esa es una de las razones por las que pienso que deberíamos ganar más". Asimismo, el siempre polémico ex tenista, entrenador y actual empresario rumano Ion Tiriac, dijo: "No hay que confundir el negocio con los derechos humanos. El tenis es un negocio. El día que el tenis femenino genere más que el masculino, entonces las jugadoras merecerán más premios que los jugadores. La igualdad de premios entre hombres y mujeres, para mí, no es un procedimiento equitativo". Previo al Masters 1000 Mutua Madrid Open 2019, el mallorquín Rafael Nadal, ante la consulta en la sala de prensa oficial del torneo, expresó: "No sé en qué se basa la desigualdad en el fútbol, el baloncesto o el modelaje. ¿Por qué ganan más las mujeres en el modelaje que los hombres? A veces hacemos preguntas capciosas en los que se busca polémica. ¿Qué más quiero yo que el hombre y la mujer sean exactamente iguales y tengamos los mismos derechos? Tengo una madre y una hermana y son lo que más quiero en el mundo. En algunas cosas ganarán más las mujeres y en otros los hombres, pero se tiene que ganar más o menos no por ser mejor, no por ser hombre o ser mujer. Sino por los méritos y por lo que generas. Estoy un poco cansado de que siempre se piense que estamos en contra de las mujeres. No, eso no es así. Otra cosa es quién vende más o menos, eso es otro debate. Esto no es sobre mujeres u hombres. Todos somos personas y somos iguales, pero algunos merecen más y otros merecen menos. Si estamos en la misma compañía y yo hago mejor mi trabajo, debo ganar más que el resto. No importa si es hombre o mujer". Pareciera que determinados referentes del tenis han expresado su posición, que por cierto es bastante similar.

Diferente es el caso del golf, tan solo por comparar los deportes globales individuales por excelencia. Estos son los premios para el campeón en caballeros de los cuatro Majors en 2019: 2.070.000 dólares para Tiger Woods por ganar el saco verde en The Masters (Augusta National Golf Club, Augusta, Georgia, USA), 1.980.000 dólares se llevó Brooks Koepka al levantar el trofeo del PGA Championship (Bethpage Black Course, Long Island, New York, USA), Gary Woodland recibió 2.250.000 dólares por ser campeón del US Open (Pebble Beach Golf Links, Pebble Beach, California, USA) y Shane Lowry sumó 1.935.000 dólares cuando levantó la Claret Jug (Royal Portrush Golf Club, Antrim, Irlanda del Norte). Imposible comparar The Masters. Pero el US Women's Open 2019 repartió "tan solo" 1.000.000 de dólares para la campeona surcoreana Lee Jeong-eun (o Jeongeun Lee6, ya que ella se agregó ese número, por ser la sexta golfista con ese nombre en la historia del Korean LPGA -Ladies PGA TOUR-), siendo la primera vez que una campeona de un torneo de golf femenino ganará esa cifra. Si bien este año aumentó un 40% la bolsa de premios, el Women's British Open ha pagado a la campeona Hinako Shibuno (Japón), un cheque por 675.000 dólares. Por su parte, el 2019 KPMG Women's PGA Championship otorgó a la australiana Hannah Green un total de 577.500 dólares. Muy diferente la situación respecto del tenis. Con esto no se está haciendo un juicio de valor. Es mera descripción de los datos otorgados por los torneos.

Si repasamos, lo mismo ocurre en el fútbol mundial, donde recientemente en América Latina, justamente en 2019, comenzaron a firmarse los primeros contratos profesionales de jugadoras con sus clubes. Idéntica situación en España. Pero claramente, es imposible poder comparar un género con otros porque hasta entre los mismos hombres es totalmente diferente. Lionel Messi y Cristiano Ronaldo nunca han cobrado lo mismo, solo por poner un dato, y ni siquiera estamos comparando arquero, defensor, mediocampista y delantero de un mismo equipo. En los beneficios como ser seguro médico-social, infraestructura, comodidades, viajes y alojamientos, no es necesario detenerse en el detalle de la brecha existente entre el fútbol masculino y el femenino porque la realidad indica que la disparidad es asombrosa.

No puedo llegar a entender cómo alguien puede cuestionar que el hombre y la mujer deban tener los mismos derechos y beneficios. En mi opinión ni siquiera es tema de discusión. Ambas son personas. Punto. Fin de la historia. Pero sigamos... Es como si un hombre debiera tener mayores derechos por sobre otro hombre. O una mujer por sobre otra mujer. No es un tema de género. No es un tema sexista. Tiene que ver con la propia condición humana.

De todos modos, no voy a esquivar el tema. Cuando se discuten salarios, o montos de los acuerdos de patrocinios o de los derechos de televisión, no estamos hablando de género. Se habla de negocios. Y así como la NFL genera acuerdos de televisión muchísimo mayores que el voleibol, al menos en los Estados Unidos de Norteamérica, tiene que ver con el negocio. Con la regla número 1 de la economía de libre mercado: el valor lo da la relación entre la oferta y la demanda. Quien tiene el derecho obtendrá el mayor ingreso posible que alguien quiera pagar. Y ese alguien que adquiere los derechos, pagará la suma máxima posible en función del atractivo del espectáculo, y el negocio potencial que genera. Es sencillo de entender. No todos los ATP 500 del mundo reciben los mismos ingresos por los derechos de TV. El fútbol argentino no tiene el mismo contrato que LaLiga de España, la Ligue 1 de Francia o incluso la Liga de Fútbol de China o India. Y todos juegan al fútbol, once contra once, todos se entrenan, todos dan su máximo y juegan (tan solo por dar un ejemplo) la misma cantidad de partidos. Reciben diferentes montos por el negocio que generan. Ese negocio tiene que ver con la cantidad de personas / audiencia interesada en verlo, los importes de publicidad que las marcas desean abonar como anunciantes de dicha transmisión (lo mismo para los sponsors del evento) y, por ende, con el monto que están dispuesto a pagar las señales por las retransmisiones. A ese concepto hay que llevarlo a tickets, merchandising y sponsorship. Eso en gran medida dará el valor de cada competencia. Y en función de los ingresos de cada competencia, existirá la inversión a realizar: en estadios, en salarios, en beneficios, en premios, en comodidades, en contrataciones y demás. Y perciba quien está leyendo esto, que aún no se habló de hombre o mujer. Antes que se ponga en discusión esta opinión, lo aclararé anticipadamente: siempre y cuando se cumplan las condiciones mínimas laborales y humanas. Por supuesto. Eso no está en discusión en este momento. De igual modo, así como el capitán y/o referente de un equipo de fútbol de cualquier liga como aún pasa en varios lugares, debe negociar el importe de los premios ante los objetivos por cumplir o logros obtenidos, es loable y respetable que, si la mujer siente que debe pelear por sus derechos deportivos, lo siga haciendo. Lo que entiendo es que debe hacerlo para mejorar su condición de atleta-persona. No porque sea hombre o mujer. Imaginen cuántos hombres quisieran tener los contratos de patrocinio de la rusa María Sharapova o la norteamericana Serena Williams en tenis, la sueca golfista Annika Sörenstam, la norteamericana corredora de IndyCar y NASCAR Danica Sue Patrick, la atleta rusa de salto con garrocha Yelena Gadzhíyevna

Isinbáyeva, o Marta Vieira da Silva, la genial futbolista brasileña. No es cuestión de género.

Quizás aquí esté la forma de expresarse de mejor manera: se habla constantemente de que deben recibir igual remuneración la mujer que el hombre. Y yo digo: "no". No deben recibir lo mismo. ¿Por qué? Tampoco deben recibir lo mismo dos hombres. O dos mujeres. ¿O por qué la mujer no debería recibir incluso más? Todo depende del tamaño del negocio deportivo en el cual se desempeñan. Por ejemplo, un jugador o jugadora de rugby en Nueva Zelanda, recibirá más ingresos que en Croacia. Lo mismo el fútbol en Argentina, Brasil, España, Italia, Francia o Alemania, respecto de El Salvador, Fiji o Malta. Eso en el sentido del tamaño del negocio en el que esté inmerso un jugador o jugadora. Y, por otro lado, también influye lo que genera la deportista o el deportista: qué tan desarrollado está su rama del deporte: el hockey sobre césped femenino en Argentina es más amplio que el masculino. Lo mismo el rugby en casi todo el mundo. Irá creciendo. Es lo que las instituciones deportivas están promoviendo. Mientras tanto, serán de tamaños económicos diferentes, y por ende percibirán menos dinero. En mi opinión, que reciban la misma cantidad monetaria no refleja la igualdad de oportunidades. La igualdad de oportunidades es que todos, mujeres y hombres, puedan practicar el deporte que quisieran. Que tengan la oportunidad de hacerlo sin limitaciones. Eso es igualdad de oportunidades. Al menos desde mi visión. Lo otro es negocio. Tamaño del negocio.

Si tuviese la potestad de ser el líder de tal lucha por la igualdad de salarios y mejores condiciones en todo sentido, lo primero que haría sería tratar de hacer crecer el negocio. Y como primera medida, para hacer crecer el negocio, daría mayor difusión. Mayor comunicación. Que mayor cantidad de personas mire tal o cual deporte. Tal o cual competencia. Y que conozca a las deportistas. Que el público se convierta en target de las empresas y las marcas. Y las empresas y marcas inviertan en publicidad, patrocinio y promoción. Que inviertan en el deporte mismo. Y de esta manera, las deportistas sean aún más conocidas. Que generen ventas con su cara o al menos con su número de juego estampado en la indumentaria de juego. Y ellas inspiren a otros. Y a otras. Y se conviertan en sus ídolos. Y esos ídolos en íconos. Ahí es donde surgirá la pasión de los fanáticos y seguidores. Y cuando se despierta la pasión, ya nada podrá frenar el crecimiento de ese deporte ni el negocio asociado. Porque la pasión no entiende de razones. ¿Pensaban que no iba a tomar una posición en el tema? Soy Rica. A esta altura deberían ya saberlo. No voy a medias. Me parece justo entrar en este tipo de definiciones de manera respetuosa, pero también desde un punto de vista profesional. Ni demagogia, ni agresión. Dando fundamentos. A partir de este lugar, después, cada uno seguirá teniendo su posición y eso es lo bueno en un mundo libre de pensamientos a la hora de expresarse.

En julio de 2019, Nielsen Sports, la división de investigaciones deportivas de una de las consultoras líderes mundiales en este sentido, expresaba tras la finalización de la Copa Mundial Femenina de la FIFA de Francia 2019: "La creciente popularidad del fútbol femenino ha alcanzado un punto de inflexión comercial. Con tanto enfoque en la Copa Mundial Femenina de la FIFA de este año, hemos sido testigos de que se han batido récords de audiencia en países de todo el mundo a lo largo del torneo. Esto se deriva de los nuevos acuerdos de patrocinio que fueron anunciados antes del inicio de la competencia y que solo ayudarán al progreso del juego femenino. El desafío ahora, sin embargo, es cómo el fútbol femenino se capitaliza en una Copa Mundial tan exitosa desde una perspectiva de perfil y exposición". Es clarísimo lo que dicen: todo bien, hubo difusión, hubo inversión, hubo pasión... ¿y ahora qué van a hacer con todo esto?

En el Reino Unido, durante la Women's FIFA World Cup France 2019, la cobertura gratuita que brindó la BBC jugó un papel preponderante en el seguimiento de la competencia. La semifinal que enfrentó a Inglaterra con Estados Unidos, hasta el momento, fue el evento deportivo más visto por los ingleses en ese mismo año, con picos de 11.000.000 de espectadores y un alcance estimado de 18.200.000, superando al torneo de rugby de las Seis Naciones 2019. El 2 y 3 de julio, esa semifinal tuvo 167.000 posteos en social media, 1.4 billones de reach estimado, 6.8 millones en engagement y 32% de sentimiento positivo (recordemos que Inglaterra perdió esa semifinal).

En su web, Nielsen Sports, menciona declaraciones de Lynsey Douglas, líder mundial en deportes para mujeres de su staff: "Un aspecto que impulsará el crecimiento del juego de mujeres es que los personajes son más visibles para que los fanáticos lo sigan, se involucren y se conecten. Eso puede ser por actuaciones sobresalientes o también por controversia, como hemos visto con algunos de los momentos memorables de este torneo. Megan Rapinoe y Alex Morgan son probablemente ahora nombres conocidos en el Reino Unido, no solo por sus destacadas actuaciones en el campo, sino también por defender lo que creen fuera del campo. ¡Qué mejores modelos a seguir para las niñas y niños jóvenes que estas jugadoras! O los gustos de Lucy Bronze y Steph Houghton, que son fuertes, decididas y, sin embargo, son deportistas que quieren inspirar a la próxima generación. Lo que es importante para la industria del deporte, ahora, es aprovechar esta gran exposición de la Copa Mundial para aumentar el valor comercial del deporte. Los potenciales fanáticos necesitan saber dónde pueden ver a sus jugadores favoritos, cuándo juega su equipo, dónde comprar la camiseta y acceder a contenido emocionante en las redes sociales". Pero también hay un impacto social más amplio en juego de esta copa mundial que los organismos rectores y las marcas pueden aprovechar, ya que ha representado la accesibilidad al deporte para todos, la igualdad de oportunidades para ganarse la vida con el deporte a nivel de élite y los jugadores que usan su plataforma para defender sus valores y creencias". Bueno, es más o menos lo que les venía diciendo cuando hablamos de golf y tenis...

Un estudio realizado en 2018 por Women's Sports research, de Nielsen Sports, según datos relevados en Estados Unidos, el Reino Unido, Francia, Italia, Alemania, España, Australia y Nueva Zelanda, establece que el 66% de la población está interesada en al menos, un deporte femenino y que el 84% de los fanáticos deportivos en general poseen interés en deportes femeninos. De ese público, el 51% son hombres y 49% mujeres.

Otro estudio efectuado por la misma empresa de investigación líder mundial indica que, tras analizar 24 mercados en el mundo, 314 millones de personas están interesadas en el fútbol femenino. Respecto de los países participantes de la Copa Mundial Femenina de la FIFA Francia 2019, el interés en el fútbol de mujeres es del 40% en los países donde sus selecciones participaron del mundial (36% en el mundo en general), mientras que es del 13% en USA y 9% en China. Holanda, sede y campeonas de la última Women's European Championship en 2017, refleja un gran sentido igualitario, ya que el 59% de la población está igual interesada tanto en el fútbol masculino como el femenino.

Y las marcas, por supuesto, comienzan a responder a este fenómeno que explotó en la última Copa Mundial Femenina FIFA en Francia en 2019. Si hay público, existirán marcas a invertir para intentar tenerlas como clientes, consumidoras y/o usuarias de sus productos y/o servicios. Adidas, socio FIFA, anunció a través de Eric Liedtke, miembro de su Junta Directiva, que dará bonus por resultados a las jugadoras del Mundial 2019, del mismo monto que los jugadores de la Copa Mundial FIFA Rusia 2018. En menos de siete días, Nike anunció su patrocinio con el fútbol femenino de la UEFA, al lanzar los kits con claro estilo femenino de las 14 selecciones que vistió en esa cita. Los sponsors de la selección inglesa de fútbol masculina, Mars, Lucozade y Budweiser, anunciaron antes de la Copa del Mundo que también serían sponsors de la selección inglesa femenina. Por su parte, Jes Stanley, CEO de Barclays, anunció que será title partner de la Super Liga Femenina de Fútbol 2019/20 de la FA (Inglaterra) y declaró: "Nuestro compromiso con el fútbol femenino y con la mujer, en un momento crucial en su desarrollo, va más allá del mero patrocinio. Creemos que puede ser una clave para aumentar la participación, el desarrollo y la visibilidad más amplia del juego femenino".

Interesante ver también las preferencias para mirar deporte por televisión, según el género del fanático. En el Reino Unido, el fútbol es el deporte preferido de los hombres (85% de los casos), seguido por tenis (58%) y motor sport (56%), mientras que el público femenino prefiere el tenis (68%), el fútbol (66%) y el atletismo (61%). Por su parte, en China se dan estos valores para las mujeres: bádminton (91%), básquet (80%) y tenis (78%), y para los hombres, básquet (88%), bádminton (86%) y tenis (76%), y aquí tienen un dato del porqué del interés del primer mandatario en el fútbol: por su potencial de crecimiento y oportunidad. En la misma línea tenemos a Alemania en hombres: fútbol (90%), motor sport (66%) y atletismo (53%), mientras que las mujeres se inclinan por el fútbol (58%), atletismo (51%) y motor sport (47%), mismos gustos en diferente orden y porcentaje. Para los Estados Unidos, los valores de preferencia deportiva de la mujer como interés para seguir es: fútbol americano de la NFL (71%), béisbol (56%) y básquet (54%), y los hombres con el mismo orden: NFL (89%), béisbol (70%) y básquet (68%). El informe incluye un solo país de habla hispana, México, con estas métricas: fútbol (91%), NFL (72%) y básquet (70%) para los hombres, mientras que para ellas aparece primero el fútbol (82%), luego el patinaje artístico (72%) y finalmente el básquet (61%). Comportamientos, gustos y preferencias, diferenciados por deporte, por país y por género. Dato. No opinión. La fuente es nuevamente Nielsen Sports.

La profesora de educación física argentina Marta Antúnez (revista digital EF Deportes, Año 7, N° 42, noviembre de 2001), realizó una serie de reflexiones acerca de lo que la mujer representa para el deporte y su verdadero significado del deporte, que resulta muy oportuno poder transmitir: "Las mujeres aún deben auto elaborar una imagen propia teniendo en cuenta sus propios deseos y su propio modo de vivir su cuerpo y su vitalidad. Es decir: la mujer representa para el deporte no lo que ella pueda desempeñar como atleta o simple practicante, sino lo que, por lo regular, la sociedad espera de ella sobre la base de un modelo preconcebido de comportamiento". Continúa Antúnez: "Las mujeres desarrollan el mismo interés por los deportes que los hombres, al igual que en otras tantas actividades y profesiones. Sin embargo (y los números son claros), aún no practican deporte en el ámbito competitivo como competencia tanto como sus congéneres masculinos y por su parte, la psicología asegura que se debe a la diferencia que tienen las mujeres respecto al significado de la búsqueda del éxito y del rendimiento. Las mujeres tienden a lograr el éxito sobre la base del dominio y mejoramiento personal. En tanto, los hombres buscan el resultado frente al oponente. En el siglo pasado, las mujeres se acercaron en mayor proporción a la actividad deportiva, al igual que a todos los demás campos sociales ocupados por hombres; quienes fueron las pioneras en la participación deportiva competitiva se identificaron con los patrones masculinos y ostentaban características más competitivas y de rendimiento que las demás mujeres (seguimos hablando siempre en términos de patrones ya gestados con anterioridad)". "Estas iniciadoras abrieron un camino hacia esas actividades deportivas, pero no lograron que las demás mujeres se identificaran con sus principios de comportamiento deportivo o competitivo, por el sólo hecho de que no eran cánones a seguir dentro de una identidad propia de la feminidad que la mujer en esos momentos intentaba forjar. La imagen de mujer ideal se mide por la belleza, delgadez y juventud. Por otro lado, todas las ciencias y artes trabajan para que esto pueda concretarse. Así, entonces tenemos que la industria "femenina" abastece al mercado con productos de belleza, tratamientos, alimentos bajas calorías, medicamentos para adelgazar, para no envejecer, anticonceptivos, spa de relajación, tratamientos antiestrés, tratamientos psicológicos y por supuesto quirúrgicos, que comienzan a aconsejarse desde edades cada vez más tempranas para no llegar a edades avanzadas con riesgos. El logro de esta belleza y los productos que la garantizan ofrecen a la mujer juventud, seguridad, libertad y autonomía, omitiendo las consecuencias negativas que podrían tener para la salud y el bienestar. Y llegamos así a nuestro gran tema: el deporte. Que por supuesto es una actividad que ni por aproximación se asemeja a aquello con lo que la sociedad espera que la mujer se identifique. La actividad física femenina, entonces, es aquella que puede hacernos más lindas, más flacas o más jóvenes y encima nos prometa divertirnos. Así surge una elección de mujeres, niñas y jóvenes por el fitness, la danza, el gimnasio, el trote, etc. Los deportes recreativos, que no persiguen el rendimiento máximo y que por lo tanto no requieren una severa preparación, deberían estar alineados en una categoría propia y no mezclados con el deporte de representación, error que generalmente se comete en la realización de alguna encuesta para determinar si la población realiza deporte o no, quienes lo hacen, dónde y por qué". Concluye la argentina: "Seguramente podría esperarse que estos cánones de belleza física, dinamismo corporal, delgadez sin músculos definidos y sin arrugas vayan evolucionando, teniendo como protagonista a la mujer y a lo que ella quiere de sí misma, respetando los deseos y realidades a los que quiera llegar. Que la imagen de la mujer sea auto elaborada teniendo en cuenta sus propios deseos y su propio modo de vivir su cuerpo y su vitalidad. El deporte competitivo debe ser considerado como una actividad entre las demás, en la que la mujer pueda desarrollarse al igual que los hombres, como en la política, las ciencias y todas las demás actividades, con igualdad de oportunidades para lograr los mejores resultados. Y la imagen de

los deportistas debe ser eso simplemente: un o una deportista que intenta lograr lo mejor de sí mismo, al igual que la mayoría de los seres humanos en lo que hemos elegido". Interesantísimos conceptos. Más aun proviniendo de una mujer, deportista y capacitada desde lo profesional para argumentar sus palabras, si bien la mujer y el mundo han evolucionado aceleradamente desde 2001 a esta parte. Quizás, algunas expresiones de estas conclusiones pueden haber quedado en el tiempo o convertirse en obsoletas (o muy cercanas a serlo). Por suerte. Pero bien valen como referencia, al menos en esa fecha.

Alba Flores es una actriz española cuyo rol en "La Casa de Papel" le otorgó trascendencia global. La serie fue creada por Álex Pina y producida por Atresmedia en colaboración con Vancouver Media para su emisión original en la señal Antena 3 para España. Fue estrenada el 2 de mayo de 2017. Luego NETFLIX adquirió los derechos a fines de ese año y la lanzó al mundo. La historia relata un asalto de varios días a la Fábrica Nacional de Moneda y Timbre, donde se imprimen los billetes de circulación en el país ibérico. Una vez dentro, la misión consistía en imprimir 2.400 millones de euros. El ideólogo y líder de la banda, conocido como El Profesor, recluta a ocho personas con diferentes habilidades para concretar el robo. En su capítulo 11, ya en la temporada 2, el personaje de Flores, Nairobi, uno de los ocho atracadores, lleva adelante una actuación del guion que luego sería viral para la marcha mundial del 8M de 2018, considerando ella incluso que ese año "es el año de la mujer". El Profesor designa a Berlín, otro de los que ingresan al edificio, como su máximo interlocutor y líder dentro del edificio, ya que el ideólogo de la banda permanece siempre fuera digitando cada paso. En el episodio mencionado, el segundo de la temporada 2, en el momento en que Berlín hablaba por teléfono con El Profesor, alguien lo golpea en la cabeza provocándole un desmayo. Era Nairobi, que toma el teléfono para hablar con el líder fuera de la Fábrica Nacional de Moneda y Timbre y exclama: "Profesor, soy Nairobi. Berlín no está en condiciones, así que, a partir de ahora, estoy al mando yo. ¡Empieza el matriarcado!", al tiempo que finaliza con una pequeña sonrisa, mezcla de felicidad, seguridad en sí misma y orgullo personal.

No es necesario irnos hacia los extremos. Ya se ha visto lo dañino que es para la sociedad moderna respecto de la igualdad de género, haber construido nuestra civilización sobre la base patriarcal. Uno de los extremos. No es necesaria la violencia, ni la lucha desmedida para promulgar ahora por una sociedad matriarcal. Para el mundo, la sociedad y la civilización moderna sería bueno un equilibrio. Una sociedad simétrica y balanceada donde sean las personas quienes tengan igualdad de oportunidades, sin importar su género. Ni su raza. Ni su condición sexual. Ni su orientación política. Ni su edad. Ni su estrato social. Ni su idioma. Ni su origen o destino. Ser todos seres humanos viviendo en paz y tranquilidad. ¿Utopía? Puede ser. Pero empecemos ahora. Desde cada uno.

¿Cómo hacer desde las estructuras? Desde la educación, sin dudas. El nivel de educación no sólo es el presente de las naciones, sino también que su calidad asegurará el futuro del mundo. Estudios revelan que el 87% de las mujeres que practicó deportes en alguno de los niveles de educación primaria o secundaria, lo seguirá haciendo ya en edad adulta. Y, por otro lado, la educación de base. Una educación no sexista, eliminando los estereotipos de género y sexo. En definitiva, el deporte escolar reproduce el modelo formal del deporte. Y viceversa. Señores gobernantes, educadores, decisores y líderes mundiales... educación. Por ahí va el camino.

Gran cantidad de mujeres deportistas han inspirado por siempre a diferentes generaciones. Generaciones de personas. Inspiraron tanto a hombres como a mujeres. Haremos una breve descripción de una lista que podría ser incluso más amplia, en función de lo que ha significado cada una de ellas. La lista podría ser incluso más larga y cada uno tendrá su preferencia en función de su legado y sus logros, además de que a estas mujeres detalladas más abajo deberán incorporarse las nombradas previamente en este capítulo.

Tenemos el caso de la nadadora Gertrude Caroline Ederle (USA, 1905-2003), campeona olímpica de natación (París 1904 en la posta de estilo libre 4x100) y que fue la primera mujer en cruzar en 1926 el Canal de La Mancha a nado, desde Gran Bretaña hacia Francia, tras 14 horas y 34 minutos. Su tiempo solo pudo ser batido recién en 1950, por lo que fue apodada "la Reina de las Olas". También, el de la atleta Fanny Blankers-Koen (Holanda, 1918-2004), ganadora de cuatro medallas de oro en los Juegos Olímpicos de Londres 1948 en cuatro pruebas de velocidad diferentes. La gimnasta soviética Larisa Semiónovna Latýnina (Ucrania, 1934), que ostentó durante casi cincuenta años el récord absoluto de medallas en Juegos Olímpicos: 18 en tres participaciones, desde 1956 a 1964. Mamie "Peanut" Johnson (USA, 1935-2017), que fue la primera pitcher femenina en jugar en la Negro Baseball League para los Clowns de Indianápolis durante dos años y recopiló un impresionante récord de 33 victorias por 8 derrotas. Siguen las menciones: la nadadora Dawn Fraser (Australia, 1937), que logró cuatro medallas de oro y cuatro de plata olímpicas en total en Melbourne 1956, Roma 1960 y Tokio 1964 y fue la primera mujer en nadar los 100 metros libres en menos de un minuto; la automovilista Janet Guthrie (USA, 1938), que en 1977 resultó la primera mujer en clasificarse para las emblemáticas carreras de las 500 Millas de Indianápolis y en Daytona 500 y competir con hombres; como también la patinadora sobre hielo Lidija "Nadia" Pavlovna Skoblikowa (Rusia, 1939) cuyos récords del mundo, conseguidos en los JJOO de Invierno en Innsbruck 1964, siguen todavía vigentes además de haber obtenido cuatro oros en esa cita, más 2 adicionales en los anteriores de Squaw Valley 1960.

La tenista Margaret Jean Court (Australia, 1942) ganó más títulos individuales de Grand Slam que nadie (24). Junto a Martina Navrátilová y Doris Hart son las únicas en lograr todos los torneos de Grand Slam en las tres modalidades (femenino, dobles femenino y dobles mixto), pero Margaret es la única en lograrlo antes y después de la era abierta, única que ha ganado el Grand Slam (los cuatro torneos mayores en una misma temporada) en tres ocasiones: dos en doble mixto (1963 y 1965) y uno en individuales (1970). Fue número 1 del mundo y se adjudicó 92 títulos WTA en singles y 48 en dobles, además de 1 WTA Tour Championships. O la sensacional tenista Billie Jean Moffitt (USA, 1943), más conocida como Billie Jean King, que derrotó al campeón masculino de Wimbledon, Bobby Riggs en 1973, en lo que se conoció como la batalla de los sexos. También llegó a lo más alto del ranking mundial y consiguió 39 títulos de Grand Slam. Tan grande como la basquetbolista Lusia Mae "Lucy" Harris (USA, 1955) que se convirtió en la primera mujer en ser reclutada por un equipo de la NBA, los New Orleans Jazz en la séptima ronda del draft de 1977. La tenista Martina Navrátilová (República Checa, 1956) ha sido una inspiración para la libertad de la orientación sexual femenina por su atracción por ambos sexos, para luego definirse como lesbiana, según cuenta en su autobiografía "Being myself". Su padre y madre (en especial su padre) se sintieron perturbados al descubrir la orientación sexual de su hija, lo que su padre calificó de enfermedad, diciendo que preferiría que su hija hubiese sido prostituta. Navrátilová señaló que temía que su orientación sexual perjudicara su solicitud para conseguir la nacionalidad estadounidense al salir de la ex Checoslovaquia, un país en el que, según sus palabras, "a los gays se los enviaba a asilos para enfermos mentales y las lesbianas nunca salían del armario". Participa en varias asociaciones benéficas que promueven los derechos de los homosexuales, los derechos de los niños sin recursos y los derechos de los animales. En 2002 recibió un premio de la asociación Human Rights Campaign. Además de su activismo a favor de los derechos de los homosexuales, también es conocida por su oposición al comunismo. En su carrera tuvo en récord de 1.442 partidos ganados (219 perdidos). En individuales obtuvo 167 títulos de la WTA, 18 títulos de Grand Slam, incluyendo el récord de 9 campeonatos en Wimbledon, y 7 WTA Tour Championships. En dobles femenino, su récord es de 747-143, 177 títulos WTA, 31 Grand Slams y 11 WTA Tour Championships. Además se adjudicó 15 títulos de dobles mixto, incluyendo 10 de Grand Slam. Ganó cuatro Federation Cup y finalizó 1ª del mundo tanto en singles como en dobles. Junto a Margaret Smith Court y Doris Hart son las únicas tenistas que han ganado los cuatro torneos de Grand Slam en singles, dobles y mixtos, mientras que en la categoría masculina no se ha logrado por el momento.

En esta parte surgen la velocista Florence Delorez Griffith Joyner (USA, 1959-1998), ya que sus récords de 10,49 segundos en 100 metros llanos y de 21,34 en 200 metros, conseguidos en las pruebas olímpicas de los Estados Unidos de Norteamérica de 1988, siguen siendo el límite de velocidad femenino; la gimnasta Nadia Elena Comăneci (Rumania, 1961), que en los JJOO de Montreal 1976 deslumbró al mundo por ser la primera gimnasta en la máxima puntuación posible: 10; la piloto Jutta Kleinsmith (Alemania, 1962), que en 2001 fue la primera campeona absoluta del rally extremo París-Dakar en la categoría de autos y por el momento la única; la atleta Nawal El Moutawakel (Marruecos, 1962), primera mujer musulmana (y primera marroquí) en ganar un oro olímpico en Los Ángeles 1984 en 400 metros con vallas. Su medalla también significó el gran avance para las mujeres del deporte en Marruecos y otros países en su mayoría musulmanes, además de que en 2007 fue nombrada Ministro de Deportes de Marruecos y en 2012 vicepresidenta del Comité Olímpico Internacional. Aparece también la atleta de media distancia Hassiba Boulmerka (Argelia, 1968), que en los Juegos Olímpicos de Barcelona 1992 ganó la medalla de oro en 1.500 metros, siendo la segunda musulmana en ganar una medalla olímpica (además de dos oros en Mundiales y tres en Juegos Mediterráneos) y fuera perseguida por correr en pantalón corto y tirantes. Boulmerka fue una gran luchadora por los derechos de las mujeres y deportistas árabes. Además, puede tomarse como ejemplo de superación a la escaladora Gerlinde Kaltenbrunner (Austria, 1970), primera mujer en coronar los 14 ochomiles sin ayuda de oxígeno.

Más cerca en el tiempo, la golfista Annika Sörenstam (Suecia, 1970) que en 2003 se convirtió en la primera mujer en participar en un torneo oficial masculino del PGA TOUR (Colonial Country Club) en 58 años, más allá de no haber pasado el corte, además de haber ganado 93 torneos durante su carrera, incluyendo 10 Majors y siendo la número 1 del mundo indiscutida. Es cierto que anteriormente lo había hecho Mildred Ella Didrikson "Babe" Zaharias (USA, 1911-1956) en el Abierto de los Ángeles de 1938 (falló el corte) y de 1945 (no superó el corte de 54 hoyos), el Abierto de Tucson 1945 (donde pasó el corte e igualó el cuarto puesto) y el Phoenix Open 1945 (avanzó y fue 33°), siendo en la actualidad la única que pasó el corte en un torneo masculino. Posteriormente surgió Suzy Whaley (USA, 1967), que participó del Greater Hartford Open 2003 (sin pasar el corte), además de Michelle Sung Wie (USA, 1989), la sobrina de Tiger Woods, en el Sony Open 2004, 2005, 2006 y 2007, el John Deere Classic 2005 y 2006, el Lumber

Classic 2006 y el Reno Tahoe Open 2008, más allá de que en ninguno de ellos pasó el corte. Sörenstam, incorporada al Golf Hall of Fame, cambió la manera de cómo se jugaba, se veía y se cubría el golf femenino.

Por supuesto que Lisa Deshaun Leslie (USA, 1972), considerada como la mejor jugadora de básquet de la historia, fue a su vez la primera mujer capaz de hacer una volcada (mate, dunk) en una canasta reglamentaria durante un partido oficial (en la Women's National Basketball Association -WNBA-, en 2002 entre su equipo de Los Angeles Sparks y Miami Sol), además de la obtención de cuatro medallas de oro olímpicas (Atlanta 1996, Sidney 2000, Atenas 2004 y Beijing 2008), dos mundiales, dos títulos WNBA, dos veces MVP de las finales de la WNBA y tres veces MVP de la WNBA; la andinista Edurne Pasaban (España, 1973), primera mujer en subir los 14 'ochomiles' del Himalaya al coronar el Shisha Pangma en 2010 tras un plazo de 10 años; la navegante Dame Ellen Patricia MacArthur (Inglaterra, 1976), primera mujer en dar la vuelta al mundo en barco en solitario con 24 años, en la edición de la Vendée Globe 2001 y en 2005 batió el récord del mundo de la especialidad en 71 días, 14 horas y 18 minutos; la tenista Serena Jameka Williams Price (USA, 1981), que acumula ya 23 títulos individuales de Grand Slam (sólo superada por Margaret Court), 14 Grand Slams en dobles femenino (junto a su hermana Venus) y 2 en dobles mixto (con el bielorruso Max Mirny), 23 títulos WTA Tier 1 y 5 WTA Finals, cuatro medallas de oro olímpicas (single y doble femenino en Londres 2012, y dobles femenino en Sidney 2000 y Beijing 2008), 1 Federation Cup y 2 Copa Hopman, número 1 del mundo por más de 300 semanas y al finalizar 5 años; la corredora de autos de velocidad Danica Sue Patrick (USA, 1982), ha sido un ejemplo e inspiración para muchas mujeres, no sólo por competir en automovilismo, un espacio reservado mayoritariamente para los hombres, sino que lo ha hecho frente a ellos, al participar seis años en la IndyCar Series (2005 a 2011) donde fue nombrada Debutante del Año cuando finalizó cuarta en las 500 Millas de Indianápolis y en el NASCAR Cup Series. En 2008 se transformó en la primera mujer en ganar una carrera en IndyCar (óvalo de Twin Ring Motegi), y se subió a un total de 8 podios, contando la tercera posición de las 500 Millas de Indianápolis en 2009. En 2011, dentro de la NASCAR Series, fue la primera mujer en liderar una vuelta en el Daytona International Speedway. Terminó cuarta en Las Vegas Motor Speedway (NASCAR Series) el 5 de marzo de 2011, mejor resultado de una mujer en NASCAR.

Encontramos hacia el final de la lista a la garrochista Yelena Gadzhievna Isinbayeva (Rusia, 1982), la primera mujer que pasó los 5 metros con una pértiga y batió el récord mundial en 27 ocasiones (entre pista cubierta y al aire libre) hasta dejarlo en 5,06 metros en 2009, registro aún vigente, además 3 medallas olímpicas (oro en Atenas 2004 y Beijing 2008, y plata en Londres 2012), 7 títulos mundiales y una Copa del Mundo; la esquiadora Lindsey Kildow Vonn (USA, 1984) atesora una medalla de oro (Descenso) y una de bronce (Super Gigante) en los Juegos Olímpicos de Invierno en Vancouver 2010, dos Campeonatos del Mundo (siete medallas en total), cuatro Generales de la Copa del Mundo (y 16 Copas del Mundo en diferentes disciplinas), además de contar con los récords de 77 victorias en la Copa del Mundo de esquí alpino (130 podios), 39 en Descenso y 27 en Super Gigante; la futbolista Marta Vieira da Silva (Brasil, 1986), la mejor futbolista de todos los tiempos que ha ganado 5 veces consecutivas el FIFA World Player of The Year (de 2006 a 2010) y en 2018, además de haber sido segunda y tercera clasificada en otras dos ocasiones, y con la selección brasileña luce 2 medallas olímpicas de plata (Atenas 2004 y Beijing 2008), mientras que sus 17 tantos son récord de más goles anotados en los torneos de la Copa Mundial de la FIFA (superando al alemán Miroslav Josef Klose que tenía 16 goles en 4 mundiales). Además, Marta es la primera futbolista (mujer u hombre) en anotar en cinco ediciones de los mundiales. También aparece la tenista María Sharápova (Rusia, 1987) dueña de los cuatro torneos de Grand Slam (Roland Garros en dos oportunidades) el primero de ellos a los 17 años (Wimbledon 2004). Fue número 1 del ranking mundial de la WTA, con 36 títulos WTA y medalla de plata en los Juegos Olímpicos Londres 2012, considerada un ícono del tenis y de la moda, lo que le ha valido varios acuerdos de patrocinios globales y algunos puntuales no sólo en Estados Unidos y Rusia, sino también en Japón; la nadadora Kathleen "Katie" Genevieve Ledecky (USA, 1997), campeona de 200, 400, 800 y 1.500 metros y posta 4x200 de estilo libre en el Campeonato del Mundo de 2015 con apenas 18 años, con dos récords mundiales, siendo la primera mujer en lograr la victoria en todas las pruebas de resistencia en un mismo campeonato, y actualmente posee los récords de 400, 800 y 1.500 metros estilo, además de haber ganado la medalla de oro en los Juegos Olímpicos de Londres en 2012 con 15 años, 4 oros más y una de plata en los JJOO Río de Janeiro 2016, para alcanzar un total de 31 medallas (27 medallas de oro, 3 plateadas y una de bronce) en las principales competiciones internacionales, que abarcan los Juegos Olímpicos, los Campeonatos Mundiales y los Campeonatos PanPacific, además de batir 14 récords mundiales. Además puede apuntarse a la gimnasta Simone Arianne Biles (USA, 1997), que con tan solo 19 años consiguió 4 medallas de oro y una de bronce en gimnasia artística en los Juegos Olímpicos de Río de Janeiro en 2016 y 23 medallas totales ganadas en toda su carrera (17 de ellas de oro).

Ya en 2019, la futbolista Alexandra "Alex" Patricia Morgan (USA, 1989), con 22 años, fue la jugadora más joven de una Copa Mundial Femenina

(Alemania 2011); en el año 2012 anotó 28 goles y 21 asistencias (que junto con Mia Hamm son las únicas mujeres estadounidenses en convertir 20 tantos y dar 20 asistencias en el mismo año calendario). Por otra parte, se convirtió en la sexta y más joven jugadora de ese país en anotar 20 goles en un año. Fue nombrada futbolista femenina estadounidense del año y una de las 3 finalistas a mejor jugadora de la Copa Mundial Femenina de la FIFA. Acaparó la medalla de oro con su selección en los Juegos Olímpicos de Londres 2012, y el Mundial FIFA 2015 (Canadá) y 2019 (Francia), y también se apoderó de una Champions League, entre otros logros. Considerada mejor futbolista de la Concacaf (Confederación de Norteamérica, Centroamérica y el Cribe de Fútbol) en cuatro oportunidades, en 2012 fue la tercera mejor jugadora del mundo y, en 2012 y 2018, fue reconocida como la más destacada en Estados Unidos. En la reciente Copa Mundial Femenina Francia 2019 fue Balón de Plata, sólo superada por su compañera de equipo Megan Rapinoe. En 2015, junto con la canadiense Christine Sinclair y la australiana Steph Catley, se convirtieron en las primeras jugadoras de fútbol femenino en aparecer en la portada del videojuego de fútbol "FIFA", mientras que también estuvo en la portada del FIFA 16 junto al futbolista argentino Lionel Messi, en la versión que se vendió en los Estados Unidos, además de ser la imagen de marcas como Coca-Cola y Nike, actriz de Nickelodeon y tapa de la revista TIME. Alex Morgan es activista por la igualdad salarial de mujeres y hombres en el fútbol profesional, y por la justicia social y la democracia en su país. El 8 de marzo de 2019 fue una de las 28 jugadoras que elevaron una denuncia contra la Federación Estadounidense de Fútbol (USSF – United States Soccer Federation) por discriminación ante un tribunal de Los Ángeles, reclamando igualdad salarial con el equipo masculino, ya que argumentaban que las mujeres perciben el 38% de lo que ganan los hombres, aun siendo más importantes que ellos, ya que se habían consagrado campeonas en 3 mundiales FIFA (1991,1999 y 2015), mientras que la selección masculina ni siquiera se clasificó para la FIFA World Cup de Rusia en 2018. Tras la victoria en julio de 2019 ya obtuvieron cuatro mundiales, sin que ello se reflejara en una mejora económica de igualdad con la selección masculina. Morgan, que es feminista y lidera esta demanda, fue la primera firmante en la denuncia. En julio de 2019 recibió la distinción de "Deportista Femenina del Año" en los ESPY Award que otorga ESPN. Cuando se hizo del galardón expresó: "La inversión en mujeres y niñas no solo debe ocurrir en los campos de juego, sino contando las historias de mujeres increíbles que continúan demostrando que somos más que solo atletas".

Todas ellas han sido un aporte fundamental de inspiración a diferentes generaciones, incluyendo también a Charlotte Cooper, Alice Milliat y Katherine Switzer, ya nombradas, entre tantas otras que seguramente podrían haberse incorporado a estas páginas, y a aquellas que se sumarán en un futuro. Desde diferentes lugares, cada una ha dado su máximo esfuerzo y ejemplo a otras mujeres y también a los hombres. Desde la gestión, proeza, desafío, esfuerzo, superación, liderazgo, militancia, dedicación, constancia, orientación sexual, compromiso, respeto, convicción, ideología, pensamientos, logros individuales y superación de objetivos conjuntos. Que en un futuro sigan surgiendo mujeres que inspiren. Y también hombres. Porque para eso no hay distinción de género. Somos todas personas. Somos todos humanos. En igualdad de derechos.

¿Qué tendrá que ver todo esto con el marketing deportivo? Todo. Segmentación, posicionamiento, valor de marca, planificación, relevamiento, construcción de íconos y target son conceptos claves no sólo en sports marketing, sino también en marketing en general.

Quizás no sea necesario que la mujer luche con el hombre por un espacio. Por un espacio de difusión en los espacios. Por parte del presupuesto de las marcas en su plan de sponsorship. Quizás no sea necesario compararse con los salarios profesionales entre hombres y mujeres. Quizás lo importante es que cada uno pueda pelear por su propio espacio, difusión, público, target y audiencia. Quizás lo fundamental es que cada uno construya su propio camino y marque a fuego su propia historia con orgullo y pasión. Dando todo de sí. Disfrutando ese andar. Pero siempre hacia adelante. Eso hará crecer el interés. El interés del público, de los organizadores, de las marcas, de los medios y de sus pares. Para admiración de muchos. Para orgullo de todos. Más interés creciente. Más público en los estadios. Más audiencia en la televisión. Más followers en redes sociales. Más empresas queriendo posicionar sus marcas y vender sus productos y servicios a ese público, a esa audiencia y a esos followers. Más inversión de esas empresas. Más inversión en el deporte. Más beneficios y mejores condiciones. Más y mejor infraestructura. Mejores salarios. Mejor ánimo en las deportistas. Mejor juego. Más organización. Más torneos. Más inspiración. Más ídolas. Más íconos. Más inspiración. Más niñas jugando. Más base de practicantes. Más público. Más audiencia. Más followers. Más interés. Más marcas. Más inversión. Mejores salarios...

Las pruebas mixtas están bien. Pero es importante que cada uno busque y encuentre su propia identidad. Su propio posicionamiento. Su segmento de mercado. Su target también. Trazar un plan. Y llevarlo adelante. Investigar. Insertarse en la toma de decisiones. Y ser profesionales. Solo con la pasión no alcanza. Ahí vamos.

Eventos y federaciones deportivos femeninos globales y el caso argentino.

En los últimos años, también en Argentina se han dado ejemplos muy claros de instituciones deportivas y emprendimientos privados que han llevado adelante una clara estrategia de comenzar a equilibrar la historia respecto de la igualdad de género, organizando nuevas competencias deportivas de calidad. Se trata de una clara muestra de gestión igualitaria, incluso en deportes de los más tradicionales.

La Asociación Argentina de Golf va por su Campeonato Abierto de Damas número 19 y posee un nutrido calendario en la categoría Damas, como el Campeonato Argentino y Nacionales Interclubes, el 8vo Torneo del Ranking, el Torneo Final del Ranking Argentino de Aficionadas, el Torneo Interclubes (Copa Cecilia Palacio), el Torneo Nacional Interclubes Senior, el Campeonato Nacional por Golpes y Argentino Juvenil, el 115° Campeonato Argentino de Aficionadas, la Copa de Oro-5to Torneo Ranking Argentino, El Federal-6to Torneo Ranking Argentino de Damas y el Ladies 9 Tour (Circito de 9 hoyos para Damas), apoyando también a los clubes que organicen competencias abiertas o internas para Damas a través del Ladies Month, entre otros tantos. Además, los campeonatos que se juegan en paralelo las categorías Damas y Caballeros como el Torneo Nacional de Menores, Torneo Nacional Junior, Campeonato Nacional Mixed (Copa El Hogar), el Campeonato Nacional Interfederativo de Mayores, Menores y Juveniles, el Campeonato Argentino de Menores y Menores de 15 años y el Campeonato Nacional Four Ball (Copa El Golfer Argentino) entre otros. Y en 2019 se abría el espacio para el 1er. Torneo de Damas con Handicap. Excelente. Un calendario realmente equilibrado en un deporte que originalmente entendía que era espacio sólo para hombres, donde las mujeres, por ejemplo, no tenían acceso a determinados espacios del clubhouse o directamente no les era permitido.

Augusta National Club, sede del prestigioso Masters del golf, recién aceptó mujeres entre sus miembros en 2012. Tras su inauguración en 1932, tampoco contó con miembros de raza negra hasta 1991 (Ron Townsend). Las dos primeras mujeres asociadas fueron Condoleezza Rice, Secretaria de Estado del Gobierno de las Estados Unidos de Norteamérica entre 2005 y 2009, y Darla Moore, ex presidente de la firma de inversiones Rainwater, Inc. y la primera mujer en aparecer en la tapa de la revista "Fortune". "Este es un motivo de alegría. Estas dos mujeres comparten nuestra pasión por el golf y ambas son conocidas y respetadas por nuestros socios. Este un momento significativo en la historia de nuestro club", dijo Billy Payne, presidente del club. ¿Mujeres jugando en Augusta? Sí, pero según sus normas. El miércoles de abril de 2019 dio inicio a la primera edición en la historia de lo que se ha llamado el Masters femenino: 72 golfistas de 25 países, disputando un torneo en una de las cunas mundiales del golf en la semana previa del Masters masculino. "Augusta abre sus puertas a las mujeres, aunque solo un poco", mencionaba el diario español El País, y continuaba "el campeonato es amateur, no juegan golfistas profesionales ni tiene la categoría de grande, y únicamente podrán pisar en competición la selecta hierba del selecto Augusta National Club un día, el sábado. Y no todas. Después de dos rondas iniciales que se juegan miércoles y jueves en un campo anexo, el Champions Retreat, las 30 mejores tendrán la ocasión de pisar las calles y greens que pocos días después verán pasar a Tiger Woods, Jon Rahm y demás estrellas. El Masters es exclusivo hasta para esto. El único grande que se juega siempre en un mismo campo es también el único que no tiene una categoría femenina. Sí existe el British Open, el US Women's Open y el Women's PGA Championship, pero no un Masters femenino como tal". Desde entonces solo otras dos mujeres más se incorporado como miembros del club: la empresaria Virginia Rometty, presidente y CEO de IBM, y Ana Botín, la española presidente del Banco Santander. Pero volvemos a lo mencionado: el negocio. La cadena NBC ofrecerá tres horas en directo de la ronda del sábado en que se decidirá el título de mujeres en Augusta, y sponsors como AT&T, Bank of America, IBM, Mercedes-Benz y Rolex han asociado sus marcas a este innovador campeonato.

Volviendo a la Argentina, la Asociación Argentina de Golf (AAG) incluye a sus sponsors institucionales y oficial suppliers en toda la comunicación de los campeonatos de su calendario, incluyendo Damas y Caballeros. Así es como ROLEX, Ford, RUS, TORO, EZGO y Universal Assistance prestigian el golf femenino oficial, además de contar con el apoyo del Ente Nacional de Alto Rendimiento Deportivo del país sudamericano (Enard), al tiempo que cuentan con WE ARE SPORTS como su agente comercial exclusivo. Su actual presidente, Andrés Schönbaum, es un ferviente convencido e impulsor del golf femenino, tanto que potenció la Subcomisión de Damas dentro de la estructura de comisiones de la AAG. Esto decía en 2018: "¿Qué falta para que el golf femenino empiece a crecer? ¿Cuál es el mecanismo para contagiar el entusiasmo de esas jóvenes al resto de las mujeres? En la AAG nos lo venimos preguntando ya desde hace tiempo, y si bien somos conscientes de que la baja población de jugadoras en nuestro deporte es un problema de orden mundial, estamos buscando soluciones para revertir esta situación. ¿Será que como hombres no nos damos cuenta de cuál es el problema? Podría ser una respuesta válida y en virtud de la cual hemos convocado a un grupo de mujeres -que de golf saben mucho- para que nos den su punto de vista, pero para que además nos ayuden a solucionar la problemática". Y concluye el cordobés: "Estamos muy interesados en que el golf femenino florezca, pero además que empiece a ser jugado por primera vez. No podemos ya excusar este déficit en comparaciones incomprobables como que otros deportes son "en equipo" o se presentan como más "dinámicos o coloridos". Porque nuestro deporte es tan hermoso como los demás y porque la historia nos ha dado representantes de primer nivel y status internacional. Hagamos lo posible para que más jugadoras se sumen". Clarito, ¿no? Excelente visión igualitaria y asesoramiento especializado, dando el lugar que corresponde. Por cierto, la ANNIKA Foundation y la AAG, en asociación con The R&A, organizan con gran éxito desde 2016 el ANNIKA Invitational Latin America, y no es necesario describir la tremenda jugadora que fue la sueca Annika Sörenstam porque se describió previamente en este capítulo. Una jugadora capaz de inspirar a nuevas generaciones.

Para finalizar con el golf, a modo de ejemplo, encontramos eventos femeninos bien definidos, organizados por privados. Tal es el caso de PINK GOLF, que en su website se define de esta manera: "Una experiencia pensada exclusivamente para damas. PINK GOLF es un espacio para jugar, relacionarse y divertirse. Nació en 2016 con la visión de crear una experiencia diferente para el Golf Femenino, con un enfoque deportivo y social. En un día PINK GOLF jugamos lindísimas canchas, luego disfrutamos de un riquísimo almuerzo, música y buena onda para entregar los premios y muchísimos sorteos. ¡Es un día para teñir la cancha, el look, la actitud y el alma de ROSA!". PINK GOLF posee como patrocinador más importante a Ford (entre otras 16 marcas) y se realizan clasificaciones a lo largo del año y en todo el país, cuyos ganadores disputan la gran final del Ford Golf Invitational de fin de año, uno los eventos más importantes y mejor organizados en corporate golf, que lo disputan tanto hombres como mujeres. Por cierto, la Asociación Argentina de Golf le otorga gran difusión a este tipo de eventos bien planificados a través de todas sus plataformas de comunicación. Hoyo en uno para el golf argentino.

El polo es considerado en el mundo el "deporte de reyes". Argentina es líder indiscutido en el planeta por el más alto nivel (por lejos) de sus jugadores, por su caballada, por sus canchas y clubes en todo el país, y por el tamaño de la industria asociada. Tanto es líder este país que, si se organizara una competencia abierta, sin (límite) de hándicap, es muy probable que sus equipos logren todos los primeros puestos si presentasen más de un equipo. Así de sencillo. Es definitivamente el líder mundial. El polo fue deporte olímpico en París 1900, Londres 1904, Amberes 1920, París 1924 y Berlín 1936. Los polistas albicelestes compitieron solo en los dos últimos y llevaron a la Argentina sus primeras dos medallas de oro olímpicas, marcando claras diferencias (ganaron la final de 1936 con un triunfo de 11 a 0 sobre Gran Bretaña). Los actuales mundiales de polo son con hándicap, es decir, se limita el nivel de los equipos, y hasta la caballada de algún modo. Es un deporte tradicional, al punto que los tacos han evolucionado realmente poco comparado con palos de golf o raquetas de tenis, y las bochas siguen siendo de madera en las grandes citas. Recientemente hubo un cambio destacable en la Asociación Argentina de Polo (AAP), ya que el presidente actual asumió en 2017 al frente de una Comisión Directiva de una edad promedio claramente inferior a la anterior. Eduardo Novillo Astrada (hijo) tomó la conducción con 44 años, tras su paso como jugador de alto hándicap. Llegó a 9 goles como máxima valorización en un equipo, La Aguada, que ganó en 2003 lo más prestigioso de este deporte a nivel global: la Triple Corona de alto hándicap de Argentina, lo que significa ganar en un mismo año los Abiertos del Country Club Tortugas, del Hurlingham Club y el Argentino Abierto de Polo. Uno de los cambios claramente visibles, además de su política de apoyo a clubes del interior del país, la apertura hacia nuevos mercados mundiales, profesionalización de las áreas y ruptura de estructuras antiguas, fue ampliar la base de fanáticos de este deporte y dar mayor inclusión. Dentro de esa apertura, se impulsó a la mujer dentro del polo como uno de los pilares de su estrategia y gestión, que incluso continúa en la actualidad. Así fue como ya en 2017 se realizó el 1er. Abierto Argentino de Polo Femenino (el Abierto Argentino de Polo "masculino" iba por su edición 124° en ese año), en el que participaron 6 equipos con jugadoras de Argentina, Inglaterra, Estados Unidos, Francia y Alemania, que incluso contó con un title sponsor como la firma ATMA (Grupo Newsan), y sponsors oficiales a ESPN (que transmitió en vivo y en directo la final), Omint, Chandon, Municipio de Cañuelas y KÉRASTASE (L'Oréal). El impulso no se detuvo, ya que en 2018 se volvió a disputar con singular éxito, llenando las tribunas de la cancha número 2 del Campo Argentino de Polo. Ambas finales se definieron por solo un gol de diferencia. El 16 de julio de 2019 se abrió la inscripción para la tercera edición y la comunicación cuenta con el apoyo de los sponsors institucionales anuales de la Asociación Argentina de Polo: ESPN, Coca-Cola, Imperial, Johnnie Walker, Navarro Correas, TRAPICHE, Omint, Río Uruguay Seguros y La Merced.

Es importante decir que una de las primeras acciones del nuevo Consejo Directivo en 2017 fue potenciar a la Subcomisión de Polo Femenino. No como una mera declaración de principios, sino a través de acciones consecuentes. En 2018, por primera vez en la historia, una mujer ejerció las funciones de referee en un partido oficial de polo de la AAP y también se nombró a la primera mujer dentro del Consejo Directivo, siendo en ambos casos la misma persona, Delfina "Fuchi" Donovan.

Por cierto: en 2019 se disputó la edición 31ra del Campeonato Argentino del Interior con Handicap, cuya sede fue Ascochinga (Córdoba). Es un gran torneo con representatividad federal de la Argentina, donde los finalistas por provincias compiten durante una semana en una única sede, en un clima de verdadero polo pero también de camaradería. Ese certamen, por definición e historia, lo juegan solo en categoría hombres. ¿No lo habrán cambiado y lo habrán hecho mixto? No. Mejor. Del 18 al 21 de abril de 2019 se llevó a cabo en el Malagueño Polo Club (Provincia de Córdoba), el primer Campeonato Argentino del Interior con Hándicap Femenino presentado por Río Uruguay Seguros, para equipos de 0 a 8 goles y con la participación de dos equipos de Córdoba, dos de San Luis, uno de Tucumán, uno de Tierra del Fuego y uno de Mendoza. Mencionaba el website de la Agencia Córdoba Turismo: "El torneo Nacional de Hándicap Femenino se conformó en un clima de cordialidad y algarabía. Fue un fin de semana muy emotivo en una jornada histórica para el polo femenino en vísperas de Pascuas. El evento fue gratuito para todas las competidoras y contó con el apoyo de la Agencia Córdoba Turismo y varias empresas privadas". Es para destacar que todos los sponsors y proveedores oficiales de la Asociación Argentina de Polo apoyaron al evento: 24 sponsors locales, además del mencionado ente de Turismo y RUS como Title Sponsor, mientras que ESPN realizó ediciones especiales en su pantalla y sitio de Internet. "No sé cómo agradecer esta experiencia, estoy feliz. No lo puedo creer. Todo fue buenísimo, desde las canchas, los partidos, las chicas de los otros equipos que nos alentaron en todo momento hasta la organización, que fue impecable. En serio, no sé cómo agradecer está oportunidad. Nosotras venimos desde muy lejos y nunca pudimos competir a este nivel ni cerca". La emoción era indisimulable en las palabras de Camila Márquez, una de las jugadoras que participaron de la primera edición del CAIH Femenino. Camila es oriunda de Tierra del Fuego y recorrió los más de 3.100 kilómetros que separan su ciudad natal, de Córdoba, para ser parte de esta primer gran experiencia. La AAP comunicaba al final el CAIH Femenino RUS: "El trabajo serio y el esfuerzo transformaron el sueño en realidad. El Campeonato Argentino del Interior con Hándicap Femenino comenzó en 2019 un camino que promete ser muy largo".

Por otro lado, en su política de apertura al mundo, la selección argentina de polo femenino disputó encuentros en Denver (Estados Unidos), Manipur (India) y Buenos Aires (Argentina). Y comenzaron a jugarse finales de torneos de polo femenino en el Campo Argentino de Polo, tales como la Copa de la Mujer, la Copa Apertura AAP, Copa Myriam Heguy, el Circuito Femenino y el Torneo Nacional de Menores, entre otros torneos de mayores de mujeres y mixtos, al igual que en menores. Todo este trabajo, convicción y dedicación se tradujo además en números, expresados en que la cantidad de hándicaps femeninos AAP pagos ascendió 77% de 2016 a 2017 y 80% de 2017 a 2018, al tiempo que se duplicó la cantidad de torneos íntegramente femeninos organizados por la Asociación Argentina de Polo de 2017 a 2018.

La AAP ha demostrado que el tiempo no es impedimento alguno, cuando la convicción y planificación son puestas en acción para llevar adelante cambios incluso más importantes y trascendentales de lo que cualquiera podría imaginar. Inclusión e igualdad de género en el polo. Si, se hizo. Se está haciendo. Golazo por el medio de los mimbres.

La Liga Nacional de Básquet es la cuna de los campeones olímpicos de Atenas 2004. Es la competencia deportiva anual más federal de Argentina, de donde han surgido los jugadores de la Generación Dorada como Emanuel Ginóbili, Luis Scola, Fabricio Oberto, Juan Ignacio Sánchez, Andrés Nocioni, Hugo Sconochini, Alejandro Montecchia, Gabriel Fernández, Carlos Delfino, Walter Herrmann, Leonardo Gutiérrez, Pablo Prigioni, Lucas Victoriano y Rubén Wolkowyski, además de entrenadores del nivel de Rubén Magnano, Julio Lamas y Sergio Hernández, sólo por nombrar a los más recientes. Su origen data de 1982 con la idea liderada por León David Najnudel y Osvaldo Ricardo Orcasitas, junto a otros entusiastas. La primera liga se disputó en 1984 y, si bien fue denominada Liga de Transición, ya en 1985 se puso en marcha la primera temporada oficial, en una primera época del certamen en la que los clubes Ferro Carril Oeste de Buenos Aires y Atenas de Córdoba comenzaban a dominar la competencia. Años difíciles de gestión ya eran considerados rebeldes por la Confederación Argentina de Basket-Ball (CABB), que por aquel entonces no aprobaba la idea de una liga profesional. Gestionada por la Asociación de Clubes de Básquetbol, la estructura profesional llegó a tener 3 categorías (Liga A, Torneo Nacional de Ascenso y Liga B) y más de 60 clubes de todo el país. Su crecimiento deportivo fue acompañado por un gran partner de difusión que fue la transmisión de televisión, cuyos derechos crecieron año tras año a medida que se expandía la competencia por todo el territorio argentino. Esa difusión y esfuerzo de los clubes por mantener el nivel de juego, sus planteles y estadios, hizo que más gente se volcara a los estadios rompiendo récords de 2004 en adelante. Por ende, comenzaron a llegar las marcas y su interés en patrocinar la competencia. Crecimiento sostenido y mayor cobertura en medios. Lo que no dije hasta el momento es que era una competencia íntegramente masculina, si bien familias enteras

mostraban su pasión por el básquet en sus tribunas y sintonizando la señal TyC Sports.

Luego de la creación y expansión de dos torneos de básquet femenino para clubes organizados por la CABB (Torneo Federal Femenino de Básquetbol y Superliga Femenina de Básquet de Argentina), la Asociación de Clubes de Básquetbol (AdC) creó su propio certamen en dicho deporte. El 20 de marzo de 2017 se presentó oficialmente la Liga Femenina de Básquetbol con 11 equipos con plantilla profesional de 10 ciudades y 4 provincias diferentes, además de la Ciudad de Buenos Aires. "Es un viejo anhelo. Nosotros con la Confederación, a través de la estructura de la Superliga y con el fomento de los torneos formativos federales femeninos, venimos haciendo un esfuerzo muy grande. Estamos muy contentos de que la AdC haya tomado la decisión de organizarla, porque para nosotros es una garantía absoluta. Nuestro objetivo es poder fomentar el básquet femenino desde el mini básquet para generar cada vez más jugadoras que engrosen y fortalezcan esta Liga, que sin duda va a ser un complemento ideal a lo que es nuestra Liga Nacional. Es algo que el básquetbol femenino merecía", sentenciaba Federico Susbielles, presidente de la CABB.

Aquella primera Liga Femenina de Básquetbol comenzó incluso con un partido televisado (Asociación Atlética Quimsa de Santiago del Estero ante el Club Atlético Obras Sanitarias de la Nación, de Buenos Aires fue transmitido por DEPORTV) y el campeón fue Club Unión Florida, que venció al Club Atlético Lanús. Al lanzar la primera liga femenina, Fabián Borro, presidente de la Asociación de Clubes de Básquetbol, mencionaba: "Vamos a aplicar toda nuestra experiencia y conocimiento en la materia de la organización de un torneo. La Liga Femenina complementa a la masculina y creo que hay otros desafíos en el medio, como es trabajar en conjunto con la CABB. Es una cuestión de visión compartida y ahora hay que llevarlo a la práctica y que las organizaciones trabajen juntas".

La Liga Femenina de 2018 tuvo dos torneos distintos. El primero comenzó el 9 de marzo de 2018, con la disputa de todos los partidos en un mismo estadio (Estadio Héctor Etchart de Ferro Carril Oeste, de la Ciudad de Buenos Aires), cuya organización denominó Open Day. En esta segunda temporada participaron 8 equipos de 7 ciudades distintas (5 provincias más Buenos Aires ciudad). Además, se firmó un convenio de trabajo con la Liga de Basquete Feminino de Brasil, de gran poderío, y se incluyó a un combinado argentino para el Juego de las Estrellas de la liga brasileña. El primer campeón de la temporada fue A. A. Quimsa de Santiago del Estero, que venció al local Obras Sanitarias en tiempo suplementario y logró su primer título. Adicionalmente se creó la "Liga de Desarrollo" para la rama femenina, un torneo similar al masculino, y un torneo de 3x3. El segundo torneo contó con los mismos participantes y fue ganado por Deportivo Berazategui, que en el estadio de Independiente B.B.C. de Santiago del Estero venció a su coterráneo Quimsa y alcanzó su primer título en la competencia.

En 2019 se creó la Supercopa de la Liga Femenina, un torneo a partido único que enfrentó a los dos equipos campeones de una misma temporada, la 2018. Se disputó por primera vez el jueves 21 de febrero de 2019 en el Polideportivo del Club Gimnasia y Esgrima La Plata, fue transmitido por DEPORTV y el conjunto de la Asociación Atlética Quimsa se coronó campeón al vencer al Club Deportivo Berazategui.

Así, con ímpetu propio de la mujer, el básquet femenino no se detuvo. El Club Deportivo Berazategui triunfó en el Final 4 La Caja del Torneo Apertura de la Liga Femenina de Básquetbol ante Quimsa, disputado en el Estadio del Club Atlético River Plate (Ciudad de Buenos Aires).

El 15 de julio de 2019, el equipo femenino de básquet de la Asociación Atlética Quimsa de Santiago del Estero se coronó campeón del Torneo Clausura de la Liga Femenina, tras triunfar en el Final 4 La Caja disputado en el Estadio del club Obras Sanitarias de la Ciudad de Buenos Aires, y en el que participaron el Club Atlético Vélez Sársfield, el mencionado Berazategui y el local. Quimsa sólo había perdido un partido en todo el campeonato.

El básquet ha tomado más natural la inserción de la mujer en la estructura profesional, a través del trabajo conjunto de dos instituciones líderes, en una competencia nacional con representatividad nacional. Existían ya competencias de nivel en básquet femenino. Lo que ha hecho la Asociación de Clubes de Básquetbol ha sido generar una organización de primer nivel, estadísticas, contenidos digitales, gran difusión en medios oficiales y cobertura de prensa y el apoyo de los sponsors de jerarquía con una estructura por demás interesante, como la aseguradora La Caja en su papel de Main Sponsor, además de PEAK (sponsor global), AcaSalud (sponsor oficial), Molten (proveedor oficial), movistar (contenidos), DEPORTV (medios) y Aerolíneas Argentinas (transporte oficial). Pareciera haber sido una transición ordenada, más como producto del propio crecimiento de la competencia femenina en el básquetbol, pero con la firme convicción de dirigentes e instituciones en darle la estructura acorde.

Imposible poder hacer un repaso de todas las disciplinas y lo que ocurre con el deporte femenino. Merece destacarse el trabajo de la Confederación Argentina de Deportes Acuáticos y de la Asociación de Cricket Argentina, por considerar muy diferentes tamaños de estructuras y relevancia, cuyas competencias incluyen a la mujer desde hace tiempo y participan activamente en igualdad de oportunidades.

Por supuesto que no se hace referencia a los grupos de running, ni la práctica en gimnasios de diferentes modalidades por ser prácticas individuales no regidas por instituciones deportivas oficiales que regulen su práctica y competencia.

La Unión Argentina de Rugby ha comenzado de un tiempo a esta parte con la organización sistemática del rugby femenino, específicamente en la modalidad de seven, tanto la competencia como el desarrollo del seleccionado nacional, impulsado por la inclusión de esta modalidad en la estructura de la familia olímpica de manera formal desde Rio de Janeiro 2016. Recibió todo el apoyo de parte de la World Rugby y contó con una campaña de difusión global que envidiaría cualquier marca comercial multinacional: "TRY and STOP US", un juego de palabras entre los "tantos" del rugby en intentar detener el avance del rugby femenino a modo de desafío, ya que resulta imposible para la institución madre de este deporte a nivel mundial. El afiche incluye a 15 mujeres (como un equipo completo), de diferentes físicos (altas y bajas en estatura, grandes y pequeñas respecto de su físico), color, edad y religión, con chicas de raza negra, asiáticas, caucásicas, morenas, rubias pelirrojas, con velos islámicos, pelo largo, corto, rizado... un mensaje claro de que es un deporte para ser practicado por cualquier mujer. Un deporte inclusivo, también dentro del género femenino. Un deporte para todos. Un rugby para todas.

En tenis, Argentina posee uno de los ATP World Tour 250 mejor organizados: el Argentina Open, y desde 2019 el Córdoba Open en el mismo nivel. Además, figura en el calendario el ATP Challenger Series de Buenos Aires (ex Copa FILA). Todos ellos masculinos. La realidad es que no se ha podido aún consolidar el tenis femenino por diferentes razones a lo largo de la historia, ni siquiera en épocas de la ex número 3 del mundo, la argentina Gabriela Sabatini, más allá de otras grandes figuras como Paola Suárez, Gisela Dulko, Mercedes Paz, Patricia Tarabini y recientemente Paula Ormaechea. La Asociación Argentina de Tenis realiza grandes esfuerzos por mantener los torneos femeninos con premios económicos, pero aún se está lejos de montos significativos y más todavía de poder realizarse un torneo de la WTA en el país. Mientras tanto siguen saliendo promesas en este deporte, si bien pareciera que el hockey sobre césped seguirá creciendo por su inclusión y práctica en colegios de todo el país, como preferencia primaria en práctica deportiva de niñas y adolescentes.

Macarena Sánchez Jeanny nació el 28 de diciembre de 1991 en la ciudad de Santa Fe (Argentina), y jugó desde pequeña al fútbol. A los 20 años dejó su ciudad para perseguir su sueño y jugar en un club, y así fue como llegó a integrar la plantilla femenina del equipo de UAI Urquiza, siendo 4 veces campeona, mientras estudiaba Trabajo Social en la Universidad de Buenos Aires. Antes de comenzar la pretemporada 2019, el entrenador le comunicó que ya no iba a continuar en el club, justificándose en motivos futbolísticos. Nunca había firmado un contrato profesional y sólo recibía una mínima remuneración en concepto de viáticos. "Ninguna tiene contrato ni es reconocida como trabajadora. Te echan en cualquier momento sin indemnización y sin nada", explicó Sánchez a los medios de prensa, a sabiendas de que era una disciplina amateur, donde los clubes del país no reconocían la actividad laboral de sus jugadoras. El 18 de enero de 2019 demandó a su club y a la Asociación del Fútbol Argentino (AFA) para ser reconocida como trabajadora y pudiera ejercer sus derechos como tal. Con el libro de pases ya cerrado, no iba a poder incorporarse a ningún club por los siguientes seis meses.

En la práctica, Claudio Tapia, presidente de AFA, comprendió la situación y actuó: asignó desde la Asociación del Fútbol Argentino un presupuesto para los clubes de la primera división del fútbol femenino argentino de $ 120.000 (pesos de Argentina) mensuales para cada club, correspondientes al pago de ocho contratos de futbolistas profesionales... mujeres. El Club Atlético San Lorenzo de Almagro (Ciudad de Buenos Aires) fue incluso un poco más allá y decidió financiar con fondos propios el resto del plantel profesional, mostrándose pionero en la lucha por la igualdad de género en el fútbol. Ah, y contrató a Macarena Sánchez como futbolista de su equipo. Así fue como se firmaron los primeros 15 contratos profesionales de mujeres futbolistas en la Argentina. Desde el club, el secretario Miguel Mastrosimone mencionó: "Nos pareció lo más equitativo. Era muy difícil hacer solo ocho contratos y dejar a alguna de ellas afuera. Vamos a buscar algún sponsor que quiera invertir en el fútbol femenino. Los vínculos están redactados de acuerdo con la formalidad que exige la AFA, igual que en el fútbol masculino. No hay ninguna diferencia". Para Matías Lammens, presidente de San Lorenzo, "esto trasciende el deporte, es algo más de lo que está sucediendo en la sociedad y que tiene que ver con seguir trabajando en lo que el movimiento de mujeres viene peleando hace años, que es la igualdad". Además, este club, el 13 de julio de 2019 se convirtió en el primero del país en tener una pensión para su plantel femenino con instalaciones realmente de primer nivel. La mujer cambia al mundo, no tengan dudas. Y sus convicciones y tenacidad hacen que ocurran estos verdaderos quiebres en la historia del deporte. En el más de hombres de todos (el fútbol), en sociedades aún con estructuras antiguas como sucede en los países sudamericanos. Bien por San Lorenzo, la AFA y el fútbol argentino. Bien por Macarena. Es como una pequeña bola de nieve que de pronto comienza a rodar por la cima de una montaña, y en su andar descendente, empieza a acumular más y más nieve, convirtiéndose en una bola cada vez más y más grande. De esta forma, la expansión del fútbol femenino no se detiene e incluso es cada vez más amplia. Así como Alex Morgan fue contactada por su actual club, Olympique de Lyon, por redes sociales, lo que muestra la informalidad, al día de hoy se comenta que su futuro podría estar ni más ni menos que en el Real Madrid, club que armará su primer equipo de fútbol femenino. Si, galáctica como Cristiano Ronaldo, Figo, David Beckham, Zidane y compañía. Eden Hazard es el nuevo galáctico. Pues bien: si se llega a dar esta situación, acostúmbrese a la palabra galáctica. Morgan y las que vengan. Se lo han ganado hace tiempo.

En su nota de la sección "Comunidad de Negocios" del diario LA NACIÓN, que el periodista Alfredo Sainz titula "Chicas con pelota. Las marcas salen a la cancha en el Mundial femenino" se expresan conceptos interesantes. "De la mano de los movimientos que impulsan la inclusión de la mujer y el fin de la brecha de género, cada vez más empresas están descubriendo las oportunidades de negocio que ofrece la pareja fútbol y mujeres", expresa en su bajada, para luego seguir ya en el texto: "El proceso de deconstrucción está llegando a las marcas. Durante años, el fútbol y en particular los Mundiales fueron el terreno en el que muchas veces los grandes anunciantes apelaban a los mensajes más machistas, partiendo de la premisa que el fútbol era una cosa exclusiva de los hombres. Sin embargo, la lucha contra la disparidad de géneros no distingue actividad y también está llegando al deporte más popular de los argentinos (y las argentinas)". En la nota se encuentran declaraciones de diferentes marcas relacionadas al fútbol masculino en el país como NOBLEX y Mostaza, sponsors de la selección (masculina) de fútbol, que mencionan que encuentran una gran oportunidad en invertir su comunicación también en la selección argentina de fútbol de mujeres, en ocasión de la Copa Mundial Femenina de la FIFA de Francia 2019. Un caso similar al de la señal DIRECTV, que adquirió los derechos apostando más a las selecciones clasificadas de la región, Argentina y Chile, pero comentando que están viendo mucho mayor interés de parte de las marcas y de la gente en general en el mundial femenino, y que se debe al crecimiento de esta modalidad y que el tema de los derechos de la mujer "hoy está sobre la mesa". Santiago Olivera, CEO de VMLY&R Buenos Aires, apunta: "El fútbol femenino irrumpió de golpe en el escenario y el mundo del marketing todavía no lo asimiló. Para las marcas será una nueva posibilidad de establecer conexiones con sus audiencias y consumidores (o posibles consumidores) y el interés actual por la inclusión hace que sea una posibilidad muy interesante. En ese sentido, en este Mundial el valor más importante para las marcas es justamente ese: la inclusión y no tanto los valores tradicionales de pasión y esfuerzo, por ejemplo". Son muy buenos puntos de vista a tener en cuenta. Siempre es bueno escuchar expresiones de profesionales diferentes que se desempeñan en otras áreas del marketing.

La FIFA anunció antes del comienzo de Francia 2019 que incrementó para esta edición un 100% los premios en efectivo para las selecciones femeninas nacionales, en comparación con la anterior Copa del Mundo Femenina de Canadá 2015, alcanzando un total de 30.000.000 de dólares. El Mundial femenino, que marcó un antes y un después de la mujer en el fútbol, tuvo récord en cantidad de titulares de derechos de transmisión: 206. Y varias de ellas con cobertura en vivo de todos los partidos. Éxito absoluto para dar una difusión global del deporte rey, jugado por enormes deportistas. "Estoy feliz por hacer historia en un deporte que muchos ven como de hombres. Estamos rompiendo récords, demostrando que el fútbol femenino tiene mucho potencial de crecimiento. Este triunfo no es sólo para mí, sino para todas las mujeres allá afuera", declaró Marta Vieira da Silva, capitana de la selección brasileña de fútbol, tras lograr el récord absoluto de goles en Copas Mundiales de la FIFA, tanto para mujeres como hombres, luego de su festejo número 17 en mundiales, tras finalizar su participación en Francia 2019.

Desde los comienzos mismos de la historia, el deporte fue un espacio hecho por y para los hombres y prohibido para las mujeres. Durante la Copa Mundial Femenina 2019 en Francia se respiraba un aire distinto. Cada jugadora, cada equipo y en cada una de las seis sedes, todas, absolutamente todas (como remarcaba el diario argentino LA NACIÓN), quieren terminar con eso. "Prohibido prohibir" es el lema que subyace, continuaba el periódico en su crónica. "No tenemos pelotas, pero sabemos cómo usarlas" dice el spot de la selección alemana, ocho veces campeón europeo y con un título mundial. Cuando la selección de fútbol femenino de Alemania ganó la Eurocopa en 1989, el premio fue un juego de tazas de té con diseño floral. La selección femenina de Estados Unidos de Norteamérica presentó una demanda por discriminación contra su federación firmada por sus dos jugadoras, con el objetivo de lograr una igualdad salarial y de condiciones de trabajo respecto de la selección masculina de fútbol. La selección chilena también es sinónimo de esfuerzo, ya que después de dos años de no ser tenidas en cuenta por la Asociación Nacional de Fútbol Profesional y desaparecer del ranking de la FIFA, las jugadoras crearon un sindicato (ANJUFF), presionando para organizar la versión femenina de la Copa América en 2018, donde terminaron en la segunda posición y lograron clasificarse al Mundial 2019, aunque su mayor objetivo sigue siendo ser consideradas como trabajadoras, tener condiciones dignas de trabajo y entrenamiento, además de que se comiencen a formar divisiones inferiores de fútbol femenino. Así expresaba el diario Clarín de Argentina (el de mayor tirada de habla hispana en el mundo) en su edición del lunes 7 de julio de 2019: "Todas las jugadoras durante este Mundial hemos brindado el espectáculo más increíble. No se puede hacer nada más para impresionar. Ahora, la conversación nos tiene que llevar al siguiente nivel. ¿Qué viene ahora? ¿Cómo van a apoyarnos? Las mujeres, en todo el mundo, queremos continuar adelante. Estamos listas para tener la igualdad salarial". Estados Unidos acababa de ganar la final del Mundial de Francia 2019. Fue un cómodo 2-0 sobre Holanda, en Lyon, que marcó el segundo título consecutivo y el cuarto para las norteamericanas, quienes jamás se bajaron del podio en la historia de la competencia. Pero Megan Rapinoe, la mejor jugadora de la final y dueña del Botín y el Balón de Oro, fue por más y mucho más allá de las líneas de cal que delimitan a las canchas. La capitana estadounidense, autora del primer gol en la final con un penal -el otro fue obra de Rose Lavelle-, sabe que el fútbol es el mejor vehículo para que sus ideales tengan una mayor difusión y, en tiempos de redes sociales, lleguen a todas partes. Rapinoe se auto definió ante Yahoo! como "una protesta ambulante", ya que su lucha no es solo por la igualdad de salario respecto de la remuneración por sus pares hombres en la selección de fútbol nacional. Se declaró públicamente homosexual en 2012 (es pareja de Sue Storm, estrella de la WNBA) y desde ese momento también es activista en contra de la discriminación del movimiento LGTB (Lesbianas-Gays-Transgenéros-Bisexuales). A su vez, se solidarizó con Colin Kaepernick (sí, se solidarizó con un hombre, y esto no tiene nada que ver con su lucha), el ex quaterback de los San Francisco 49ers de la NFL, que ponía la rodilla en tierra cada vez que sonaba el himno de los Estados Unidos en señal de protesta contra la violencia policial hacia los afroamericanos en su país. ¿Qué hizo Megan Rapinoe? Lo imitó. ¿Qué hizo la U.S. Soccer (asociación de fútbol de su país)? Le exigió respetar las estrofas del himno nacional mientras fuera jugadora del U.S. Women's National Team. ¿Respuesta de Rapinoe? Obvio: ni canta el himno, ni pone su mano en el pecho cuando suena la canción patria. "Supongo que, por el hecho de ser mujer y homosexual, siento una mayor empatía respecto a las personas que no se encuentran en una posición dominante. A mí me pareció una obviedad. Cuando alguien se ahoga, ¿vas a ayudarlo o te quedás en la orilla?", dijo en un reportaje concedido a El País Semanal, la revista del diario español. Pero la historia no termina ahí. Durante el desarrollo del Mundial 2019 dijo: "En caso de ganar el torneo no voy a ir a la puta Casa Blanca (la sede del Presidente de los Estados Unidos de Norteamérica)". Donald Trump, el presidente de su país, no tardó en contestarle: "Debería ganar antes de hablar. ¡Termina el trabajo!". Bien, el equipo fue campeón, y Trump no tuvo otra opción que saludar al equipo en las redes sociales. Quien mejor definió a la capitana de USA fue su propia entrenadora, Jillian Anne Ellis: "Megan está destinada a ser la portavoz del fútbol femenino. A las cosas hay que llamarlas por su nombre y ella tiene espaldas para soportarlo todo. Durante los últimos partidos vi de qué era capaz. Cuanto más expuesta está, más brilla". En la mencionada nota de Clarín encontré una frase que también sirve para definirla: "La lucha contra la discriminación es su bandera en todos los ámbitos de la vida".

Aldana Cometti, además de trabajar en una mercería en el centro de la Ciudad de Buenos Aires capital de la República Argentina, es la defensora que porta el número 6 en su espalda y vistió los colores de la selección femenina de su país en la Copa Mundial Femenina Francia 2019. Se emociona al hablar de la clasificación al Mundial y dice que "las cosas están cambiando". Tener una figurita coleccionable con su cara la supera, en el buen sentido: "¡Pufff, no termino de caer! Me pregunto: ¿de verdad estoy en el álbum con selecciones como Estados Unidos, tres veces campeona? Hay que sentirse de esa manera, estamos al mismo nivel de todas las que participan. Motiva muchísimo, nos sentimos parte de esta revolución del fútbol". Es admiradora del ex futbolista de la selección de España Carles Puyol, por su estilo, liderazgo y garra. Junto a otras mujeres futbolistas escribió el libro "Pelota de papel 3", y en su cuento "Lo bailado", la central de 23 años se pregunta qué hicieron mal las mujeres futbolistas para recibir tantos destratos, y remata allí: "Cumple sus sueños quien lucha". Justo ella, que es una luchadora. Dentro y fuera del campo de juego. "La lucha es parte de lo que tenemos como futbolistas. Nuestra pelea constante es por la igualdad. Entonces, si estamos representando el mismo escudo, ¿qué hicimos mal? ¿Por qué tanta diferencia entre unos y otras? Eso lo arrastramos desde chiquitos. Crecés escuchando que si sos mujer, no jugás. Y vos pensás 'Pero pará: si es fútbol, es deporte. No tiene género'. Siempre tenemos que exigir, pedir. Esas luchas tienen frutos. El objetivo era llevar a la Argentina al Mundial: lo conseguimos". Emociona leer las palabras de la Chueca, la Mariscala, Tarzán o simplemente, Aldi. Una guerrera. Una luchadora. Del fútbol. Y de la vida. ¡Clap, clap, clap!

Mi primer viaje a la ciudad de New York fue en enero de 1994 al Wagner College, hogar de los Seahawkes, por estudios. Vivir dentro del college me permitió ver con asombro el nivel de inserción masivo que tenía el fútbol femenino en la estructura educativa. Muy pero muy por encima del masculino, al menos en ese sector de los Estados Unidos. Luego, vi en el transcurso del tiempo cuando Chelsea Victoria Clinton, la primera hija de Hillary Clinton y del POTUS por aquellos tiempos William Jefferson Blythe III, más conocido como Bill Clinton, (POTUS = President of the United States -siempre quise escribir eso-), le daba extrema difusión al "women's soccer", al publicarse una foto en los medios haciendo jueguito con una pelota de fútbol, vistiendo un buzo y jogging deportivos del mismo tono gris claro del Sidwell

Friends High School, con sus letras bordeaux bordadas y botines negros adidas. No es casualidad el título obtenido por los Estados Unidos en la Copa Mundial Femenina de Francia en 2019. Ni los tres títulos anteriores de China 1991, USA 1999 y Canadá 2015. Nunca lo es cuando existe un trabajo profesional detrás. Expresa LA NACIÓN en su edición del miércoles 19 de junio de 2019, con nota de Ayelén Pujol a Gabriela Garton y Natalie Juncos de la selección argentina de fútbol: "A la hora de analizar por qué en los Estados Unidos el fútbol para las mujeres es una práctica popular, la arquera (Gabriela Garton, que jugó en Estados Unidos) se refiere a la Ley Title IX, promulgada en 1972: 'Esa ley igualó las oportunidades para varones y mujeres en las escuelas y universidades. Además, propició la inversión en los deportes femeninos. Creo que el éxito de la selección en el primer nivel Mundial (perdió la final con Noruega) generó que muchas nenas comenzaran a desear ser jugadoras de fútbol'".

Tenemos la suerte de vivir en estos tiempos más lógicos y humanos, donde ya todos entienden que la diversión y el juego pertenecen a todos. Hombres y mujeres. Niños, adolescentes, adultos y ancianos. Todos. Y en ese sentido, cada uno deberá romper con sus propias barreras mentales. Tirar a la basura los estereotipos heredados o construidos. Ya el mundo es así. Con igualdad de oportunidades sin distinción de género. Ya es así. No se puede cambiar el cambio hacia un deporte único. Igualitario e integrado. Hacia un mundo más justo. Ahora depende que todos se enteren. Depende de todos. Y de cada uno.

Ezequiel Fernández Moores es uno de los periodistas deportivos de mayor prestigio de Argentina, que escribe para el diario LA NACIÓN, donde sus columnas tienen un nivel de detalle, datos, investigación y un estilo de pluma dignos de admiración. El miércoles 6 de marzo de 2019, en la sección "Letra y gambeta", tituló su columna sobre el fútbol femenino con la palabra "Triunfamos". Su columna termina de este modo: "El reclamo de fútbol profesional tiene hoy como símbolo a Macarena Sánchez, la jugadora que inició la demanda judicial y recibió amenazas. "Vas a morir muy pronto". No pide ganar como Messi, sino un trabajo digno. Pero vivimos también tiempos de odios. A mayor visibilidad, mayor furia. Tiempos de cuerpos de niñas apropiados. Para violar y parir. Cuerpos colonizados. Tiempos de femicidios récords. Y de mujeres, como Macarena, obligadas a vivir con botones de pánico. El pánico verdadero parece de otros. Acaso temen porque las mujeres siguen avanzando. Con pelota al piso. Y cabeza levantada".

Me disculparás que después de este texto, ya no pueda seguir escribiendo este capítulo. Todo dicho. Say no more. SNM.

Estrategia de fútbol femenino de la FIFA

Aunque el fútbol femenino ha crecido exponencialmente a todos los niveles en los últimos tiempos, la pasión que despierta y su gran potencial ofrecen numerosas oportunidades por explotar. La puesta en marcha de la Estrategia de la FIFA para el fútbol femenino traza el camino que tomará la FIFA trabajando con todas las partes interesadas para adoptar medidas concretas para empoderar a las mujeres y las niñas, hagan del fútbol un deporte para todos y se opongan a la discriminación por género.

Objetivos principales

- **Aumentar la participación:** Incrementar el grado de participación femenina en el fútbol por todo el mundo es un punto clave de la FIFA 2.0, con el objetivo declarado de alcanzar los 60 millones de jugadoras en 2026.
- **Potenciar el valor comercial:** Determinar nuevas fuentes de ingresos y optimizar las ya existentes en torno a las competiciones femeninas permitirá la expansión de las iniciativas de desarrollo.
- **Construir los cimientos:** Crear un ecosistema del fútbol femenino más sofisticado y fomentar las posiciones de liderazgo para las mujeres modernizará la gestión del balompié.

Estas metas se alcanzarán mediante la ejecución de los cinco pilares:

1) Desarrollar y crecer… dentro y fuera del campo

a. Programas de desarrollo a medida para las federaciones miembro
b. Academias de fútbol femenino globales
c. Fútbol en las escuelas
d. Desarrollo y asesoramiento de entrenadoras
e. Desarrollo de árbitras

Objetivos: Para 2022, tener estrategias para el fútbol femenino en el 100% de las federaciones miembro y, para 2026, duplicar la cantidad de federaciones con ligas juveniles organizadas. Expandir el fútbol en los programas escolares, crear academias de élite y aumentar el número de entrenadoras y árbitras cualificadas, de modo que mejore considerablemente el acceso de las niñas al fútbol.

2) Exhibir la disciplina... mejorar las competencias femeninas

a. Aprovechar la popularidad actual de la Copa Mundial Femenina de la FIFA™
b. Desarrollar nuevas competiciones de la FIFA
c. Reforzar el calendario internacional de partidos femeninos
d. Optimizar las competiciones regionales a todos los niveles

Objetivos: Optimizar los clasificatorios regionales para las competiciones de la FIFA y desarrollar esos certámenes para generar jugadoras de alto nivel a una temprana edad. Promover y poner en marcha nuevas competiciones internacionales, y mejorar la estructura del fútbol de clubes profesional. Lograr que mil millones de telespectadores vean las retransmisiones de la Copa Mundial Femenina de la FIFA 2019™.

3) Comunicar y comercializar... ampliar la divulgación y el valor

a. Un programa comercial específico para el fútbol femenino
b. Alternativas de distribución de contenidos digitales
c. Embajadoras del fútbol femenino
d. Mercadotecnia, comunicaciones y plataformas
e. Trabajar con organizaciones y personas influyentes activas en la promoción y la protección de los derechos humanos

Objetivos: Promover que se conozca más a las mejores futbolistas y realzar la imagen del fútbol femenino potenciando la participación, aprovechando la tecnología, aplicando una estrategia de marca diferenciada y utilizando modelos a seguir y embajadoras, así como un Programa de Leyendas Femeninas específico. Para 2026, poner en marcha un Programa Comercial para el Fútbol Femenino.

4) Dirigir y liderar... procurar el equilibrio entre géneros

a. Garantizar la representación de las mujeres y del fútbol femenino en los órganos decisorios clave
b. Perfeccionar los marcos reguladores para impulsar la profesionalización
c. Empoderar a las personas dedicadas al fútbol femenino y favorecer una red global

Objetivos: Cada federación miembro tendrá un lugar en su Comité Ejecutivo dedicado a los intereses de las mujeres y, para 2026, tendrá al menos una mujer que ocupe un puesto allí. Entretanto, para 2022, al menos un tercio de los miembros del comité de la FIFA serán mujeres. Reforzar y ampliar el Programa de Desarrollo del Liderazgo Femenino, y mejorar la profesionalización y la supervisión reglamentaria.

5) Educar y empoderar... crear capacidad y conocimientos

a. Fortalecer los programas de legado en las grandes competiciones

b. Crear alianzas con ONG y organizaciones terceras para intensificar el impacto social

c. Poner en práctica y respaldar campañas para el empoderamiento de las mujeres

d. Elaborar programas con las federaciones a escala nacional

Objetivos: Abordar y atraer la atención hacia problemas sociales y sanitarios concretos, y contactar con ONG y entidades gubernamentales para elaborar proyectos sostenibles que mejoren las vidas de las mujeres.

Manifiesto por la Igualdad y la Participación de la Mujer en el Deporte

Para terminar este capítulo, nada me resulta más oportuno que hacerlo con el Manifiesto por la Igualdad y la Participación de la Mujer en el Deporte. Promovido por el Consejo Superior de Deportes en el marco del Plan Integral de Promoción del Deporte y la Actividad Física, con el apoyo del Instituto de la Mujer, el manifiesto fue presentado en España en 2009 con el objetivo de contribuir a superar los obstáculos que día a día enfrentan las mujeres en la búsqueda de la igualdad de oportunidades. Está inspirado y es continuidad de los principios incluidos en la Declaración de Brighton sobre la Mujer y el Deporte, que data de 1994, de una reunión en dicha ciudad organizada por el Consejo Británico de Deportes con el apoyo del Comité Olímpico Internacional para analizar el proceso de cambio con mayor rapidez, de tal modo que permitan corregir las desigualdades de las mujeres al participar en el deporte. En el contexto internacional recogen el compromiso para luchar contra la desigualad entre hombres y mujeres la Carta de las Naciones Unidas, la Declaración Universal de los Derechos Humanos y la Convención de las Naciones Unidas sobre la eliminación de todas las formas de discriminación contra las mujeres.

Preámbulo

La adscripción que las actividades físicas y el deporte han tenido y tienen al rol social masculino, la peculiaridad de las estructuras que sustentan el deporte, así como las diferencias en la ocupación del tiempo de ocio, la estructura familiar y laboral, los modelos educativos, los estereotipos sociales de género, etc., inciden en el desequilibrio todavía existente y mantienen barreras ocultas que dan lugar a un verdadero techo de cristal para las mujeres en el ámbito deportivo. Es fundamental promover la equidad en el deporte, teniendo en cuenta las diferencias existentes entre mujeres y hombres, pero sin que éstas limiten sus posibilidades. Queremos un futuro con más mujeres que gocen del deporte y de los beneficios que éste conlleva, así como un mayor número de mujeres implicadas en todos los aspectos de la actividad física y el deporte: la dirección y la gestión, el entrenamiento, el arbitraje, el periodismo, la formación, la investigación y la práctica deportiva.

Iniciativas

- Utilizar las posibilidades que ofrece el deporte como vehículo de formación de las personas y como transmisor de valores, con el fin de superar prejuicios y estereotipos que impiden a las mujeres y a los hombres desarrollarse según sus expectativas personales y su potencial individual.
- Incluir la perspectiva de género en las políticas de gestión de la actividad física y el deporte para garantizar la plena igualdad de acceso, participación y representación de las mujeres, de todas las edades y condición, en todos los ámbitos y a todos los niveles: como practicantes, gestoras, dirigentes, entrenadoras, técnicas, árbitras, juezas, periodistas e investigadoras.
- Introducir el Principio de Igualdad de Oportunidades como una máxima de calidad en la gestión dentro de la responsabilidad social corporativa de todas aquellas instituciones o entidades relacionadas con la actividad física y el deporte.
- Facilitar el acceso y promoción de las mujeres en el deporte de competición, favoreciendo su incorporación y reconocimiento deportivo y social en el alto rendimiento y posibilitando la conciliación de su formación académica, desarrollo personal y profesional.
- Fomentar el empleo de estrategias coeducativas en el ámbito escolar y deportivo, así como contextos de participación y práctica que faciliten la incorporación de chicas y de chicos a todo tipo de actividades como hábito permanente.
- Asegurar la formación con perspectiva de género de los y las profesionales de la actividad física y del deporte, de acuerdo con las exigencias que establece la normativa legal vigente para los diferentes niveles: universitario, formación profesional, enseñanzas técnicas y cursos de formación permanente.
- Promover la investigación en materia de mujer y deporte con el fin de que sirva de apoyo a políticas de igualdad efectivas en el

deporte, así como para la aplicación de programas y elaboración de herramientas y otros materiales que permitan avanzar hacia una actividad física y deportiva cada vez más equitativa.

- Apoyar la formación de redes y equipos multidisciplinares en el ámbito deportivo donde los/las profesionales expertos/as en igualdad y en deporte intercambien sus conocimientos y experiencias para favorecer la igualdad y eliminar las barreras que aún la dificultan.
- Reflejar en los medios de comunicación una imagen positiva de las mujeres en el deporte, diversificada, exenta de estereotipos de género y como modelos de éxito personal, profesional y social.
- Alentar a patrocinadores para que apoyen el deporte femenino en su conjunto y los programas que potencien la práctica deportiva de las mujeres.
- Establecer desde el ámbito de la actividad física y el deporte líneas coordinadas de actuación entre instituciones y organismos nacionales e internacionales que se ocupan de promover la igualdad entre mujeres y hombres, con el fin de optimizar los programas y las acciones.

Columna especial de Luis Fernando Castro

El fútbol femenino de AFA y FIFA por un especialista

Por Luis Fernando Castro Pérez (@luisfcastroperez), Gerente de Desarrollo de la Asociación del Fútbol Argentino (@AFA.oficial y @AFAseleccion), miembro de la Comisión Técnica Docente de la Confederación Sudamerciana de Fútbol (@conmebol) y Coordinador General de Competiciones de la Federación Internacional del Fútbol Asociado (@FIFAworldcup). Antes de su ingreso en la AFA, ocupó diferentes cargos corporativos, incluyendo la Cámara Argentina de la Construcción, IBM y Aguas Argentinas, entre otros. Graduado en Comercio Exterior en la Cámara Argentina de Comercio y especializado en organización de eventos deportivos. Posee un postgrado en Derecho y Management del Deporte de la Red Universitaria Internacional FIFA/CIES que cursó en la Universidad Católica Argentina.

El fútbol femenino ha florecido en los últimos años y despierta en la actualidad un interés sin precedentes. El proceso de profesionalización del futbol femenino en nuestro país está en marcha y es una realidad soberana. En la Asociación del Futbol Argentino creemos que el fútbol femenino tiene todavía un mayor potencial de crecimiento y por ello lo promocionamos. Fue nuestro presidente, el señor Claudio F. Tapia, quien en sus propias palabras, expresó *"Deseo ser el Presidente de la igualdad de género en el fútbol argentino"*. ¡Y en ese camino nos encontramos!

No obstante, en el proceso de desarrollo de este deporte, la comunidad futbolística y la industria del deporte pueden hacer mucho para aprovechar todo el potencial del fútbol femenino. Como ente rector en nuestro país y como responsables de salvaguardar el fútbol, necesitamos hacer uso de este gran potencial y aprovechar la oportunidad para incrementar y desarrollar el número de mujeres que tienen acceso al fútbol, la calidad del fútbol femenino, el camino de las jugadoras desde el fútbol base hasta la élite y las oportunidades para las mujeres en el fútbol, dentro y fuera del campo.

La Misión de FIFA para el fútbol femenino

La FIFA fomenta el desarrollo del fútbol femenino y se compromete a ofrecer cada vez más oportunidades a jugadoras, entrenadoras, árbitras y funcionarias, para lo cual organiza cursos destinados a estos colectivos, además de prestar un apoyo financiero para el sostenimiento del fútbol femenino. Mediante la concienciación y campañas, la FIFA apoya la difusión de este deporte y contribuye a la superación de obstáculos sociales y culturales a los que se enfrentan las mujeres, con objeto de lograr una mejor posición social de la mujer. Los objetivos principales de los programas de desarrollo del fútbol femenino de la FIFA son garantizar que todas las mujeres y niñas que quieran jugar al fútbol tengan oportunidades para ello, ayudar a las asociaciones miembros a superar los principales retos del desarrollo del fútbol femenino, crear oportunidades para mujeres, tanto dentro como fuera del campo, involucrar a más exjugadoras, contar con más entrenadoras de élite contribuir a la creación de competiciones profesionales sostenibles en los ámbitos nacional y confederativo de diferentes niveles, mejora progresiva de la calidad, la organización y la difusión de las competiciones de fútbol femenino de la FIFA, fomentar la promoción y el marketing del fútbol femenino de todos los niveles para aumentar la participación y fidelizar al público y atraer a potenciales patrocinadores.

Si logramos comprender y hacer nuestros estos principios, estamos comenzando a andar un camino prometedor. ¡¡¡Que así sea!!!

Columna especial de Daniela Martínez

La mujer en el deporte

Por Daniela Martínez (@danismartinez). Si bien forma parte hace muchos años del área de sport marketing de Nike Argentina en la atención a atletas, el contenido de esta columna es a título personal.

Toda historia tiene un érase una vez, y, en mi opinión, todo comienza el 19 de abril de 1967, cuando Katherine Switzer cambió la historia de la mujer en el deporte, al burlar la prohibición que impedía a las mujeres competir en un maratón. Lo hizo, además, en el más antiguo del mundo, el Maratón de Boston. Switzer, tras 4 horas y 20 minutos, cruzó la línea de llegada a pesar del boicot de los organizadores. Katherine Switzer usó el dorsal 261 y, desde ese día, se convirtió en símbolo de la igualdad.

Sin ninguna duda podemos decir que hoy estamos en el auge del deporte femenino. Son muchas las mujeres que hacen deporte. Para tener una vida más saludable, por diversión, por placer o por superación personal. Cualquiera fuese el motivo, hacer deporte hace bien, más allá del género la edad, raza o religión. El deporte iguala, inspira y tiene ese "no sé qué" que apasiona (solo para entendidos).

Las mujeres hoy en día tienen un rol muy importante en los deportes. Han demostrado que son capaces de hacer cosas que se creía que solo el hombre podía hacer e incluso pueden, a veces, mejorar la versión masculina.

El deporte femenino es completamente diferente al masculino. Las atletas deben lidiar con otras problemáticas al de los hombres. Muchas de ellas son madres o quieren serlo, y todo esto debe estar rigurosamente planificado, al igual los cambios hormonales periódicos. Todo ello las modifica, las afecta y las influye. Física y mentalmente. No es lo mismo que en el hombre.

Cuando una mujer decide ser atleta, en ella vemos una energía diferente. Esta decide enfrentar muchas adversidades. En nuestro país, Argentina, las atletas profesionales son muy pocas, no por falta de aptitudes. Pero sólo las que están dispuestas a dejar todo, son las que tienen alguna chance de llegar a pararse en la línea de largada o en un campo de juego.

Cuando miro una mujer atleta, miro más allá de ella y puedo ver su instinto y entender hasta dónde está dispuesta a llegar. Por supuesto que, con grandes aptitudes técnicas y atléticas, las mujeres que eligen el camino del deporte tienen más chances de cumplir sus sueños, pero para todo el entorno, sponsors, becas, clubes y demás, hoy en día no sólo basta con eso.

El mundo de las redes sociales y la exposición de la vida cotidiana casi que es una pieza fundamental para una atleta hoy en día. Muchas veces las mejores atletas son mujeres que no siempre ganan las competencias, pero son las que inspiran a otras mujeres a seguir adelante, a esforzarse y a dar todo de sí mismas.

Ser simple, sencilla, femenina, simpática, dedicada, solidaria, intensa, osada.. son tan solo algunas de las características que hacen a una gran deportista profesional.

Las mujeres atletas que eligen su deporte como forma de vida. Aprenden a comer sano, a dormir lo justo y necesario, a tener una conexión especial con la naturaleza, a entrenar bajo la lluvia, con viento o con calor, en la montaña en el asfalto... Aprenden a vivir sin excusas, dando el 100% todos los días, sin feriados. Son aquellas que transitan rutas diferentes y que eligen caminos alternativos. Caminos largos, de mucha soledad, esfuerzo y dedicación, pero con un destino único y grandioso, el saber dulce de haber dado siempre todo.

Cuando veo una atleta veo en ella el espíritu, la frustración, la ira, la felicidad, la euforia, el hambre y la pasión de muchas mujeres que sin quererlo ni pretenderlo, la propia deportista está representando e inspirando a muchas otras.

Las oportunidades siempre están ahí, listas para que las VALIENTES (si, con mayúsculas), las aprovechen, las tomen, las abracen… siempre listas para enfrentar todas las consecuencias, pero solo podrán hacerlo aquellas dispuestas a ir más allá de sus propios límites, incluso más allá de los de una sociedad.

Eso es lo que dejan entre ver las mujeres que eligen ser atletas. No exhiben la bandera de sus triunfos ya que disfrutan sus logros en silencio, de manera sigilosa, pero con hambre voraz, preparadas para la gran oportunidad en un mundo que aún tiene preferencia por los hombres.

Todas las personas somos iguales. Todos deberían tener igualdad de oportunidades. En el deporte, y en la vida. Lamentablemente, si bien se ha avanzado mucho en los últimos años, aún no es así. Todos somos iguales. Aunque, por todo lo expresado, la mujer en el deporte (y en la vida), tiene determinadas características especiales que la hace diferente. No solo por la sociedad, sino también por su físico y su mente.

Siempre será importante recordar, que la historia empezó a cambiar allá por 1967 con una mujer. Y un dorsal, el 261. Y eso nos inspiró a todas.

Columna especial de Jesús Valdez

El fútbol femenino en América Latina: visión y futuro

Por Jesús Valdez, Jefe de Fútbol Femenino Club Sporting Cristal (Perú; @clubsportingcristal y @scfem). Ex presidente de Fútbol Femenino del Club Fuerza Cristal. Egresado del postgrado "Derecho y Management del Deporte" de la Red Universitaria Internacional FIFA/CIES que se dicta en la Universidad Católica Argentina (Buenos Aires, Argentina).

El fútbol femenino es la actividad deportiva de mayor aumento a nivel mundial y América Latina no es indiferente a este crecimiento.

La FIFA considera que el fútbol femenino tiene un mayor potencial y, por ello, lo promociona de manera activa en todo el mundo, mediante competiciones y eventos, campañas de sensibilización y programas de desarrollo. Por ejemplo, CONMEBOL en 2017, creó la Liga de Desarrollo de Fútbol para las categorías Sub16 y Sub14 femenina y Sub13 masculina, con el objetivo de fomentar la práctica de fútbol en todos los lugares de Sudamérica. Este campeonato se juega en tres etapas: etapa regional, nacional e internacional, respectivamente. En esta última etapa, la internacional, los campeones de cada asociación miembro de CONMEBOL, se reúnen en una sola sede, en la llamada "Fiesta Sudamericana de la Juventud"; una experiencia inolvidable para los participantes y motivación para que más niñas y adolescentes jueguen fútbol.

La FIFA estima que 13.360.000 niñas y mujeres juegan al fútbol de forma organizada en federaciones miembro (su objetivo es que llegue a 60 millones en 2026), de las que un 76% tiene una estrategia específica para el fútbol femenino, y al que se dedicó un gasto específico de más de 347 millones de dólares en 2018. Las cifras corresponden a una encuesta en la que han participado 198 de las 211 federaciones miembro de la FIFA, que indica que Estados Unidos es el país con más jugadoras registradas con 1.600.000, seguido de Canadá con 290.087, Alemania 197.575 y Suecia 196.907. Otros de los datos incluidos en el estudio son los 996 traspasos internacionales constatados hace un año, en los que estuvieron relacionados 265 clubes y 79 asociaciones, y la existencia en el 49,5% de las federaciones, de un departamento de fútbol femenino.

América Latina respira fútbol. Y las mujeres no son ajenas a este sentimiento. Ellas van a la cancha, alientan al equipo de sus amores y también juegan al fútbol, incluso en algunas oportunidades, hasta son más valientes que los hombres, solo basta ver los partidos del último mundial para darse cuenta de ello. Por cierto, el último mundial batió récord de audiencia y superó al mundial anterior. La semifinal de la Copa del Mundo Femenina de la FIFA, entre Inglaterra y Estados Unidos, alcanzó los 11,7 millones de espectadores, convirtiendo a este espectáculo deportivo, en la audiencia televisiva más grande en Gran Bretaña en 2019, según anunció la BBC. Argentina también vivió algo histórico, ya que, según el diario local Clarín, la transmisión del encuentro entre las "albicelestes" y Escocia por la Televisión Pública, alcanzó una audiencia de 7,7 puntos de rating, equivalente a 1,6 millones de espectadores en todo el país. Asimismo, el debut de "La Roja" en la Copa del Mundo femenina transmitida por Chilevisión, obtuvo un pico de 17,5 puntos de rating en televisión abierta. Sin dejar de mencionar la buena campaña que realizó el canal de televisión Globo en Brasil, con un spot en el cual anuncia la transmisión de la Copa América y la Copa del Mundo Femenina en el mismo comercial. De igual manera, pero a su estilo lo hizo Telemundo.

A nivel de clubes, en asistencia a los estadios, el Estadio Wanda Metropolitano fue la sede del nuevo récord mundial en un partido de fútbol femenino con 60.739 espectadores. La marca se dio en el presente año, en el juego entre el Atlético de Madrid y el Barcelona, encuentro correspondiente a la Liga Iberdrola. En Latinoamérica la mayor asistencia a un partido de fútbol de clubes se obtuvo en México, por el Campeonato Clausura 2018, cuando Monterrey recibió a Tigres, en el estadio del Club de Fútbol Monterrey de la Primera División de México, lugar donde acudieron un total de 51.000 personas. Otro encuentro con gran cantidad de público fue entre los clubes Santa Fe y Huila, con una asistencia de 33.327 espectadores, partido válido por la Liga Profesional Femenina de Fútbol de Colombia.

Estos números y acciones realizadas que citamos en los párrafos precedentes son indicadores que nuestra actividad deportiva crece progresivamente. Es un gran momento para el fútbol femenino a nivel mundial, y en Latinoamérica cada vez más países se suman a profesionalizar sus campeonatos. En Sudamérica, Confederación Sudamericana de Fútbol publicó un nuevo Reglamento de Licencias de Clubes, el cual estipula que, a partir de 2019, todos los clubes que participen en la Copa Libertadores y en la Copa Sudamericana, deben tener un equipo de fútbol femenino en categoría mayores y una categoría juvenil, que vendría a ser la Sub16, y ambas deben estar inscriptas y participando de los campeonatos oficiales de fútbol femenino de cada asociación miembro.

Muchos clubes de Latinoamérica están trabajando profesionalmente, en busca del desarrollo y consolidación del fútbol femenino. No es un trabajo fácil. Requiere mucho sacrificio, pero, sobre todo, mucha pasión. Y en ese sentido, por este lado del mundo, la pasión por el fútbol femenino brota a flor de piel.

A los clubes profesionales que aún son escépticos, les recomiendo invertir en fútbol femenino, porque es un producto que se está volviendo atractivo para las marcas a pasos agigantados. Háganlo con convicción porque este es el momento exacto para sacar el mejor provecho. A futuro verán las satisfacciones que tendrán, no solo para su división de fútbol femenino, sino para toda su institución. Ya se acabaron los tiempos en que las niñas solo tenían ídolos masculinos en fútbol como Messi, Cristiano o Neymar. Ahora sus referentes son Marta, Ada Hegerberg o Alex Morgan. Como anécdota, comento que la goleadora de Sporting Cristal Sub14, al iniciar esta temporada nos solicitó cambiar su camiseta #9 por la #13, en honor a Alex Morgan. "Si juego con la #13, haré más goles", nos dijo.

Desde nuestro Club, Sporting Cristal S.A., por ser un club vanguardista, buscamos generar orgullo y pertenencia a nuestros hinchas a través del profesionalismo y la integridad que nos caracteriza. Además, entendemos el fútbol como un motor de desarrollo social, por lo que siempre buscamos la mejora constante para aportar a la evolución del fútbol peruano. En base a esta evolución, creamos nuestra división de fútbol femenino, comprometiéndonos en la lucha de los derechos de las mujeres a través del fútbol femenino como herramienta de cambio, generando un espacio para que las mujeres puedan demostrar su talento, brindar alegrías al país y ser ejemplo para las nuevas generaciones, mediante valores institucionales como compromiso, integridad, disciplina, lealtad y equilibrio. Siendo un club que busca brindar todos los instrumentos posibles a nuestras futbolistas para que puedan desarrollarse como profesionales exitosas.

Por tanto, trabajemos para que el fútbol femenino sea sostenible y competitivo. Que no tengamos que depender del presupuesto del equipo masculino. Hagamos de la división de fútbol femenino una marca que genere orgullo para sus hinchas, siempre respetando los valores e identidad de cada club. Busquemos que el fútbol femenino sea una oportunidad de vida para nuestras deportistas, porque ellas son las principales actrices de esta obra. Logremos que ellas tengan un salario que les permita vivir con comodidad y solo se dediquen a ser deportistas profesionales, ya que, en Latinoamérica, la mayoría de jugadoras tienen otras actividades, en paralelo al fútbol, para poder sostenerse y llevar algo a casa. Sin embargo, para mejorar nuestro producto fútbol femenino, es fundamental que nuestras futbolistas sean íntegramente profesionales.

FIFA lanzó su estrategia para fútbol femenino, la cual cita pilares importantes como aumentar la participación, potenciar el valor comercial y construir los cimientos, así como también menciona objetivos específicos como desarrollar y crecer dentro y fuera del campo, exhibir la disciplina mejorando las competiciones, comunicar y comercializar con la finalidad de ampliar la divulgación y el valor, dirigir y liderar procurando el equilibrio entre géneros, y, educar y empoderar creando capacidades y conocimientos. Asimismo, FIFA firmó con la ONU Mujeres un memorándum para cambiar las políticas, concientizar sobre equidad de género y utilizar el fútbol como herramienta para empoderar a las mujeres y las niñas de todo el mundo.

Las empresas transnacionales ya apuestan por el fútbol femenino. Hay buena participación de las grandes marcas invirtiendo y están aprovechando el impacto que vivimos actualmente. Para citar un ejemplo, en las presentaciones de uniformes de los clubes más grandes de Latinoamérica ya incluyen a las referentes de su división de fútbol femenino en sus galas. De la misma forma, algunas marcas, como adidas tienen modelos de uniformes con cortes femeninos para diferenciarlas de los hombres, al tiempo que pusieron a la venta, camisetas de la selección argentina con los apellidos de las jugadoras que fueron al mundial Francia 2019. Es decir, vienen pasando cosas muy buenas para el fútbol femenino y esta será una constante para los próximos años; que este pase gol no les encuentre en off side. Estén atentos todos los gestores de fútbol femenino, porque pueden gestionar profesionalmente un club de fútbol femenino sin la necesidad de participar en un campeonato profesional. Se puede gestionar profesionalmente en el fútbol amateur. El futuro de Latinoamérica en su mayoría está compuesto por ligas amateurs, con muchas deficiencias en comparación a ligas de otros países, pero reitero, nosotros tenemos el activo más importante del fútbol: tenemos pasión. Y tenemos sentido de pertenencia. Debemos explotar eso y gestionarlo responsablemente. Es fundamental armar un equipo de especialistas que se encarguen de un plan estratégico y un plan de marketing ajustado a los valores e identidad de sus clubes para generar los ingresos que sostengan su proyecto.

¡Hagan de su pasión, el trabajo de sus sueños, porque es el momento de brillar!

Capítulo #2:
La tecnología en el deporte

"Cuando nada parece ayudar pienso en un cantero picando su roca, a lo mejor 100 veces, sin que aparezca una sola grieta. Sin embargo en la vez 101 se dividirá en 2, y sé que no fue el último golpe el que provocó la fisura, sino todo lo que hizo anteriormente".
Jacob Riis, periodista de finales del siglo XIX que por medio de sus fotografías ayudaba a mostrar las condiciones en las que vivían los inmigrantes que llegaban a Nueva York. Esté fotógrafo fue muy popular con sus artículos, y su historia le llamó mucho la atención a Popovich y la dedicación que le ponía a su cometido. (Jacob Riis) era incansable y «Pounding the Rock» es obviamente su frase, y pensé que simbolizaba muy bien cualquier esfuerzo.

"Si tú lo tienes todo bajo control, significa que no te estás moviendo lo suficientemente rápido".
Mario Andretti

Capítulo #2

La tecnología y el deporte

Y ahora estás ahí. Con este libro en tus manos. Sosteniendo las páginas anteriores con tu mano izquierda para que no se cierre el libro. Y tu mano derecha haciendo lo mismo con las hojas que siguen, y quizás sosteniendo la parte superior de la hoja derecha con tus dedos pulgar e índice, esperando ansioso a terminar de leer este inicio de capítulo y pasar a la siguiente hoja par. Sé todo eso. Aunque realmente no lo sé. Sólo lo intuyo.

Lo que tengo claro es que no sé quién sos.

No sé si sos un deportista. Y si lo sos, no sé si de alto rendimiento, profesional o amateur, o simplemente lo hacés lúdicamente. No lo sé. Quizás no practicás deporte. Solo lo estudiás. O solo lo consumís. O te gusta el marketing deportivo simplemente. O todo ello.

Quizás sos de los que prefieren que el fútbol continúe con su estilo anterior, o ya de a poco te acostumbrás a la justicia del VAR (cuando es bien utilizado, obviamente), mientras que el Ojo de Halcón en el tenis y el TMO del rugby ya están consolidados y nadie los discute.

Quizás te bajaste la app que tiene alianza con tu nuevo calzado deportivo y podés ver métricas de distancias promedio recorridas en tu rutina de running o entrenamiento para otras disciplinas, viendo las calorías promedio que tu cuerpo consume, segmentando en función de la temperatura exterior.

O utilizás una remera con tecnología antibacteriana para eliminar el mal olor. O palos y pelotas de golf para pegar más largo, o cascos de polo más seguros de triple agarre combinando tecnología de polo, jumping, mountain bike, snowboard y wakeboard. O te compraste unos botines más livianos y también más resistentes. O raquetas más livianas y más potentes que usan nanotecnología.

Puede ser que veas un documental en NETFLIX de por qué los jamaiquinos son los más rápidos velocistas, o sobre la pasión del Club Atlético Boca Juniors. O te enviaron un video por WhatsApp sobre trajes de natación que utilizan los profesionales de tal manera que repelen el agua y les permite mejor sus performances en la piscina de competición.

No lo sé. No sé quién sos.

A lo mejor, sos un influencer y las marcas te pagan para que hagas posteos en Instagram, twitter, facebook, YouTube o Pinterest. Quizás sos de esos que marcan tendencia. ¿O sos un microinfluencer? Con alcance limitado en followers pero todos dentro del foco del target de las empresas que te contratan, para hacer ruido en las redes a bajo costo y medir impactos y engagement.

Es muy probable que a esta altura del siglo XXI ya utilices la tecnología para ver deportes por TV, poniendo "stop" cuando vas al baño o a la heladera para tomar algo o comer, y así no perderte ni un segundo de tu deporte (o club, o deportista) favorito. Si sos de esos, no tengo dudas que también vas hacia atrás en la transmisión para ver esa jugada una vez más, que elimina toda duda en la discusión con tus amigos. Más aún, ya no en TV. Porque si tenés que tomar el subte (metro) o un taxi, o esperás a alguien en un bar sin TV, vas a abrir en tu smartphone la app de tu operador de cable o televisión satelital, o directamente de la señal, y seguirás los tries, passing shots, hoyos en uno, goles o lo que sea, desde tu teléfono o cualquier otro dispositivo móvil.

Si eres deportista de alto rendimiento, entre el preparador físico y el fisio te dirán cuándo es momento de interrumpir el entrenamiento porque tu carga muscular está llegando al límite e ingresás al gap donde podés lesionarte. Y luego del entrenamiento, irás a recuperarte no sólo con hielo, sino seguramente también en la cámara hiperbárica.

Si trabajás como dirigente o staff de marketing y comercialización en una institución, estadio, club, equipo o evento deportivo, o sos agente comercial de ellos (o de un atleta), seguramente ya sabés que, además de recibir el pago de un patrocinio en efectivo, productos, servicios, know-how o royalties por ventas, también lo harás (o ya lo has hecho), a través de criptomonedas. O, como dirigente, has liderado el proceso de modernidad, automatizando los procesos de gestión en relación a socios y abonados, tanto del club como del estadio, y todos los negocios paralelos como el merchandising, para que chatbots tengan el contacto cotidiano y el delivery (quizás en alianza con Amazon).

Quizás eres muy bueno jugando a los videojuegos. Y formas parte de un team que participa en una liga profesional. Y celebraste cuando el Comité Olímpico Internacional reconoció los eSports como deporte. No lo sé. No lo sé.

Puede ser que no veas televisión ni vayas a un estadio, pero te fascina ver transmisiones deportivas en tiempo real a través de realidad aumentada, virtual o mixta. O solo utilizás esta tecnología para "probar" el producto virtualmente antes de comprarlo.

Quizás solo seas un consumidor de datos deportivos, por el simple hecho de la mejora y optimización de recursos, o mayor conocimiento para actuar en consecuencia.

No sé nada de vos. No te conozco. Pero seguro que en alguna o algunas de estas categorías estás. Probablemente utilices una combinación de estos avances de la tecnología cuando practicás, consumís o gestionás deportes.

No te conozco. Pero a partir del Big Data puedo garantizarte que, si formás parte activa del deporte, desde cualquier lugar que sea, el deporte te conoce a vos.

Lo que tengo realmente claro es que me resulta muy difícil este capítulo. Muy. Es muy difícil poder seleccionar el contenido de la información porque constantemente están surgiendo nuevos datos, tecnologías o usos de esta tecnología aplicada al deporte. Tengo todas las chances de perder. ¿Hasta dónde escribo? Porque este capítulo ya lo terminé de escribir siete veces. Y siempre encuentro o surge algo nuevo y me digo: "Esto no puede quedar afuera, ¡Es buenísimo!". Y otra vez a seguir plasmando casos de aplicaciones y escribiendo sobre el tema. Y, por otro lado, a pesar que este capítulo podría ser un capítulo en sí mismo, por sí solo, en tan solo unos meses quizás quedará desactualizado. No sé si desactualizado en unos meses, tal vez en un par de años solamente. Lo que tengo claro es que es altamente posible que en unos meses quede incompleto. ¡Qué difícil! La vida no es fácil. ¿Por qué lo iba a ser un capítulo sobre innovaciones en el deporte? No importa. Siempre hay que ir hacia adelante, tomando decisiones y enfrentando los desafíos. Y acá estoy yo ahora escribiendo en mi plano y en mi tiempo. Y ahora estás ahí vos, en tu propio presente, leyendo. Ya con eso me doy por cumplido. Ya con eso valió la pena el desafío.

¿De qué estoy hablando? Repasemos la cantidad de datos que se generan por minuto. Google realiza 4.497.420 búsquedas, se envían 18.100.000 de texto por dispositivos móviles, 390.030 apps son bajadas, los usuarios de Instagram suben 277.777 stories y postean 55.140 fotos, se miran 4.500.000 videos en YouTube, se envían 511.200 tweets, los usuarios de Skype hacen 231.840 llamadas, se efectúan 1.389 reservas por Airbnb, se toman 9.772 viajes en Uber, se desliza 1.400.000 veces en tinder, se ven 1.000.000 de videos en twitch, tumblr publica 92.340 posteos, los usuarios de NETFLIX streamean 694.444 horas, GRUBHUB recibe 8.683 órdenes y 188.000.000 de mails son enviados. Mucho, ¿no? Por eso les decía lo del desafío de escribir sobre tecnología en estos tiempos. Ahí vamos...

La tecnología y el deporte

En los años 80 se decía que el deporte era el primer lugar donde el hijo superaba al padre o la madre. Era producto de una doble consecuencia cruzada. Por un lado, el hijo crecía y, con ello, su fortaleza física, su potencia, su velocidad y su habilidad. Mientras que la madre o el padre cada año se hacía un poco más viejo, menos resistente (#ponele), más lento y, seguro, menos hábil. La televisión transmitía publicidades constantemente donde el comercial de calzado deportivo, por ejemplo, finalizaba cuando el hijo festejaba un gol propio que le hacía a su padre (pateando con ese calzado deportivo, por supuesto), y todos sonreían. El hijo superaba al padre en algo por primera vez. Y era en el deporte. Hace algunos años eso ha cambiado. Radicalmente. Los hijos superan a sus progenitores aún en el deporte, y a más temprana edad todavía. Pero incluso menores aún ya los superan en la tecnología. Desde comprender un nuevo dispositivo y cómo se usa, hasta en adaptarse a las redes sociales, además de tener una frecuencia de uso e interacción extremadamente superior a sus padres. Los segmentos más jóvenes son los más activos en las redes, los más pasionales también, y los que no tienen barreras para compartir prácticamente toda su vida y sus pensamientos en sus cuentas personales, tanto para contar dónde fueron a bailar la noche anterior, como postear una foto de la comida o del lugar de vacaciones, al tiempo también de expresar su idolatría a determinado deportista, o a postear lo que sintió cuando el club de sus amores ganó el partido. A las marcas deportivas les gusta eso.

El deporte forma parte de nuestras vidas. Ya sea porque somos fanáticos de un club que nos despierta la pasión por los colores de nuestro equipo favorito. O porque tenemos como ídolo a un deportista. También, quizás, porque vamos a un campo de juego a ver un evento deportivo que nos atrae como parte de un entretenimiento. Quizás, cada tanto, vemos una transmisión deportiva por televisión, o mejor aún, probablemente lo hagamos para seguir a la selección deportiva de nuestro país o a ese deportista individual que representa los colores nacionales. Podría ser el caso que no hagamos nada de esto, pero concurrimos a un gimnasio, hacemos running para estar saludables o jugamos un partido de fútbol con amigos, compartimos una ronda de golf o peloteamos en una cancha de tenis. Y si tampoco pasa esto, es posible que tengamos alguna prenda de una marca deportiva que vestimos como ropa casual. O hayamos comprado una camiseta de un equipo para regalar a un amigo, ahijada o sobrino (o un palo de hockey, o pelota de fútbol, o el elemento que fuere). El deporte forma parte de nuestras vidas.

Así como Internet posee una penetración total a nivel global y ya es difícil comprender el mundo sin acceder a él, más allá de algunas cuestiones puntuales en países de acceso limitado o semi restringido, la tecnología atraviesa de manera totalmente horizontal y vertical a nuestro planeta. El abordaje a la tecnología no distingue de etnias, razas, edades, sexo ni nivel socio económico. La tecnología forma parte de cualquier ámbito en la sociedad y realmente facilita y agiliza la vida de las personas. En el trabajo, durante los momentos de ocio y entretenimiento, en nuestro hogar, en las instituciones educativas, en los gobiernos, en la industria y el comercio… en todos lados usamos, adquirimos y consumimos tecnología. Utilizamos smartphones de última generación para comunicarnos no solo con compañeros de trabajo y clientes, sino también con la familia y amigos. Recurrimos a aplicaciones para enviar chats y avisar a casa que llegamos bien después de un viaje. Pagamos los servicios de energía eléctrica por el home banking de nuestro banco. Dejamos previsto el horario que se encienda la calefacción en nuestro hogar, 30 minutos antes de llegar para tener la temperatura ideal al abrir la puerta de casa. Conducimos autos que llevan la mejor tecnología, lo que los hace de mejor performance, más confortables y más seguros, que al pasar por la estación de peaje ya no se detienen debido al tag inteligente que capta nuestros datos. Luego pagaremos la factura digital con débito en nuestra tarjeta de crédito, que ya tiene el chip con nuestra información. Esos mismos autos que estacionan solos y que controlan la dirección de tal modo de identificar si no estamos conduciendo de manera "normal". Ni hablar, por supuesto, de nuestra notebook personal: la posibilidad de bajar las fotos de nuestra cámara digital HD (o de nuestro smartphone) y hacer el backup en la nube. Nos expresamos en twitter, subimos la foto de las vacaciones en Instagram, pineamos esa decoración que quisiéramos para renovar ese ambiente, vemos el video en YouTube de la nueva canción de nuestra banda musical preferida y comentamos en el muro de nuestro amigo de la infancia para reencontrarnos vía facebook. La tecnología no sólo nos nutre y nos ayuda constantemente, sino que nos hace la vida más fácil. Y estamos mencionando cuestiones básicas de la vida cotidiana de hoy, sin entrar en robótica y domótica de micro escala.

En el Foro Económico de Davos de 2016 surgió el concepto de "Cuarta revolución industrial" (Industria 4.0) en función de la convergencia de tecnologías digitales, físicas y biológicas, y se ve reflejada en la tendencia actual de automatización e intercambio de datos, incluyendo a la robótica, inteligencia artificial, nanotecnología, computación cuántica, biotecnología, Internet de las cosas (IoT, Internet of Things), impresión 3D y vehículos autónomos. Según un artículo de TELECOM, empresa de tecnología, comunicaciones y servicios de conectividad, en el newsletter para sus clientes en Argentina (julio 2019), la cantidad de dispositivos conectados a internet crece año a año, pero, sobre todo, cambia el mix de elementos conectados. De acuerdo al último Visual Networking Index 2018 de Cisco (VNI), para 2022 habrá 28.500 millones de dispositivos conectados en todo el mundo (58% más que en 2017), número que cuatriplica la población mundial actual. De estos, un 51% (14.600 millones) serán conexiones M2M (Machine to Machine, máquina a máquina). Le siguen los smartphones, representando el 24%, y las TVs con el 11%. El 14% restante se lo llevan de manera casi equitativa las tablets (3%), PCs (4%), celulares no smartphones (4%) y otros (2,6%). Es importante destacar que, mientras que la cantidad de conexiones de dispositivos como PCs y celulares no smartphones ha disminuido, los M2M evidencian un crecimiento. De acuerdo con el reporte, del total de dispositivos conectados que habrá en 2022 a nivel mundial, el 28% corresponderá al segmento corporativo (lo que implica un crecimiento del 12% anual desde 2017). Existen numerosas tecnologías que impulsan la transformación digital de las empresas, entre las que se destacan computación en la nube, para un acceso rápido y fácil a aplicaciones e información crítica del negocio desde cualquier dispositivo y lugar, lo que facilita la movilidad y la colaboración; Internet of Things, para la interconexión de dispositivos, sensores y plataformas que generan, interpretan y envían datos; Big Data y Analytics, para el análisis de datos y obtención de información clave para la toma de decisiones de negocio; Inteligencia Artificial, para optimizar y potenciar áreas como marketing, administración, procesos técnicos, ventas y atención al cliente, etc., a través de la automatización y predicción de resultados. Y otras como blockchain, realidad virtual, realidad aumentada. La Industria 4.0 ya está aquí. Vivimos en un mundo de objetos conectados y digitalización de procesos que están llevando a todo tipo de empresas a reinventarse tecnológicamente, iniciando su camino hacia la transformación digital. Este proceso de transformación es continuo y nunca terminará, por lo cual las empresas tienen que repensar el modo de realizar sus tareas y prepararse para una forma de trabajo diferente. Y si bien el camino no es el mismo para todas las compañías, sí lo serán los resultados: ahorro, eficiencia y productividad.

Así como en la vida diaria, el deporte no es ajeno al uso de la tecnología. Y en los últimos años, la industria del deporte ha abrazado la tecnología para no soltarla nunca más. Van tomados de la mano. Y es muy lindo verlos así (?). Plataformas de entrenamiento personal, prendas deportivas que utilizan la tecnología de repeler el olor, más livianas o que no absorben la transpiración, también permitiendo disminuir el calor corporal y por ende la pérdida de energía; softwares de estadísticas, cámaras digitales HD con mayor definición y más rápidas para captar imágenes en movimiento y hasta aplicaciones de entrenamiento personal avanzadas para uso deportivo recreativo en cobranding con el calzado. Mención aparte para los elementos de juego que utilizan nanotecnología como las raquetas de tenis o los palos de golf o de hockey sobre césped, incorporando partículas de sílice o nanotubos de carbono haciéndolos más livianos, flexibles, resistentes y más potentes; pelotas de golf que viajan cada vez más lejos en busca de fairway o el green si es posible, trajes de natación que repelen el agua garantizando una mejor flotación por menor peso adquirido, tablas de surf más ligeras y hasta cascos de polo o máscaras para utilizar en los córners cortos de hockey sobre césped. También están los bio sensores y los GPS para estudiar en tiempo real, la carga física y resistencia de un atleta, determinando con anticipación si se encuentra próximo a una fatiga muscular o una lesión más grave aún por consecuencia de ello, como puede ser un desgarro. Por otro lado, las federaciones deportivas, los clubes y hasta el staff de un deportista se encuentran con desarrollos tecnológicos que abarcan la totalidad de las necesidades para organizar una eficiente administración y teniendo una completa solución de softwares de gestión deportiva, permitiendo llevar un control y seguimiento acorde a los días que corren en la actualidad, y generando los reportes necesarios de manera eficaz, ya sea para administrar los Tee Times de un club de golf, hacer más eficaz el ecommerce de la institución en la venta y delivery de merchandising, o bien llevar el cobro de la cuota de los socios de manera de anticiparse y acotar la morosidad. Y por supuesto, la tecnología ya incide en los resultados deportivos, contribuyendo a que el deporte sea cada vez más justo, como por ejemplo el uso del Ojo de Halcón en tenis, TMO (Television Match Officials – Oficial de Televisión del Partido) en el rugby y el VAR (Videoarbitraje) en el fútbol. Al mismo tiempo otorga mayor precisión a los récords y marcas deportivas, llevándolas a microsegundos para determinar de manera más efectiva un foto finish en los 100 metros llanos o en la definición de una posta estilo libre en natación, donde varios nadadores llegan al mismo tiempo a la vista del ojo humano. Imposible dejar de mencionar la importancia de la tecnología y el uso de materiales avanzados, más resistentes, más flexibles y más livianos para los atletas con discapacidad física, ya sea para prótesis de alguno de sus miembros, como sillas de ruedas más útiles y prácticas, livianas para contribuir llegar antes a una pelota o superar una marca. Todo es objeto de mejora y se enseña en constante modificación, en busca de una mayor eficacia en su utilización. En todo ello, la tecnología es una pieza fundamental.

Según el sitio dispositivosweareables.net, "wearable" hace referencia al conjunto de aparatos y dispositivos electrónicos que se incorporan en alguna parte de nuestro cuerpo, interactuando de forma continua con el usuario y con otros dispositivos, con la finalidad de realizar alguna función concreta, relojes inteligentes o smartwatchs, zapatillas de deportes con GPS incorporado y pulseras que controlan nuestro estado de salud. Son algunos ejemplos entre otros muchos de este género tecnológico que se halla poco a poco más presente en nuestras vidas. La palabra wearable posee una raíz inglesa cuya traducción significa "llevable" o "vestible", y hace referencia a pequeñas computadoras que van siempre con el usuario. Tal y como hemos expuesto previamente, la tecnología wearable hace referencia a los productos que incorporan un microprocesador y que usamos a diario formando una parte de nosotros. En esta definición no consideramos wearable a nuestra TV, a la máquina de café o bien al ebook que usamos para leer nuestros libros, en tanto que si bien son dispositivos electrónicos que poseen microprocesadores y los empleamos a diario, no forman una parte de nosotros, dado a que no son "llevables" o "vestibles". En cambio, unos anteojos, pulseras y relojes sí son productos wearables si les agregamos uno o varios microprocesadores electrónicos. Podemos datar los orígenes de la tecnología wearable en la década de los sesenta, pero no ha sido hasta 2010 cuando esta tecnología ha evolucionado bastante como para poder atraer a un extenso abanico de consumidores.

"La tecnología wereable dejó de ser algo que sólo llevaban los techies, frikis o hard users. Ahora, cualquiera que se lance a hacer running o ciclismo, o incluso que le dé al fitness, dispone de estos wearables, aunque solo sean pulseras o relojes que contabilizan el "trabajo" realizado o que ayudan en el control de la potencia que se está ejerciendo. Una tendencia que está creciendo sobremanera es que esa tecnología wearable está convirtiéndose en invisible. ¿Qué quiere decir esto? Que ya forma parte de algunas prendas sin que éstas deban ser diferentes, empezando por los pies". Así relata el sitio de Red Bull en una nota de Carlos Lozada. Continúa mencionando que una de esas innovaciones es la inclusión de tecnología: sensores que hacen de las zapatillas unos wearables muy fiables, ya que se sitúan directamente donde se produce la mayor parte de la acción. Dichos sensores interactúan con el smartphone del usuario a través de una app instalada, de tal modo que envían todos los datos que durante y después de la actividad física servirán para mejorar la práctica deportiva, a través de registros que la app nos provee.

El sitio Impulso Digital del diario español El Mundo, en colaboración con UE Studio con Santander, establece a priori cinco conceptos en los que la tecnología se ha insertado en el mundo deportivo. El primero

de ellos es el avance en equipamiento y la búsqueda constante de la mayor eficiencia y resistencia en los materiales con los que se diseña la ropa deportiva. Luego menciona al arbitraje, a través del desarrollo de soluciones tecnológicas específicas para ayudar a los árbitros en su tarea, y también no poner en duda sus decisiones. La seguridad es el tercer tópico apuntado, puesto que la tecnología busca prevenir las lesiones innovando en los dispositivos para la práctica de cada deporte, y menciona los cascos y collarines de los pilotos de Fórmula 1. El siguiente es la recuperación, pensada específicamente para atletas, y el uso de la tecnología en la medicina de la salud como la electro estimulación, cintas antigravedad y tiendas de hipoxia que ayudan a reducir los tiempos de recuperación de lesiones y a optimizar la condición física de los deportistas. Para finalizar, el entrenamiento es otra de las facetas, ya que los weareables permiten hacer un seguimiento de la preparación física utilizando la biométrica y sensores, aportando métricas de performance para mejorar el rendimiento deportivo.

Los que somos fanáticos del tenis agradecemos al doctor Paul Hawkins y David Sherry, ingenieros de la empresa Roke Manor Research Limited, por haber creado el Ojo de Halcón, que permite determinar tecnológicamente si el pique de una pelota fue adentro o afuera (como se dice en este deporte, "99% afuera, 100% adentro") de la cancha, haciendo más preciso y justo cada punto, y además de no poder ser discutido. Quizás Diego Armando Maradona, la estrella argentina del fútbol mundial, tendría un gol menos anotado en su estadística de las Copas Mundiales FIFA, si hubiese existido el VAR en el Mundial de México 1986, cuando este sensacional jugador anotó su primer gol en el partido por los cuartos de Final frente a la selección de Inglaterra con la mano. Lo hizo de manera tan rápida y sutil que el árbitro tunecino Ali Bennaceur no pudo advertirlo y, de hecho, existen pocos registros fotográficos (la foto del mexicano Alejandro Ojeda Carbajal es la mejor en ese sentido), donde se puede apreciar el contacto del balón adidas Azteca con su mano izquierda, ante la salida del arquero Peter Shilton, el 22 de junio de 1986, en el Estadio Azteca de la ciudad de México, a los 6 minutos del segundo tiempo y ante la mirada de 114.580 espectadores.

El golf ha sido uno de los deportes que más ha incorporado la tecnología al equipamiento. Palos de golf y pelotas. Desde 1976, la oficina de patentes de los Estados Unidos (US PTO) ha registrado solicitudes por más de 22.000 patentes, siendo las más trascendentales las que poseen inscripción el número US3042405 (putter desarrollado por Karsten Solheim en 1959), US5042806 (driver de metal diseñado por Dick Helmstetter en 1989) y US5259129 (tacos de plástico para zapatos de golf por Faris McMullin y Ernie Deacon en 1992). Para entender la importancia de los desarrollos en golf es importante destacar que posee registradas en Estados Unidos el doble de patentes respecto del béisbol, fútbol, hockey, lacrosse, natación, fútbol americano y bowling, todos juntos.

Como el Calcio italiano en los 80s (la actual Serie A del fútbol de ese país), si bien hay una admiración por el nivel de organización de la Bundesliga alemana, el negocio de todos de la Premier League y la fantasía de la Ligue 1 de Francia, nadie discute el liderazgo del negocio y organización que lleva desde hace años La Liga de fútbol de España, exportando su producto (y subproductos) a todos los rincones del mundo. Es cierto que el Barcelona de Messi y el Real Madrid de Cristiano Ronaldo (y antes de los Galácticos de Florentino Pérez) han contribuido y ayudado en su rivalidad y excelencia para alcanzar ese liderazgo. Según una nota de Enrique Pérez para el sitio Xataka de Webedia, se menciona que La Liga posee ingresos por más de 4.000 millones de euros anuales y que su influencia va mucho más allá que organizar una competencia deportiva. Lo segundo no está en duda. Respecto del monto, siempre podrá discutirse qué ítems están incluidos y cuáles no. Lo cierto es que la cifra siempre será muy importante. Muy. Menciona Pérez que para poder ofrecer un producto de primer nivel hacen falta herramientas a la altura. Y es aquí donde entra en juego la tecnología. Entre las empresas tecnológicas que nos vienen a la mente no suele estar La Liga, pero hemos podido conocer de cerca cómo trabajan: avances como la inteligencia artificial, el Big Data o la realidad virtual juegan un rol importante en la infraestructura del certamen doméstico español. Entre las herramientas de las cuales se nutre La Liga para seguir a la vanguardia del fútbol mundial de competencias de clubes encontramos una gran y variada utilización de tecnología. Una de ellas es la planificación de horarios de los partidos en función de la audiencia que genera, a través del Calendar Selector, que emplea Inteligencia Artificial y machine learning. El objetivo de Calendar Selector es buscar la máxima audiencia televisiva y la máxima asistencia al estadio. Para optimizarlo se tiene en cuenta por ejemplo si un equipo juega competición europea o si el estadio está ocupado por la organización de un concierto, pero el sistema permite añadir manualmente eventos puntuales como una manifestación en la ciudad, arrojando un margen de error inferior al 1%. La segunda herramienta de La Liga, muy relacionada con la primera, es el 'Sunlight Broacasting Planning'. Se trata de un programa para generar una imagen en 3D del estadio para conocer exactamente la posición del sol a determinada hora, qué zonas del campo quedarán iluminadas, cuáles bajo la sombra y qué sector de espectadores estará cegado por los rayos de sol. En base a la posición del sol, también se podrá barajar un horario y día concretos para el encuentro. Pero este mapeado, que puede crearse para cualquier momento de los próximos años, también sirve a las

televisaciones para conocer qué tipo de iluminación tendrán y si la luz del sol podría incidir directamente sobre las cámaras. Otra tecnología aplicada por La Liga es Replay 360, que consiste en la repetición de los goles en 3D desde diferentes ángulos y perspectivas. Para esto, Intel instala 38 cámaras en todo el estadio (hasta 2019 lleva 6 escenarios con este sistema) que cuentan con un sensor CCD capaz de grabar video a resoluciones 5K a 25 fotogramas por segundo y con un zoom digital de seis aumentos, y así poder tener todos los puntos de vista, incluyendo la del propio jugador para ver su panorama al resolver la jugada. La competición española también utiliza el VAR (Video Assistant Referee) para ayudar a los árbitros en situaciones polémicas y trascendentales (goles, penales, tarjetas, identificación de jugadores, etc.). Cuando se requiere una revisión, el VAR evalúa la jugada y asiste al referee. En el estadio sólo está la pantalla que puede controlar el juez del partido, pero la sala del VAR no está allí: las ocho salas de operaciones de video (VOR) se encuentran en el centro de La Liga, en el área de Las Rozas en Madrid. El sistema está alimentado por un servidor EVS PM-X y proporciona acceso de hasta 22 ángulos en alta definición y cinco cámaras super motion con mayor velocidad. Aunque como explican desde La Liga, en partidos de máxima categoría como Real Madrid-Barcelona, pueden llegar a tener hasta 32 ángulos distintos. La Liga trabaja con Mediapro y el proveedor tecnológico EVS, el mismo que en la Copa del Mundo FIFA. El sistema utilizado se llama Xeebra 2.0, que permite establecer la línea de juego con una precisión de centímetros, basándose en las líneas sobre el terreno de juego a través de un sistema multiángulo y que, mediante inteligencia artificial, se puede calibrar la línea para permitir la inserción de gráficos superpuestos y facilitar la detección respecto de quién está más adelantado. El siguiente componente tecnológico es La Liga Corner, un espacio que se encuentra en determinadas tiendas de El Corte Inglés, y donde, entre otras cosas, se pueden utilizar visores /gafas VR Samsung Gear. Mediante el uso de cámaras 360 colocadas en el transcurso del partido, se ofrecen videos de 15 minutos donde el usuario puede disfrutar de situaciones normalmente excluidas al público, como la salida de los jugadores por el túnel, los vestuarios o la visión detrás de los arcos. La última herramienta de La Liga es Mediacoach, una enorme base de datos con estadísticas avanzadas de todos los equipos. Un programa disponible por igual para todos los cuerpos técnicos del certamen. Con más de 200 categorías de datos distintas, todos los equipos de Primera y Segunda División comparten datos de los últimos diez años. Para ello se aliaron con Perform Opta para crear el centro de datos, base que después sirvió a Mediapro para crear Mediacoach, una completa herramienta para analizar las estadísticas de cada jugador y revisar jugadas concretas. Como era de esperar, los datos de entrenamiento no están incluidos. Los paquetes de datos pueden llegar a ocupar unos 8 GB por partido. Allí se encuentran las jugadas en HD y datos como el porcentaje de acierto de pases, qué jugadores han interactuado más o la efectividad goleadora de cada delantero. Una enorme cantidad de datos que cada club gestiona después como le interesa. En los últimos tiempos, varios equipos han comenzado a utilizar esta información en tiempo real ya que, durante el partido o en el descanso, entrenadores y asistentes dan instrucciones accediendo a la información de Mediacoach. Por algo es que La Liga siendo líder. Dentro y fuera del campo de juego. En la dinámica de lo impensado que es el fútbol (como decía el periodista deportivo argentino Dante Panzeri) y en el uso más útil de las nuevas tecnologías aplicadas.

Internet, redes sociales, influencers, transmisiones deportivas y fan engagement

El orden de este título lo dice. Primero fue Internet, que nos conectó con la información. Luego fueron las redes sociales las que nos vincularon a todos con todo y todos. Como en cada ámbito de la vida, hay personas que se convierten en líderes de opinión: su voz es escuchada y respetada por otros y de esa forma generan tendencia. Esos líderes de opinión en redes sociales se llaman influencers, porque pueden influenciar justamente sobre sus followers. Luego, haciendo un mix de Internet, las redes sociales y la producción de televisión, encontramos que las transmisiones deportivas también estaban disponibles gratuitas por dispositivos móviles y a través de redes sociales, que se convertían en transmisoras de contenidos en tiempo real. Y hasta ahí llegó el público, los fanáticos, que a través de sus propias cuentas de social media interactúan en Internet con marcas, deportistas y durante las transmisiones de eventos deportivos, convirtiéndose en verdaderos microinfluencers, cada uno de ellos construyendo el fan engagement. Esa misma interacción entre los fans y el deporte que demuestra su estado de ánimo y su pasión.

La creación de Internet y su uso de manera masiva han producido profundos cambios en la forma de comunicarse. Su importancia para medios de comunicación, instituciones, gobiernos, empresas y personas comunes ha sido total. Internet forma parte del día a día de las personas y las organizaciones de tal modo que ya es prácticamente imposible poder pensar el mundo actual sin ella. No existe tal comparación porque cada época es diferente y cada invención muy distinta en sí misma, en su impacto, en su momento de puesta en marcha y en su coyuntura, pero se podría asociar al teléfono móvil. De esta manera, las redes sociales surgen como consecuencia de ello y han provocado una segunda curva, muy pronunciada y elevada, por cierto, del motor que implica Internet. Las redes sociales han cambiado exponencialmente la forma de comunicarse en todo el mundo. Cada uno es dueño de su propio medio de comunicación. Es simple. Es móvil. Y gratuita. Y, además, es totalmente segmentable. Hay redes sociales de simple comunicación. Otras de comunicación compleja. Algunas con posicionamiento exclusivamente para noticias. Otras de imagen. Unas más de diseño. Y así podríamos ver cada perfil diferente en edad, estilo y tipo de mensaje, según cada una de las redes sociales.

Twitter no es igual a Pinterest, ni a Instagram y tampoco a YouTube. Algunas se potencian entre sí. Otras mantienen su nicho y al mismo tiempo su identidad. En el IURP (Instituto Universitario River Plate), del Club Atlético River Plate (Buenos Aires, Argentina), en su curso "Las redes sociales en el deporte: impacto, gestión y perspectiva futura", se menciona que "los vínculos generados por estos actores gracias a las redes sociales, la posibilidad de difundir sus acciones por medio de los mismos y los riesgos que puede tener el mal uso de estos se constituyen como algunas de las claves fundamentales a gestionar en la actualidad por las personas e instituciones vinculadas al mundo del deporte".

Las redes sociales son la propia voz en la nueva comunidad digital desde hace un tiempo a esta parte. Y el deporte no es ajeno a ello. La prensa escrita, luego la radio y las imágenes audiovisuales de manera masiva en televisión, tras un breve paso de noticias en las salas de cine. Ya después fue una explosión. La televisión a color, la computadora (con interfases inicialmente), para después dejar lugar a los dispositivos móviles, incluyendo el teléfono de cada uno. Pero lo que hace diferente a las redes sociales es su poder infinito de interacción, porque si algo tienen de atributo social media, además de ser una comunidad digital donde todos concurren, es su capacidad de expresarse y al mismo tiempo recibir y generar feedback con otros, ya sean personas, instituciones, gobiernos (y hasta los presidentes de los países), empresas, ONGs, atletas, entrenadores, eventos, clubes, equipos o asociaciones deportivas. Esa interactividad en el deporte funciona a la perfección. Los deportistas se expresan por sí mismos, sin intermediarios ni conferencias de prensa. De manera directa. Y los fanáticos, agradecidos que su ídolo escriba y ellos puedan darle su opinión, mandar un mensaje o tan solo apretar la tecla "Like" y enviar un corazón como símbolo de aprobación, devoción y/o inspiración. En cada interacción de los followers en el deporte, ellos demuestran su pasión. Y la pasión es lo que hace al deporte diferente a todo. Porque la pasión no entiende de razones. Puede darse el caso que el clásico rival de mi club gane todos los campeonatos, que el club del cual soy hincha no tenga aspiraciones a ganar un título, que sus instalaciones sean obsoletas y hasta que la marca de indumentaria técnica no produzca los mejores diseños. Pero la pasión hace que siga siendo mi club y continúe amándolo a pesar de todo. Tan solo por los sentimientos que me produce. Y las redes sociales permiten opinar, intercambiar ideas, poder responder a otro fanático en el perfil del club o del deportista que admiramos. Esa interacción es el fan engagement.

La traducción literal de "engagement" es "compromiso". Pero "fan engagement" en redes sociales, y mucho menos en deporte, excede a ese significado. El engagement es la capacidad de entablar vínculos sólidos e interactivos con un target, con una determinada audiencia. Básicamente es el ruido que algo o alguien provoca en las redes sociales. Lo que genera en los seguidores para que ellos decidan escribir en las redes sociales, específicamente interactuar (comentar, likear, retwittear, pinear, etc.). Pero, ¿para qué lo hacen? Para compartir. Para formar parte de una comunidad. Para compartir sus fotos, sus ideas, su desaprobación incluso. El deporte es pasión. Y si la pasión se comparte, mucho mejor. Nada mejor que un estadio repleto de hinchas vibrando y gritando un gol de su equipo. Pues bien, las redes sociales son lo mismo. Todos vibrando por algo. Con diferentes ideas. Con distintas expresiones, sentimientos, gustos y preferencias. Y cada uno expresándose a su manera. Cada fan haciendo su engagement (no suena bien, pero es para que se entienda). Es una especie de ecosistema que tiene todas las condiciones dadas para que todos los actores del deporte florezcan. Tiene el escenario, la temperatura, la humedad y las condiciones suficientes. Y cuando hablamos de todos los actores, realmente estamos considerando a todos: deportistas, entrenadores, ex deportistas, ex entrenadores, fanáticos, dirigentes, staff, instituciones deportivas, estadios, empresas y marcas sponsors, fundaciones y ONGs, competencias, eventos y hasta elementos (recordemos que la antorcha de los Juegos Olímpicos de Río de Janeiro 2016 y la pelota adidas Brazuca de la Copa del Mundo FIFA Brasil 2014 tuvieron cuenta de twitter).

Claramente los deportistas y las instituciones deportivas (clubes, competencias, estadios y federaciones) deben estar en redes sociales. Los primeros para poder tener su propia voz de comunicación, llevando un mensaje directo a quien quiera verlos, leerlos y escucharlos. Los segundos porque deben hacerlo. Y todos ellos para que su persona o institución vaya camino a convertirse en una marca. Una marca que comunica. Una marca que genera contenido propio. Una marca que, de esa manera, adquiere mayor valor como consecuencia de su propia gestión deportiva, pero también logrando una segmentación y un posicionamiento concreto, en un target específico, que en este caso llamamos followers. Pero, además, podemos medir y tener la sensibilidad respecto de qué nivel de pasión e influencia generan en los fanáticos. Con qué tipo de atributos están dotados. Positivos o negativos. Y podemos establecer métricas de interacción. Hoy en día es tan importante para una empresa, tanto lo que un deportista genera dentro del campo de juego como su presencia y engagement en redes sociales. Esa conjunción determinará si para una marca es atractivo tenerlo como embajador y ser su sponsor, o bien realizar posteos de productos y servicios. Y más aún: ese mix determinará el valor de tal sponsorship. Las redes sociales influyen directamente en el pricing (una de las 4 "P" del marketing) del patrocinio. Así se simple. Así de sencillo. Así de complejo.

En los últimos años se mencionó que los jóvenes estaban abandonando facebook porque sus padres habían ingresado a esa red social y eso ya no era cool. Mucho menos lo era cuando la tía likeaba una foto con amigos en un bar o incluso comentaba: "Ay, qué lindo estás. ¿Quién es esa chica de la foto? Invitala a comer pastas el domingo". Nada de eso pasó. La red creada por Mark Zuckerberg y amigos (de aquel entonces) se convirtió en la plataforma madre. Casi como el motor unificador de las otros. Por supuesto que Zuckerberg no iba a perder la oportunidad de adquirir la aplicación WhatsApp. No sólo por lo que implicaba desde su simplicidad y flexibilidad, sino por su alto nivel de instalación en dispositivos alrededor del mundo. Esta es la cantidad de usuarios activos por cada red social hasta enero de 2019, tomando como base la información de usuarios activos mensuales, cuentas de usuarios o visitantes únicos en cada plataforma (datos en millones; fuente: We Are Social y Hootsuit). Entre paréntesis, algunas tasas de incremento o decrecimiento en la cantidad de usuarios: facebook 2.271 (+1,7%), YouTube 1.900, WhatsApp 1.500, facebook Messenger 1.300, Weixin/WeChat 1.083 (+2,3%), Instagram 1.000 (+4,4%), QQ 803 (-0,1%), Qzone 531, Douyin/TikTok 500, Sina Weibo 446 (+3,5%), Reddit 330, twitter 326 (-2,7%), Douban 320, LinkedIn 303, Baidu Tieba 300, Skype 300, Snapchat 287 (-12%), Viber 260, Pinterest 250, y Line 194 (+0,6%).

Claramente facebook sigue siendo el rey de las redes sociales. Y más allá de la tía, los números merecen detallarse. El perfil de audiencia de facebook se descompone de esta manera: 5,5% tiene entre 13 y 17 años, 27% entre 18 y 24, 32% entre 25 y 34, 16% entre 35 y 44, 10% entre 45 y 54, 5,5% entre 55 y 65 y 4% es mayor a 65 años.

El porcentaje de hombres y mujeres es muy similar de 13 a 17 años y de 45 a mayores de 65. De 18 a 24 años, el 41% son mujeres, al igual que de 25 a 34 años, mientras que la proporción apenas se eleva a 44% en la franja etaria de 35 a 44 años.

Por otro lado, las redes sociales más utilizadas -al menos en América Latina- son facebook, twitter, YouTube e Instagram. Pero lentamente, LinkedIn comienza a generar contenido propio de clubes y atletas, más allá de lo estructuradamente corporativo. La tarea consiste en generar reportes y métricas confiables de manera gratuita. Incluso segmentada por edad, zona geográfica, ciudad, estado /provincia, país, gustos y preferencias. Y de manera gratuita. Una verdadera investigación de mercado digital, al momento. Conocer la conducta del consumidor es una de las premisas de los gerentes de marketing de las empresas e instituciones. Y el deporte debe estar allí. Por supuesto. Quienes estén en redes sociales deben establecer sus propios KPIs (key performance

indicator -indicador clave de desempeño-), que no es ni más ni menos que la medida de rendimiento de un proceso determinado, y ese valor del indicador debe estar relacionado directamente con los objetivos fijados de manera previa. Para llevar una buena gestión de una marca, un deportista o un club, será necesario que se haga un seguimiento de las redes teniendo en cuenta diferentes aspectos como los influencers, KPIs de tiempo o localización, o el número de interacciones con cada una de las publicaciones. Todos estos aspectos y más pueden ser llevados por softwares de gestión y monitoreo, las cuales permiten saber el estado de cumplimiento de los objetivos respecto de las redes sociales propias.

Decir que las redes sociales son una moda es un concepto obsoleto. Atrasa. Mencionar que son una tendencia, también lo es. Pero no porque no lo sean, sino porque su nivel de penetración es tan grande y profundo que ya forman parte, hace tiempo, de la vida de las personas. Y por ende de la gran masa de consumidores de productos y servicios. Es por eso que las empresas también deben estar allí para conocer a esos consumidores, que constantemente publican en sus cuentas qué se han comprado, qué desean adquirir y cómo fue su experiencia como clientes. Esas personas presentes en las redes sociales también son ciudadanos, y por ende, votan. Allí es donde los gobiernos y los políticos también los quieren conocer y ganar su preferencia. Y son potenciales donantes para las instituciones de bien social y fundaciones, por lo que ellas están. Ya hablamos de los deportistas y cómo influye su sola presencia en social media en su relación con sus seguidores. Y los clubes, competencias e instituciones deportivas con sus hinchas y fanáticos. Todos terminan yendo al mismo bar a tomar un trago. Es gratis. Y hay lugar para todos. Pasen y vean. Comuniquen. E interactúen. Siempre en redes sociales.

Según datos de Crowdtangle y Hootsuite Analytics, difundidos por el propio club, Barcelona tuvo 1.086 millones de interacciones acumuladas en facebook, Instagram y Twitter, un liderazgo que pone al Barca con cierta distancia respecto de otras instituciones europeas que le siguen: Manchester United (916 millones), Liverpool (754), Juventus (749) y Real Madrid (636). Instagram es la plataforma que mejor refleja la conversación social y global con los fanáticos y por lejos es el espacio con mayor número de interacciones: 963 millones. El dato es contundente, puesto que Barcelona registró en Instagram más intercambio que el total conseguido por el Manchester United. El mes más exitoso para el Barcelona en Instagram fue abril, cuando celebró su título en La Liga: acumuló 125 millones de interacciones. Ese lapso correspondió a uno de los seis meses en los que el Barcelona, además, lideró en forma absoluta en ese canal de comunicación. Los contenidos de video son los que mejor funcionan y el club sacó rédito de eso: sumó

2.144 millones de views de sus posteos en Instagram, twitter, facebook y desde ya YouTube. Barcelona es el club europeo con mayor cantidad de suscriptores en YouTube: 7.2 millones. Las reproducciones de sus videos en esta plataforma llegaron a los 320 millones, lo que implica un crecimiento del 45 por ciento con respecto a la temporada anterior y la llegada de 2.6 millones de suscriptores nuevos con relación al mismo período. El newsletter digital Analítica Sports reveló el dato de que el Barcelona superó los 1.000 millones de interacciones en redes sociales gracias a dos factores principales: Instagram y Lionel Messi, su jugador estrella. Al margen de los patrocinios, los ingresos por ticketing, derechos de televisión y merchandising, el contenido y la cobertura en medios, por supuesto que debe considerarse que social media es otro de los campos de competencia -fuera del deportivo donde los clubes de fútbol compiten día a día, minuto a minuto, segundo a segundo, por la atención de los fanáticos globales.

Entre Hootsuit (social media management) y We Are Social (agencia creativa-social) desarrollaron el informe "Global Digital Yearbook" (Libro anual digital global) para 2019. Pondremos algunos resultados que resultan atractivos, pero fundamentalmente sorprendentes:

- Con una población total de 7.676 billones de personas en el mundo (56% de urbanización), existen 5.112 billones de usuarios únicos de teléfonos móviles (67% de penetración), 4.388 billones de usuarios en Internet (57% de penetración), 3.484 usuarios activos de redes sociales (45% de penetración) y 3.256 usuarios de redes sociales en dispositivos móviles (42% de penetración).
- El crecimiento de la población global del último año fue de 1,1% (84 millones), los usuarios únicos de teléfonos móviles crecieron 2,0% (100 millones), los usuarios en Internet 9,1% (367 millones), los usuarios activos de redes sociales 9,0% (288 millones) y los usuarios de redes sociales en dispositivos móviles 10% (297 millones).
- Con una población total de 1.020 billones de personas en el Continente Americano (81% de urbanización), existen 1.058 billones de usuarios únicos de teléfonos móviles (104% de penetración), 798,4 billones de usuarios en Internet (78% de penetración), 673,1 usuarios activos de redes sociales (66% de penetración) y 610,5 usuarios de redes sociales en dispositivos móviles (60% de penetración).
- El crecimiento de la población en América del último año fue de 0,9% (9 millones), los usuarios únicos de teléfonos móviles crecieron 0,9% (10 millones), los usuarios en Internet 7,7% (57 millones), los usuarios activos de redes sociales 3,8% (25 millones)

y los usuarios de redes sociales en dispositivos móviles 5,9% (29 millones).

- El orden de mayor a menor nivel de penetración de Internet de manera global por regiones es América del Norte y Norte de Europa (95%), Oeste de Europa (94%), Sur de Europa (88%), Este de Europa (80%), Sudamérica (73%), Oceanía (69%), Oeste de Asia (66%), América Central y Sudeste de Asia (63%), Este de Asia (60%), Sur de África y Caribe (51%), Norte de África y Asia Central (50%), Sur de Asia (42%), Oeste de África (41%), Este de África (32%) y África Central (12%).
- Estados Unidos de Norteamérica (95% y ubicado en la posición 6°), Argentina (93%, 12°), Canadá (91%, 17°), Brasil (70%, 33°), Colombia (68%, 34°) y México (67%, 35°), son los únicos países americanos por encima de la media de penetración de Internet (57%), mientras que España (93%, 13°) e Italia y Francia (92%, 14° y 15°) también están en altos valores, al tiempo que Emiratos Árabes Unidos es el primero con 99% de penetración.
- El promedio de uso de Internet a nivel global es de 6 horas y 42 minutos, siendo el primer año que ha descendido (-1,7%) en los últimos 5 años, mientras que solo considerando el acceso a Internet por dispositivos móviles alcanza las 3 horas y 14 minutos (crecimiento del 4,3%). En computadoras, el promedio de uso es de 3 horas y 28 minutos (disminución de 6,7%).
- Según el ranking de Similarweb, los sitios más visitados en el mundo, por orden decreciente, son Google, YouTube, facebook, Baidu, Wikipedia, Yahoo!, twitter, PornHub, Yandex.ru, Instagram, Amazon, Xvideos, XNXX, Ampproject, Live, VK, NETFLIX, QQ, Mail.ru y Reddit.
- Respecto del lenguaje más utilizado en los websites, considerando 10 millones de sitios, son inglés (54%), ruso (6,1%), alemán (6%), español (4,9%), francés (4%), japonés (3,4%), portugués (2,9%), italiano (2,3%), persa (2%), polaco (1,7%), chino (1,7%), holandés-flamenco (1,2%), turco (1,2%), checo (1%), coreano (0,9%), vietnamita (0,7%), árabe (0,6%), griego (0,5%), sueco (0,5%) y húngaro (0,5%).
- Lo más buscado en Google fue facebook, YouTube, Google, video, you, weather, news, mp3, Amazon, Gmail, Hotmail, translate, Instagram, Yahoo!, FB, DR, tiempo, meteo, as y whatsapp.
- Sólo 10 países están por encima de la media global (47%) respecto del bloqueo de publicidad en Internet: Indonesia (63%), India (53%), China (52%), Sudáfrica (52%), Taiwán (52%),

Malasia (51%), Filipinas (50%), Arabia Saudita (49%), Egipto (49%) y Colombia 48%).

- Respecto del porcentaje de usuario de Internet, por categoría de actividad, que hacen streaming de contenidos a nivel global (16 a 64 años de edad): mirar videos on line (92%), transmitir contenido de TV vía Internet (58%), jugar juegos transmitidos en vivo vía Internet (30%), ver transmisiones en vivo de otros jugadores jugando (23%) y mirar torneos de eSports (16%).
- El orden de mayor a menor nivel de penetración de redes sociales de manera global por regiones es América del Norte y Asia del Este (70%), Norte de Europa (67%), América del Sur (62%), América Central (62%), Sudeste Asiático (61%), Sur de Europa (58%), Oceanía (57%), Oeste de Asia (54%), Oeste de Europa (53%), Este de Europa (48%), Caribe (46%), Norte de África (40%), Sur de África (38%), Sur de Asia (24%), Asia Central (16%), Oeste de África (12%), Este de África (8%) y África Central (7%).
- La penetración global promedio en redes sociales es de 45%, y hay 38 países por encima de la media, destacándose Emiratos Árabes Unidos (99% de penetración y en la 1° posición), Argentina (76%, 7° -y el primero de América-), Estados Unidos (70%, 15°), Colombia (68%, 16°), Canadá (67%, 19°), México (67%, 20°), Brasil (66%, 22°), España (60%, 29°), Italia (59%, 30°) y Francia (58%, 31°).
- El Top 5 de países con mayor crecimiento absoluto en la cantidad de usuarios de redes sociales son China (95,325 millones de usuarios), India (60 millones), Indonesia (20 millones), Brasil (10 millones) y Filipinas (9 millones). Sólo México (5 millones y en la 9°posición) y Colombia (3 millones y 14°) son los otros americanos en el ranking (ni España, Italia o Francia).
- El Top 5 de países (o territorios) con mayor crecimiento relativo en la cantidad de usuarios de redes sociales son Sahara Oeste (364%), Etiopía (61%), Uzbekistán (54%), Cuba (47%) y U.S. Islas Vírgenes (46%). No hay países americanos en el Top 20 (ni España, Italia o Francia).
- A excepción del rango entre 55 a 64 años, donde es igual, los hombres utilizan más las redes sociales que las mujeres.
- El rango etario que más utiliza redes sociales (considerando facebook, Instagram y facebook Messenger) es de 25 a 34 años, luego de 18 a 24 y finalmente de 35 a 45.

- Algunos comportamientos en redes sociales consisten en visitar una red social o usarla para chatear (98% de los usuarios), subir contenido (83%), usuarios de Internet que usan redes sociales para sus tareas laborales (24%), tiempo promedio de uso de redes sociales (2 horas y 16 minutos por día, a una tasa creciente del 0,7%) y promedio de cuentas en redes sociales que poseen los usuarios de Internet (8,9). Respecto al promedio de cuentas en redes sociales que poseen los usuarios de Internet, Filipinas es el número 1 (4:12), mientras que los países americanos por encima del promedio son Brasil (3:34, 2°), Colombia (3:31, 3°), Argentina (3:18, 5°) y México (3:12, 7°), al tiempo que no figuran España, Italia y Francia.
- WhatsApp es la red social número 1 para mensajes en el mundo en cantidad de países, liderando en 133 naciones, seguida muy de lejos por facebook Messenger (75), Viber (10), IMO, Line, Telegram (3% cada uno), Google Messages, Hangouts, Kakaotalk y Zalo (1% cada uno), mientras que se desconoce en 11 países.
- El ranking de audiencias mensuales por red social lo lidera facebook (2.121 millones, 43% mujeres), Instagram (895 millones, 50%), LinkedIn (604 millones, 44%), Snapchat (307 millones, 60%) y twitter (251 millones, 34%).
- Facebook es más utilizado en tablets y smartphones (96% -tablets solamente con 16%-), seguido por laptops y desktops (25%) y teléfonos (1,2%), entendiendo que pueden utilizar más de un dispositivo.
- Del Top 10 de perfiles en facebook con mayor cantidad de fans, 4 corresponden a deportes (y 5 en el Top 20): facebook (+213.000.000), Samsung (+159.000.000), Cristiano Ronaldo (+122.000.000), Real Madrid CF (+109.000.000), Coca-Cola (+107.000.000), FC Barcelona (+102.000.000), Shakira (+101.000.000), Vin Diesel (+98.000.000), Tasty (+96.000.000) y Lionel Messi (+89.000.000), Eminem (+88.000.000), YouTube (+83.000.000), Mr. Bean (+82.000.000), Rihanna (+79.000.000), McDonald's (+78.000.000), Justin Bieber (+77.000.000), Will Smith (+77.000.000), CGTN (+73.000.000), Manchester United (+73.000.000) y Harry Potter (+72.000.000).
- El nivel de penetración de facebook es de 35% (sobre mayores de 13 años).
- Respecto de Instagram, estos son algunos indicadores de su público: 894.900.000 fueron alcanzados por publicidad de Instagram (reach), 15% de los mayores de 13 años fueron alcanzados por publicidad de Instagram, 4,4% creció la cantidad

de personas alcanzadas por publicidad en Instagram y 50,3% de la audiencia alcanzada por publicidad en Instagram es mujer.

- La mayor cantidad de usuarios de Instagram tienen entre 18 y 34 años, siendo levemente mayor el porcentaje de hombres. De 13 a 17 años, y mayores de 35, son las mujeres quienes más utilizan esta red social.
- Del Top 10 de perfiles en Instagram con mayor cantidad de fans, 2 corresponden a deportes (y 4 en el Top20): Instagram (276.500.000), Cristiano Ronaldo (151.900.000), Selena Gomez (144.500.000), Ariana Grande (143.000.000), Dwayne Johnson (129.000.000), Kim Kardashian (125.200.000), Kylie Jenner (124.500.000), Beyoncé (123.000.000), Taylor Swift (114.100.000), Neymar Jr. (109.900.000), Lionel Messi (106.700.000), Justin Bieber (104.100.000), Kendall Jenner (102.600.000), Nicki Minaj (97.800.000), National Geographic (97.700.000), Khloé Kardashian (85.300.000), Jennifer Lopez (85.200.000), Nike (84.000.000), Miles Cyrus (80.500.000) y Katy Perry (74.700.000).
- El nivel de penetración de Instagram es de 15% (sobre mayores de 13 años).
- Respecto a la audiencia de twitter: 250.800.000 pueden ser alcanzadas por publicidad en esta red social, 3,6% de los mayores de 13 años pueden ser alcanzados por publicidad en twitter, mientras que la cantidad de personas que pueden ser alcanzadas por publicidad decreció 1,5%. El 65,5% del total alcanzable por publicidad son hombres.
- Los hombres casi duplican a las mujeres en todos los rangos etarios de la audiencia de twitter.
- El mayor uso (por lejos) en twitter se da de 25 a 34 años, y luego en forma decreciente en este orden: 35-49, 18-24, 50 y más, y 13-17.
- Del Top 10 de perfiles en twitter con mayor cantidad de fans, sólo 1 corresponde a deportes (y sólo ese en el Top 20): Katy Perry (106.900.000), Justin Bieber (105.000.000), Barack Obama (104.300.000), Rihanna (89.100.000), Taylor Swift (83.400.000), Lady Gaga (77.600.000), The Ellen Show (76.900.000), Cristiano Ronaldo (76.200.000), YouTube (71.200.000), Justin Timberlake (64.700.000), Ariana Grande (60.200.000), Kim Kardashian (59.400.000), Donald Trump (57.400.000), Demi Lovato (57.300.000), Selena Gomez (56.900.000), Britney Spears (56.500.000), twitter (55.900.000), CNN (54.600.000), Shakira (50.900.000) y Jimmy Fallon (50.800.000).

- El emoji más utilizado en twitter es la smile fase llorando de la risa (2.291.000.000 veces usado de julio de 2013 a enero de 2019), seguido por el corazón (1.097.000.000), el símbolo de reciclado (936.000.000) y la cara con ojos de corazones (843.000.000). No hay emojis deportivos en el Top 30.
- El nivel de penetración de twitter es de 4% (sobre mayores de 13 años).
- Respecto a la audiencia de LinkedIn: 604.400.000 pueden ser alcanzadas por publicidad en esta red social, 11% de los mayores de 13 años pueden ser alcanzados por publicidad, la cantidad de personas que pueden ser alcanzadas por publicidad creció 3,2%, mientras que el 56% del total alcanzable por publicidad son hombres.
- El mayor uso se da en edades 25-34, luego 35-54, 18-24 y 55 y más.
- En todas las edades son los hombres quienes más lo utilizan.
- El nivel de penetración de LinkedIn es de 11% (sobre mayores de 13 años).
- El ranking de búsquedas en YouTube en 2018 fue "music", y tomando esto como base 100, luego "musics" (59), "movies" (24), "music" (21), "baby" (20), "DJ" (19), "karaoke" (17), "musica", sin tilde (16), "Fortnite" (16) e "hindi movie" (14). En la posición 16 aparece "música", con tilde (8).
- Del Top10 de videos más vistos de todos los tiempos en YouTube, solo uno no es un video musical. El Top 5 es "Luis Fonzi y Daddy Yankee, cantando Despacito" (5.890.000.000 vistas), "Ed Sheeran cantando Shape of you" (4.020.000.000), "Whiz Khalifa y Charlie Puth", cantando See you again" (3.960.000.000), "Mark Ronson y Bruno Marx, cantando Uptown funk" (3.430.000.000) y "Episodio 17 de los dibujos animados para niños Masha y el oso" (3.400.000.000).
- Junto con América del Norte, Sudamérica es la segunda región de mayor penetración de uso de redes sociales en dispositivos móviles, 61%, solo superado por Asia del Este con 70%.
- Respecto al uso general de dispositivos móviles, existen 5.112 billones de usuarios únicos en el mundo, lo que implica el 67% de la población. El total de dispositivos conectados asciende a 8.842 billones, lo que equivale al 115% de la población del mundo (1,73 dispositivos móviles conectados, por cada persona).

- Regiones y porcentaje de dispositivos móviles conectados: Sur de África (162% de la población), Europa del Este (154%), Sur de Europa (132%), Sudeste Asiático (129%), Norte de Europa (120%), Oeste de Europa (116%), Este de Asia (111%), Sudamérica (109%), Oceanía (108%), América del Norte (105%), Norte de África (102%), Oeste de Asia (101%), América Central (96%), Sur de Asia (91%), Oeste de África (86%), Caribe (73%), Este de África (62%) y África Central (53%).
- El 76,9% accede a facebook a través de dispositivos Android, 14,1% vía apple y 9,1% por otros sistemas operativos.
- En 2018 se bajaron 194 billones de mobile apps, lo que implica una tasa de crecimiento del 9%, gastando 101 billones de dólares (crecimiento del 23%), siendo un promedio anual de 20,15 dólares por smartphone.
- El ranking 2018 por categoría de las apps más bajadas en Google Play fueron juegos, herramientas, entretenimiento, comunicación, fotografía, social, música y audio, editores y video players, productividad y compras. En Google Play, el ranking 2018 de más dinero gastado por las apps bajadas fue juegos, social, entretenimiento, lifestyle, música y audio, productividad, comunicación, salud y fitness, citas y educación.
- El ranking 2018 por categoría de las apps más bajadas en iOS fueron juegos, foto y video, entretenimiento, utilidades, social, compras, lifestyle, finanzas, productividad, y educación. En iOS, el ranking 2018 de más dinero gastado por las apps bajadas fue juegos, entretenimiento, social, música, foto y video, lifestyle, salud y fitness, productividad, libros, y educación.
- Las mobile apps con mayor cantidad de usuarios activos en 2018 son facebook, WhatsApp, facebook Messenger, Wechat, Instagram, QQ, Alipay, Taobao, WiFi Master Key y Baidu. Los juegos con mayor cantidad de usuarios activos en 2018 son Anipop, Honour of Kings, Candy Crush Saga, Clash of Clans, PUBG: Exciting Battlefield, PUBG Mobile, Clash Royale, Pokémon Go, Subway Surfers y Helix Jump.
- El ranking de apps que generaron mayores ingresos en 2018 son NETFLIX, Tinder, Tencent Video, IQIYI, Pandora Music, KWAI, YouTube, Youku, Line y HBO Now. El ranking de juegos que generaron mayores ingresos en 2018 son FATE/Grand Order, Honour of Kings, Monster Strike, Candy Crush Saga, Lineage M, Fantasy Westward Journey, Pokémon Go, Dragon Ball Z Dokkan Battle, Clash of Clans y Clash Royale.

- El gasto global en e-commerce por categoría en 2018 (en billones de dólares) fue viajes y alojamiento (750,7), moda y belleza (524,9), electrónica (392,6), juguetes y hobbies (386,2), muebles y accesorios (272,5), comida y cuidado personal (209,5), videojuegos (70,56) y música (12,05).
- El crecimiento del gasto global en e-commerce por categoría en 2018 fue moda y belleza (+17%), comida y cuidado personal (15%), muebles y accesorios (15%), juguetes y hobbies (15%), electrónica (11%), viajes y alojamiento (11%), videojuegos (6,3%) y música (4,2%).
- Ranking de "lugares" de e-commerce (Google): Amazon (base 100), Nike (93), iPhone (79), Walmart (77), Shoes (76), adidas (64), eBay (58), PS4 (40), apple (26), IKEA (25), Gucci (24), Mercado Libre (23), Xbox One (22), Target (22), Home Depot (20), Vans (19), iPhone 7 (17), iPhone 6 (16), Laptop (15) y Fortnite (14).
- El promedio global de usuarios de Internet que reportan poseer criptomonedas es de 5,5%. Por encima de ese promedio están Sudáfrica (10,7%), Tailandia (9,9%), Indonesia (9,5%), Vietnam (9,3%), Brasil (8,2%), Nigeria (7,8%), Colombia (7,7%), Malasia (7,7%), Ghana (7,3%), Austria (7,2%), Suiza (7,0%), India (6,5%), Singapur (6,4%), Turquía (6,1%), Corea del Sur (6,3%) y México (5,9%). Por debajo del promedio se destacan Estados Unidos (5,3%, 17° posición), España (4,1%, 32°), Argentina (4,0%, 34°), Canadá (3,9%, 36°), Italia (2,9%, 38°), y Francia (2,4%, 43°).

El viernes 26 de julio de 2019 se realizó la ceremonia inaugural de los XVIII Juegos Panamericanos Lima 2019, en Perú, ante unas 50.000 personas que concurrieron al Estadio Nacional. Tras el cierre del 11 de agosto del mismo año, los juegos otorgaron cupos para los Juegos Olímpicos de Tokio 2020 en 21 deportes y 61 disciplinas. La música de diversos artistas nacionales se escuchó durante el desfile de los más de 6.000 atletas de las 41 delegaciones en la inauguración. Hubo un hecho que no pasó inadvertido ni siquiera para Milco, la mascota de estos Juegos Panamericanos y Parapanamericanos, que fue la tierna cara de Lima 2019 al mundo. Minutos después de finalizada la ceremonia inaugural, ya estaba disponible la playlist de los músicos del evento y tantos otros. Al ingresar en Spotify se observaba la placa "Lima 2019, Juegos Panamericanos y Parapanamericanos" y debajo la leyenda "Lima 2019: Música peruana para celebrar". La lista completa de canciones incluye 75 temas que van desde el Grupo 5 hasta Eva Ayllón, pasando por temas como "Jugamos todos", interpretado por Pedro Suárez Vértiz Band y "Contigo Perú", por Arturo Zambo Cavero. El director creativo

Francisco Negrín tuvo que viajar por más de un año por todo Perú. "Es una gran responsabilidad contar el Perú no solo al mundo, sino a los propios peruanos", dijo Negrín, quien para el diseño de las cuatro ceremonias (incluyendo las de los Juegos Parapanamericanos) formó un equipo con historiadores, coreógrafos, músicos y otros. Detrás del espectáculo estuvo la productora italiana Balich Worldwide Shows, responsable de numerosos eventos similares, como en los Juegos Olímpicos Río de Janeiro 2016 y los Juegos Olímpicos de Invierno Turín 2006. La escala no es despreciable: se esperaba que la ceremonia inaugural de la tercera competencia multideportiva más grande del mundo tuviese unos 400 millones de telespectadores. Imposible poder saber hoy la cantidad de reproducciones que tendrá a futuro la playlist de estos juegos. Lo que está muy bien es la mezcla perfecta. El respeto por los antepasados y la cultura de un país tan rico en tradiciones. Y al mismo tiempo, utilizar la tecnología y la comunidad global que implica el uso de las redes sociales. En este caso, Spotify. Sobresaliente 10. Más que aprobado para Lima 2019.

Siempre se ha hablado de los líderes de opinión. El concepto de líder de opinión está intrínseco en las propias palabras. Es alguien cuya opinión, lo que tiene para decir, es considerado válido e incluso muchas veces indiscutible, porque quien lo dice es especialista en el tema. Un Premio Nobel de Medicina será escuchado cuando sea consultado sobre las tendencias en la posibilidad de descubrimiento de curas para enfermedades determinadas. Un profesor universitario de economía tendrá un buen recibimiento cuando decida expresarse sobre el futuro de la macroeconomía de un país ante una crisis en otro continente. Por la disponibilidad inmediata de la información en los medios de comunicación, este concepto fue variando en las últimas décadas, y los especialistas en determinados temas o disciplinas son aceptados para que emitan opiniones válidas en otros ámbitos. Así es que un artista es escuchado al hablar de economía. Pero en deporte es aún más marcada esta tendencia. Y todo tiene que ver con la pasión. La pasión de los seguidores de tal o cual deportista hace que le aceptemos muchas más cosas de lo que ocurre en un campo de juego. Le permitimos más licencias al momento de conceptualizar. Esos deportistas que se convierten en ídolos (y en íconos), pueden opinar de economía, vestimenta, política, arte, astronomía y la lista podría continuar. Y se los escucha. Y los medios reproducen sus opiniones al respecto. Aquel líder de opinión de antaño, respetado y escuchado por conocer profundamente una especialidad, ahora es escuchado por aquello que incluso no conoce, sino tan solo por el hecho de ser un buen deportista. Ese tipo de fenómenos genera la pasión deportiva.

En la actualidad, por lo menos 4.388 millones de personas utilizan internet. La cifra superó a la mitad de la población que habita el mundo, según las empresas We Are Social y Hootsuite. La comunidad genera y comparte información sobre casi cualquier cosa, pero hay personajes de la cultura popular que en la actualidad acaparan los reflectores y se hacen virales con facilidad. Y las redes sociales potencian estos nuevos líderes de opinión. Porque no necesitan de un micrófono para expresar sus conceptos. Tampoco organizar una conferencia de prensa. Bajan la aplicación de la red social (o las redes sociales) de su preferencia, arman un perfil y listo: ya tienen su propio medio de comunicación. Como se dijo, sin intermediarios. Sin interferencias. Sin poder decir "está editado, me sacaron de contexto". En el deporte podrá ser un deportista, coach o dirigente. En competencia o funciones. O bien ya retirado. Y aquellos que llamamos líderes de opinión de manera off line, en redes sociales son llamados influencers. Un influencer es una persona que cuenta con cierta credibilidad sobre un tema concreto, y por su presencia e influencia en redes sociales sobre ese tema (u otros) puede llegar a convertirse en un embajador o vocero comercial interesante para una marca, para difundir sus productos o servicios. Anteriormente, los pilotos que participaban en carreras, ya sea en la Fórmula 1 o cualquier otra competencia local, podían decir de un motor, un neumático, un combustible o un lubricante (aceite para el motor), "es bueno para mi motor en las condiciones más severas, entonces es bueno para tu auto de calle". Perfecto. Es el concepto que mencionábamos del anterior líder de opinión. Eso sigue existiendo. Pero también tenemos a Roger Federer y a Tiger Woods que nos transmiten que ROLEX es el mejor reloj, al igual que Rafael Nadal con Richard Mille. A María Sharapova que, para estar elegantes, no hay nada mejor que Tiffany & Co., o conducir un Porsche. Y Lionel Messi, David Beckham, Sergio Agüero y en su momento Frank Lampard y Ronaldinho, que tomaban una Pepsi y parecían tan felices como al hacer una gambeta o convertir un gol. ¿Dónde está la raíz de este comportamiento de los fanáticos, que haga que un deportista nos haga sentir que puede recomendarnos productos y servicios? Es bastante sencillo. Para los seguidores, ese deportista a quien consideramos ídolo es la máxima expresión en lo suyo. Lo hace bien. Muy bien. Excelente. Al punto de convertirse en nuestro ídolo. En un ícono deportivo que incluso trasciende su propio deporte, y hasta el deporte en sí mismo. Y por la propia definición de la palabra ícono, del latín eikon, parecerse, y desde la perspectiva semiótica refiere a un tipo de signo que se caracteriza por su semejanza con lo que representa. Es decir que el fanático quiere parecerse a su ídolo. Y sus seguidores se compran la misma ropa deportiva que su ídolo, el mismo calzado y los mismos implementos (raqueta, palo, taco, casco, pelota…). Entonces, si mi ídolo hace todo bien (en su deporte), y en su vida compra tal reloj, usa ese auto, compra con determinada tarjeta de crédito y toma dicha gaseosa, si me quiero parecer a él, ¿cómo no voy a adquirir todo eso para asemejarme a él? Bien, si entendiste todo esto, ya entendiste el negocio del marketing deportivo específicamente hablando de deportistas. ¿Cómo hace el deportista para comunicar por sí mismo todo eso? Por sus redes sociales. Porque si bien, las marcas siguen haciendo sus propios comerciales de publicidad y campañas de promoción utilizando su imagen, es más genuino que el deportista utilice y recomiende los productos y servicios de las marcas de sus patrocinadores en sus propias redes sociales. Los followers de los deportistas siguen a sus ídolos para ver qué tienen para decir. Mejor dicho: para ver qué tienen para decirles. Podremos luego comprar esos productos. O no. Pero ese deportista ya habrá influenciado en nosotros. Y por eso es llamado influencer en las redes sociales. Su condición de deportista en su máxima expresión le otorga credibilidad y legitimidad para hablar de un producto o servicio. Como expresa el sitio web 40deFiebre (que se define a sí mismo como "la unidad de Socialmood para enfermos del marketing digital"), una referencia positiva hacia un producto o servicio por parte de una persona aparentemente desinteresada, puede suponer esa motivación definitiva que a un cliente potencial le falta para la compra. Si a eso le añadimos el alcance online que puede tener la recomendación de un influencer, damos con un recurso de éxito prácticamente asegurado.

Por lo general, un influencer es alguien capaz de viralizar contenidos, de multiplicar la difusión y la propagación de videos, imágenes y demás mensajes. Además, incide en las decisiones de consumo de sus seguidores, marcando tendencia. Por eso suelen ser figuras que contratan las empresas y las marcas para el desarrollo de campañas publicitarias, ya que su fama garantiza la llegada de los anuncios a una gran cantidad de personas. En definitiva, un influencer es una persona que cuenta con cierta credibilidad sobre un tema concreto, y por su presencia y alcance en redes sociales, puede llegar a influir en la percepción positiva de un producto o servicio. Y es por eso que se convierten en referentes para las marcas, generando mensajes acerca de los productos entre sus seguidores. Si bien es el único deportista en el Top 10, el futbolista portugués de la Juventus Cristiano Ronaldo es la persona más seguida en redes sociales considerando twitter, facebook e Instagram, seguido de personas del entretenimiento y la música como Justin Bieber, Taylor Swift, Selena Gomez, Katy Perry, Rihanna y Ariana Grande, entre otros, si bien esta lista es dinámica y puede variar constantemente. La pasión que genera el deporte, sumado a su calidad de jugador y su excelente manejo de redes sociales, lleva a Cristiano Ronaldo dos Santos Aveiro a ser el influencer número 1 del mundo, tanto deportivo como en general.

Primero fueron los actores, especialmente los de Hollywood, a principios del siglo XX. Luego se les sumaron los cantantes y músicos. La expansión y popularización de estos por todo el mundo a través del

cine, la radio, la televisión y luego ya por cualquier dispositivo móvil, siempre provocó que se convirtieran en estrellas, ídolos e íconos. Que incluso trascendieron su género y actividad y, por sobre todas las cosas, también su propio tiempo. Ellos marcaron el ritmo de la moda y las tendencias sociales y estilos. Y en las tendencias, se incorporaba el consumo. Eran verdaderos modelos de tendencia. Líderes de opinión y recomendadores, aunque algunos lo hicieran de manera pasiva. A esos actores y músicos podemos agruparlos desde ya hace un tiempo como "líderes del entretenimiento", como los llama el sitio Puro Marketing (2 de abril de 2019). Pero nada es para siempre, dice la canción. En los últimos años han surgido nuevos líderes de opinión, estrellas, ídolos e íconos que tienen el poder de influenciar de manera más rápida, personal y (a veces) genuina, a todo el planeta, a un solo click o swipe de distancia. Son los influencers (digitales de redes sociales). Tal cual como se expresa en el análisis del libro "Social Media Entertainment: The New Intersection of Hollywood and Silicon Valley", de Stuart Cunningham y David Craig: si bien Hollywood no ha muerto, tiene un duro competidor en las redes sociales. Para empezar, las redes sociales también redefinen constantemente la forma de entretenernos. Para ir al cine es necesario generarse tiempo, mientras que las redes sociales, en su gran mayoría, se navegan cuando tenemos tiempo muerto, ya sea en el transporte cuando no conducimos, en una sala de espera o, por qué no decirlo, en el baño. Por otro lado, espacios de reproducción de contenidos como YouTube siguen creciendo en popularidad, además de ser totalmente medible, generando información adicional que por el sistema tradicional no se conseguía, incluso pudiendo segmentar la audiencia en función de lo que las empresas necesitan para impactar a su target. Por ende, la inversión de marketing está migrando hacia allí. Las redes sociales se han convertido en los marcadores de tendencia y construyendo día a día el social entertainment. Además, ya no sólo es necesario que sean conocidos. Se les pide el compromiso social, su influencia en determinados públicos, su definición política. Y pueden hacer campañas globales virales en cuestiones de segundos y llegar a cualquier lugar... perdón, dispositivo móvil que se propongan. En este sentido, también es cierto que actores y actrices, músicas y músicos han sabido explotar últimamente el impacto positivo que las redes sociales les dan a sus carreras. Y de igual manera, los deportistas. Basta tan sólo con ver la lista de personalidades con mayor cantidad de followers en el mundo. Bien por ellos. De la pantalla grande a la pantalla chica. De actores y músicos de carne y hueso a influencers digitales. Cambio. Adaptación. Cambio. Adaptación. Y así todo. Y así siempre.

Las transmisiones deportivas han cambiado lentamente a lo largo de la historia. Como se comentó, inicialmente fue la radio la que nos traía al instante el acontecer de los eventos deportivos. Luego fueron las imágenes audiovisuales a través de la televisión en blanco y negro. Luego a color. Y a partir de ahí el crecimiento fue rápido. Y en los últimos años muy rápido. Televisión a tubo. Luego plana. Más adelante en alta definición y posteriormente se abrieron camino las imágenes 3D y recientemente 4K, en pantallas curvas. Perfecto hasta ahí. Todo muy lindo. Pero es algo incómodo llevar un televisor de 32 pulgadas (ni hablemos uno de 55 pulgadas) en el auto o en el bus, sin mencionar que deberíamos adaptar el enchufe para que cargue en el auto.

Las transmisiones deportivas cambiaron tremendamente en los últimos tiempos. No hay dudas. Podemos seguir las transmisiones en nuestros dispositivos móviles y verlas en un bar, en la oficina o la universidad. Donde cada uno quiera. En una tablet o smartphone o notebook. No existen restricciones. No hay límites geográficos en este sentido. Desde ese punto de vista del equipamiento, el hardware, todo es más sencillo. También desde la aplicación o sistema que queramos, poniendo en pausa, retrocediendo, adelantando y grabando con el servicio que brinda nuestro operador de cable o televisión satelital. ¡Y el streaming! Transmisiones por Internet con producciones propias de las instituciones deportivas. O de manera gratuita en asociación con twitter, YouTube o facebook. Como NBC y twitter, que acordaron transmitir fragmentos en vivo de los Juegos Olímpicos. Como la NFL, que en 2013 transmitió por twitter su primer partido permitiendo a los fanáticos del fútbol americano interactuar con contenido de video creado específicamente para twitter en computadoras, tabletas y móviles. Incluso la Liga Nacional de Básquet lo emprendió por primera vez en Argentina, siendo el primer deporte en el país en hacerlo, cuando la final entre el Club Atlético San Lorenzo y el Club de Regatas Corrientes fue en vivo por twitter. O la propia NBA, que no solo invierte en inteligencia artificial sino que además transmite partidos en 5G. Y también facebook Watch, que reunió 24 millones de espectadores en la final de la Champions League. Es imposible imaginar el futuro. El presente nos genera multiplicidad de nuevas oportunidades constantemente. Así como la radio y la televisión tardaron años en conocerse, los cambios actuales se dan de manera continua. Día a día, podríamos decir. Google crea un museo virtual para registrar la historia nunca contada del fútbol femenino. Tremendo. Un buscador se convierte en biblioteca y construye y deconstruye la historia misma del deporte.

La tecnología ha conseguido, inclusive, que las personas que no practican deporte se sientan parte de él. Nos referimos a las nuevas tecnologías de la información deportiva. Más canales específicos para deportes, utilización de nuevas plataformas y redes sociales para una mayor interacción con el espectador, más contenido audiovisual on demand y tantas otras novedades que surgen. Los grandes grupos

de comunicación son sabedores de la gran masa de audiencia que mueven los principales deportes de cada país, por ello es que se sirven de la tecnología para ofrecer a sus espectadores más, más y más.

El deporte es un constante generador de contenidos. El deporte forma parte de la actividad física de las personas que lo practican, y ellas utilizan tecnología en todo sentido. Lesiones, entrenamientos, arbitraje y también elementos y materiales de juego y competencia. Y del otro lado está la industria del negocio deportivo. Porque es importante volver a decirlo: el deporte genera pasión. Constantemente. Multiplica una masa de fanáticos segmentados en gustos y preferencias similares y, por ende, cientos de miles de oportunidades de compra y consumo de productos y servicios. Vuelvo al inicio de este párrafo: el deporte genera contenidos. Porque dejó hace mucho tiempo de ser un mero resultado deportivo. Ganar, perder o empatar. El deporte es entretenimiento. Como lo es el cine, el teatro, la música o ver una película. Y otra vez lo mismo con el deporte y la tecnología. Porque también vuelven a encontrarse en este punto. La grilla de NETFLIX contiene una enorme cantidad de contenido deportivo. Documentales de Senna; The Carter Effect, sobre el jugador NBA Vince Carter; I Believe in Miracles, que cuenta la hazaña de Nottingham Forest, un pequeño club que quedó en la historia al obtener dos Copas de Europa consecutivas en 1979 y 1980; Pumping Iron, sobre Arnold Schwarzenegger y su etapa de físicoculturista; I am Bolt, sobre el plusmarquista récord mundial y olímpico jamaiquino Usain Bolt; Formula 1: la emoción del Grand Prix; Icaro, sobre el doping de atletas rusos que salió a la luz en 2016 y ganó un Oscar de Hollywood al mejor documental; Become Champions, Barça Dreams, Boris Becker: el jugador, The Battered Bastards of Baseball; Winning, que reúne las historias de alguno de los deportistas más importantes del mundo como Nadia Comaneci, Martina Navratilova, Jack Nicklaus y Edwin Moses; Maria Sharapova: The Point; Unchained: The Untold Story of Freestyle Motocross; Alí: el hombre detrás de la leyenda, y hasta All Work All Play sobre el mundo de los eSports, y la serie Boca Juniors Confidencial, sobre el club de la Argentina.

Las redes sociales y las apps también se cruzan, se mezclan y se funden con el deporte. Ya se ha dicho. Playlists disponibles en Spotify para hacer la actividad física de preferencia de cada uno: running, yoga, escalada, biking y hasta el regenerativo tras un esfuerzo físico cuando los músculos necesitan descansar. O bien música más tranquila para los momentos previos a la competencia, cuando la mente necesita concentrarse y focalizar en lo que vendrá. Tales son los casos de HIIT High Intensity Tracks de Spotify, Indie Workout que dura 16 horas; Ellie Goulding's Training Mix de Nike Women, ya que Ellie -además de su voz- es conocida por ser fanática de los deportes; Workout Twerkout incluye 32 canciones de ritmos urbanos, en su mayoría R&B, hip hop y pop, Latin Dance, Fun Workout, Running to Rock 170-190 BPM, para quienes gustan de correr a alta velocidad o Heaviest Hits Throwback Workouk para los más nostálgicos. Incluso más sencillas de entender estas últimas, que se pueden encontrar por su nombre: Biking (Billboard), Crossfit (Javier Vallez Redondo), Workout (Spotify), Spinning Around (or just gym music), (Gonzalo Hernández Espinosa), Jogging (Billboard), Wanna Run? Running Madness (Enrique García Luján), Una de motivación, gracias (maykiyah), GYM Motivation (Raquel Sanchis), Motivational Songs (Carlos Pires Zaro) o No pain, no gain (Adrián Pérez). Música, entretenimiento, deporte, redes sociales, contenido, tecnología, wereables, dispositivos móviles... todo junto. Un lindo caos. Herrrrmoso.

Juegos Olímpicos en Río de Janeiro en 2016. Un evento deportivo de alcance global. Siempre se comenta que es el segundo en impacto a todo nivel de consideración, tan solo por debajo de la Copa Mundial de la FIFA. Río de Janeiro es la cidade maravilhosa, como se la conoce por la famosa y tradicional canción de Antônio André de Sá Filho, conocido como André Filho, que la grabó en 1934 y forma parte del carnaval carioca de todo fin de fiesta en los casamientos. Y también es cierto que la capacidad hotelera, si bien es mucha, se vio colmada para los juegos de 2016. También Brasil y sus playas son famosas, al igual que la belleza de sus mujeres y hombres. Pues bien: al finalizar Rio 2016, en el Top 3 de recordación de marca, según el estudio de mercado que se hizo posterior a la finalización de la competencia organizada por el COI, aparecían, para sorpresa de muchos, AirBNB y Tinder, el primero para alquiler temporario de alojamiento de casas y departamentos, y el segundo para encontrar pareja con quien salir luego de hacer match. Apps que se bajan en dispositivos móviles o bien vía Internet en cualquier computadora. La tecnología comienza a cambiar. Cambiar en sí misma al evolucionar y cambia el entorno y todo aquello que esperamos como algo prestablecido. Open mind.

Ah, me olvidaba... el Manchester City Football Club anunció en abril de 2018 un multimillonario acuerdo con Tinder -aplicación de citas-, por el cual patrocinaban a los equipos masculinos y femeninos de City, junto con el club hermano de City Football Group, New York City FC de la Major League Soccer. Tom Glick, director comercial de City Football Group, dijo: "Tinder es una enorme plataforma global que, al igual que el fútbol, reúne a millones de personas todos los días en todo el mundo. El fútbol se trata de una comunidad de fanáticos compartiendo momentos, emociones y pasión por el deporte que aman. Junto con Tinder, tenemos una gran oportunidad para explorar cómo podemos combinar el atractivo y el alcance significativo de Tinder con nuestra audiencia global para crear aún más relaciones de una manera nueva, divertida y creativa". Y cerró diciendo: "Creemos que será una combinación perfecta para Tinder y para City", haciendo alusión al perfect-match cuando Tinder encuentra pareja a otro. En este contexto, REUTERS tituló "Man City find their perfect match with Tinder deal".

El miércoles 31 de julio de 2019 se disputó el Juego de las Estrellas de la Liga de Fútbol de los Estados Unidos, que enfrentaron al Club Atlético de Madrid (España), en el Exploria Stadium (Orlando City Stadium, Orlando, Estado de Florida, USA), ante un estadio repleto con 25.527 asistentes. Más allá que el inicio del partido fue retrasado por poco más de 30 minutos debido a una tormenta eléctrica, que obligó a los equipos a volver al vestidor y retrasar el duelo, el conjunto colchonero dirigido por el argentino Diego Pablo "Cholo" Simeone ganó por 3 a 0, con goles de Marcos Llorente (42'), João Félix (85') y Diego Costa (92'), a pesar de que en el rival jugaban estrellas como el sueco Zlatan Ibrahimovic, el inglés Wayne Rooney, el alemán Bastian Schweinsteiger, los argentinos Maximiliano Nicolás Moralez y Gonzalo "Pity" Martínez, el mexicano Carlos Alberto Vela Garrido y el portugués Nani (Luís Carlos Almeida da Cunha), entre otros. Hasta ahí es sólo una descripción del cuarto partido seguido que perdieron los locales en el All-Star Game de la Major League Soccer, pero se volvió a dar una situación por demás interesante que la MLS ya había realizado en el mismo evento de 2018: los jugadores del equipo All-Stars dieron notas de TV en plano partido, mientras jugaban. Nadie mejor que los norteamericanos para terminar de fortalecer ese puente que existe entre el deporte y el espectáculo-entretenimiento. Y para ello, utilizan tecnología constantemente que les permita llevarlo a cabo de la mejor manera. Tal cual lo había hecho en el Juego de las Estrellas de la MLS, cuando el 1 de agosto empataron frente a la Juventus (Turín, Italia) con goles de Andrea Favilli (21') para el visitante y de Josef Martínez (26') para las estrellas de la liga local (luego ganaría el conjunto italiano por 5 a 3 en los penales) en el Mercedes-Benz Stadium (Atlanta, Georgia, USA). Tanto en el juego de 2018 como de 2019, se hicieron entrevistas a los jugadores en pleno partido. En 2019 se lo vio al arquero norteamericano Bradley "Brad" Edwin Guzan responder a los cronistas (mediante un dispositivo auricular en su oído derecho y un micrófono), incluso al hacer un saque de meta. También su compatriota defensor Walker Zimmerman compartió palabras y experiencias con la señal oficial de televisión. Durante el partido, las entrevistas siguieron y tanto el arquero como el defensor continuaron con la conversación y pudieron escucharse algunas de las indicaciones que daban a sus compañeros en pleno juego. Otro de los jugadores conectados fue el delantero de San José Earthquakes Chris Wondolowski, que mientras esperaba su ingreso al campo fue entrevistado en el banco de suplentes y bromeó con Guzan y Zimmerman, que seguían dentro del campo. La MLS realizó esta acción especialmente en este partido también porque puede hacerlo, ya que no está permitido en partidos oficiales. De a poco se está cruzando una línea delgada. Delgada pero polémica. Habrá que seguirlo de cerca. El tema a considerar es que no afecte la performance deportiva por un tema de concentración y foco en el juego. Pero lo que no cabe duda es que contribuye al espectáculo y al entretenimiento para las audiencias. Con ayuda de la tecnología, por supuesto.

Es cierto que el e-commerce es una gran herramienta. Le da al consumidor rapidez, posibilidad de comparar precios y marcas, le ahorra tiempo de compra y de traslado hasta el lugar. De todos modos, hay lugar todavía para las compras presenciales: probarse una prenda, ver su textura y cómo se adapta a nuestro cuerpo, por ejemplo. Hoy en día el consumidor planifica y decide todo: dónde, cuándo, cómo y con quién realizar una compra, pero según lo que vaya a comprar e influenciado por su propia historia, su psicología, sus gustos, preferencias, su edad, nivel socio-económico, su adaptabilidad y confianza a la tecnología y muchas variables más. Los compradores 5.0 utilizarán su dispositivo móvil para rápidamente obtener información y ahí es donde se lo podrá influenciar. En esos micro momentos. Una innovadora investigación científica en neurociencia y cognición determinó que el tiempo necesario para desencadenar el proceso cognitivo de la publicidad en un entorno móvil es extremadamente veloz. La Mobile Marketing Association (MMA) realizó una investigación con la Advertising Research Foundation (ARF) y Neurons Inc., empresa especializada en neurociencia, respecto del modo en que los consumidores procesan la información de los dispositivos móviles. Uno de los puntos salientes fue que el cerebro humano sólo necesita menos de medio segundo (400 milisegundos) para interactuar con la publicidad móvil y tener un impacto, sea positivo o negativo. Por otro lado, se menciona que los anuncios en un smartphone captan la atención más rápido y generan una cognición más fuerte, comparándolos, por ejemplo, con la publicidad en PCs o notebooks. Además, el proceso cognitivo es más rápido todavía cuando la marca del producto o servicio ya es conocida por el consumidor potencial. Si bien los videos y anuncios estáticos tienen iguales posibilidades de ser vistos, la publicidad a través de videos tiene el doble de probabilidades de generar una respuesta emocional más rápida (menos de 0,7 segundos). Por lo tanto, teniendo en cuenta estos resultados, las marcas deben comenzar a desarrollar estrategias para captar la atención e impacto positivo en el primer segundo, por el punto crítico de cognición (en la actualidad los comerciales suelen durar de 6 a 15 segundos, o más). Adicionalmente, a través del Big Data es importante realizar una hipersegmentación de las campañas de promoción, con el objetivo de impactar al consumidor a través de publicidades programáticas en función de su comportamiento como consumidor on line y off line. Los shoppers 5.0 cada vez son más, pero la experiencia de compra del retail también está incorporando tecnología como ser espejos inteligentes que recomiendan maquillaje especial (Beauty Mirror). También los compradores realizan parte del proceso de compra de manera on line, para luego finalizar y recoger por las tiendas. Lo cierto es que los puntos de venta físicos se están convirtiendo en grandes centros de experiencia. Y el consumidor, cada vez más informado, eso también lo sabe.

Es importante tener en cuenta que, para las marcas deportivas y aquellas relacionadas al deporte, un influencer podrá ser un deportista que autentica con su performance determinado producto o servicio de ese deporte. Es el llamado uso auténtico del producto: un atleta que utiliza determinado calzado deportivo, raqueta, palo, bicicleta o automóvil, o bien consume una bebida isotónica para recuperar sales minerales e hidratarse. Pero por otro lado, también están los otros influencers, aquellos que, justamente, influyen en los fanáticos deportivos pero que no pertenecen al círculo directo del deporte. Tan solo considerar a la cantante Rihanna o al cantante The Weeknd, y su patrocinio con la marca deportiva PUMA. Es un hecho por demás elocuente del cruce del deporte con el entretenimiento y su contacto e interrelación con los seguidores deportivos. Del mismo modo, pero inverso, existen marcas no deportivas que utilizan al deporte y a los atletas para incrementar su valor de marca. Lo hacen a través de un posicionamiento relacionado y con el potencial crecimiento de ventas posible como consecuencia de tal acción. Son los casos de las gaseosas, las cervezas, las compañías de seguros, las líneas aéreas, las automotrices (cuando no es motor sport), las entidades financieras y bancarias, las tarjetas de crédito, los relojes (cuando no son timekeeper), las marcas de electrónica de entretenimiento como SONY, KONAMI y EA Sports, tanto como aplicaciones de servicios como Tinder o Airbnb. Algunas marcas surgen desde adentro del deporte hacia afuera, como las marcas deportivas que se originan en el campo de juego y performance, para ser utilizadas en la vida social y lifestyle. En tanto que otras surgen fuera del deporte para luego meterse de lleno en él, aprovechando los negocios originados por los fanáticos, que en definitiva son una gran masa crítica de potenciales consumidores apasionados.

Big Data en el deporte

"Te están vigilando. El gobierno tiene un sistema secreto. Una máquina que te espía todos los días, a todas horas. Lo sé porque la creé yo. Diseñé la máquina para detectar actos de terrorismo. Pero lo ve todo: crímenes violentos que implican a gente ordinaria, como tú. Crímenes que el gobierno considera irrelevantes. Ellos no iban a actuar, por lo que decidí hacerlo yo. Pero necesitaba un socio. Alguien capacitado para intervenir. Buscados por las autoridades, trabajamos en secreto. Nunca nos encontrarán. Pero (seas) víctima o agresor, si tu número aparece, te encontraremos".

Introducción de cada capítulo de la serie "Person of interest".

"Person of interest" (persona de interés) es un concepto anglosajón utilizado para definir a una persona que la policía cree que está involucrada en algún tipo de crimen, pero que no ha sido arrestada. La serie del mismo nombre fue creada por Jonathan Nolan, bajo guión del propio Nolan y Jeffrey Jacob Abrams, y es una serie de televisión norteamericana de la CBS de drama policíaco (ciencia ficción, misterio, drama, intriga, aventura) que consta de 85 episodios distribuidos en 5 temporadas. Su primer capítulo ("Pilot") fue emitido el 22 de septiembre de 2011. Harold Finch (interpretado por el actor Michael Emerson -X-files, The Practice y Lost-) es un misterioso millonario que vive en Nueva York y ha desarrollado un programa informático que predice la identidad de los involucrados en un crimen futuro, ya sea víctima o agresor. Con la ayuda de John Reese (el actor James "Jim" Patrick Caviezel Jr. -La Pasión de Cristo y La delgada línea roja-), un ex boina verde y ex agente de la CIA, ambos intentan detener estos crímenes. Pero la detective Jocelyn "Joss" Carter (Taraji P. Henson en su papel) empieza a sospechar quién es el misterioso hombre que logra predecir los asesinatos. Según destacan diferentes blogs, se define así a la máquina: "es un sistema de vigilancia masivo programado para monitorizar y analizar los datos obtenidos de cámaras de vigilancia, comunicaciones electrónicas y sistemas de audio de todo el mundo. A partir de esos datos y su análisis, predice con precisión actos violentos. Bajo el control del gobierno norteamericano, su propósito es prever ataques terroristas. Sin embargo, la máquina detecta cualquier tipo de acto violento no solo terrorista. Todos los actos violentos no terroristas son clasificados por el gobierno como irrelevantes, por lo que al final de cada día la lista de irrelevantes es eliminada. A lo largo de cada episodio, el espectador ve periódicamente eventos de cómo la máquina genera los datos de un personaje o personajes que se muestran en pantalla: identificación, registro, actividades y otro tipo de datos. La máquina muestra los datos mediante símbolos: triángulo verde para los vuelos comerciales, círculos rojos concéntricos describen áreas de exclusión aérea alrededor de edificios y cajas punteadas representan personas individuales. La máquina clasifica a estas personas según el código de colores de las cajas: blanco peligro o amenazas irrelevantes, rojo amenazas percibidas para la máquina, rojo y blanco para personas que prevé violentas y amarillo para personas que conocen la existencia de la máquina.

En la introducción de cada capítulo, se leen escritas palabras mientras se suceden las imágenes. Algunas de ellas son "recording", "Collecting data", "real time", "data", "email", "GPS active-tracking location", "ID XXX-XX-DDML", "voice capture", "searching-all known databases", "scanning voice calls", "web searches", "scanning all zones". Así es todo: buscando información, grabando, escaneando, tiempo real, geolocalización, buscando conversaciones y websites… ¡escaneando todo! Cuando Edward Snowden, contratista independiente de la NSA (Agencia de Seguridad Nacional de Estados Unidos), filtró a la prensa en 2013 documentos que probaban que el gobierno llevaba años espiando a sus ciudadanos, obteniendo toda la información posible sobre ellos, hasta pinchándoles el teléfono si hacía falta en aras de la seguridad nacional, la lucha contra el terrorismo y, paradójicamente, la protección de las libertades, todo el mundo se ofuscó. Todos. Luego del 11 de septiembre de 2001, tras el atentado a las Twin Towers en Manhattan, desde algunos ámbitos de gobierno percibieron que era necesario cambiar la forma de entender la seguridad, incluso si ello iba en contra de derechos básicos como la intimidad, para que tales hechos no volvieran a suceder. Según relatan en el sitio "Guía del seriéfilo galáctico", "curiosamente, dos años antes de las revelaciones de Snowden había una serie de televisión cuya premisa era exactamente ésa: que el gobierno había construido una máquina capaz de monitorear absolutamente todos los movimientos de cada uno de los ciudadanos estadounidenses, y que tenía la capacidad de discernir quiénes de ellos estaban a punto de verse envueltos en un acto de violencia y, tal vez, hasta de terrorismo. Ésos últimos casos eran los únicos que les interesaban al gobierno, pero el arquitecto de la máquina tenía otros planes, tenía más escrúpulos que sus jefes, y decidió conservar para sí una parte del sistema, la que encontraba a esas personas irrelevantes que estaban en peligro para ayudarlas. Esto no es tarea sencilla; para no darle a la NSA y al ejército el trabajo hecho, la máquina sólo ofrece los números de la seguridad social de las personas de interés, y sus responsables tampoco saben si serán la víctima o el culpable. Para Harold Finch y su colaborador, John Reese, es más que suficiente". Algo parecido ocurría en la película "Minority Report" (USA, 2002) dirigida por Steven Spielberg), donde a través de visiones del futuro por parte de los tres mutantes precognitivos, se predecían asesinatos con poca anticipación, y de esta forma el jefe de la fuerza de policía PreCrimen en Washington D.C., el capitán John Anderton (el papel interpretado por Tom Cruise), intervenía impidiendo dichos crímenes. Como declara la "Guía del seriéfilo galáctico", la serie "Person of interest" podrá ser, formalmente, una historia de acción y, a veces, un thriller, pero acaba mostrando lo que puede significar de verdad vivir en un estado ***orwelliano.*** Y muestra una inteligencia artificial muy plausible para nuestra sociedad actual, una inteligencia artificial que exista en Internet (porque la máquina evolucionaba aprendiendo de sí misma), virtualmente, cuya "mente" se extienda por todas partes sin que podamos verla. ¿Estaría un ente así vivo?

Difícil de creer. ¿O no? Porque digan la verdad si no les pasa que a veces mencionan algún tema nuevo en su trabajo o en sus casas por primera vez, ya sea un destino al que desean ir de vacaciones y se les ocurrió en ese instante. Luego encienden la computadora y a la derecha del buscador aparecen publicidades de ese lugar. Un poquito asusta, ¿no?

Bueno... Big Data no es eso. Pero logra, quizás, el mismo resultado final, a través del estudio tecnológico de la información disponible en Internet y vinculándolo con nuestras propias redes sociales que, bien vale aclararlo, el contenido es generado por cada uno de nosotros. Tremendo. Y también ayudamos constantemente a seguir construyendo data digital. Como cuando ponemos en texto "normal", los números y letras que vemos en los captchas que nos solicita un sitio web en particular para identificarnos como humanos (verificar que no somos un robot), y esa lectura, interpretación y escritura de esas letras y números se utiliza para digitalizar textos de libros antiguos. Es decir, nos utilizan como data entries. Y por si falta decirlo, me parece bien, porque es una especie de trabajo colaborativo ad honorem, siendo que algún día alguien podrá hacer uso de tal digitalización, incluyéndonos. Lo mismo pero más reciente: tenemos el caso del #10YearsChallenge (el desafío de los 10 años), que de pronto surgió en redes sociales como moda (momentánea), mediante la cual, de manera lúdica y divertida, los usuarios subían posteos de fotos propias de 10 años atrás. Se comenta que fue una creación del propio Mark Zuckerberg, uno de los creadores de facebook y dueño, además de esa red social, de Instagram, WhatsApp y más 50 apps y negocios más, para poder tener proyección de evolución facial en el tiempo y predecir identificaciones a futuro, ya sea para crear el software que después pueda venderse a gobiernos como herramienta de seguridad predictiva o bien para perfeccionar la FaceApp actual de 2019 que fue furor global y que mediante la carga de una foto actual se podía generar el propio rostro de la foto en diferentes versiones como "joven", "muy joven", "viejo" y hasta "viejo cool".

Volvamos a centrarnos en el tema. ¿Qué es Big Data? Según el sitio Search Data Center, red de TechTarget, Big data (en español, grandes datos o grandes volúmenes de datos) "es un término evolutivo que describe cualquier cantidad voluminosa de datos estructurados, semiestructurados y no estructurados que tienen el potencial de ser extraídos para obtener información". Y continúa diciendo que los datos grandes se caracterizan a menudo por tres "V": el Volumen extremo de datos, la gran Variedad de tipos de datos y la Velocidad a la que se deben procesar los datos. Aunque los grandes datos no equivalen a ningún volumen específico de datos, el término se utiliza a menudo para describir terabytes, petabytes e incluso exabytes de datos capturados con el tiempo.

Tales voluminosos datos pueden provenir de innumerables fuentes diferentes, como registros de ventas comerciales, los resultados recogidos de experimentos científicos o sensores en tiempo real utilizados en la Internet de las cosas. Los datos pueden estar en bruto o ser preprocesados utilizando herramientas de software independientes antes de que se apliquen los análisis.

Los datos también pueden existir en una amplia variedad de tipos de archivo, incluyendo datos estructurados, como almacenes de bases de datos; datos no estructurados, como archivos de documentos; o transmisión de datos desde sensores. Además, Big Data puede incluir múltiples fuentes de datos simultáneas, que de otro modo no podrían ser integradas. Por ejemplo, un gran proyecto de análisis de datos puede intentar medir el éxito de un producto y las ventas futuras correlacionando datos de ventas pasadas, datos de devolución y datos de revisión de compradores en línea para ese producto.

Por último, la velocidad se refiere al lapso de tiempo en el que se deben analizar grandes volúmenes de datos. Cada gran proyecto de análisis de datos va a ingerir, correlacionar y analizar las fuentes de datos, y luego proveer una respuesta o resultado basado en una consulta general. Esto significa que los analistas humanos deben tener una comprensión detallada de los datos disponibles y tener cierto sentido de qué respuesta están buscando. La velocidad también es significativa, ya que el análisis de datos se expande en campos como el aprendizaje automático y la inteligencia artificial, donde los procesos analíticos imitan la percepción mediante la búsqueda y el uso de

patrones en los datos recopilados. Para finalizar, menciona que "en última instancia, el valor y la eficacia de los grandes datos depende de los operadores humanos encargados de comprender los datos y formular las consultas adecuadas para dirigir proyectos de Big Data. Algunas grandes herramientas de datos se encuentran con nichos especializados y permiten a los usuarios menos técnicos hacer varias predicciones a partir de datos de negocios cotidianos. Sin embargo, otras herramientas están apareciendo para ayudar a las empresas a implementar una infraestructura de computación adecuada para abordar grandes proyectos de datos, minimizando la necesidad de hardware y conocimientos de software de computación distribuida". En definitiva, está muy bien tener información. Mejor aún es tenerla rápidamente para que no pierda vigencia. Más útil todavía si está relacionada y contrastada con información generada por la/s propia/s persona/s en estudio, dado fiabilidad a la información. Pero, en definitiva, siempre es necesario el factor humano. Alguien que sepa qué está buscando. Alguien que sepa hacer las preguntas correctas para que el sistema nos dé las respuestas adecuadas. Y por supuesto, que esos resultados sean eficientemente utilizados y contribuyan a lograr los objetivos planteados. Si no, no es posible manejar semejante tamaño de información y datos.

El grupo multinacional español PowerData lo expresa de esta manera: "Big Data es un término que describe el gran volumen de datos, tanto estructurados como no estructurados, que inundan los negocios cada día. Pero no es la cantidad de datos lo que es importante. Lo que importa con el Big Data es lo que las organizaciones hacen con los datos. Big Data se puede analizar para obtener ideas que conduzcan a mejores decisiones y movimientos de negocios estratégicos. Cuando hablamos de Big Data nos referimos a conjuntos de datos o combinaciones de conjuntos de datos cuyo tamaño (volumen), complejidad (variabilidad) y velocidad de crecimiento (velocidad) dificultan su captura, gestión, procesamiento o análisis mediante tecnologías y herramientas convencionales, tales como bases de datos relacionales y estadísticas convencionales o paquetes de visualización, dentro del tiempo necesario para que sean útiles". Ahí ya vamos comprendiendo mejor hacia dónde queremos ir. No toma decisiones. Big Data nos ayuda a tomar mejores decisiones. Como mencioné en el libro anterior, "La pasión deportiva del marketing", las investigaciones no resuelven el problema que se plantea en marketing. Las investigaciones de mercado resuelven el problema de la investigación. El problema del marketing lo resuelve el director de marketing, que lo hará tomando decisiones, seguramente mejores, contando con mayor y mejor información profesional, proveniente de la investigación de mercado. En este caso,

Big Data funciona como una investigación, pero exponencialmente potenciada y a mayor velocidad.

En su sitio, PowerData se pregunta "¿Por qué Big Data es tan importante?". Y también responde: "lo que hace que Big Data sea tan útil para muchas empresas es el hecho de que proporciona respuestas a muchas preguntas que las empresas ni siquiera sabían que tenían. En otras palabras, proporciona un punto de referencia. Con una cantidad tan grande de información, los datos pueden ser moldeados o probados de cualquier manera que la empresa considere adecuada. Al hacerlo, las organizaciones son capaces de identificar los problemas de una forma más comprensible". Muy buena definición. Interesante. Porque, en definitiva, en este libro no se pretende que el lector sea un especialista en Big Data, para eso están las instituciones educativas y la experiencia necesaria. El objetivo estará cumplido si lo entiende. Y a partir de ahí puede contratar a especialistas comprendiendo el porqué y el para qué requiere de Big Data.

Un concepto más actual y práctico del término "Big Data" tiende a referirse al análisis del comportamiento del usuario, extrayendo valor de los datos almacenados y formulando predicciones a través de los patrones observados (¿ahora entienden por qué hice referencia a la serie "Person of interest" y a la película "Minority Report"?). Para ubicarlo en contexto, es importante decir que la disciplina dedicada a los datos masivos se enmarca en el sector de las tecnologías de la información y la comunicación. Y esta disciplina se ocupa de las actividades relacionadas con los sistemas que manipulan grandes conjuntos de datos. Las dificultades más habituales vinculadas a la gestión de estas cantidades de datos se centran en la recolección y el almacenamiento, la búsqueda, la separación, el análisis y la visualización. La tendencia a gestionar cantidades de datos se debe a la necesidad de contar con esa información para informes estadísticos y modelos predictivos, como los análisis de negocio, para mejorar la efectividad publicitaria, los datos de enfermedades infecciosas, incluso el espionaje y también el seguimiento a la población o la lucha contra el crimen organizado. Bah, como la máquina del Señor Finch y su colaborador Reeze.

El sitio Analítica Sports publica conceptos de Walter Sosa Escudero que resultan imprescindibles mencionar. Sosa Escudero es economista, toca la guitarra eléctrica, es investigador, docente y uno de los grandes divulgadores de conocimiento que tiene la Argentina. Su libro "Big Data, breve manual para conocer la ciencia de datos que ya invadió nuestras vidas", es uno de los éxitos de ventas más importantes del mercado editorial en 2019. ¿A qué llamamos Big Data? ¿La acumulación de datos y estadísticas lo es? ¿Cuáles son los datos relevantes que tienen deportes como el fútbol y el básquet? Analítica Sports conversó

con él desde una perspectiva muy interesante que tiene el fenómeno Big Data: algo está pasando con el manejo de grandes volúmenes de información, de sensores que captan nuestros movimientos, de métricas que invaden nuestras vidas, pero si no se hacen las preguntas correctas todo eso es ruido. "Big Data sirve para observar", dice. Algunas ideas conversadas en el podcast fueron las siguientes: "El fenómeno del Big Data tiene que ver con la proliferación de datos producidos espontáneamente por interactuar con cosas interconectadas. Esa es la definición de manual. Y punto". "La resolución de cosas complejas del deporte, de la política y de otras cuestiones de la vida no pasaron nunca por la falta de datos. Tampoco ahora. Quien espera que los algoritmos lo resuelvan, que espere sentado". "El deporte está constituido por eventos estratégicos. Eso ya lo hace impredecible. Y su belleza está ahí: en que sea impredecible". "Cuando un algoritmo dice que Brasil es el favorito para ganar un Mundial, está en lo correcto: el algoritmo trabaja lo mejor que puede con los datos que tiene. Pero eso no significa que lo vaya a ganar Brasil".

Ya dentro del negocio del deporte, Big Data es una herramienta extremadamente valiosa. Pero es necesario comprenderla desde diferentes aspectos para entenderla en toda su extensión. Y ni siquiera así podríamos abarcar toda su utilidad para el sport business.

Conocer a nuestros consumidores es quizás el mayor desafío del marketing. Big Data puede llegar a lugares inimaginables de conocimiento de nuestros consumidores. Los socios de un club, los fanáticos que van al estadio, los seguidores globales de lugares muy alejados incluso del estadio, los compradores de merchandising y servicios cuya única conexión es quizás tan sólo un jugador y hasta, por supuesto, mejorar el rendimiento de los deportistas a través de métricas y estadísticas en tiempo real, tanto de los propios como de los rivales.

Es una segmentación avanzada y compleja del consumidor de deportes. Saber qué quieren cuando adquieren un ticket para ir a ver un partido. Qué es lo que consumen de tomar y comer cuando están en el estadio viendo el juego, o en las horas previas en sus butacas, en el área de gastronomía del estadio y en sus cercanías. Y hasta qué es lo que les gustaría consumir y que hoy no les brindamos. Poder interpretar que si el 17,52% de las personas que compran merchandising oficial del club, habitualmente utilizan NETFLIX los días de lluvia, es porque no les interesa concurrir al estadio en esos días, entonces podremos venderles paraguas, o consultarles si es que no desean re vender su abono cuando el pronóstico del clima indica que hay probabilidades de chaparrones. Si son personas que adquieren productos antes de su lanzamiento, por ejemplo, el nuevo iPhone, probablemente sean potenciales compradores anticipados de la nueva camiseta del club que aún no está a la venta en las tiendas, y valoren que por haberla adquirido antes de tiempo, los invitemos al lanzamiento exclusivo en el estadio como reconocimiento a su fidelidad. Conocerlos y realizar acciones en consecuencia genera negocios. Y Big Data es todo lo que está bien en este punto.

Por otro lado está la comunicación. Y tener la información a través de la gestión de Big Data y saber utilizarla nos puede decir cuándo comunicar (día de la semana, horario...), qué comunicar en cada momento (negocios, resultados, transferencias, bajas, venta de tickets, merchandising o jugadores...), a quiénes comunicar (prensa, followers, fanáticos, abonados, socios, simpatizantes, divididos por edad, sexo, ubicación, afinidad a la tecnología...) y por qué medio comunicar (redes sociales, website, TV, radio, gráfica, conferencia de prensa, match day...). Big Data como respuesta a todo esto. Datos procesados y cruzados. Segmentados por perfiles, actitudes, gustos y preferencias.

Internamente está el componente de administración y finanzas de una institución deportiva. La famosa gestión deportiva. Y es fundamental tener una buena salud financiera. Y de anticipación. Previsora. Con la mayor certeza posible de ingresos y egresos proyectados. Por eso, conocer el estado de emoción de los fanáticos es clave. Saber si estarán felices con tal o cual contratación de un jugador, para saber si la demanda de camisetas con su nombre y número será mayor o menor. Saber con predicciones si esos fanáticos son propensos a compras anticipadas por Internet. Si son tecnológicos. Si más allá de la plantilla, comprarán su ticket y llenarán el estadio. Porque un estadio sin lugares vacíos es sinónimo de ingresos de taquilla, pero al mismo tiempo genera una atracción de las empresas que querrán ser sponsors para que esa masa de fanáticos que tienen un sentimiento en común pueda convertirse en clientes, compradores y usuarios de sus productos y servicios. Entonces también podremos, si bien con menor seguridad, tener relativa certeza que somos atractivos como potenciales patrocinados. Conocer gustos y estados de ánimo de los seguidores también es producto y consecuencia de una buena gestión de utilización de la información correcta en administración y finanzas. Predecir la morosidad en el pago del abono o la cuota del club también es posible. ¿Se va comprendiendo la utilidad casi infinita de Big Data en una institución deportiva?

¿Y en el deporte en sí mismo? Es aquí el punto donde el Big Data se funde con la estadística. Las competencias deportivas de los Estados Unidos son las que más han utilizado las estadísticas deportivas en el pasado. No porque hoy no las utilicen, sino porque fueron las primeras en hacerlo. Y en publicarlo. Las estadísticas y las guías oficiales de la

NBA , la MLB, la NFL y la NHL ya son famosas y conocidas, y hasta objeto de culto coleccionables como elementos vintage. Pases, robos, recuperos, corridas, puntos (dobles, triples, simples, de juego, de pelota parada), momentos clave en que se convierte cada tanto, desde qué lugar en el campo de juego, cuántos puntos aportan los suplentes según en qué momento salten al campo de juego, en qué porcentaje tal jugador arranca por izquierda o por derecha para saber dónde fortalecer la defensa... y así todo. Manuales y manuales. De ataque, defensa y transición. Estadísticas. Entonces, si eso existió y existe, ¿qué puede aportar Big Data? Pffff. No tenés idea. Las estadísticas de las que hablamos recopilan datos del pasado para intentar pensar que pudieran repetirse en dichos porcentajes a futuro. Pero no es así. Lo que hace Big Data es ir más allá e intenta predecir lo que ocurrirá. Además, por supuesto, que la estadística se construye sobre datos pasados, mientras que una de las características de Big Data es la velocidad de la información, muchas veces en tiempo real. Establecer un cambio de jugador porque su carga muscular en función de kilómetros recorridos, frenos bruscos y arranques potentes, además de saltos, pudiera provocarle una lesión, quizás perdiéndolo por el resto de la temporada. Y todo ello en tiempo real. O poder visualizar qué córner corto ejecutará un equipo de hockey sobre césped, por cómo se para su ataque o de qué forma se paran la servidora y la paradora, y así poder plantear una mejor defensa. Y eso sólo sirve si se procesa la información en apenas segundos. Porque luego, el corto ya pasó y nada podrá hacerse. Big Data deportiva. Análisis de partidos a través de análisis del propio equipo (o jugador si es deporte individual), y del rival, y a partir de eso tomar mejores decisiones y más rápidas, lo que las hará más eficientes, eficaces y efectivas.

Es importante recordar siempre que la mayor dificultad de Big Data, no sólo en deportes, sino en general, no es la inversión necesaria que se debe realizar para contar con ella. La principal barrera es establecer a priori qué hacer con tanta información. Cómo gestionarla. Establecer un procedimiento y un staff acorde. Es decir, quién utilizará esos datos y cómo. Y para qué.

Las criptomonedas, una nueva forma de pago en sponsorship.

Antes de comenzar este apartado voy a cerciorarme (en exceso) de que se entienda lo que es una criptomoneda.

El prefijo cripto proviene de la palabra griega kruptos, que significa oculto, secreto. Criptografía es el estudio de métodos de encriptación de información, principalmente utilizados para enviar un mensaje de manera segura y privada, para la seguridad y autentificación de datos. Primera conclusión: la criptomoneda es una moneda de intercambio oculta y segura.

Actualmente no existe la definición de criptomoneda en el diccionario de la Real Academia de la Lengua Española (el sitio del rae.es me dice "La palabra criptomoneda no está en el Diccionario"). El diccionario de Oxford incluyó la definición de su traducción en inglés (cryptocurrency) como "una moneda digital que emplea técnicas de cifrado para reglamentar la generación de unidades de moneda y verificar la transferencia de fondos, y que opera de forma independiente de un banco central". El diccionario de Cambridge, por su parte, la ha definido como "una moneda digital producida por una red pública en lugar de cualquier gobierno, que utiliza la criptografía para asegurar que los pagos se envían y reciben de forma segura". El periódico digital especializado en Bitcoin Coindesk define el término criptomoneda como "una forma de moneda basada únicamente en las matemáticas. En lugar de la moneda fiduciaria, que se imprime, una criptomoneda se produce mediante la resolución de problemas matemáticos basados en criptografía". Wikipedia la describe así: "una criptomoneda es un medio digital de intercambio que utiliza la criptografía fuerte para asegurar las transacciones financieras y controlar la creación de nuevas unidades adicionales y verificar la transferencia de activos".

El Banco Central Europeo (BCE) definió en 2012 a la 'moneda virtual' como "un tipo de dinero no regulado, digital, que se emite y por lo general controlado por sus desarrolladores, y utilizado y aceptado entre los miembros de una comunidad virtual específica. Moneda digital, sin embargo, es una forma de moneda virtual que se crea y se almacena electrónicamente. Las criptomonedas son un tipo de moneda digital, pero no las únicas. Las criptomonedas son, por tanto, un subconjunto de las monedas digitales basadas en la criptografía. Todo ello según el diario digital OroyFinanzas.

La primera criptomoneda que comenzó a operar fue el bitcoin, en 2009, y de hecho es la mayor capitalización de mercado, precio y volumen. Hoy existe gran cantidad de su tipo, siendo Litecoin, Ethereum, Ripple y Dogecoin las más conocidas. En los sistemas de criptomonedas se garantiza la seguridad, integridad y equilibrio de sus estados de cuentas (contabilidad) por medio de un entramado de agentes (transferencia de archivo segmentada o transferencia de archivo multifuente) que se verifican (desconfían) mutuamente llamados mineros, que son, en su mayoría, público en general y protegen activamente la red (el entramado) al mantener una alta tasa de procesamiento de algoritmos, con la finalidad de tener la oportunidad de recibir una pequeña propina, que se reparte de manera aleatoria.

Básicamente es una moneda digital que, a través de la encriptación, garantiza la seguridad. Es una moneda de intercambio donde quienes conforman el mercado confían mutuamente. Entonces, si es segura y el mercado confía, sirve para realizar transacciones.

Así fue como también las criptomonedas llegaron al deporte. Como pago de patrocinios.

Coin Journal destaca lo que fue (y lo que podría haber sido), la primera combinación de deportes y criptografía. Es cierto que habría puesto feliz a John Candy, el actor principal en su papel de Irving Blitzer en la película "Jamaica bajo cero" ("Cool Runnings" fue su título original de 1993, dirigida por Jon Turteltaub), en la cual, basado en una historia real, el disparatado y sorprendente equipo de bobsleigh de Jamaica se clasifica a los Juegos Olímpicos de Invierno de Calgary (Alberta, Canadá) en 1988. Tiempo después, en 2013, tras recaudar 30.000 dólares en criptomonedas Dogecoin, el equipo nacional de bobsleigh de Jamaica pudo pagar el viaje a los Juegos Olímpicos de Invierno de Sochi (Rusia) en 2014. Si bien el hecho careció de gran publicidad posterior proporcionó legitimidad para la entonces nueva criptomoneda. También tuvo un efecto sorprendente en el precio, con Dogecoin subiendo un 50% frente a bitcoin en los últimos días del mercado alcista a fines de 2013 y principios de 2014.

Reddit es una red social y es el sexto sitio más visitado del mundo (más de 500 millones de usuarios mensuales). Una plataforma masiva que funciona como agregador de contenido determinado por la comunidad. Hablamos de una plataforma social en la que los usuarios envían publicaciones que otros usuarios pueden votar -a favor o en contra- según sus preferencias. A su vez, se divide en subcomunidades o subreddits. Un joven de 16 años en Reddit consiguió el auto No.

98 patrocinado por Dogecoin para una carrera en el famoso Talladega Superspeedway. ¿Cómo fue eso? Lo relata perfecto el CNN Business... La historia comienza con un fanático de las carreras adolescentes de Niles, Illinois (USA). Se trata del usuario de Reddit Denis Pavel, que estaba viendo algunas de las primeras carreras en la temporada 2014 de NASCAR y notó un Ford Fusion negro sin patrocinio y un conductor que "acelera las ruedas del auto". A su vez, Pavel también era miembro del subreddit / r / NASCAR, y había visto a la comunidad on line reunirse detrás de otros conductores y las diversas campañas de recaudación de fondos y otras campañas que respaldaron. El adolescente quería que el auto No. 98 fuera patrocinado en una de las pistas más rápidas del circuito: el Talladega Superspeedway en Alabama. Los conductores compiten alcanzando velocidades de más de 200 millas por hora. Introducido a fines de 2013 y llamado así por un tonto meme de Internet, Dogecoin es una moneda digital como Bitcoin, donde el dinero se puede transferir a casi cualquier parte del mundo por menos de un centavo por transacción y se ha utilizado de manera prominente para causas benéficas y notables. "Sabía que Dogecoin había realizado importantes recaudaciones de fondos, como enviar al equipo jamaicano de trineo a los Juegos Olímpicos ", dijo Pavel. "Estaba pensando qué tipo de respuesta obtendría si le preguntara a la comunidad (Reddit) acerca de patrocinar un auto de la Copa Sprint. Todos estuvieron de acuerdo". Pavel contactó al propietario del auto No. 98, Phil Parsons, a través de twitter (otra vez las redes sociales...). "Le pregunté si sabía sobre Reddit o Dogecoin. Dijo que no", mencionó Pavel. "Me dijo el precio de patrocinar el auto y los subpatrocinios. No sé si pensó que estaba hablando en broma". Parsons le dijo a Pavel que un sponsorship total del auto número 98 costaría 50.000 dólares. Pavel confiaba en que la comunidad llegaría allí con la ayuda de Dogecoin. Y así fue: en una semana, la comunidad recaudó más de 55.000 dólares (67 millones de Dogecoins), para patrocinar el auto y poner el Dogecoin Ford Fusion en la carrera 499 de Aaron en mayo de 2014. "Cuanto más hemos recorrido este (esfuerzo de recaudación de fondos), realmente ha sido especial para nosotros", dijo Wise. "La gente está notando nuestro esfuerzo. Somos un pequeño equipo con 7 u 8 empleados. La cantidad de apoyo que estamos recibiendo de la comunidad de Reddit... solo estamos tratando de hacer el mejor trabajo que podamos". Ben Doernberg, miembro de la junta directiva de la Fundación Dogecoin, dijo que recaudar el dinero para el patrocinio se realizó en un tiempo récord. Más allá de las empresas deportivas, Dogecoin ha recaudado dinero para construir pozos de agua limpia en Kenia y para una organización benéfica que entrena animales de servicio para trabajar con niños con autismo y otras discapacidades. "Todos somos divertidos y tontos", dijo Doernberg. "Al mismo tiempo, queremos asegurarnos de que la

moneda digital realmente esté devolviendo al mundo. Creemos que esta es una tecnología que puede hacer del mundo un lugar mejor, y queremos poner esto en práctica haciendo recaudaciones de fondos". Doernberg dijo que el patrocinio de NASCAR es uno de los mayores recaudadores de fondos que han realizado hasta la fecha. Dado que el dinero se recaudó en Internet, era justo que el esquema de color del automóvil también se eligiera allí: una encuesta publicada en / r / dogecoin solicitó a los usuarios elegir entre oro, plata o negro como color principal. "Black" obtuvo más del 57% de los votos y el diseño se finalizó. Los usuarios de Reddit también ayudaron a desarrollar los trajes que usó el equipo el día de la carrera. Wise dijo que los usuarios le preguntaron durante su AMA cómo quería que fuera el diseño. Les dijo que se divirtieran con eso. El automóvil y los trajes presentan de manera prominente la cara de perro Shiba Inu, comúnmente asociada con el meme de Internet "doge", junto con un cohete y la frase "To the Moon", comúnmente utilizada para la popularidad de Dogecoin. La carrera All-Star de la Sprint Cup Series en el Charlotte Motor Speedway, que se realiza el 17 de mayo, enfrenta a los ganadores de la carrera del año anterior y a dos de los mejores clasificados en una carrera de ganadores. Un conductor votado por los fanáticos también participa. Wise y Parsons dijeron que competirían con el auto Dogecoin si los usuarios de Reddit votaran a Wise en la carrera. También el automóvil Dogecoin, con el número 98, se convirtió en un automóvil fundido a escala 1:24 como parte de un acuerdo de NASCAR con Lionel Racing Collectibles (merchandising, negocio extendido). Los fanáticos del videojuego NASCAR '14 también tuvieron la oportunidad de competir en el auto Dogecoin. "Como la compañía detrás de los videojuegos y los juegos móviles de NASCAR, nos encanta ver más socios orientados a la tecnología que se involucren en NASCAR", dijo Ed Martin, vicepresidente ejecutivo de Eutechnyx, desarrollador del videojuego. "Creo que atraerá a NASCAR a muchas personas que no han estado expuestas antes". Para Pavel, a quien le han encantado las carreras de NASCAR toda su vida, el videojuego fue lo más cercano a su sueño. Y así fue como el Ford Fusion N° 98 consiguió los fondos para competir en NASCAR, llevando el "98" en las puertas, el color negro de la mitad hacia arriba, vivos dorados simulando fuego en su parte media y blanco por debajo. Ah, me olvidaba un pequeño detalle (esa cabecita, Rica...): "DOGECOIN digital currency" (DOGE en blanco y COIN en amarillo/dorado) por encima de las ruedas traseras y en espacio principal del capot sobre la imagen de la cabeza del perro Shiba Inu, una raza de perros (el más pequeño de las seis originales y diferentes razas de Japón) que se popularizó como un meme y representa a Dogecoin. Tremenda historia. Un menor de edad, una comunidad de una red social haciendo crowd founding, un contacto por otra red social, extensión del negocio a merchandising y videojuegos... pero siempre la confianza: del jefe de equipo en Pavel y de todos en las criptomonedas. Historia pura. Casi un cuento de ficción.

Ese mismo año, 2014, quizás con intenciones de lograr atracción como Dogecoin, Bitcoin BitPay se asoció con ESPN para ser el title y naming sponsor del Beef O'Brady Bowl que pasó a ser el Bitcoin St. Petersburg Bowl. El nombre "bitcoin" en blanco en la parte superior del logo de fondo azul, la inscripción "St. Petersburg" en el centro y sobresaliendo en sus extremos, la palabra "bowl" que le da el carácter deportivo, y por debajo el símbolo del puente Bob Graham Sunshine Skyway, por el cual pasa una pelota de fútbol americano, coronado por debajo con el ícono de la moneda naranja con el signo de bitcoin dentro en blanco. Excelentemente logrado para poder incorporar tanta información gráfica. El Bitcoin St. Petersburg Bowl se disputó el 26 de diciembre de 2014 en el Tropicana Field (sede de los Tampa Bay Rays de la Major League Baseball) y queda en St. Petersburg, Florida (Estados Unidos). Fue la séptima edición del juego anual que reúne del College Football Bowl Game, y en la que North Carolina State University Wolfpacks (Atlantic Division of the Atlantic Coast Conference) venció por 34 a 27 a University of Central Florida Knights (American Athletic Conference), ambos de la NCAA Division I FBS football season, ante 26.675 espectadores, y 3.270.000 en su transmisión televisiva. El estadio estaba equipado con cajeros automáticos de Bitcoin y los vendedores aceptaban Bitcoin y BitPay. Los términos del acuerdo no fueron revelados, pero Fortune sugirió que podría haber estado en el rango de siete dígitos (en dólares). El plan original era hacerlo por 3 años, pero luego de 12 meses no continuó el sponsorship. Desde BitPay comentaron que el patrocinio "trajo una avalancha de suscripciones, actividad y reconocimiento de marca a BitPay. Pero rápidamente nos dimos cuenta que 2014 todavía era demasiado pronto para la adopción generalizada de la tecnología de cifrado, particularmente en una tienda minorista". No hubo éxito, pero se hizo historia. Buena idea, mal timing. No es posible ganar todas las batallas. El St. Petersburg Bowl se jugó de 2008 a 2016, ya que desde 2017 es el actual Gasparilla Bowl, como se denomina desde entonces al partido final de fútbol americano (College Football Bowl Game) de la post temporada de la NCAA (National Collegiate Athletic Association) que reúne a más de 1.200 instituciones educativo-deportivas de los Estados Unidos.

Luego vinieron otros que por su dimensión tomaron mayor notoriedad. Y es bueno repasarlos. Pero es importante aclarar antes que no es el patrocinio de una empresa de criptomonedas solamente por su branding y visibilidad. Lo histórico es que ese sponsorship sea pagado total o parcialmente también en criptomonedas. Según el sitio CoinJournal, no veríamos ninguna asociación de relevancia entre criptomonedas y deportes hasta 2018...

Así figura directamente en Wikipedia (ah, no, claro, ninguna la consultó, ¿no?), la definición de "oferta inicial de monedas (ICO en inglés)": es un tipo de financiamiento usando criptomonedas. Mayoritariamente el proceso es llevado a cabo mediante un crowdfunding, pero las ICOs privadas se están volviendo muy comunes. En una ICO, las criptomonedas son vendidas en forma de tokens a especuladores o inversores a cambio de dinero tradicional u otras criptomonedas como Bitcoin o Ethereum. Los tokens son vendidos como futuras unidades de la moneda cuando la ICO llegue a su objetivo y el proyecto se lance. Una ICO puede ser una fuente de capital para una startup. Las ICOs pueden permitir a las startup evitar la ley e intermediarios como bancos y bolsas de valores. Las ICOs pueden caer fuera de las regulaciones existentes, dependiendo de la naturaleza del proyecto, o ser prohibidas todas juntas en algunas jurisdicciones, como en China o Corea del sur. Las ICOs han sido propensas a estafas y a incumplimientos de la ley. Menos de la mitad de todas las ICOs sobreviven después de 4 meses de la oferta, mientras que la mitad de las ICOs vendidas en 2017 fallaron en febrero de 2018. A pesar del bajo ratio de éxito y con el precio de las criptomonedas bajando, hubo un récord de recaudación de 7000 millones de dólares por una ICO desde enero a junio de 2018. El Arsenal Football Club anunció en enero de 2018 que firmó un acuerdo de patrocinio con la criptomoneda estadounidense CashBet, mediante la cual, los Gunners promocionarán la ICO de la empresa. Es la primera vez que un importante equipo deportivo mundial se ha asociado oficialmente con una empresa de criptomonedas, si bien su pago no se supo si fue en efectivo o en la propia CashBet (aunque si hubiese sido en criptomonedas fue a partir de marzo, cuando la lanzaron). Vinai Venkatesham, director comercial de Arsenal FC, dijo: "Nos complace dar la bienvenida a CashBet Coin como nuestro socio. Estamos ansiosos por trabajar con CashBet Coin mientras lanzan su nueva criptomoneda". CashBet dijo que estaba encantada de poder asegurar un acuerdo con el club, ya que la empresa está "apuntando activamente a un mercado global multimillonario de jugadores, proveedores y operadores de i-gaming".

El Club Atlético Atlas fue fundado el 17 de agosto de 1951. Participa de la Primera D del fútbol argentino (quinta división) y su cancha, el Estadio Ricardo Puga, queda en la localidad de General Rodríguez (Provincia de Buenos Aires, Argentina). Increíblemente para muchos, pero no para Claudio Destéfano, columnista de este libro y Director de Planeamiento Estratégico del club, el primer sponsorship deportivo del mundo (al menos del que se tenga registro) fue de Atlas. En febrero de 2018, Practia Global apareció como la primera empresa que suscribió un patrocinio en criptomonedas. Y fue en bitcoins, al convertirse en main sponsor del equipo de eSports de Atlas (de los primeros del mundo también), al que llamaron "el Guerrero Digital". Así fue que un club de la quinta división del fútbol argentino se transformó en la primera entidad del mundo en tener una cuenta de bitcoins, incluso antes que lo hiciera el Real Madrid CF. Practia Global, a su vez, también hizo historia: fue la primera empresa en suscribir un patrocinio deportivo en criptomonedas. Al recibir Atlas el pago, el bitcoin tenía un valor de 1.700 dólares (USA), y posteriormente llegó a 19.000 dólares. No sólo recibió un fee por patrocinio. No solamente hizo historia al recibirlo en bitcoins. También fue una inversión. Una buena idea. La voluntad férrea de llevarlo adelante haciendo historia. Y confianza mutua. La vida misma.

En marzo de 2018, el equipo de Techeetah, que compite en el Campeonato de Fórmula E de AAB FIA (Federación Internacional del Automóvil, y ABB su title y naming sponsor -Asea Brown Bovery Ltd., la multinacional suiza especialista en tecnologías en generación de energía eléctrica y en automatización industrial que opera en más de 100 países y emplea a más de 135 000 personas-), anuncia la creación de una sociedad con Dragon Inc., un proveedor de la plataforma blockchain que está involucrado en la provisión de tokens de entretenimiento para la industria del entretenimiento. La asociación Techeetah Formula E Team y Dragon entregó otra emocionante actuación en el ePrix de Nueva York, que completó la temporada del Campeonato Formula E en 2018 con una victoria general. En su búsqueda de asociarse con empresas nuevas e innovadoras, Techeetah es el primer equipo de Fórmula E en unir fuerzas con un proveedor de blockchain. "Dragon Inc. es pionero en una nueva era de blockchain y entretenimiento, mientras que la Fórmula E lidera la revolución eléctrica en los deportes de motor, es natural que ambos se unan para una colaboración innovadora", dijo Paul Moynan, cofundador de Dragon Inc. "Tanto Dragon como Techeetah están aplicando tecnologías que están reinventando sus respectivas industrias. Buscamos apoyarnos mutuamente no solo en el intercambio de tecnología, sino también en brindar una mayor conciencia de los beneficios al escenario mundial". Además, los inversores pueden comprar tokens Dragon, que se utilizan para acceder a la industria del entretenimiento VIP. "Estoy encantado de anunciar la asociación entre Dragon Inc. y Techeetah, dos empresas con una misión en común: revolucionar la industria del entretenimiento mediante la aplicación de tecnología líder mundial", agregó Chris Ahmad, cofundador y CEO de Dragon Inc. El logotipo de Dragon Inc. decoraba de manera prominente en los módulos laterales de los cuatro autos de carrera, boxes, ropa de carrera y cascos de los pilotos de Techeetah que compiten en la fórmula de autos impulsados por energías eléctricas renovables.

En enero de 2018, un usuario de twitter (otra vez la importancia de las redes sociales para comunicarse también en el área deportiva), le preguntó al empresario multimillonario Mark Cuban, dueño de la franquicia NBA Dallas Mavericks, cuándo sería posible que los fanáticos pudieran comprar tickets para ver a los Mavs con criptomonedas. Si bien la consulta fue a Cuban Monday, el emprendedor tecnológico respondió "Next season" ("La próxima temporada"). ⍰ Agregaremos una capacidad de pago criptográfico", Cuban le dijo a CoinDesk, "aceptaremos BTC, Eth, posiblemente algunas otras monedas. [Eso lo estamos] por determinar", según reza el sitio make it de la cadena de televisión CNBC. La siguiente temporada mencionada por Cuban comenzó en septiembre de 2018.

En el sitio de la revista Forbes del 27 de junio de 2018, en la nota de Andrew Rossow se repasaban las innovaciones tecnológicas de los Sacramento Kings, la franquicia de la NBA. En los últimos años, los Kings fueron votados como uno de los grupos de propietarios más expertos en tecnología de la NBA junto con los Golden State Warriors y los Dallas Mavericks. A principios de 2014 fueron el primer equipo deportivo del mundo en aceptar bitcoins, según informaron Wired Magazine y ESPN. "Siempre hemos superado los límites de la innovación", dijo Ryan Montoya, director de tecnología de los Kings, y continuó: "fuimos el primer equipo en utilizar twitter, en utilizar Google Glass para los juegos y tecnología de drones. Pero no fue hasta que abrimos nuestra arena (estadio), el Golden 1 Center, que los fanáticos y la NBA vieron cómo podíamos utilizar la tecnología y la innovación, convirtiéndolo en un componente central de nuestro negocio". Desde un campo deportivo con energía solar, hasta bitcoin y ahora minería de criptomonedas, los Sacramento Kings están preparando las bases para otro plan tecnológico en este sector, y así es como se asociaron con el líder mundial de criptomonedas MiningStore.com, para convertirse en el primer equipo deportivo del mundo en extraer moneda digital. La nota de Forbes así se expresaba: "Así es, los Kings pueden agregar otro 'primer' a su marcador de innovaciones tecnológicas cada vez mayores. Los reyes se están volviendo criptográficos ¡La NBA se está volviendo criptográfica! Y también los fanáticos".

Wolverhampton Wanderers Football Club es un club de fútbol profesional inglés con sede en la ciudad de Wolverhampton, en West Midlands. El club se formó en 1877 como St Luke's FC por John Baynton y John Brodie y ha jugado en su tierra natal, Molineux Stadium, desde 1889. El 4 de julio de 2018, los Wolves se convirtieron en el primer equipo de la Premier League con patrocinio de una criptomoneda: CoinDeal. Los fundadores de CoinDeal mencionaron: "somos conscientes del impacto que el marketing de fútbol puede tener en una marca y su comunidad, especialmente en una industria

como la nuestra. Realmente creemos que Wolverhampton Wanderers, participando en una competencia tan prestigiosa como la Premier League inglesa, ayudará a transmitir nuestro mensaje a nivel mundial. ¡Es un desafío emocionante para nosotros y estamos orgullosos de ser el socio oficial de Wolves!". "Como intercambio, a nosotros mismos nos gustaría usar, queremos estar cerca de nuestros usuarios y sus necesidades; también compartimos la pasión por el deporte", así lo expresa en su website CoinDeal. Como siempre, en los deportes están los negocios. Pero la pasión perdura. Es recurrente. Sin la pasión, el deporte carece de alma.

En junio de 2018, el club brasileño Club Athlético Paranaense reveló sus planes para empezar a trabajar con criptomonedas, una iniciativa que emprenden con asociación de la startup francesa Innovi LTD y que permitirá pagar el salario de sus deportistas, la participación interactiva de los fanáticos y el crecimiento descentralizado del club. La noticia fue dada a conocer por medio de una rueda de prensa publicada en YouTube, donde estuvieron presentes el presidente del Consejo Deliberativo del club, Mario Celso Petraglia, el CEO de Innovi, Loic Lacam y el abogado de la iniciativa, Marcelo Amorretty, que también destacó que el Sport Club Corinthians Paulista formará parte de la iniciativa sin dar mayores detalles. El Cruzeiro Esporte Club, uno de los clubes más antiguos del país (1921), anunció en ese año que también ha estado desarrollando su propia criptomoneda, la cual permitirá entrenamientos más interactivos, una institución descentralizada y pagos en blockchain; una acción que revolucionó a nivel tecnológico y financiero el fútbol de Brasil. También el Clube Atlético Bragantino se ha dedicado a involucrarse en el mercado de las monedas criptográficas, puesto que fue el primer club de Brasil en aceptar el Bitcoin como método de pago de los salarios de sus deportistas, un paso significativo la legitimización de esta moneda.

En agosto de 2018, eToro anunció un acuerdo de sponsorship con clubes de fútbol de la Premier League. Con la ayuda de la agencia de marketing SportQuake, realizó alianzas de patrocinio de sus properties, incluyendo acceso a los jugadores, derechos digitales, ticketing y branding en back de entrevistas y en los LEDs perimetrales con el Tottenham Hotspur Football Club, Newcastle United Football Club, Crystal Palace Football Club, Leicester City Football Club, Southampton Football Club, Brighton & Hove Albion Football Club y Cardiff City Football Club. Iqbal V. Gandham, director general de eToro para el Reino Unido, dijo que "la tecnología blockchain que sustenta las monedas criptográficas como bitcoin brinda transparencia, y creemos que puede mejorar la experiencia para todos los que aman este hermoso juego, de los fanáticos a los que apunta el ticketing o un club que está negociando una transferencia. Creemos que blockchain revolucionará el mundo del fútbol". Por su parte Fran Jones, jefe de asociaciones del Tottenham, mencionó que estaban "comprometidos con la tecnología y la innovación y, como tal, nos complace dar la bienvenida a eToro como socio en una categoría que se desarrolla a un ritmo rápido". El director ejecutivo de Brighton & Hove Albion también señaló que "nos orgullecemos de estar a la vanguardia de traer nuevas tecnologías y nuevas ideas al fútbol. Nos complace dar la bienvenida a eToro como socio que puede ayudarnos a comprender mejor el verdadero potencial que ofrece blockchain". Criptomonedas. Criptoalegrías.

Es sabido, y probablemente se vuelva a repetir a lo largo de este libro, que la Argentina es líder mundial en el polo. Por la altísima calidad (hándicap) de sus jugadores, las de sus clubes y canchas, además de su caballada. El Abierto de Polo del Jockey Club (San Isidro, Argentina), se disputa en el mes de septiembre y sirve como torneo de preparación, movimiento de caballos, ajuste fino de los jugadores, antes de la Triple Corona de alto hándicap de Argentina, el Abierto de Tortugas, el Hurlingham Open y el Abierto Argentino de Polo, lo más prestigioso de este deporte a nivel mundial. En la edición 54va del Abierto del Jockey Club, el title sponsor fue la automotriz Ford, y el presenting sponsor, SeSocio.com. ¿Quién? Según define en su propia web, SeSocio.com "permite invertir en una gran variedad de proyectos para poder diversificar tu cartera y reducir el riesgo, otorgándote liquidez a través de su plataforma de Trading". Su cartera incluye Real Estate, Préstamos, Bienes (Goods), Proyectos Financiados y Criptomonedas. SeSocio.com permite comprar y vender en gran variedad de criptomonedas como Tether, Bitcoin, Digix Gold Token, Ripple, CosmosMaker, Ethereum, Dai, BitTorrent, TRON, DASH, Stellar Lumens, EOS, NEO, IOTA, Litecoin y Bitcoin ABC. Y en 2018 lanzaron su propia criptomoneda: InveCoin, la moneda nativa y combustible de la red Investoland. Así fue como el Abierto de Polo del Jockey Club hizo historia ya que debutó Adolfo Cambiaso (nieto) siendo récord en precocidad, ya que Poroto Cambiaso lo hizo con 12 años, convirtiéndose en el jugador más joven en debutar en un torneo de alto hándicap. Poroto jugó el Abierto del Jockey Club en La Dolfina Brava Polo Team junto a su padre, Adolfo Cambiaso (hijo), el mejor jugador del mundo, que con 44 años tiene ganados cuatro Triple Coronas de Argentina, 15 Abiertos Argentinos, 12 Abiertos de Hurlingham Club, 9 Abiertos de Tortugas Country Club, ocho Abiertos del Jockey Club, cuatro Copas República Argentina, dos Abiertos de Pilar, una Copa Cámara de Diputados y gran cantidad de US Opens, USPA Gold Cups, CV Whitney Cups (incluyendo 2 Triple Coronas de Estados Unidos de Norteamérica), British Opens, The Queen's Cups, Bledisloe Warwickshire Cups, Coronation Cups, Copas de Oro de Sotogrande, entre otras, y tiene 942 goles en el Abierto Argentino de Polo (récord absoluto) en sus 26 temporadas jugadas allí.

El otro hecho histórico es que un torneo de polo en todo el mundo recibió por primera vez en la historia un patrocinio en criptomonedas, ya que SeSocio.com pagó parte de su presenting sponsorship con InveCoin. Además de Ford y SeSocio.com, el torneo tuvo como sponsors a ESPN, Río Uruguay Seguros, Imperial, Escorihuela Gascón, CEBSé, La Taquera y Valenti. El agente comercial del Abierto de Polo del Jockey Club en 2017, 2018 y 2019 fue WE ARE SPORTS. Trabajar duro, divertirse y ¡hacer historia!

El British Masters de golf de 2018 se disputó en Walton Heath Golf Club (Walton in the Hill, Surrey, Inglaterra), del 11 al 14 de octubre, y el inglés de 27 años Eddie Pepperell levantó el trofeo y se llevó un cheque de 571.000 euros. El torneo tuvo a Sky Sport como su patrocinador principal (supported by), mientras que Bridgestone, Dubai Duty Free, Hero y Tata Communications fueron sponsors oficiales. Para esa edición, organizada por Justin Rose, se dio una particularidad. El European Tour firmó un acuerdo con dos nuevos patrocinadores: la compañía de apuestas LadBrokes y la firma de moneda digital LIFElabs (creador de un token criptográfico LIFEtoken) para el Sky Sports British Masters 2018. El nuevo acuerdo incluyó puestos de apuestas de la marca Ladbrokes y una unidad de exhibición en el Village, donde quienes realicen apuestas tendrán a su disposición ofertas especiales. Por su parte, LIFElabs, que es la primera moneda digital en patrocinar un torneo de golf, tiene como objetivo hacer que los beneficios de las monedas digitales estén disponibles para el público en general. Como parte del acuerdo, LIFElabs dará 10.000 libras como premio al hoyo en uno, mientras que se repartirán otras 10.000 libras entre la European Tour Foundation y Cancer Research UK. El CEO de LIFElabs, Luke Chittock, dijo que "nos asociamos con el European Tour porque es una marca innovadora dentro del mundo del golf, con un ojo en el futuro". Por otra parte, el British Masters genera más de 22 millones de impresiones en redes sociales. Chittock, le dijo a Forbes que el British Masters fue solo el comienzo: "Estamos buscando diversificar nuestra huella de marca en diferentes deportes como el automovilismo, así como los deportes de invierno y acuáticos".

Aston Martin Red Bull Racing Team anunció en febrero de 2019 que recibirá su patrocinio de FutureCoin en criptomonedas, convirtiéndose en la primera empresa de activos digitales en patrocinar la Fórmula 1. El Director del Equipo Red Bull Racing, Christian Horner, declaró: "En los últimos años, el auge de la tecnología blockchain y las criptomonedas ha sido realmente notable. Estamos encantados de ser el primer equipo de Fórmula 1 en adoptar este formato, a través de nuestro partnership con FutureCoin". Como no podía ser de otra manera, la cuenta de twitter de Aston Martin Red Bull Racing (@redbullracing), posteó el 5 de febrero de 2019: "We are delighted to partner FuturoCoin in #F1's first ever cryptocurrency sponsorship! 🏁", acompañado de la foto de Pierre Gasly (uno de los dos pilotos del equipo junto a Max Verstappen), relajado al borde de la pista.

Según Cointelegraph, el 6 de marzo de 2019, la firma estadounidense de servicios de pago Visa publicó una oferta de empleo relacionada con criptomonedas y blockchain en la firma de software de reclutamiento, con sede en San Francisco, SmartRecruiters. Decía así: "Visa busca talentos para el puesto de Director Técnico de Productos en Visa Fintech, en su oficina de Palo Alto. La persona será responsable de la ejecución de la estrategia de productos de Visa dentro de un ecosistema criptomonetario, y se le pedirá que administre la hoja de ruta para las oportunidades relacionadas con la criptomoneda. De acuerdo con la descripción del trabajo, la persona debe poseer un conocimiento funcional de la criptoindustria y los principales actores involucrados, así como un conocimiento profundo de la tecnología de registros distribuidos y un detallado conocimiento de las soluciones de pago minoristas existentes. Se preferirá la familiaridad con la criptografía avanzada". Y la descripción del trabajo finalizaba diciendo: "La persona trabajará en estrecha colaboración con el equipo de Investigación de Visa para desarrollar nuevos productos para entregar valor a la iniciativa de fintech de Visa". Cada vez es más posible que el Comité Olímpico Internacional, la FIFA, CONMEBOL, la NFL, el NASCAR y la NHL de Canadá reciban sus patrocinios en criptomonedas por parte de Visa; como también los seleccionados argentinos de rugby (Los Pumas y Las Pumas), de hockey sobre césped (Las Leonas y Los Leones) y de básquet, así como el VISA Open de Argentina (Abierto de golf de la República Argentina) y la franquicia argentina del Super Rugby (Jaguares), entre tantos otros.

También hay un número creciente de embajadores deportivos que respaldan marcas en este sector, tales como el argentino futbolista Lionel Messi y Sirin Labs, la tenista danesa Caroline Wozniacki y APP Lympo, el futbolista belga Eden Hazard como consultor de All Sports Chain (SOC), mientras que el futbolista colombiano James Rodriguez lanzó su propio token JR10 en mayo de 2018. También han incursionado en las criptomonedas el boxeador Floyd Mayweather (STOX), el futbolista uruguayo Luis Suárez (STOX), el futbolista inglés Michael Owen (Global Crypto Offering Exchange), al igual que los deportistas argentinos Juan Mónaco, Mariano Zabaleta (tenis), Agustín Creevy y Lucas González Amorosino (rugby), Agustina Albertario (hockey sobre césped) con la ICO argentina Inbest, que además patrocina en automovilismo argentino un equipo de la categoría TopRace Junior.

Es demasiado prematuro para poder determinar conclusiones respecto de lo que ocurrirá con las criptomonedas en el deporte.

Tras un arranque exponencial en 2014, la baja en la cotización del Bitcoin y demás monedas hizo que se desacelerara y los dueños de las properties tomaran una actitud más cauta al respecto. Pareciera que 2018 fue el año de la segunda curva de crecimiento con un mercado global más confiado y a su vez con un recorrido consolidado. De todos modos, los patrocinios criptográfico-deportivos parecieran ir en aumento, si bien se deben considerar dos aspectos fundamentales al respecto. El primero es sobre la regulación, ya que muchos patrocinios deportivos están promoviendo ICOs e intercambios que se encuentran fuera de la regulación de sus países de actuación o que incluso, muy a menudo, se basan en el extranjero. La Autoridad de Conducta Financiera (FCA) del Reino Unido advirtió previamente a los inversores que deberían estar preparados para perder su dinero. Sin embargo, una regulación de la FCA sobre las ventas de tokens, o una medida para regular completamente el sector, claramente tendría un efecto negativo en los cripto patrocinios. El segundo concepto es la fijación de precios: el indicador de bitcoin se ha mantenido estable a mediados de 2018, pero una fuerte disminución, como se vio a fines de 2014, probablemente tendría como consecuencia una drástica disminución del valor real percibido por los patrocinios. Para los observadores de la industria, la pregunta ahora es si la relación deporte-criptografía continuará floreciendo o será una repetición efímera del coqueteo de 2014. La consultora Ernst & Young advirtió que las ICO están en riesgo de cibercrimen, ya que del total del valor recaudado en ICOs el año pasado, los piratas informáticos han robado más de un 10%, según un análisis de la propia EY. La tecnología está muy bien. Hacer historia también. El que no arriesga no gana. Pero está muy bien ser precavido si las finanzas de una institución están en juego. Probablemente haya que diversificar el riesgo, que es lo mismo que arriesgarse en parte.

Los eSports.

El sábado 14 de abril de 2019, Augusta National Golf Club (Augusta, Georgia, Estados Unidos) finalizó The Masters cuando todo el mundo volvió a ver al norteamericano de 43 años de edad, Tiger Woods, ponerse el saco verde por quinta vez, tras los triunfos de 1997, 2001, 2002 y 2005. Eldrick Woods (su verdadero nombre) se alzó con la suma de 2.070.000 dólares. Por su parte, el serbio de 32 años Novak Đoković se coronó campeón de Wimbledon (también por quinta vez en su carrera luego de sus victorias en 2011, 2014, 2015 y 2018) al vencer en una épica final al suizo Roger Federer por 7 a 3 en el tie break del quinto set que habían igualado en 12, en el All England Lawn Tennis and Croquet Club (Londres, Inglaterra). Su cheque de campeón fue de 2.350.000 de libras esterlinas (2.983.748 dólares). El francés Simon Pagenaud tiene 35 años y, por ser el campeón de Indy 500 en 2019, obtuvo un premio de 2.270.000 dólares. El colombiano Egan Bernal, ganador del Tour de France el mismo año, embolsó 550.000 dólares (500.000 euros), mientras que el IronMan World Championship 2019 entrega 107.000 dólares al ganador. El primero que cruza la meta en la Maratón de New York se lleva "sólo" 100.000 dólares y el del Pipeline Masters (surf) 90.000 dólares.

El domingo 28 de julio de 2019, el norteamericano de 16 años Kyle Giersdorf, más conocido como Bugha (sobrenombre que utiliza en el juego) se corona campeón en el Arthur Ashe Stadium del USTA Billie Jean King National Tennis Center (Queen's, New York, Estados Unidos de Norteamérica), sede del US Open de tenis, del primer Mundial de Fortnite (videojuego) y se alza con la suma de 3.025.900 dólares. Habría que ganar más de 30 maratones de Nueva York para superar el cheque de Bugha. Por su parte, Harrison 'Psalm' Chang, de 24 años, embolsó 1.800.000 de dólares gracias a su segundo puesto. A sus 24 años era uno de los jugadores más veteranos de la competición y prácticamente doblaba en edad al más joven, el argentino Thiago 'King' Lapp, de 13 años (la edad mínima permitida, que se alzó con 900.000 dólares gracias a su quinto puesto individual). Tremendo. Está claro que cambiaron las reglas del juego y es necesario volver a comprender las tendencias.

Giersdorf lleva jugando al Fortnite desde su lanzamiento hace dos años. Fortnite es uno de los conocidos como Battle Royale, una suerte de batalla campal en la que 100 jugadores recorren un mapa en busca de armas y materiales con el único fin de matar y, sobre todo, sobrevivir hasta ser la última persona en pie. Lo normal es que las partidas no duren mucho más de 20 minutos. La inscripción era abierta y se estima que unos 40 millones de personas intentaron clasificarse para el Mundial en las pruebas semanales. Youtubers y streamers se pusieron a retransmitir sus partidas en diversos canales (como Twitch, propiedad de Amazon) y rápidamente surgieron más de 45 millones de jugadores en todo el mundo, que en la actualidad superan los 250 millones. Si bien el juego no cuesta dinero, Epic Games facturó 3.000 millones de dólares en 2018, de los cuales 2.400 millones se estiman son por Fortnite. El punto es que cualquiera puede gastar dinero para cambiar el aspecto del personaje con el que juega o adquirir nuevas animaciones (el famoso baile con el que celebra los goles de Griezmann, por ejemplo, sale de ellas).

El periodista deportivo argentino especializado en innovaciones, tecnología y Big Data, Marcelo Gantman, columnista invitado de este libro, twitteó: "#ForniteWorldCup. 14 horas de transmisión en vivo por ESPN+ para Latinoamérica durante este fin de semana. El cambio de juego no está por llegar. Ya está acá.". Por otro lado, Rodrigo Figueroa Reyes, Founder & CEO de la agencia FCB&FiRe, en su perfil de LinkedIn, el 13 de julio de 2019 escribió que "mientras algunos dedican largas horas de su vida debatiendo si los eSports son un deporte, las nuevas generaciones avanzan a toda velocidad y las marcas no piensan quedarse atrás. ¡Que apasionante todo lo que viene! #FiReSports FCB&FiRe". Se estima que en el mundo ya hay más de 2 billones de gamers. Es lo que comentaba hace unos párrafos antes: el cambio es rotundo. El tema es qué actitud adoptar ante esta nueva coyuntura del entretenimiento, tan relacionado al deporte. Tranquiiii, como dice el cantante Paulo Londra, ya veremos el porqué.

Pero, ¿qué son realmente los eSports? ¿Son tan solo eGames? ¿O podríamos llamarlos eSports y considerarlos un deporte? Comencemos por definir a los juegos electrónicos.

Un juego electrónico es un juego basado en la interacción entre una (o varias personas) y un aparato electrónico que ejecuta dicho juego. Los juegos electrónicos más conocidos son los videojuegos, pero también existen otros como los pinballs, las máquinas tragamonedas, los audiojuegos, ciertos juegos de tablero y varios juguetes. Los videojuegos tienen varios predecesores. En los videojuegos de texto, la interacción se desarrolla mediante texto; las pantallas mostraban texto en vez de gráficos rasterizados con píxeles. Los juegos electrónicos portátiles como el Tetris, el Simon, el Merlin y el Lights Out usan pantallas de lamparitas o cristal líquido, que son capaces de mostrar unos pocos elementos específicos al juego. Los pinballs y las máquinas tragamonedas, originalmente juegos mecánicos, evolucionaron en la década de 1970 hacia juegos electromecánicos o electrónicos para permitir incorporar elementos de juego más interesantes. Los audiojuegos carecen de todo tipo de interfaz gráfica y se basan en el uso del audio y el tacto.

El 19 de octubre de 1972, en la Universidad de Stanford, ocurrió una de las primeras competencias conocidas de videojuegos cuando sus estudiantes fueron invitados al evento Intergalactic Spacewar Olympics (cinco jugadores, todos contra todos, y un torneo en duplas), cuyo gran premio fue una subscripción anual a la revista Rolling Stone. Ya en 1980, el gigante de aquel momento, Atari, organizó la primera competencia de gran escala, el Space Invaders Championship, a la que asistieron más de 10.000 participantes. También en 1980, Walter Day fundó una organización encargada de registrar los puntajes más altos de los videojuegos, llamada Twin Galaxies, que ayudó a promover los videojuegos y publicar sus registros a través de ediciones como "El libro Guiness de los récords", mientras que en 1983 creó el Equipo Nacional de Videojuegos de los Estados Unidos. Durante los 70s y 80s, los jugadores de video juegos y los torneos comenzaron a aparecer revistas populares como Life y Time. Billy Mitchell era uno de los jugadores de videojuegos más conocido, ya que poseía récords en seis juegos diferentes incluyendo Pac-Man y Donkey Kong, que fueron registrados en la edición de 1985 de El libro Guiness de los récords. Durante este período se transmitieron por televisión eventos de eSports, incluido el programa Starcade, que estuvo en el aire entre 1982 y 1984 transmitiendo un total de 133 episodios, en los cuales los concursantes intentarían batir los puntajes altos de sus contrincantes.

A partir de la década del 90 se suceden grandes torneos de eSports como el Campeonato Mundial de Nintendo de 1990, que fue celebrado en varias partes de Estados Unidos, con una final disputada en los Universal Studios Hollywood en California. Nintendo tuvo un segundo campeonato mundial en 1994 llamado Nintendo PowerFest '94, donde hubo 132 finalistas que jugaron la final en San Diego, California. Blockbuster Video también tuvo su propio campeonato mundial de videojuegos a principios de los 90s, co-organizado por la revista GamePro, donde participaron jugadores además de Canadá, Reino Unido, Australia y Chile. Los juegos de los campeonatos de 1994 incluían títulos como NBA Jam y Virtua Racing. En esa época comienzan a hacerse más notorios los shows de televisión que transmiten eSports, como los británicos GamesMaster y Bad Influence!, y el programa australiano A*mazing, que mostraba a dos niños compitiendo en varios juegos de Nintendo. Los torneos más conocidos fueron el Cyberathlete Professional League (CPL), QuakeCon, y la Professional Gamers League, mientras que los videojuegos que se jugaron en el CPL incluían las series de Counter-Strike, Quake y Warcraft. Con la llegada de Starcraft en 1998, los eSports comenzaron a hacerse más populares en otras regiones del mundo, como por ejemplo en Asia.

Los deportes electrónicos o eSports son competencias de videojuegos multijugador, particularmente entre jugadores profesionales. Los géneros más comunes en los videojuegos asociados a los eSports son estrategia en tiempo real, disparos en primera persona y campos de batalla multijugador online (mejor conocido por sus siglas en inglés MOBA = Multiplayer Online Battle Arena).

Desde que la existencia de juegos electrónicos, hubo competencia. Ya sea por quién obtenía más puntaje o bien quién pasaba más niveles. Desde la combinación Internet-juego electrónico a fines de los 2000 se han desarrollado juegos que favorecen tanto el juego on line como las competencias multijugador. Y a su vez, los diferentes jugadores ganan sus partidas on line y las suben y comparten en plataformas como YouTube. Esto hizo que número de personas interesadas en observar estas partidas se haya realmente incrementado año tras año. Canales de televisión pujan por contar con los derechos de televisión de las competencias más grandes de los juegos electrónicos, como The International (torneo anual del videojuego Dota2, lanzado en 2011, es el torneo con mayores premios, superando los 25 millones de dólares en 2018), el "League of Legends World Championship" (torneo mundial del videojuego League of Legends), la Battle.net World Championship Series (una serie de torneos de los diversos títulos de la compañía Blizzard Entertainment), el Evolution Championship Series (evento anual que se centra exclusivamente en los juegos de lucha), la Intel Extreme Masters (serie de torneos internacionales de deportes electrónicos celebrados en diferentes países alrededor del mundo por la compañía Intel) y el Smite World Championship (campeonato mundial del videojuego Smite).

Corea del Sur ha establecido diferentes organizaciones en los eSports, licenciando a jugadores profesionales desde el año 2000. Además de Corea del Sur, la mayoría de las competencias ocurren en Europa, Norteamérica y China. En Japón, a pesar de su gran mercado de videojuegos, los eSports se encuentran relativamente poco desarrollados, por sus leyes contra el juego o las apuestas.

Pensemos ya en las implicancias legales y políticas de reconocimiento de profesionales en videojuegos, y el reconocimiento de las autoridades com eSports, ya que, en 2013, el canadiense Danny "Shiphtur" Le se convirtió en el primer jugador profesional de League of Legends en recibir un visado P-1A de Estados Unidos, categoría de visa reservada para los atletas reconocidos internacionalmente. Se estima que en 2013 aproximadamente 71.5 millones de personas alrededor del mundo

veían competiciones de deportes electrónicos. La gran disponibilidad de plataformas para la transmisión en línea, en particular Twitch.tv, ha sido clave para el crecimiento y la promoción de las competiciones de esports.

En abril de 2019, el Comité Olímpico Internacional acepta los eSports como actividad deportiva, primer paso para dar la oportunidad a futuro, que formen parte de los Juegos Olímpicos. El comunicado menciona que "los eSports están mostrando un fuerte creciendo, especialmente entre los jóvenes de diferentes países, y pueden proporcionar una plataforma compatible con el Movimiento Olímpico". Y continúa diciendo: "la competición dentro de los eSports puede ser considerada una actividad deportiva, los jugadores se preparan y entrenan con una intensidad que puede compararse a la de los atletas de los deportes tradicionales. Para que el COI llegue a reconocerlos como deporte, el contenido de los eSports no debe infringir los valores olímpicos. Un mayor reconocimiento por parte del COI implica la existencia de una organización que garantice que se cumplan las reglas del Movimiento Olímpico (antidoping, apuestas, trampas, etc.). Nadie puede dudar de que se trata de un pequeño paso para los eSports. El COI afirma que efectivamente los eSports pueden ser tratados en cierta manera como deporte, o como "actividad deportiva", si se quiere ser exacto. Sin embargo, la existencia de los dos últimos puntos complica la aceptación completa y su llegada a unos Juegos Olímpicos". En tal sentido, el diario deportivo español MARCA ahonda la situación perfectamente en una nota de Víctor Ayora para la sección eSports Orange: "aunque el COI ha emitido un comunicado en el que considera los eSports y su competición 'actividad deportiva', también explican que para que sea un deporte olímpico en el futuro tendría que existir una serie de condiciones que se antojan, cuanto menos, complicado que se cumplan". Para finalizar, establece otros conceptos por demás interesantes: "los videojuegos deportivos como FIFA, PES o NBA 2K podrían entrar dentro de los requisitos al no infringir los valores olímpicos. Otros tendrían que ser eliminados de la ecuación, como League of Legends, CS:GO o Call of Duty. Todo aquel videojuego que tenga cierta violencia no sería considerado deporte olímpico. También se antoja complicado que los publishers acepten la creación de una federación (nacional o internacional) que escriba unas reglas por encima de sus propios productos. Sin embargo, si alguna vez se cumplieran todas las condiciones, el COI ha abierto la puerta a que los eSports lleguen a unos Juegos Olímpicos".

Ya hoy en día, no solamente hay transmisiones en vivo y en directo con diferentes ángulos y una producción digna de los mejores eventos deportivos del mundo, incluyendo paneles de especialistas donde se comentan jugadas, sino que reamente los videojuegos, eGames, eSports o como quieran llamarle, tiene un verdadero y tangible componente deportivo. Los jugadores se organizan en equipos (teams), tienen sus jornadas de entrenamientos físico y equipos de profesionales que los asisten, como por ejemplo nutricionistas. Además, practican en centros de entrenamiento. Por otra parte, utilizan camisetas deportivas diseñadas por las marcas técnicas especialmente para los teams como Nike, adidas, PUMA, BLK... Los comentaristas relatan las jugadas y gritan los triunfos, el pública llena (literalmente) estadios completos y vibra constantemente, levantan trofeos y agradecen a su público sentado en las gradas (y en sus millones de hogares). Tan sólo ver la presentación del equipo de eSports del Paris Saint-Germain de Paris, uno puede darse cuenta acerca de cómo los clubes de fútbol han abrazado a este deporte y lo han incorporado como propio. Anthony "Tony M" Cagny, Murat "Sunbentley" Can y Maxime Twistikwik" Alic utilizan la misma indumentaria que Cavani, Di María y Neymar Junior, cuando el equipo de Brawl Stars fue presentado en febrero de 2019. En esa oportunidad, cuando el PSG anunciaba sus primeros equipos para juegos móviles, el CEO de Team RRQ (de donde provenían los jugadores del Mobile Legends), Andrian Pauline afirmó que su equipo "está muy orgulloso y honrado con esta colaboración", mientras que Yassine Jaada, Chief Gaming Officer de PSG Esports, confirma el hábil movimiento del club: "con 43 millones de jugadores de Mobile Legends, la mitad de ellos en Indonesia, era obvio que teníamos que entrar en este juego". Por lo tanto, los componentes de la escuadra serán Lemon, InstincT, TUTURU, Liam AyamJAGO y James. Semanas antes, el club parisino había anunciado la creación de sendos equipos de Team Queso y MAD Lions. Otros clubes de fútbol con equipos de eSports son Beşiktaş Jimnastik Kulübü y Galatasaray Spor Kulübü, en Turquía; West Ham United Football Club y Manchester City Football, en Inglaterra; PSV Eindhoven y Amsterdamsche Football Club Ajax, en Holanda; Fußball-Club Gelsenkirchen-Schalke 04 e.V. y VfL Wolfsburgo, en Alemania; Associazione Sportiva Roma, en Italia; Football Club København (FCK – FC Copenhagen), en Dinamarca; Sporting Club Portugal (de Lisboa), en Portugal; Santos Futebol Clube, en Brasil; Valencia Club de Fútbol, Real Zaragoza, Real Betis Balompié, Villarreal Club de Fútbol, Sevilla Fútbol Club, Levante Unión Deportiva, Real Club Deportivo Espanyol, en España; y tantos más, aunque ni el Fútbol Club Barcelona ni el Real Madrid Club de Fútbol han dado indicios que el clásico pueda darse también en el deporte electrónico.

A fines de 2018 se creó la eSuperliga Argentina de Fútbol, que forma parte del FIFA19 Global Series Qualifiers, la primera de este país y la primera en su tipo en Latinoamérica. La eSuperliga es un campeonato oficial de EA Sports FIFA, lo que la convierte en el único campeonato en la Argentina que otorgará puntos para que los ganadores se clasifiquen dentro de la FIFA eWorld Cup, donde se coronará al campeón mundial de FIFA19. Con más de 3.000 jugadores inscriptos, finalmente quedaron 200. En esa organización, la Superliga Argentina de Fútbol (SAF) es socia de eSports Planet, la firma del futbolista argentino Javier Mascherano que organiza certámenes de eSports. Si bien los jugadores no cobran sueldos, "los clubes los apoyarán con un salario emocional", tal como definió Matías Cecileo, Gerente de Marketing de la SAF. Ese sueldo emocional es brindarles el apoyo para el desarrollo de sus capacidades como jugadores de eSports. Los jugadores firmarán contratos con los clubes, donde habrá responsabilidades y obligaciones, que van desde el respeto a otros clubes hasta horarios fijo de entrenamiento. Esta competencia, además, contó con Red Bull como title y naming sponsor en su primera temporada, mientras que posteriormente se creó la Copa eSuperliga presentada por BGH (empresa de tecnología argentina, principalmente ordenadores y electrodomésticos, que en este caso utiliza el claim "la TV oficial de la eSuperliga). "Los eSports continúan creciendo año con año, con más jugadores profesionales, eventos y millones de seguidores que se conectan para verlos y seguirlos. La incorporación de América Latina al ecosistema de la EA Sports FIFA19 Global Series no solo muestra el rápido crecimiento del modo competitivo de FIFA a nivel global, sino que también otorga una gran relevancia a la región ", dijo Yeray Romera, director de Marketing de EA Sports Latam. Dentro de la eSuperliga Red Bull, cada uno de los 26 clubes de primera división cuenta con 3 jugadores, las fechas respetan el orden del fixture de la Superliga Argentina de Fútbol, jugándose 3 partidos de uno contra uno en el modo FUT del juego FIFA 19 para sumar puntos en la tabla de posiciones. FUT es la abreviación de FIFA Ultimate Team, un modo de juego de FIFA19 en el que se arma un equipo en función de puntos que se ganan según resultados. Con más puntos, mejores jugadores se pueden adquirir. Mariano Elizondo, presidente de la SAF, comentó: "Estamos muy agradecidos de que hayan confiado en nosotros. Este acuerdo nos brinda seguridad y confianza enormes en nuestros productos. Hace tiempo que venimos proyectando y trabajando en los juegos tecnológicos". Importante liderazgo continental de Argentina y la Superliga Argentina de Fútbol en este sentido. Vale recordar que uno de los clubes de fútbol pioneros en el país de Alfredo Distéfano, Diego Armando Maradona y Lionel Messi, en contar con un jugador en los eSports fue el Club Atlético Atlas, al que denominó (y ya mencionamos), "Guerrero Virtual".

Para intentar seguir comprendiendo el nivel de penetración en la población y el alcance global que han adquirido los eSports hay que observar sus consecuencias. No hablo de positivas o negativas. Hablamos de lo que trajo aparejado, como la visa otorgada como atleta para el ingreso a los Estados Unidos a un e-jugador profesional. Tal es el caso de algunos directivos de la escuela Garnes Vidaregåande Skule, en la región de Bergen en Noruega, que avisaron a sus estudiantes que dentro del currículum del año entrante se podrá solicitar la clase de eSports como materia escolar. La escuela ha diseñado un cuarto especial con 15 computadoras adaptadas para videojuegos, además de un espacio con capacidad para 30 alumnos. El plan consiste en dividir la clase en dos: 15 estudiantes estarán jugando y los otros 15 haciendo ejercicios físicos. Estos ejercicios irán muy de la mano con los videojuegos, pues para ser bueno en ellos se necesitan reflejos, concentración y velocidad. La escuela ha puesto en marcha una publicación de una lista con videojuegos que han encontrado adecuados para la materia. Los alumnos votarán por sus favoritos, haciendo que los dos más votados sean vistos a fondo en clase. Dota 2, Counter-Strike y League of Legends son algunos de los que aparecen en la lista. Quienes decidan llevar la materia deberán tener 5 horas de clase a la semana, las cuales se impartirán por maestros profesionales (en eSports).

En septiembre de 2018, en una nota de Alan Cruz, el diario deportivo argentino Olé, en su sección ESPORTS titula "Porqué los eSports son un deporte". La imagen central del artículo es uno de los integrantes de la selección argentina de CS:GO festejando eufóricamente durante la copa del mundo 2016, cuando fueron subcampeones. La nota se podría dividir en dos conceptos principales. Por un lado, ante la lógica de externos que dicen que no hay actividad física o porque compiten sentados, justifica que es un deporte, porque se hace tanto ejercicio (o tan poco ejercicio) como en otras disciplinas que sí son consideradas como tales, y menciona al ajedrez y el tiro al arco (ambos reconocidos por el Comité Olímpico Internacional), mientras que agrega que "son varias las disciplinas consideradas deportivas según el COI, en la que el movimiento con el cuerpo es mínimo, y se usa más la cabeza", como el automovilismo, motociclismo, tiro al arco, billar, bowling, bridge, luge, bobsleigh y skeleton. Por otra parte, destaca la importancia de los videojuegos en el desarrollo y habilidad mental de una persona, y aclara que "según un estudio realizado por la Universidad de Rochester en Nueva York, quienes practican estas disciplinas mejoran sus reflejos, pueden tomar decisiones más rápido, aprenden más fácilmente y les es más sencillo realizar diferentes tareas de forma simultánea". La nota finaliza con un dato realmente sorprendente. En Asia, los eSports formaron parte de los Juegos Asiáticos 2018 (el certamen equivalente a los Juegos Panamericanos) y fueron ocho los títulos en los que se compitió por una medalla: LOL, PES, Arena of Valor, Starcraft, Heartstone y Clash Royale.

El sitio "El debate de hoy (el primer diario móvil de opinión de España)", en su nota del 5 de febrero de 2019 por Daniel Cepeda, lanza un cuestionamiento similar a lo que la mayoría de la gente ya no adolescente se hace: "¿Son los eSports un deporte?". Comienza planteando el tema que ya está en boca de todos: "los gamers no tienen ninguna duda que los eSports son un deporte, pero este tema sigue generando un amplio debate entre los que se posicionan a favor y en contra. Sin embargo, los detractores de esta idea achacan que no hay ningún ejercicio físico, por lo que no se puede considerar deporte". La nota continúa: "Se dice que el jugador profesional de videojuegos se prepara físicamente para la partida como lo pueda hacer un futbolista o un tenista. Sin embargo, hay una clara diferencia: el futbolista y el tenista -por citar dos deportes-, tanto en el entrenamiento como en el partido tienen actividad física, mientras que el gamer profesional solo hace ejercicio físico en una de las dos, en el entrenamiento". La diferencia que aquí podría establecerse es en los no profesionales (ni en los aficionados de alto rendimiento), es decir, el jugador que lo hace socialmente, con sus amigos, el fin de semana o después del trabajo. Claramente está haciendo deporte cuando se juntan varios amigos o compañeros de trabajo a jugar al *fulbito*. Lo mismo para los señores que alquilan una cancha de tenis y pelotean. Al igual que las damas que salen con sus carritos de golf por birdies. Eso es deporte. Pero en un muy altísimo porcentaje, no se entrenan para esa actividad deportiva. Entonces, los jugadores de eSports se entrenan físicamente pero no es considerado deporte porque al jugar no hacen ejercicio físico, ¿por qué es considerado deporte algo donde sus practicantes hacen ejercicio (relativo) al practicar una disciplina, pero no hacen ejercicio ni entrenan físicamente? Como mínimo merece un debate. Como mínimo. ¿Polémico? Por supuesto. Pero el mundo no está hecho para tibios. Ni para aceptar cánones prestablecidos. El mundo está hecho para evolucionar. Para intentar. Lo dejo a tu criterio…

Una nota del diario español El País (marzo 2019) proyecta que la audiencia de los eSports puede alcanzar en 2022 los 276 millones de personas, cifra similar al seguimiento de la NFL. Por otro lado, para seguir intentando dimensionar los eSports, si bien son totalmente cuantificables, pero cambian constantemente (en general siempre en crecimiento), su industria podría facturar en ese mismo año más de 1.000 millones de euros, según un informe de Newzoo, una consultora especializada en el sector.

A raíz del furor global por el primer Mundial de Fortnite, el videojuego de Epic Games, que recordemos, se disputó el 26, 27 y 28 de julio de 2019 en el gran estadio de tenis donde se juega el US Open (Queen's, New York, USA), uno de los cuatro Grand Slams (pareciera que los únicos lugares aptos por el momento son los mega estadios deportivos para hacer los campeonatos de eSports, como por ejemplo, el Estadio Olímpico "Nido de Pájaro" de Beijing donde se hizo la competencia de League of Legends en 2017), surgieron muchos debates. Si los videojuegos limitan las capacidades mentales de los chicos, si favorece la obesidad y la dejadez, si puede aislar a los jóvenes, y que de ninguna manera puede ser considerado un deporte. En la otra vereda encontramos a quienes conocen desde dentro y dicen que se han hecho amigos no solo con compañeros de equipos, sino de otros equipos, otras ciudades y de otros países, que sólo juegan una vez que vuelven del colegio y estudian, que los profesionales tienen staffs que los cuida como a deportistas, porque claro: de este lado del sol, los eSports son un deporte. Hay que entender primero. En julio de 2019, en una nota del diario argentino Clarín, se mencionaba que "Fortnite no es un videojuego. Es mucho más que eso. Es un lugar. Un lugar para estar". "Un lugar en donde estar. Tangible e intangible. No es Starbucks, pero algo así", dice The Wall Street Journal. "Es para los centennials, lo que facebook es para los adultos", dice The New York Times. "Es una red social. Con su pata en el mundo real", dice a Clarín Nicolás Honeker, secretario general de la Asociación de Deportes Electrónicos y Videojuegos de Argentina (DEVA). Está en los celulares Android e iOS de 7 de cada 10 varones de 14 años. Sigue Clarín con una visión diferente: "Es el nuevo 'tercer lugar', como en la sociología moderna se describe al entorno separado de los otros dos ámbitos sociales habituales: el hogar y el trabajo o la escuela". Más de 3.000 millones es lo que facturó Fortnite en 2018 por las compras que le realizaron "in game" (compras de los jugadores una vez que ya están dentro del juego). En la Argentina, 9 de cada 10 adolescentes están en una red social. "La adolescencia es una etapa en la que defino quién soy y qué quiero que los demás piensen de mí. Ahí las redes son una herramienta con inmenso potencial: los define desde lo que suben a su biografía (en este caso como jugadores) hasta lo que publican cada día", detalla al diario Clarín, Roxana Morduchowicz, doctora en Comunicación y especialista en jóvenes y consumo de tecnología. "Claro que Fortnite es su propia red social y conecta con las otras redes", aclara. Por eso hay 9 mil grupos de Fortnite en facebook. El grupo Fortnite Argentina tiene 19.286 miembros, con un promedio de 200 publicaciones en el muro por día. Las últimas estimaciones dicen que ya existen más de 250 millones de jugadores de Fortnite en el mundo y 40 millones intentaron ingresar a #FortniteWorldCup. Cifras. Dato mata opinión. Y los números hablan.

Vamos a finalizar por lo que debería haber sido el principio. Definamos sobre qué estamos hablando.

Según la Real Academia Española, dentro de la Asociación de Academias de la Lengua Española, "deporte" tiene dos acepciones. La primera de ellas es "actividad física ejercida como juego o competición, cuya práctica supone entrenamiento y sujeción a normas", mientras que la segunda es una "recreación, pasatiempo, placer, diversión o ejercicio físico, por lo común al aire libre".

Por otro lado, la RAE define "juego" como la "acción y efecto de jugar por entretenimiento" y el "ejercicio recreativo o de competición sometido a reglas, y en el cual se gana o se pierde. Juego de naipes, de ajedrez, de billar, de pelota".

Solo nos quedaría encontrar el significado de "jugar" y volvemos a la misma referencia que da 22 conceptos al respecto, y algunos de ellos, que sirven a los efectos de lo que se está desarrollando en este capítulo, son: "hacer algo con alegría con el fin de entretenerse, divertirse o desarrollar determinadas capacidades" y "entretenerse, divertirse tomando parte en uno de los juegos sometidos a reglas, medie o no en él interés".

Es importante que se tome conciencia en todo sentido de la trascendencia global de los eSports. Su extensión, presencia multicontinental, el nivel de audiencia, los estadios llenos para ver jugar a los gamers, el nivel de penetración en jóvenes, adolescentes y adultos, el interés de las marcas por estar presentes y convertirse en grandes patrocinadores, el negocio del que ya están participando las principales cadenas de televisión, no sólo para sus plataformas digitales, sino la cantidad de horas de aire en vivo y directo para transmitir los campeonatos (en Latinoamérica, ESPN -una señal de deportes- transmitió la Fortnite World Cup con 14 horas en vivo y seguimiento durante los tres días, en TV tradicional más contenido aún en streaming), los nuevos negocios que generan (y los viejos negocios que salvan como por ejemplo en España que los eSports resucitan las ventas de PCs), el nivel de influencia que poseen los jugadores estrellas, convirtiéndose en tan solo semanas en nivel de influencers-íconos para una franja etaria de foco en 13 a 17 años, y fundamentalmente el negocio detrás de ello ya que cualquier servicio, inscripción o juego adquirido, por más que sea tan sólo por algunos dólares, al multiplicarlo por la enorme comunidad que representan en todo el planeta, hace que los números sean realmente sorprendentes. Repito: es importante. Al menos profundizar el tema. Aprender. Conocer. Saber. Analizar. Y recién luego poder tomar un curso de acción, trazar un plan y llevarlo a cabo con acciones concretas. Pero rápido. Los eSports no se detienen un minuto. Y lo que hoy es algo conocido y sabido, mañana cambia. Y en definitiva siempre es primordial que los menores de edad estén acompañados por su madre y/o su padre. Y los eSports sean considerados una actividad más que un menor de edad puede hacer. Siempre en un orden de prioridad inferior a lo que implica el acceso a una buena educación, una buena alimentación, un lugar digno donde vivir, un grupo de amigos sano y una familia que lo contenga. No sólo en los eSports. En toda actividad. Así debe ser la vida.

Diez tendencias sobre innovación y tecnología para el deporte

Una investigación del sitio Analítica Sports, publicada por su Director de Contenidos, Marcelo Gantman, columnista especial de este libro, repasa las 10 tendencias sobre innovación y tecnología para el deporte para 2019, que bien vienen para dar cierre a este capítulo.

1. **Menos smartphones, más sensores.** Según las predicciones, habrá una desaceleración en la venta de teléfonos móviles y un crecimiento en el interés por sensores integrados a indumentaria, dispositivos (wearables), calzado y las aplicaciones. Crece el mercado de la tecnología aplicada a medir y cuantificar diferentes tipos de actividades.
2. **Las tecnológicas pagan.** Sigue la tendencia de las compañías como Amazon, twitter y facebook como compradoras de derechos y generadoras de alianzas con organizaciones deportivas.
3. **La ola del streaming.** El consumo de deporte en vivo y por demanda es otra tendencia que no se detiene. La variedad de la oferta se desplaza con fuerza hacia las denominadas segundas pantallas. Se superpone el partido con los contenidos oficiales que intentan alcanzar a los que no miran el juego. Barcelona es un ejemplo: produce un "show de living" por redes sociales mientras el equipo juega en el Camp Nou.
4. **Estadios y clubes inteligentes.** La tecnología será aliada de la modernidad. Los clubes automatizan sus procesos de relación con los socios y abonados. Crecerá el uso de chatbots para el contacto cotidiano y la mensajería. Los estadios incorporan más herramientas, como la Internet de las Cosas, para convertirse en entornos digitales que ya reemplazan en muchos casos a los dispositivos físicos: pago virtual con teléfonos, billeteras en la nube, reconocimiento facial para identificar zonas de riesgo y conflictos, aplicaciones para encontrar estacionamiento y ordenar bebidas y comidas son cada vez más frecuentes. Lo lleva adelante el Bayern Munich, pero también la Universidad Católica de Chile. La tendencia es global.

5. **Realidad mixta.** Las experiencias de inmersión de consumo deportivo siguen en aumento. Intel comenzó 2018 con producciones de realidad virtual en los Juegos Olímpicos de Invierno en Pyeonghcang y lo cierra con los clásicos partidos de NBA. La realidad aumentada ya integra el menú de entretenimiento de los fans en los estadios de diferentes partes del mundo. Es la tendencia que más crece.
6. **Atletas contra clubes y medios.** La influencia de los deportistas en redes sociales ya es superior a la que tienen los medios tradicionales y los propios clubes y ligas para las que juegan. Ahora, los grandes nombres del deporte crean sus propios canales de contenidos exclusivos e intentan monetizar la audiencia que tienen. El caso más concreto es el de OTRO, una plataforma que reúne a figuras como Lionel Messi, Neymar Junior, David Beckham, James Rodríguez, Éric Cantona, Luis Suárez y Zinedine Zidane. OTRO funciona con un sistema de membresía y allí los atletas ofrecen videos originales sobre su preparación y sus secretos para competir.
7. **Nuevos deportes.** Los Juegos Olímpicos de la Juventud Buenos Aires 2018 fue una explosión de nuevos formatos deportivos. El Comité Olímpico Internacional transformó a los Youth Olympics Games en una plataforma de experimentación con deportes que son desprendimientos de otros (básquet 3X3) y suma disciplinas como skate y la escalada deportiva. La tendencia es encontrar nuevas expresiones urbanas que puedan adaptarse a un formato competitivo. El escenario está abierto a cualquier deporte tradicional que pueda encontrar otra versión más impactante, de menor duración y de muchas emociones. El beach handball fue otro ejemplo.
8. **El futuro es OTT.** Las plataformas Over the Top siguen apareciendo como ofertas claras para el consumo deportivo en vivo. Ya hay gigantes como Amazon, ESPN+, Bleacher Report Live, DAZN y otras de escala menor, pero que satisfacen necesidades: es el caso de Fanatiz, una OTT que tiene el fútbol de las ligas sudamericanas y que está disponible para los fanáticos que las consumen fuera de su país. Tener una suscripción de costo bajo fue la respuesta a la pérdida de suscriptores de la televisión por cable. La tendencia comenzó en Estados Unidos de Norteamérica, pero no para de crecer.
9. **Facebook sigue vivo.** Contra todos los pronósticos, los canales de TV y las organizaciones deportivas tienen en facebook a un socio robusto y sano. Facebook se convirtió en la pantalla aliada para competiciones como la copa CONMEBOL Libertadores y

la UEFA Champions League con partidos incluidos en la grilla de la red social. Facebook tiene 150 acuerdos deportivos a nivel global y es el nuevo gratis del deporte. Señales como Eurosport ya producen con facebook, por ejemplo, transmisiones como la apertura y cierre de los Juegos Olímpicos.

10. **Apuesta al conocimiento.** El análisis de datos, el uso de modelos predictivos para lo que fuera, la aplicación de la inteligencia artificial y la captura de información de todo aquello que sea cuantificable, no hace otra cosa que profundizar una tendencia: el conocimiento es el motor de la innovación en el deporte. Quienes capturan datos y los saben interpretar, avanzan. Quienes rechazan la idea de incorporar analistas y softwares para conocer más a propios y extraños, quedarán de lado. Ya no hay opciones.

Columna especial de Jorge Prat Gay.

Deportistas y redes sociales: comunicación, valor e imagen.

Por Jorge Prat Gay, CEO de Eleven Talen Group (@eleventalent group), empresa de imagen y representación de deportistas, con foco central en fútbol. Ex Vice President Latin America y Managing Director Argentina, en IMG.

Suena extraño estar sentado frente a la computadora para escribir sobre redes sociales cuando no las tengo ni las uso. Pero tengo hijos y represento deportistas, por lo que entender este fenómeno no es una cuestión de gustos ni de costumbres, sino una necesidad.

Estoy vinculado al mundo del deporte desde hace muchos años. Me tocó vivir la explosión de internet allá por los 90, con todo lo que generó, y, más cerca en el tiempo, la aparición de las redes sociales, con todo lo que aún sigue impactando. Dos momentos clave en la transformación de las reglas del marketing deportivo.

¿Por qué cito estos dos momentos? Porque ambas irrupciones cambiaron las reglas del juego en la construcción de la imagen de los deportistas y el deporte todo. Y vivo atento a todo lo nuevo, día a día, ya que los cambios tecnológicos nos obligan a vivir en permanente adaptación. Lo que hoy parece una regla de oro, mañana ya no la es. Adaptarse, también en el deporte y en el marketing deportivo, es la clave en este siglo XXI.

Soy de la generación que veía futbol por TV en blanco y negro. Los partidos se jugaban todos a la misma hora y había uno sólo de esa fecha de la liga argentina, que era transmitido en vivo y en directo. Del exterior, prácticamente ninguno, excepto grandes eventos mundiales y a cuenta gotas. También leía con devoción la revista El Gráfico que llegaba a los quioscos los lunes por la noche, ávido de enterarme de lo que había sucedido más en profundidad y poder leer entrevistas con los ídolos de esa época. Los cambios, por entonces, se dieron de a poco. Así tuvimos tiempo de acostumbrarnos a poder ver, gracias a la transmisión satelital y a los avances tecnológicos que empezaron a sucederse, eventos deportivos en vivo. La aparición de la TV por cable, ganándole espacio a la abierta, nos dio más posibilidades de ver más eventos aún y mayor cantidad de contenidos relacionados.

Pero todo comenzó a cambiar. Y mucho más rápidamente con el desarrollo masivo de Internet y las computadoras personales. Ya se podían leer las noticias a color y casi en tiempo real. Y, en simultáneo, casi sin darnos cuenta, con los smartphones y las redes sociales, pudimos saber absolutamente todo al instante y contado por los propios protagonistas. Algo impensado poco tiempo atrás.

Esta pequeña reseña histórica, que no es ninguna novedad. Es simplemente la introducción para poder contarles en primera persona cómo es hoy la construcción de la imagen de un deportista a través del (buen) uso de su estructura de redes sociales.

En estos más de 20 años que llevo involucrado en la representación de deportistas, he visto la evolución del marketing deportivo, los patrocinios, la publicidad, las estrategias comunicacionales de las empresas y, por supuesto, el crecimiento e importancia que han adquirido los deportistas de elite en la comunicación.

Los contratos de imagen en los 2000 estaban basados en compromisos de 4 a 6 presencias anuales a eventos corporativos o similar, más una jornada de 8 horas para filmar un comercial o spot publicitario. Hoy en día lo que cuenta es la base de seguidores en las distintas redes (principalmente Instagram, twitter y facebook), la distribución geográfica y la segmentación por género y edad de los mismos. Lo que vale hoy es la presencia del deportista a través de sus posteos y stories en el que, en primera persona y sin intermediarios, se vincula con sus fans, y que llega en forma directa a la gente interesada en productos vinculados.

Recuerdo muy bien el día donde tomé conciencia de la importancia de las redes sociales y cómo realmente habían producido un cambio de paradigma en la forma de utilizar la comunicación y la imagen de un deportista exitoso. Cuento una anécdota que viví en carne propia y que lo explica todo. Mi hermano vivía en Miami y trabajaba para la División Internacional de Molinos (compañía argentina de alimentación) que tenía la representación de las pastas Delverde y de un aceite de oliva del cual ahora no recuerdo el nombre. En esa época yo presidía la filial argentina de IMG. Se avecinaba el Masters 1000 de Miami que precisamente organizaba esa empresa, que, además, tenía a la mayoría de los jugadores top de ese momento en sus filas. Mi hermano se comunicó conmigo para pedirme si podía consultar cuánto podía costar un tweet de Rafael Nadal desde el comedor de los jugadores con un texto similar al siguiente: "***Desde el Players Lounge comiendo una pasta riquísima con aceite de oliva aún mejor....***". Me pareció una buena idea y para poder darle una respuesta llamé a Carlos Costa, Manager de Rafael Nadal y compañero de trabajo mío, ya que en esa época también era el Manager de David Nalbandian, que estaba en IMG, y hablábamos seguido por varios temas. Cuando le hice la consulta me respondió: "*En primer lugar esa acción no tiene precio porque no sería creíble para los seguidores de Rafa. Y nosotros queremos que él sea creíble. Pero si quieres tener una idea de lo que Rafa podría pedir por ese tweet te lo voy a contestar con algo que nos sucedió hace unos días. Fuimos a jugar el Master 1000 de Shangai, cuyo sponsor automotriz era Mercedes Benz. Nos ofrecieron 400.000 dólares por un tweet que dijese: ´Camino al estadio en el nuevo GLK 400, que maravilla de auto´. Nuestra respuesta fue negativa -me dijo Carlos-. Teníamos una larga historia junto a KIA y eso hubiera sido una traición.*". Dos conclusiones: 1) Ser fiel a las marcas que te han apoyado y te apoyan (los 400.000 dólares eran una fortuna por un tweet, pero nada comparable a los valores y a la fidelidad); y 2) Ser creíble frente a tus seguidores.

Esta vivencia me permitió, y me obligó, a adentrarme en el nuevo mundo de las comunicaciones del Siglo XXI y su vinculación con el marketing deportivo. Y como tal, estudiar primero e implementar luego en nuestra empresa el mejor servicio en esta área para nuestros representados. Sin descuidar el área de prensa, hoy las redes sociales son las principales, aunque claro no las únicas, herramientas de comunicación de los deportistas. Les permite estar conectados en forma directa con sus fans y ayudan a construir su imagen dentro y fuera del deporte.

El criterio desde nuestra experiencia en la empresa es acompañarlos en su buen uso conformando un equipo profesional que supervisa, sugiere y aconseja, tanto a los ya consagrados, como a los jóvenes que recién se inician. El objetivo: un uso que los represente fielmente y, al mismo tiempo, les sirva para su crecimiento. Es en este sentido en el que conformamos criterios innegociables que les transmitimos diariamente y que forman parte de los distintos servicios que, como agencia, estamos comprometidos para lograr su mejor desarrollo como profesionales.

Para nosotros, las redes sociales deben ser genuinas y representar fielmente a la persona reafirmando sus fortalezas y minimizando sus debilidades. La construcción de la imagen debe estar basada en sus cualidades como persona y deportista sin generar algo que no es. Los contenidos deben ser creíbles en relación a la personalidad de cada uno, una de las principales cualidades que deben tener sus redes.

El asesoramiento de un Community Manager juega un rol fundamental. Desde nuestra compañía, instruimos a nuestros representados para que sus redes no se conviertan en un arma de doble filo y les damos consejos para su buen uso. Nuestra experiencia nos indica la importancia de un diálogo constante, en el que se les señala, que el manejo de sus cuentas también los define como profesionales. Y en épocas en que, principalmente los más jóvenes, pasan muchas horas entrando en las redes y en algunos casos con obsesión por la cantidad de seguidores que poseen, se les reafirma que no se es mejor jugador por tener más cantidad de seguidores, sino que tendrán más de ellos cuanto mejores deportistas sean. El Community Manager, entonces, es un punto de referencia que los ayuda a orientarse, sugiere contenidos y los acompaña para el mejor uso de sus redes con un rol de confianza plena entre ellos. En este último aspecto se pueden señalar distintos criterios básicos. No se trata de simples posteos sino también del sentido de la oportunidad de cada uno de ellos. Sin dejar de lado la espontaneidad, que necesariamente deben tener, no se puede descuidar el lenguaje que utilizarán, la ortografía, la utilización de otro idioma si es necesario y el sentido de la oportunidad en que son subidos. En este sentido, vale recordar un ejemplo reciente en el que una estrella mundial del fútbol (de nacionalidad portuguesa) subió una foto dentro de un avión privado pocas horas después de la desaparición del avión que transportaba al futbolista argentino Emiliano Sala, fallecido en un accidente de aviación, con la consiguiente ola de críticas que recibió.

El rol del Community Manager no debe ser el de hacedor, sino el de asesor. No reemplaza al deportista, sino que lo complementa, lo ayuda a mantenerse informado y sugiere contenidos, siempre atento a la personalidad de cada uno de ellos. Justamente en relación a los contenidos, hoy cada vez más visuales, deben tener criterios que estén relacionados también con las características de las tres principales redes que se utilizan: twitter, facebook e Instagram. Esta última, hoy más en boga y preferida por la mayoría, requiere de más instrumentos gráficos en el que las fotos, los videos y las animaciones -especialmente en las historias de instagram- demandan más elaboración, aunque, repito, sin que afecten la espontaneidad de quienes las suben. El Community Manager también está relacionado, en especial con las estrellas, con la supervisión del contenido de los posteos de los compromisos comerciales adquiridos. Como dije anteriormente, el prestigio y la credibilidad del deportista no pueden estar en venta. Es aceptable, que las marcas que lo acompañan (indumentaria, calzado, etc.), tengan su lugar en social media, pero siempre con contenidos que representen al jugador y que se acerque lo máximo posible a mostrarlo tal como es. El Community Manager debe estar atento a esto para refrendar u objetar los posteos sugeridos por las distintas compañías.

Como verán, es un tema apasionante, que deja mucha tela para cortar y que abarca muchos otros aspectos que requerirían de mayor espacio. Pero, como conclusión, y como dije anteriormente, nos obliga a los que estamos inmersos en el mundo del marketing deportivo a estar atentos para cambiar, modificar y adaptarnos a los nuevos tiempos. Hoy las redes sociales son hoy un instrumento que puede ser importante para ayudar a construir la imagen de un deportista y para prestigiarlo. Pero siempre desde un buen acompañamiento profesional, obligatorio para una empresa de representación y para, en definitiva, sumar un servicio que complete todo el trabajo que debe hacerse para acompañar el exitoso desarrollo de un deportista.

Columna especial de Emiliano Grillo.

"Mis redes sociales potenciaron mis sponsors"

Por Héctor Emiliano Grillo (14 de septiembre de 1992, Resistencia, Provincia de Chaco, Argentina, @GrilloEmiliano), golfista profesional del PGA TOUR. Tras un gran pasado como aficionado en los equipos argentinos de la Asociación Argentina de Golf y en USA, se hizo profesional en 2011. Miembro del European Tour de 2012 a 2015 (Top10 en su primer torneo como profesional en el Africa Open 2012). Fue ganador del VISA Open de Argentina (Abierto de la República Argentina, parte del PGA TOUR Latinoamérica) en 2014, del Web.com TOUR Finals en 2015 y del Frys.com Open (PGA TOUR) ese mismo año. Finalizó 11° En la FedEx Cup 2016, año en que fue elegido "Rookie of the Year". Integró el equipo internacional de la President's Cup 2017 y ya ha participado de los 4 Majors (12° en The Open, 13° en el PGA Championship, 17° en The Masters y 54° en el US Open). Además, en 2009 obtuvo el Byron Nelson International Junior Golf Award a la caballerosidad deportiva. Representó a su país en los Juegos Olímpicos de Río de Janeiro en 2016, donde obtuvo diploma olímpico al haber finalizado 8vo.

Las redes sociales hoy en día hacen de dos puentes muy importantes. Uno es entre el deportista y sus fanáticos mediante anuncios personales, como ser dónde son sus próximas apariciones, muestras de entrenamientos y hasta posteos personales, tanto como qué es lo que le gusta hacer al deportista en su tiempo de ocio, familia, amigos, hobbies y hasta fotos de lugares cuando viaja. Esto depende mucho de cada uno, como todo en la vida. Existen personas que exhiben mucho sus vidas personales, y otras que no. En mi caso intento mantener lo personal como tal y esto quizás a la hora de sumar fanáticos juega en contra. Pero prefiero el enfoque en mi deporte y que lo más personal quede como tal. El otro puente es entre una marca que apoya al deportista y sus seguidores. En estos casos la marca patrocinadora, encuentra en el deportista un canal genuino de comunicación para generar una exposición a gente "nueva" (su target) donde este nuevo público está interesado más en el deportista. Por lo general el primer puente hace un efecto dominó hacia el segundo, ya que, a más seguidores, más atracción para las marcas.

En lo personal, entendí esto desde chico. Veía una posibilidad de atracción de fans y marcas a través de exposición y por esto es que decidí, desde mis comienzos, exponer mis cuentas de redes sociales en mi bolsa de palos de golf. Muchos otros golfistas lo hacían con sus páginas web personales, pero yo creo haber sido el primero (y si no, uno de los primeros) en colocar una cuenta personal de una red social, En mi caso fue Twitter antes de la existencia de Instagram, ya que era la red del momento.

Uno trata de relacionarse con marcas y empresas que sen afines al perfil de uno. Con marcas que quieran lo mismo, que tengan objetivos y estilos comunes, y de esta manera, ayuden de forma natural al crecimiento del deportista, tanto dentro como fuera del campo de juego.

Además, las marcas pueden ayudar a atraer a otras, porque comparten targets comunes. Es un poco el efecto dominó mencionado previamente. Algunos ejemplos de esto serían los deportes extremos relacionados con bebidas energéticas, y el surf con ropa casual o de playa. Intento relacionarme con empresas que estén en el ámbito del golf, como primera segmentación. Marcas que lleguen a los teléfonos de 300 millones de golfistas aficionados a nivel mundial. Uno de mis sponsors, los relojes de alta gama Audemars Piguet, tiene un equipo de personas dedicadas exclusivamente al manejo de sus contenidos en el ámbito del golf, haciendo permanentemente videos y publicaciones de sus embajadores en sus redes sociales. Esto es importantísimo para poder potenciarnos mutuamente. Otros sponsors simplemente optan por usar mi presencia con sus clientes a modo de relacionamiento corporativo, mientras que algunos para obtener exposición en televisión y dispositivos móviles.

Existen infinitas maneras de exposición para las marcas, es cuestión de encontrar el fit perfecto de cada deportista, en función de la marca, el deporte en particular, y obviamente el deportista-persona. Pero esto es algo que se logra con muchos años de experiencia, siempre se empieza desde abajo, de forma silenciosa, y las opciones no son muchas. A medida que el deportista se va haciendo conocer por su juego, sus logros y su personalidad, las oportunidades comienzan a surgir y ahí es donde, con algo de suerte, se logra una estabilidad con las relaciones con las marcas. En mi caso, desde mi primer día como profesional, he contado con managers y agentes comerciales a mi lado, de tal modo que yo pudiera enfocarme en mi juego, que en definitiva es mi pasión, pero también mi trabajo. Hoy en día he logrado encontrar un balance perfecto para mi negocio. Si, dije negocio. Porque la carrera de un deportista profesional es un negocio y debe tratarse como tal a la hora de tomar decisiones. Cada una de ellas es muy importante ya que una mala decisión económica puede acabar con la carrera deportiva, ya que, básicamente, sin dinero para poder solventar viajes, alojamiento y comida en los torneos, no hay posibilidad de una carrera deportiva (profesional).

Algo clave para el deportista es lograr la exposición de las marcas en el momento clave. En el golf es a la hora de levantar el trofeo. Esa foto del domingo por la tarde (o de noche, como me ha pasado), es la foto que va a recorrer un país entero y hasta quizás el mundo. Es el momento donde el deportista debe lograr que sus sponsors sientan que su inversión económica valió la pena. Y para esto existen técnicas específicas. Un ejemplo claro es la exposición del reloj. Diría que más del 90% de los jugadores que levantan un trofeo lo hacen del lado derecho, colocando la mano izquierda por delante del trofeo. De este modo, el reloj se exhibe en primer plano por delante del trofeo. Esto es algo que aprendí antes de que me llegue la oportunidad de levantar una copa. Desde chico fui muy inquieto, y este detalle, siempre lo observaba a los profesionales por televisión en mis épocas de amateur. Intentaba imitar desde cómo se paraban, cómo hablan y hasta cómo jugaban. No sólo del golf, sino de otros deportes. Siempre me imaginé ganando torneos de golf como profesional y veía esos pequeños detalles de hasta como posar con un trofeo. Espero poder volver a aplicar esas poses pronto. =)

Columna especial de Raúl Fagalde.

¿Qué decimos cuando hablamos de embajadores de marca, influencers, microinfluencers, assets y demás?

Por Raúl Fagalde (@CabraFagalde), Head of Marketing de PUMA Argentina (@puma). Graduado en Business Administration & Management en McKendree University (Illinois, USA) en 2001 y del Postgrado "Derecho y Management del Deporte" FIFA/CIES en la Universidad Católica Argentina (Buenos Aires, Argentina) en 2013. Con experiencia en marketing y ventas en Concepto Polo, Philip Morris International, Heladerías Freddo, Cervecería Brahma y Docthos HSBC Salud.

Hoy en día, todas las marcas hablan a sus consumidores a través de distintos canales de comunicación. Porque hasta las que no hablan, están diciendo algo: eligen no comunicarse con gran parte del público). Y sin lugar a dudas, que el canal de embajadores-influencers es uno de los más relevantes en el momento de lograr alcanzar el target de las marcas.

En un estudio reciente realizado, ciertas conclusiones mencionaban que en la Argentina el 44% de las acciones en redes sociales que realizan las marcas se hacen en Instagram. Igual número en facebook. Por contrapartida, en México y Perú, el 86% y 70% respectivamente se realizan en facebook mientras que en estos países tan solo el 22% y 11% en Instagram.

El consumidor de PUMA es un ávido seguidor de tendencias en redes sociales. Y específicamente están pendientes de aquello que las marcas e influencers comunican. Ambas redes mencionadas (facebook e Instagram), tienen un alcance muy alto en cuanto a cobertura (a la llegada que tienen al target de consumidores potenciales). Ahora bien, una cosa es llegar a una cierta cantidad de gente, el famoso reach, y otra muy diferente es tener un buen índice de engagement con la marca, que dependiendo cual es la estrategia del momento, se evaluará qué estrategia implementar. Poniéndolo de otro modo, es importante llegar a la mayor cantidad de consumidores potenciales, pero más aún es ver la relevancia de nuestra marca y productos en ellos, y la interacción positiva que tienen con nosotros a través de social media.

En lo personal, considero que lo importante es saber cómo llegar, dónde hacerlo, cuándo comunicar, qué tono usar y a través de quién PUMA le habla al consumidor. En la actualidad, prácticamente todas las marcas utilizan embajadores, influencers y demás, para llegar a su core target (las personas a las que les interesa que les llegue nuestro mensaje). De hecho, por momentos, los consumidores se saturan de la cantidad de información que permanente reciben desde diferentes ángulos, mensajes y medios. Y en gran medida, el consumidor intuye y percibe con bastante porcentaje de acierto, cuándo un influencer sube y comparte contenido porque solamente recibe un pago a cambio (dinero, servicios y/o productos) o directamente lo hace porque se lo exige un contrato. Y desde ya que no está mal que las marcas lo hagan de este modo. Pero como marca el desafío está en ser creíble. Se le pague o no.

Y aquí es dónde entran en juego las diferencias entre embajador, influencer, microinfluencer, asset y el resto de las denominaciones de los líderes de opinión de marca. Los embajadores de marca, al menos en PUMA, son aquellos que vayan donde vayan van siempre con indumentaria de la marca, tienen un contrato a largo plazo y se les exige algo más que al resto. Hoy son los menos en PUMA Argentina. Los influencers son justamente personas que son por su carácter de líder de opinión, por tener justamente el poder de influir en los demás dentro las personas de su alcance que encuentran en ellos un referente. Inclusive a veces son acciones one shot (por única vez) que no dependen de un contrato a largo plazo. Por otro lado, los microinfluencers son personas de referencia pero para un segmente mucho más pequeño, básicamente un nicho de mercado y por ende, llegan un público más reducido, pero muchas veces son más efectivos porque esa porción inferior en tamaño, tiene un alto porcentaje del target al que queremos llegar como marca, además de ser más eficiente porque el costo para PUMA es extremadamente menor. Por último, el asset, ya es un activo de marca como puede ser en el caso de PUMA con el Manchester City (Premier League), Sergio "Kun" Agüero, Usain Bolt, el Club Atlético Independiente (Superliga Argentina de Fútbol), etc., más similar al embajador en el caso de personas pero con un relación y compromiso mucho más profunda y sólida por ambas partes.

Lo que es importante y me parece necesario destacar, es que no siempre hay que utilizar la misma estrategia. No siempre hay que hablarle a los consumidores con el mismo embajador o influencer, ni con el mismo tono. Desde PUMA tenemos segmentados los influencers de acuerdo al consumidor al cual queremos hablarle. En la actualidad nuestro objetivo es, primero en función a los productos y colecciones que lanzamos, identificar a los consumidores para ese producto en particular y planear la estrategia de comunicación para llegar a nuestro consumidor. Y dentro de ese plan, seleccionamos los influencers que se ajusten a esa campaña específica. Los que mejoren performance entendemos que nos darán para ese momento según el comportamiento, gustos y preferencias de esos consumidores en concreto.

Por último, y respecto a los mensajes y la forma de comunicar, hemos hecho una trasferencia en el estilo. Pasamos del anterior storytelling (PUMA comunicaba contenidos realizados previamente con embajadores o influencers), al actual storydoing, que básicamente es generar contenido junto a ellos, pero que sean ellos mismos los que lo compartan con sus seguidores genuinos el mensaje junto con los productos de la marca, de una manera real y menos forzada. Que sean ellos mismos los que se expresan. De hecho, uno de los valores de PUMA es #BEYOU. Es lo mejor ¿no?

Columna especial de Marcelo Gantman.

Qué es y qué no es Big Data en el deporte.

Por Marcelo Gantman (@marcelogantman), Director de Contenidos del sitio y newsletter digital Analítica Sports, Innovación y Deporte en Latinoamérica. Periodista deportivo y podcaster, es actual columnista en La Nación Deportes sobre nuevas tendencias, tecnología y social media, en 2019 lanzó el programa ejecutivo "Big Data en la Industria del Deporte" en la Universidad de Palermo (Buenos Aires, Argentina) donde es profesor. Trabajó como responsable de contenidos deportivos en radio Vorterix por más de 5 años y como comentarista deportivo en televisión.

Hubo una época en la que el deporte no tenía números. Simplemente se ganaba, se perdía y final del asunto. El historiador español Emilio Calderón, en su libro "Deporte y Límites", cuenta que, recién luego de 1860, las competencias atléticas tuvieron medición de tiempo con la invención del cronógrafo. Fue un recurso de los británicos para poder diversificar el mercado de apuestas. Ya no alcanzaba con saber quién era primero en una carrera de 100 metros, sino que había que arriesgar en cuánto tiempo hacía el sprint. Primera conclusión: las primeras métricas del atletismo no fueron hechas como un instrumento de análisis de performance, sino como una herramienta de fan engagement. Ahora nadie puede concebir el deporte sin medirlo y cuantificarlo.

El deporte tiene números, estadísticas y datos. ¿Tiene Big Data? Aquí llega la parte en la que, quienes producimos contenidos relacionados con las métricas del deporte, tenemos que desarmar algunas fantasías: que algunas expresiones del deporte tengan muchos datos, cantidades industriales de estadísticas, eso no significa que tengan Big Data.

Para eso vamos a pedir la ayuda de otro autor. El economista Walter Sosa Escudero, en su libro "Big Data, breve manual para entender la ciencia de datos que ya invadió nuestras vidas", arriba a una definición simple sobre algo que no lo es: "¿Qué es Big Data? Son datos que no fueron generados por el propósito de crearlos, como cuando se hace una encuesta (...) Nos conformaremos diciendo que Big Data se refiere a la copiosa cantidad de datos producidos espontáneamente por la interacción de dispositivos conectados".

Los millones de data points que entregan, por ejemplo, los GPS de los futbolistas cuando se entrenan, pueden ser, en la línea de tiempo histórica, una referencia de Big Data. Pero esa acumulación de kilómetros recorridos, giros, frenos y sprints, constituyen un océano de datos que ahogarán al mejor de los preparadores físicos si no tiene en claro qué buscar. Todavía en el deporte competitivo (y parece que por un buen tiempo las cosas serán así), las preguntas son previas a las supuestas respuestas objetivas que generan los sensores de los dispositivos y los sistemas de tracking óptico que sirven para evaluar rendimientos.

Dicho de otro modo: no hay información valiosa simplemente porque se generaron millones de datos por segundo. La habrá si un entrenador o un científico deportivo saben lo que quieren. Un director técnico primero debe saber a qué quiere jugar para luego ver cómo los datos le dan soporte para su idea.

En cambio, el Big Data puede entregar respuestas para otras inquietudes. Por ejemplo: los principales estadios del mundo analizan flujo de espectadores, zonas de detención, pedidos de gastronomía, compra de productos, reconocimiento facial ante estímulos de consumo y comportamientos varios, para luego cruzar esos datos con variables como temperatura ambiente, hora del día, movimiento del tránsito, participación en redes sociales y geolocalización de los fanáticos. Eso es Big Data. Eso requiere de un cruce de científicos, matemáticos, ingenieros, economistas y sociólogos para entender todo lo que los datos nos quieren decir.

El deporte tiene Big Data para ciertas expresiones de su industria. Para otras tiene datos que deben ser analizados y utilizados con la experiencia de quienes conducen equipos. Como respaldo para confirmar percepciones. Como tendencia natural para darle el último tiro en básquet al que corresponda.

Los datos no matan la creatividad. La potencian. La justifican. Los datos no sirven para predecir resultados, sirven para que entendamos el juego y para que lo mejor que tiene el espectáculo deportivo siga vivo: la incertidumbre de lo que va a suceder.

Columna especial de Juan Diego García Squetino.

Los eSports: El entretenimiento del nuevo siglo, una realidad.

Por Juan Diego García Squetino (@jotadgs), Country Manager para Argentina, Chile y Perú en LVP (Liga de Videojuegos Profesional, @ LVParg), empresa del Grupo Mediapro. Ex Director de Marketing y Patrocinios de la Liga Nacional de Básquet (Argentina), y anteriormente, Gerente de Markerting de Proenter, integró el equipo de Marketing de FIFA (Johannesburgo, Sudáfrica) y fue Gerente de Marketing de Club de Amigos (Ciudad de Buenos Aires, Argentina). Formado como Profesor de Educación Física en el Instituto de Educación Física Dr. Enrique Romero Best (Argentina), realizó un postgrado en Dirección y Gestión de Entidades Deportivas (ESEADE, Argentina), Master of Business Administration (M.B.A.), Gestión de Entidades Deportivas (Universidad Católica Argentina), la licenciatura en Empresa, Gestión, Marketing y Disciplinas Afines (Escuela Argentina de Negocios) y el Programa de Educación Ejecutiva CMO Academy, Marketing Digital (Columbia Business School and Google Academy, NY, Estados Unidos de Norteamérica).

Si es deporte. Si no lo es. Sin son saludables. Si no lo son. Si es una moda. Si no lo es. Varios de estos preconceptos son los que hoy están en el habla de quienes ven a los eSports como un producto desconocido. Principalmente, por la gran diferencia generacional de quienes tomamos decisiones corporativas, versus los nuevos consumidores del nuevo siglo.

En nuestra región latina, ya podemos hablar de un producto dentro de la industria del entretenimiento, que ya es visto como gran oportunidad de inversión de grandes marcas. Que, por otro lado, ya dejó de ser de nicho, para poder ser transversal y generador constante de contenidos.

Para que podamos entender, un juego es comparable a una disciplina deportiva tradicional. Si hablamos de fútbol (el deporte número uno a nivel mundial) podemos hablar en los eSports del League of Legends (el juego más jugado de PC en el mundo). Argentina, Brasil, Chile, México, Colombia y Perú, son quienes hoy presentan ligas nacionales en carácter profesional de juegos como League of Legends, con equipos profesionales, jugadores dedicados y organizaciones que invierten para la realización de dichas ligas, como lo es la LVP (Liga de Videojuegos Profesional), la división de eSports del grupo Mediapro y hoy líder en el mercado de habla hispana en el mundo.

¿Por qué las marcas ven a los eSports, como una nueva oportunidad? Debemos saber que el 36% de la audiencia presenta entre 14 a 18 años, mientras que el 30% siguiente se encuentra entre 18 a 24 años, y luego el 33% restante va de 24 a 35 años. Aquí están los próximos 10 a 15 años de consumidores.

Los eSports son un producto de la era digital, de la era de Internet, donde reina el consumo de libre acceso y de libre interacción. Plataformas como Twitch, YouTube, twitter y la misma facebook, han desarrollado su área Gaming. Y si hablamos de la TV, el interés de las grandes cadenas de poder contar con contenidos exclusivos y diferenciales en eSports es cada vez mayor. En Argentina, la empresa Cablevisión Flow, que le da nombre a la liga profesional del país como la Liga Master Flow, y genera, para sus canales, contenidos exclusivos además de trasmitir en vivo y en simultáneo con Twitch todas las fechas de la Liga.

Si volvemos a preguntarnos lo que mencionaba en el inicio de la columna, desde mi punto de vista, los eSports son el nuevo entrenamiento del siglo. Un producto de las nuevas generaciones, atractivo para las grandes cadenas generadoras de contenido, de inversión y retorno a corto, mediano y largo plazo. Un producto digital tan cambiante como motivador. Los eSports están en crecimiento y todos quieren ser parte.

Columna especial de Tadeo Timmermann.

"Así viví mi primer Mundial de Fortnite como jugador"

Por Tadeo Timmermann (@tadetimm), cuyo nombre como jugador de eSports es xOwN (como a él mismo le gusta escribirlo en redes sociales), fue uno de los tres argentinos que participó en el primer Mundial de Fortnite en la modalidad de duplas con Thiago "K1ng" Lapp, que se disputó en julio de 2019 en Queen's (New York, USA). Es alumno regular del colegio secundario ORT (Buenos Aires, Argentina). Jugador del 9z Team. Al ser un menor de edad (16 años), esta columna fue previamente aprobada por su madre, Sigrid "Pitty" Timmermann.

Antes del Fortnite, a mis 13 años, jugaba a un juego llamado Overwatch, donde experimenté por primera vez la sensación de competir en un juego. Al Fortnite lo juego hace alrededor de un año y medio. Pero solo hace un año lo hago de manera competitiva.

En mi familia todos estaban felices por mí ya que saben que dí todo lo posible y me la jugué por la posibilidad de clasificar, cosa que al final se me dió. Nunca tomaron raro que juegue eSports porque yo ya venía explicándoles un poco el tema. Aunque al principio cuando empecé a ganar dinero jugando a los "juegitos", ninguno en la familia lo podía creer. Uno de los pensamientos básicos de la anterior generación, es que todos los que se la pasan jugando, se aislan de la "realidad", cuando es todo lo contrario: establecés amistades con los que jugás, y esas relaciones son duraderas para el resto de nuestros días.

Para clasificar al Mundial, en cada región (América del Norte, Brasil, Europa...), tenías diez semanas para poder clasificar. En nuestra región, Brasil, que era la que nos correspondía geográficamente, para poder clasificar era necesario quedar primero de todos los que jugaban, debido a la poca disponibilidad de cupos que había para la zona. Esto, en las demás regiones no pasaba, ya que, como todo está más profesionalizado, se estima encontrar mejor nivel de jugadores haya que acá. La última semana, donde la modalidad era de duplas, clasifiqué con mi dupla saliendo primeros de todos, con una diferencia significativa de 38 puntos sobre el segundo. Estos puntos los obtenés ya sea eliminando a los demás oponentes, o posicionándote dentro de los 15 restantes, por ejemplo. Siempre hablando de que este juego se basa en un Battle Royale, lo que significa una isla con máximo 100 personas en la cual el último sobreviviente gana la partida.

La experiencia que tuve durante el Mundial en Estados Unidos fue única. ¡Y espero poder revivirla en lo que queda de mi carrera! Poder representar a la Argentina en una competencia mundial es algo que muy pocos la viven. La verdad que la empresa Epic Games con el tema de la organización y cuidado de nosotros, se puso la 10. Realmente no hay nada para criticar al respecto y, por mi parte, fueron las mejores "mini" vacaciones de mi vida. Conocía previamente a todos los mejores jugadores, aunque la mayoría de ellos no me conocían a mí. Allá era uno más del montón. Hablé poco y nada con los otros jugadores ya que la empresa no buscaba hacer actividades en conjunto, y todo quedaba en disposición de cada uno, sobre qué hacer con tu tiempo en la estadía, ya sea practicar o pasear. No me abrumaron demasiado las notas allá durante el Mundial. A la vuelta, en Argentina, sin embargo, salimos en muchos medios, y sentí que la gente pasó toda la semana hablando del tema. Todavía no me lo creo que haya tenido tanta difusión el tema, jajaja.

Voy al colegio ORT, cursando doble escolaridad. Por lo cual hay dias que llego a mi casa a las siete de la tarde. Mi base de inglés donde más la perfeccione fue en la primaria y actualmente secundaria. Este año me toca dar un examen inglés internacional (CAE), ya que el último (First) lo aprobé. Fue muy importante para mí tener un alto nivel de inglés para relacionarme en Estados Unidos durante el Mundial, al igual que las comunicaciones previas y las notas que tuve que hacer después allá. Con respecto a las demás actividades físicas, esta semana volví al gimnasio. Pero durante las semanas de clasificatoria, no hacía ninguna actividad física, ya que trataba de darle todo el tiempo que pudiese a la práctica y mejorarme lo máximo posible como jugador. Fue una cuestión de tiempo en ese momento. Hago actividad física como cualquier chico de mi edad, y para mí es muy importante para mi salud y para distraerme.

Los eSports, para mí, son un nuevo mercado que vino para quedarse. Y con el poco tiempo que tienen, los premios que se reparten, ya superan a otras competencias, como por ejemplo a la NBA. En un futuro muy temprano, y gracias a la tecnología, toda la población mundial dejara de consumir la TV y empezará a frecuentar a sus ordenadores, ya sean portátiles o de escritorio, para utilizar nuevas formas de entretenimiento como es el caso de NETFLIX.

Para el futuro, me imagino jugando entre los mejores jugadores del mundo (¡ojalá lo pueda lograr!) y viviendo en una región como Norteamérica o Europa, ya que el nivel de juego, y el profesionalismo y seriedad con la cual se manejan en los eSports, son los mejores lugares.

Participar en el primer Mundial de Fortnite representando a mí país, sin dudas fue una gran experiencia y también una oportunidad para mi desarrollo personal en muchísimos aspectos que suelen no tomarse en cuenta, que van desde la sociabilidad con jugadores y organizados, y la comunicación, hasta la disciplina y la importancia de la dedicación. Fue único.

Capítulo #3: Consumidor deportivo, su experiencia y entorno

"La gloria no consiste en ganar siempre, sino en disfrutar del camino, entrenando, esforzándose al máximo e intentando superarte a ti mismo. La gloria significa ser feliz".
Rafael Nadal.

"Pierdes el cien por cien de los tiros que no haces".
Wayne Gretzky.

Capítulo #3

Conductas del consumidor

"La gesta deportiva es lo que más moviliza mis sentidos. Cualquiera sea el deporte, lo importante es ponerse en la piel de los competidores".

Jorge Prat Gay, CEO de Eleven Talent Group, columnista invitado de los libros "La pasión deportiva del marketing" y "La pasión deportiva del nuevo marketing".

En el libro anterior que publiqué en 2013, "La pasión deportiva del marketing", se expresaban conceptos de diferentes puntos de vista respecto de lo que implicaba ser un consumidor de deportes, analizado respecto de la psicología, sociología y el marketing. Y repasaremos algunos de ellos como introducción para hacer un análisis inicial de las conductas del consumidor.

Leon G. Schiffmann y Leslie Lazar Kanuk, en su libro "Comportamiento del consumidor" ("Consumer behavior", Editorial Prentice Hall, primera edición de 1997), declaran que el concepto de mercadotecnia (marketing) se basa en la premisa que un comercializador debe fabricar lo que puede vender en lugar de tratar vender lo que puede fabricar. Y Lambin también aclara, por si hiciese falta hacerlo, que la óptica marketing es la satisfacción de las necesidades del comprador como objetivo primordial de la empresa, no por altruismo, sino porque es el mejor medio para alcanzar sus propios objetivos de rentabilidad y/o de crecimiento.

El marketing deportivo, como especialización, abarca gran cantidad y diversidad de conceptos, como la relación que existe entre el consumidor y el proveedor de la industria del deporte. Entre los tipos de consumidores del deporte podemos resumirlos así: el público (sea de manera presencial donde ocurre la disciplina deportiva, o bien porque lo practican o adquieren productos y servicios, como a aquellos que lo siguen por cualquier tecnología como la radio, televisión, dispositivos móviles, computadoras, etc.) y a patrocinadores, que podrán ser entidades comerciales, organismos gubernamentales, instituciones sin fines de lucro, etc. Ahora bien, respecto a los productos deportivos, hallamos eventos, atletas-deportistas, infraestructura (por ejemplo, estadios), información, imágenes, instituciones deportivas (clubes, entre otros), federaciones deportivas (incluyendo asociaciones y confederaciones) y productos en sí mismos (indumentaria y calzado deportivo, implementos deportivos como pelotas-balones, raquetas, elementos de protección, palos de hockey, tacos de polo, cascos, etc.). Entre los proveedores deportivos también es necesario encontrar la mayor cantidad de un amplio espectro que incluye, en su mayor porción, a propietarios (de derechos, de estadios, etc.), reglamentaciones y regulaciones, fabricantes y proveedores de servicios, e intermediarios como los sponsors, media agents, agentes, etc.

En función de todo esto y considerando el concepto amplio, según el propio Wilensky establece, las decisiones de marketing conjugan lo estratégico con lo simbólico, de tal manera que es necesario realizar las definiciones de marca de manera planificada, sabiendo el rumbo que deberán tomar en el futuro, pero siempre teniendo en cuenta que la marca es el activo más estratégico. Comúnmente vemos jugadores de tenis sociales, esos que los sábados y domingos por la mañana se encuentran en su club o alquilan una cancha por hora, vistiendo íntegramente indumentaria Nike porque se sienten identificados por el estilo de juego (y/o de vida) de Roger Federer. Juegan a que son Roger vistiendo la marca del Swoosh, el nombre de su isotipo. Nada más simbólico en sports marketing que eso. Y obviamente Nike, como tantas otras marcas, saben eso y pagan altos contratos de patrocinio con deportistas de alto rendimiento, porque el consumo va en función de lo simbólico.

Pero también es importante mencionar el porqué del ser humano como individuo de consumo. Luego de superadas las necesidades básicas (alimentación, seguridad, salud, vestimenta), ¿por qué consumimos? ¿Por qué queremos una mejor casa y un mejor automóvil, si con lo que contamos está bien y nos sentimos cómodos? Claramente porque el ser humano es deseante por naturaleza, según determinase el célebre pediatra, psiquiatra y psicoanalista inglés Donald Woods Winnicott (1896-1971). La gran mayoría de las corrientes psicológicas y sociológicas determinan que el momento natural más traumático de la raza humana es el momento del nacimiento. Durante el parto. El momento en que salimos del vientre de nuestra madre. Esta teoría establece que mientras estamos en el útero de nuestra progenitora, no necesitamos nada más. No hay que llorar, ni pedir, ni comprar nada. Ni casa, ni auto, ni alimentos, ni bebida. Ni necesitamos trasladarnos. Ni calefacción ni aire acondicionado. Lo tenemos todo. Es el estado donde somos seres humanos completos. Lo que Winicott llama “Estado de Completud”. Luego del parto se termina todo eso y empezamos a valernos por nosotros mismos en un mundo cambiante. Entonces, según Winicott, el ser humano -como individuo complejo- durante toda su vida realiza acciones y tiene conductas originadas en ese estado incompleto, buscando (sin nunca más lograr alcanzar), aquel estado de completud que nos fue arrebatado cuando nacimos. Entonces volvamos a mencionarlo: el ser humano es deseante por naturaleza en esa esperanza eterna e inalcanzable de satisfacción, en la que el deseo funciona como motor de la demanda de productos y servicios, como estado de ausencia de la plenitud para intentar y nunca llegar a ser completos nuevamente. Suena frustrante. Pero no deja de ser una teoría muy interesante de por qué las personas consumen y compran. Y cuando pareciera que no necesitan nada más, surge nuevamente el deseo voraz (por exagerar un poco) de volver a consumir y a desear productos y servicios, a través de las marcas, por supuesto.

El posicionamiento de una marca es la imagen que tienen los consumidores sobre ella. Es decir, cómo la ubican en su escala y estructura psicológica y perceptiva. Esto alude inequívocamente al producto imaginario y simbólico. Este es el valor conceptual que las personas tienen de una marca y por ende de un producto, servicio y empresa que lo genera y produce. Es un concepto que ocupa una posición en la mente del consumidor, y ese espacio en el cerebro debe hacerlo una marca, antes que lo ocupe la competencia. Ya que como bien se dice, el que pega primero pega dos veces. Pero ese posicionamiento es imposible generarlo en todo el mundo y, menos todavía, sostenido en el tiempo. De esta manera se intenta que aquel público al que la marca le interesa, tenga ese posicionamiento que deseo. Ese público al que apunta dicha marca o producto es el target de la empresa. El grupo de consumidores potenciales de la marca.

¿Es posible dirigir el mismo mensaje a niños, mujeres empresarias, amas de casa, abuelos, deportistas, ejecutivos, y que todos tengan el mismo posicionamiento mental de una marca específica? Sí, repítalo en voz alta: no, no es posible. No. No es posible. Ese target al que la marca quiere dirigir su mensaje está también conformado por diferentes grupos homogéneos ("las amas de casa entre 30 y 55 años", "los niños varones entre 6 y 10 años", "los ejecutivos que ganan más de tanto dinero por año", por poner ejemplos). Estos grupos homogéneos en cuanto a su conformación de edad, sexo, nivel socio-económico, estilo de vida, etc., se llaman segmentos. Así pues, segmentando el mercado dentro de las estrategias de marketing, las marcas obtienen los mejores resultados. Y muchas veces, una de las variables de segmentación es el precio, como los relojes de lujo y alta gama versus relojes comunes. Esta variable de precio es el gran componente del mercado y producto económico que venimos mencionando. ¿Sobre qué cosa hacemos posicionamiento, segmentación y el target es apuntado? Sobre productos y servicios. Y fundamentalmente sobre las marcas. Ni más ni menos que el mercado técnico de producto funcional. Pero nunca hay que olvidar que el posicionamiento siempre, pero siempre, siempre, es emocional.

El marketing como disciplina tiene mucho contenido psicológico y sociológico, como el lector habrá notado ya en este primer capítulo. Mencionaremos ahora al médico psiquiatra y psicoanalista francés Jacques Lacan (1901-1981), que en su momento estableció la Teoría del Espejo ("El estadio del espejo como formador del yo"), y luego retomado por Wilensky en su libro "Marketing Estratégico" (Tesis-Grupo Editorial Norma, 1988). Lo que dijo uno de los padres de la psicología y fundador, obviamente, de la corriente lacaniana, es que los individuos son sujetos que se reflejan en las personas (los otros, el espejo) de tal manera que les dice quién y cómo son. Más simplemente, los individuos se miran en el espejo del mercado para ver cómo son. Cuando hay una parte del cuerpo que las personas no pueden verse, como por ejemplo el color de sus propios ojos, tienen solo dos opciones: o le preguntan a otra persona "¿cuál es el color de mis ojos?", o directamente se miran en un espejo. Sea de una forma u otra, esa otra persona a la que podemos consultarle, en definitiva, nos hace de espejo. Lacan establece que parte de la conducta humana es la posibilidad de verse a sí mismos, en función de lo que nos digan las personas de nosotros mismos. Así es que creemos que somos de determinada forma (llamémosle Sujeto 1), y luego las personas nos dirán cómo nos ven, de tal manera que establecemos y decodificamos esa respuesta y podemos tener certeza de cómo somos a la vista de los demás (Sujeto 2). Y ese sujeto adquiere productos y servicios que los definen (Sujeto 3) porque no es lo mismo vestir un traje Armani, tener un automóvil Jaguar y un reloj Jaeger-LeCoultre, que vestirse en Billabong, ir en skate y ver la hora en nuestro iPhone, aunque ambos sujetos tengan la misma edad, vivan en el mismo lugar, hayan tenido la misma educación y posean un empleo muy similar. La percepción que tenemos de estas dos personas será diferente. Ni mejor, ni peor. Diferente. Porque los productos que consumimos también nos definen como personas. Y así adquirimos productos y nos reflejamos nuevamente en el mercado (Sujeto 4). Continuamente lo hacemos. Porque el ser humano no demanda solamente productos y servicios. Sino que demanda ser un otro. Al adquirir productos y servicios, al cambiar de bienes y servicios, nos convertimos en un otro, a los ojos de los demás. Ante el espejo. Y ya no nos bañamos dos veces en el mismo río... O como dijo el filósofo Griego Heráclito de Éfeso "En los mismos ríos entramos y no entramos, [pues] somos y no somos [los mismos]".

Los individuos que actúan en un mercado responden a un patrón natural psicológico respecto de su estructura mental de razonamiento al momento de adquirir bienes. Este proceso de compra surge en primera medida por una necesidad que posee el ser humano y que desea satisfacer. Y es por esto que demanda bienes y servicios. Se repite, para fijar el concepto, que el deseo es el motor de la demanda.

Luego de la necesidad, el consumidor comienza el proceso de búsqueda de información para saber cómo cubrir esa necesidad latente insatisfecha. Comienza con su percepción de la situación y luego el análisis de la misma. Posteriormente, con la información, su percepción y análisis, vendrá el proceso de decisión: qué comprar (producto), dónde (lugar, plaza, distribución), cuándo (momentum), a qué valor (precio), y en función de la percepción de la información que recibo (a través de la promoción). Luego de la decisión viene la acción, que en este caso es la compra o adquisición misma del producto o servicio. Se prueba el producto. Se lo usa. Y el ser humano, en este proceso de compra, vuelve a hacer su análisis respecto de si todos los pasos anteriores fueron bien realizados como para satisfacer la necesidad que le originó todo su proceso de compra. Finalmente, cuando surge una nueva necesidad similar, el consumidor tendrá aún mayor información adquirida para el análisis de su nuevo proceso de compra.

De este modo, Wilensky encuentra al sujeto consumidor en el centro de la escena (siempre lo será) afectado por su universo simbólico, su propia naturaleza psicológica, el fenómeno del consumo (búsqueda del estado de completud) y de los modelos de decisión del consumidor (proceso de compra). Este sujeto, finalmente, se convierte en el sujeto demandante que busca ofertas e información en el mercado para satisfacer sus necesidades.

Según EF Deportes, revista sobre temas de Educación, Educación Física, Actividad Física y Ciencias del Deporte y Salud Integral, que se destina a profesionales que intervienen, estudian y/o investigan esos campos disciplinarios y aquellos relacionados a ellos, el marketing describe el comportamiento de compra de los consumidores como un proceso de resolución racional de un problema. Aunque algunos individuos les influyen su entorno, también son capaces de reorganizar tanto el aspecto social como el físico y cultural que les rodea. Existen diferentes factores que explican el proceso por el que la gente se colectiviza en el compromiso y la obligación deportiva. Los factores que influyen en el comportamiento son tanto ambientales como individuales. Los factores ambientales comportan otra serie de factores, ya sean normas como valores culturales; clase, raza y relaciones sexistas; condiciones climatológicas y geográficas; comportamiento comercial de las empresas deportivas y la estructura de las oportunidades sociales, culturales y deportivas. Los factores individuales influyen el autoconcepto, la situación en la vida o el entorno familiar, características físicas, aprendizaje y compromiso, percepción, motivación y actitudes.

¿Por qué alguien consume deportes? ¿Por qué mira deportes? ¿Por qué grita ante un gol o una victoria? ¿Por qué adquiere un ticket y va a un estadio? ¿Por qué compra indumentaria deportiva más allá de la necesaria para la práctica y actividad física? No hay una única respuesta. No hay una sola. Nop. Para empezar, es importante entender que todos somos diferentes. Aunque a veces haya personas que utilizan este concepto solo para justificar determinadas actitudes. Todas las personas poseen, como consumidores, diferentes motivaciones. Poseen experiencias pasadas, entornos sociales y razonamientos que afectan su entorno externo y su perfil psicológico. Entonces, si todos somos diferentes, nos motivan diferentes cosas. Y dentro del análisis de las conductas del consumidor, el deporte también moviliza desde sectores bien variados.

Como consumidores, podemos elegir una determinada entidad bancaria porque nos ofrece la mejor tasa de interés, porque tiene una muy buena financiación, porque nos da la garantía de ser una empresa global o porque nos da el orgullo nacional de ser un banco de nuestro país, porque su sucursal nos queda cerca, porque son rápidos y eficientes, y hasta porque nuestro oficial ejecutivo de cuentas siempre nos atiende bien y hay caramelos en la sala de espera. A un automóvil podemos seleccionarlo por su precio justo en función de las prestaciones, porque es confortable, por su alto nivel de tecnología y diseño, por su variedad de colores y hasta porque era la marca que conducía nuestro padre (y quizás nuestro abuelo). En una línea aérea, compramos un ticket para viajar porque es económico, o por su nivel del catering en Primera Clase, por su puntualidad, por su moderna flota de aviones y porque tiene rutas de vuelos directos sin escalas. La gran mayoría de estos reason why son racionales. Son pensados. Pero, ¿por qué amamos a alguien? Porque me gusta. Error, siguiente respuesta... Porque compartimos los mismos gustos. Error. Next... Porque la paso bien cuando estamos juntos. ¡No! Otro... Será... ¿porque sí? Obvio. Ssssselente (así escribo "excelente"). Es así: se ama y no hay explicación. Amo a alguien porque lo amo y no encuentro justificación, ni la razón. Lo mismo en deportes, donde la pasión no entiende de razones. Donde la pasión es el motor (en el deporte como en la vida). ¿Qué hace que me levante a las 3 de la mañana a ver jugar a mi equipo del otro lado del planeta? Yo estaba durmiendo, no tiene sentido lo que estoy haciendo. ¿Qué hace que salga de mi casa a las 18 horas para tomar el ómnibus o el metro, con miles de personas, y viaje durante más de una hora, llegue al estadio y los controles de acceso no siempre me traten bien y que el estadio no tenga comodidades (como la gran mayoría en Sudamérica) y no tenga una butaca cómoda o un sector de gastronomía digno, para gritar los goles de mi equipo (o sufrir los del rival de turno) abrazándome con desconocidos en las tribunas para compartir el sentimiento, y además pague (un ticket) por eso? Nada. No tiene sentido que haga todo eso. Eso es pasión. Eso es amor. El consumidor deportivo consume por pasión. Vibra por amor.

Compra una vez más la nueva camiseta de su equipo para renovar la esperanza de ser campeón, aunque ya tenga ocho camisetas del mismo equipo. Ni la lluvia, ni el frío, ni el extremo calor van a ser causas para dejar de ir a alentar a mi equipo. Nada.

Experiencias únicas para el consumidor de deportes

Esto escribía en el libro "La pasión deportiva del marketing" para comprender los patrocinios deportivos y porqué ya no se puede pensar en mecenazgo deportivo, ni solamente en brand exposure, ni exclusivamente en adquirir bases de datos, ni alcanza tan solo con la transferencia de valor. Además de estos conceptos, necesarios, pero no suficientes como se estila decir en la ciencia matemática, debemos incorporar el concepto de experiencias únicas para que el sports marketing comience a entender. Para que el marketing deportivo comprenda y, de una vez por todas, abrace el concepto real de hacer vivir experiencias únicas a clientes, compradores, consumidores, recomendadores y usuarios (porque no son todo lo mismo). Hacer vivir experiencias únicas a alguien, o a algunos (segmentos, nichos) hará que ellos sean fieles a mi evento, equipo, estadio, empresa, producto, servicio, marca o todo eso junto. Que alguien me haga vivir un momento inolvidable de aquello que no se puede comprar con dinero es algo que quedará en la retina, en la memoria y en el corazón. Alimentará el alma de una manera única e irrepetible. Eso solo se puede asemejar con la pasión. Y con el amor. Porque no hay razón alguna para amar. Tampoco para ser un consumidor emocionalmente deportivo. ¿Hay otro tipo de consumidor deportivo? Naaaaa. Para mí, no.

Repasemos lo que decíamos en 2013 en "La pasión deportiva del marketing" respecto de la evolución de los patrocinios, hasta llegar a las experiencias únicas actuales que, lejos de ser moda, ya se han convertido en tendencia. Se continúa creyendo que las marcas deben estar dispuestas a dar dinero al deportista, institución, equipo, evento o federación. Sin pedir nada cambio. Y como consecuencia de un contacto personal o relaciones sociales, sin ningún componente o análisis profesional de afinidad, target, segmentación, posicionamiento, pricing ni derechos de activación. Esta percepción antigua, obsoleta y errónea del patrocinio genera constantemente situaciones perjudiciales para los actores deportivos. Es necesario entonces comprender que, quienes desean ser patrocinados, tendrán que entender lo que un patrocinador modelo siglo XXI espera de la gestión de patrocinios, lo que espera de su imagen, su negocio y sus ventas. Lo que aspira a que ocurra con su dinero invertido y lo que espera del patrocinado, poseedor de los derechos del property.

En un sentido muy amplio de la palabra, el patrocinio existe hace más de 3.000 años. Sus orígenes se remontan a la antigüedad clásica, cuando primero en la Grecia antigua y luego en el Imperio Romano se originó un movimiento para apoyar el desarrollo del arte y los eventos deportivos. En la Grecia antigua era frecuente y bien visto que las personas acaudaladas y poderosas financiaran las artes, la construcción de infraestructuras (barcos y grandes construcciones) y las competencias deportivas (juegos olímpicos, por ejemplo). La razón fundamental era mejorar la apreciación y reputación personal de quienes pagaban, frente a los miembros de la comunidad. Más tarde, estas actividades se definieron con la palabra latina sponsoris que podría traducirse como *el que hace algo bueno.* Esta característica del patrocinio de "hacer algo bueno" se ha mantenido a lo largo del tiempo, mientras que ha variado la forma de llevarla a cabo, específicamente, en la forma de planificar, valuar, activar y analizar el patrocinio en general.

Una primera diferencia apareció con Cayo Mecenas, ciudadano romano muy prestigioso (año 70 al 8 antes de Cristo), que apoyó de manera desinteresada a poetas muy conocidos como Horacio, Virgilio y Propercio. Aunque algunos alegan que la actuación de Mecenas no era completamente desinteresada, y que particularmente estaba muy preocupado por su imagen y reputación en la sociedad romana. Así las cosas, la palabra "mecenas" se ha convertido en sinónimo de hacer el bien sin pedir nada a cambio, más que por el sólo hecho de poder ayudar al desarrollo de un talento o habilidad de algo o de alguien. En alemán y francés, las nociones mäzenatentum y mécénat están directamente vinculadas con el nombre y comportamiento altruista de Cayo Mecenas, noble romano (?), confidente del césar Augusto y patrón de las artes.

Dicho esto, el mecenazgo es un tipo de patrocinio que se otorga a artistas, literatos o científicos, a fin de permitirles desarrollar su obra. Ese apoyo, aunque se presente como desinteresado, pues el que lo otorga no exige a sus beneficiarios ningún tipo de devolución o réditos económicos, otorga un beneficio concreto respecto de la imagen positiva (que provoca en la sociedad) que eso genera cuando se da a conocer (posicionamiento en la escala social y reputación), al tiempo que proporciona algo emocional, ya sea por admiración estética de la obra que se apoya, por placer moral o intelectual, o bien la satisfacción de la vanidad. Cuando el mecenazgo incluye el encargo de la obra y no se limita a una genérica protección a la actividad del patrocinado, puede estar estableciendo el pago de derechos de obra, en gran medida el proceso creativo y la ejecución de la misma, ya que muchas veces se necesitan de manera previa los materiales, dimensiones, tema o tratamiento para su realización. La obra de arte (o literaria o científica) puede quedar o no en propiedad del mecenas, siendo muy común que éste la done o ponga a disposición del público de una u otra forma (publicación, exhibición en un museo, etc.). Un mecenas es aquella persona poderosa que brinda su apoyo material o protege, mediante su influencia, a artistas, literatos y científicos para que estos puedan realizar su obra.

Históricamente, el mecenazgo ha representado una forma importante de sostenimiento de la producción artística, al permitir el desarrollo de obras no orientadas a su circulación mercantil (mercado del arte). La práctica del arte antiguo es resultado de encargos del poder político y real, tanto como para templos religiosos, si bien Cayo Cilnio Mecenas cobró tanta fama como protector de las artes que su nombre pasó a designar tal función social. Durante un largo período de la Edad Media, la Iglesia fue prácticamente la única institución que ejerció el mecenazgo artístico y cultural, dado su monopolio de las actividades intelectuales. La baja Edad Media supuso un florecimiento del mecenazgo civil, tanto por parte de las familias aristocráticas como de las instituciones políticas y sociales (ayuntamientos y gremios) y de las monarquías en formación. Pasó a ser una convención artística aceptada representar al donante, patrón o comitente dentro de la propia obra de arte donada a una institución religiosa o exhibida en la capilla familiar o institucional. Quien encargaba la obra determinaba qué santo o advocación debía representarse (habitualmente su santo patrón, pero también cualquiera por el que se deseara demostrar una particular devoción). De este modo, las escenas representadas podían terminar siendo totalmente arbitrarias.

El mecenazgo moderno apareció en el Renacimiento. Los artistas áulicos, aunque no recibieran pagos regulares o no estuvieran en un momento concreto realizando un encargo por el que recibieran un pago inmediato, eran admitidos en el círculo de confianza de sus poderosos patrocinadores, donde podían no solamente mantener un nivel de vida superior al del entorno artesanal gremial, sino también desarrollar una inédita capacidad de relacionarse entre sí entre artistas de distintas artes o de distintas disciplinas intelectuales, y con personajes de las clases sociales más altas. Todo ello elevaba su formación y condición. Se fue perfilando un tipo ideal de artista universal, humanista, que define la época. La vinculación de un mecenas con estos artistas geniales, que adquirían una inmensa fama incluso en plena juventud, aportaba prestigio social, político y evidentes beneficios a los que lo ejercían, con lo que el mecenazgo se convirtió en una práctica extendida. Familias como los Médici consiguieron rodearse de los artistas y humanistas más importantes, convirtiendo a Florencia en el centro cultural de su época. La protección de las artes pasó a ser una actividad competitiva entre las ciudades italianas, el papado y las monarquías europeas (Reyes Católicos, Maximiliano I de Habsburgo, Francisco I de Francia, Enrique

VIII de Inglaterra, Isabel I de Inglaterra, Felipe IV de España, Luis XIV de Francia). Y dentro de cada una de ellas, las casas nobiliarias y algunos personajes que deseaban prestigiarse por encima de su bajo origen (mercaderes enriquecidos o altos funcionarios), que aprovechaban la oportunidad de vincular su nombre al de los artistas que protegían.

Muchas empresas, incluso en la actualidad, consideran el patrocinio como parte del buen comportamiento corporativo y una forma y estrategia de filantropía. Por lo tanto, no dan mucha importancia a la activación de estas inversiones, ya que realizan muchos patrocinios y contribuciones dispersas, desordenadas y esporádicas, cuya causa tiene mayor origen en las relaciones personales que en la consecución de los objetivos profesionales de la empresa y el modo de encontrar alternativas y canales creativos para incrementar el posicionamiento y el valor de marca deportiva en los consumidores. Es decir que, en lugar de vincularse a objetivos sociales o comerciales planificados en función de la estrategia de la empresa, sus contribuciones reflejan a menudo las creencias personales y los valores de los miembros del consejo de administración o los ejecutivos del departamento de comunicación. Lo más parecido a Cayo Mecenas o la familia Médici. Esto es obsoleto y atrasa. Las empresas y marcas deben concentrarse en asociaciones, alianzas y acuerdos de marketing, en las que la activación del contrato de patrocinio se convierta en un elemento fundamental dentro del plan operativo para lograr los objetivos de incremento de valor de imagen de marca y niveles de ventas comerciales.

La evolución del sistema de sponsorship económico (patrocinio), está plagado de complejidades respecto de la creación de valor para la marca deportiva. A la ya mencionada Era del Mecenazgo, donde no existían marcas sino un prestigio y reconocimiento sin nada a cambio; le siguió la Era de Exposición, donde básicamente las marcas comerciales (y no comerciales), invertían en patrocinios, fundamentalmente para promocionar sus productos y que esto contribuyera a un mayor nivel de ventas. Desde la imagen, esta se caracterizaba por poner el isologotipo de la marca en cuestión en el lugar más visible posible, a cambio de dinero en efectivo, ayuda o canje de productos, sin demasiada activación que esperar que la marca se luciera en los medios de comunicación casi fortuitamente. Podríamos ubicarla en el tiempo entre fines de los años 70s y lamentablemente aún continúa en algunos casos.

Posteriormente, a mediados de los 90s, comienza la Era de la Transformación de la Imagen, donde la estrella eran los servicios y ya no tanto los productos tangibles, sino los beneficios que estos provocan a los consumidores. Esta etapa se caracterizaba por aporte de dinero y/o canjes de productos y servicios (eso siempre existirá), pero se centraba en que ambas partes, patrocinador y patrocinado se vinculaban por un incremento del valor de su imagen como producto de tal relación sinérgica. Es también aquí donde se comienzan a realizar las primeras activaciones creativas reales y profesionales como complementos de los patrocinios, de tal manera de potenciar exponencialmente la marca, y a su vez es un período donde la ingeniería y el tratamiento de base de datos se convirtieron en práctica habitual. El objetivo fundamental es que la marca patrocinadora prestigie y apoye al patrocinado, y que el patrocinado aporte su masa crítica de seguidores, fanáticos y consumidores reales y potenciales al patrocinador, de tal forma que éste vea un crecimiento sustancial de sus compradores, tanto como fieles seguidores apasionados. La última etapa podríamos decir que tiene un momento difuso de origen, ya que algunos la sitúan a fines de los 90s, mientras que otros señalan su surgimiento ya en el siglo XXI. Es la Era de Transformación de Valor, donde se incorporan las prácticas de las dos etapas anteriores. A su vez, existe una simbiosis tal entre patrocinador y patrocinado que permite transferirse valor e imagen de marca de uno a otro, principalmente por intermedio de hacer vivir experiencias únicas a los consumidores, apelando a los sentimientos, percepciones e intereses de sus clientes, y a través de la pasión que el deporte provoca en los seres humanos.

La VI Copa Mundial de Clubes de la FIFA se disputó en 2009 en la ciudad de Abu Dabi, capital de los Emiratos Árabes Unidos, siendo la primera vez en la historia que no se jugó en Japón. Participaron el Football Club Barcelona (Barcelona, España) por la UEFA (Unión de Asociaciones Europeas de Fútbol), en su condición de campeón de la Champions League 2008-2009; el Club Estudiantes de La Plata (La Plata, Argentina) por la CONMEBOL (Confederación Sudamericana de Fútbol), como campeón de la Copa Libertadores de América 2009, el Club de Fútbol Atlante (Cancún, México) por la Concacaf (Confederación de Norteamérica, Centroamérica y Caribe de Fútbol), ganador de la Liga de Campeones de la Concacaf 2008-2009 (la Concachampions), el Football Club Pohang Steelers (Pohang, Corea del Sur) por la AFC (Confederación Asiática de Fútbol), campeón de la Liga de Campeones de la AFC 2009 (el Campeonato de Clubes de Asia), el Tout Puissant Mazembe (Lubumbashi, República Democrática del Congo) por la CAF (Confederación Africana de Fútbol), monarca de la Liga de Campeones de la CAF 2009 (la Copa Africana de Clubes Campeones, actualmente CAF Champions League), el Auckland City Football Club (Auckland, Nueva Zelanda) por la OFC (Confederación de Fútbol de Oceanía), primero en la Liga de Campeones de la OFC 2008-2009, y el local Shabab Al-Ahli Dubai Football Club (Dubai, Emiratos Árabes Unidos) por la AFC (Confederación Asiática de Fútbol), campeón de la UAE Pro-League 2008-2009 (Liga Profesional de los Emiratos Árabes Unidos, oficialmente Liga Árabe del Golfo). Los participantes por la UEFA y CONMEBOL arrancaron el certamen desde las semifinales, etapa en la que el Barcelona venció al equipo mexicano (3 a 1) y Estudiantes de La Plata al surcoreano (2 a 1). El 19 de diciembre de 2009, en el Estadio Sheikh Zayed (Abu Dabi, EAU) ante 43.050 personas, a las 20 horas, dio comienzo a la final entre el equipo culé y el pincharrata. El argentino Mauro Boselli había abierto el marcador para Estudiantes a los 36 minutos, y cuando parecía que haría historia ante el poderoso Barcelona dirigido por Pep Guardiola de Carles Puyol, Gerard Piqué, Sergio Busquets, Xavi Hernández, Thierry Henry y Zlatan Ibrahimović, Pedro (Eliezer Rodríguez Ledesma) empató el partido a dos minutos del final. Ya en tiempo suplementario, y cuando otra vez parecía que el equipo liderado por Juan Sebastián Verón, Leandro Desábato, Enzo Pérez y Rodrigo Braña, conducido por Alejandro Sabella, podría determinar su suerte de campeón en los penales, apareció un argentino, un tal Lionel Andrés Messi, para convertir un gol con el pecho para el 2 a 1 definitivo, a los 4 minutos del segundo tiempo suplementario (a 11 minutos del final y tanda de penales). El FC Barcelona terminó siendo campeón de todo aquel año: Liga de España, Copa del Rey, Supercopa de España, Supercopa de Europa, UEFA Champions League y Copa Mundial de Clubes FIFA. Hubiera habido un registro de 43.049 personas si es que Jorge Prat Gay (CEO de la empresa de representación Eleven Talent Group, fanático de Estudiantes de La Plata, y columnista de este libro) no hubiese asistido a esa final (tras haber ido también a Belo Horizonte, Brasil, donde el equipo platense venció 2 a 1 al Cruzeiro Esporte Clube en el Estadio Mineirao y se coronó campeón de la Copa Libertadores en 2009 en el partido de vuelta, el 15 de julio de 2009, luego de haber ganado el partido de ida de local también por 2 a 1). Fue Jorge el que me contó en vivo y en directo que, en el entretiempo, un grupo de tan sólo cinco personas, invitados especialmente por la empresa de tarjetas de crédito Visa (partner de FIFA y sponsor de todos sus campeonatos), ingresó al estadio para dar la vuelta alrededor del campo de juego (y tocar el césped). A medida que recorrían la cancha se sacaban fotos y saludaban al público que, desde las tribunas, devolvían el saludo aplaudiendo como si los cinco invitados de Visa fuesen los verdaderos jugadores. Los invitados por Visa fueron protagonistas. Y vivieron en su piel sentir el estadio desde el mismísimo césped, el escenario sobre el cual Verón, Messi y compañía estaban disputando quién sería el campeón mundial de clubes ese año, en ese mismo día. No se podía pagar para estar dentro de ese grupo. Sólo era necesario recibir la invitación especial. Un intangible. Jorge me dijo: "Eso es una experiencia única". De no ser por Pedro y el gol de pechito de Messi, para el "Tona" Prat Gay hubiese sido la mayor experiencia de su vida. Pero eso es deporte. Y por lo tanto inesperado. Para Jorge, Visa había hecho lo máximo por él: hacerle vivir una experiencia que sin ninguna duda fue especial. Irrepetible. Única.

Experiencia (del latín experientĭa, derivado de experiri, "comprobar") es una forma de conocimiento o habilidad derivados de la observación, de la participación y de la vivencia de un suceso proveniente de las cosas que suceden en la vida; es un conocimiento que se elabora colectivamente. Pareciera que esta definición es corta (cortísima) para poder explicar y comprender el concepto de "experimentar emocionalmente algo".

El filósofo y político noruego Jon Elster y el educador y economista estadounidense George Freud Loewenstein, en el ensayo "El papel de los sentimientos morales en la teoría de la elección intertemporal", del libro "Elección con el tiempo" ("Choice over time", New York, Russell Sage Foundation; 1993), definen a las experiencias como eventos únicos y personales en el momento presente pero que pueden conducirlo a momentos futuros o a reminiscencias pasadas. La experiencia del cliente (en inglés, customer experience) es el producto de las percepciones de un cliente después de interactuar racional, física, emocional y/o psicológicamente con una empresa, un producto, un servicio y/o una marca. Esta percepción afecta los comportamientos del cliente consumidor y genera recuerdos que impulsan la lealtad y afectan el valor percibido respecto a lo experimentado gracias a esa marca (empresa, producto y/o servicio).

Por su parte, la española Elena Alfaro, conferenciante, profesora y autora experta en marketing de experiencias, menciona que "experiencia" es un término que tiene distintas acepciones, pudiéndose dirigir en términos de uso, de expectativas y de vivencias.

Otra de las activaciones de marca atractiva y novedosa, a mi entender, fueron las realizadas por la Unión Argentina de Rugby. Se trata de una innovadora idea desarrollada por la compañía de telefonía móvil coreana Samsung, cuyo nombre es el Samsung SlideLiner. Se trata de unos asientes al nivel del campo de juego que se deslizan por una especie de rieles (corredera), por todo el lateral del campo de juego, permitiendo a quienes están sentados en ellos poder seguir desde cerca cada jugada y cada acción de manera confortable. Los primeros registros de esta acción se dieron el 16 de agosto de 2014 en Australia, en el test match entre el seleccionado local Wallabies y los neocelandeses All Blacks, en el debut absoluto de esta acción en la que participaban por sorteo aquellos que se registraban por social media, con la única condición de haber adquirido un smartphone Samsung. "No solo son los asientos mejor localizados, sino también los mejor conectados respecto de todo lo que ocurre en el partido. Queremos que la gente viva y comparta esta experiencia" señaló Arnior Lenior,

Director de Marketing de Samsung. La segunda ocasión fue el 21 y 22 de mayo de 2016 en los partidos de la etapa inglesa de la temporada 2015-2016 de la World Rugby Seven Series (2016 London Series), en el estadio Twickenham (Londres, Inglaterra). Así lo mencionaba el sitio Digital Trends: "Con un diseño tecnológico revolucionario de aluminio, este banco deslizante especialmente diseñado por Samsung se colocará sobre una pista que recorrerá la longitud de 100 metros del campo de juego, dando a cuatro afortunados fans la oportunidad de estar muy cerca de la acción durante todo el juego. Y con una velocidad máxima de 20 millas por hora, será prácticamente imposible perderse algún detalle". Las únicas condiciones para ser elegible eran completar un formulario, residir en Inglaterra y haber comprado un televisor, sistema de entretenimiento o soundbar Sumsung. En aquellas oportunidades, al igual que en el 2017 London Series, eran cuatro asientos. El ex capitán de la selección de rugby de Inglaterra y ganador de la Copa Mundial de Rugby 2003, Lawrence Dallaglio, es un gran fanático del Slider. "Esta es una nueva innovación brillante para los fanáticos", dijo Dallaglio, ahora comentarista de televisión, y continuó diciendo que "no hay nada como estar en el estadio y escuchar el rugido de la multitud. El Samsung Slider es una oportunidad increíble para acercar a los fanáticos a la acción de lo que nunca antes habían visto". Hubo 45 partidos en el London Sevens 2016 y el Slider estaba a plena capacidad para todos ellos, lo que significa que 180 pasajeros, todos ganadores de la competencia en las redes sociales, tuvieron una oportunidad de 14 minutos (lo que dura un partido de rugby en la modalidad seven). Aparentemente, el equipo de relaciones públicas de Samsung se vio inundado de solicitudes, con motivos alentadores para una temporada que abarca desde cumpleaños hasta lunas de miel para disfrutar del Slider. En la Argentina también se utilizó esta experiencia, patrocinada por la marca de telefonía móvil argentina Personal (sponsor de la Unión Argentina de Rugby, Jaguares, Los Pumas y naming sponsor de la edición del Super Rugby en el país sudamericano), en asociación con Samsung (activado por la agencia p-per), para que los elegidos pudieran siempre ver de cerca la jugada, según bien recuerda Miguel "Momo" Dupont, Gerente Comercial de la Unión Argentina de Rugby (UAR). El dispositivo blanco con vivos celestes, de cuatro asientos y que en su parte posterior tenía los logotipos de Personal (en celeste) y Samsung (en negro), fue utilizado por primera vez en Argentina en 2017 en la derrota de Los Pumas frente al seleccionado nacional australiano de rugby, los Wallabies, por 37 a 20, en la última fecha del Rugby Championship, que se disputó el sábado 7 de octubre en el Estadio Malvinas Argentinas de la ciudad de Mendoza (Argentina). También fue utilizado en varios partidos por el equipo de Jaguares, la franquicia argentina del Super Rugby, en 2018, cuando hizo de local en el Estadio José Amalfitani del Club Atlético Vélez Sársfield (Buenos

Aires, Argentina), y también ese mismo año en el test match por el Rugby Championship, cuando Los Pumas enfrentaron al seleccionado neozelandés de rugby, los All Blacks, en el mismo estadio, el 29 de septiembre (derrota local por 25 a 17). Desde todo punto de vista es una acción exitosa. Activación de un sponsor de relevancia de la UAR, tanto de Personal como en su asociación con Samsung, la oportunidad de los fanáticos de poder disfrutar el partido desde un lugar de total privilegio viendo de cerca las jugadas y escuchando los diálogos de los protagonistas a pocos metros, y relacionando no sólo el patrocinio, sino también los clientes de Personal y los usuarios de Samsung, además de la activación por redes sociales, generando contenido genuino de comunicación on line y off line. Aplausos (de pie).

Isabel Juárez es Socia Directora de Resulta2 y experta en inteligencia emocional que trabaja en generar experiencias de cliente únicas a partir de las emociones que se generan en un proceso de compra. En el número III de 2014 de la revista de la Asociación Española para la Calidad (AEC) hay un especial sobre "Pasión por el cliente" ("I love customer", dice en la tapa), donde Juárez hace un completo desarrollo de lo que significa experiencias únicas para clientes y consumidores desde la inteligencia emocional. "Hablar de experiencia de cliente es hablar de enamorar a los clientes, de provocar un sentimiento único, de generar confianza, de exceder las expectativas, de establecer conexiones emocionales marcadas por la empatía, la generosidad y el agradecimiento. Es aportar valor al cliente más allá de los productos y servicios, es situarle en el centro de sus prioridades y saber recomendar si es nuestra empresa o es otra solución la que da respuesta a sus necesidades y deseos. El objetivo del diseño y puesta en marcha de una experiencia de cliente única debe ser motivar el compromiso con la marca e influenciar la posibilidad de que los clientes vuelvan a comprar en el futuro", destaca la española. Continúa desarrollando el concepto mencionando que "la experiencia del cliente tiene que identificar cuáles son los componentes del vínculo emocional para los clientes, la marca y los recuerdos que producen una vez que el cliente ha salido por la puerta. Los seres humanos y ¡los clientes lo son! toman sus decisiones en un entorno emocional y las justifican racionalmente a posteriori, según muestran los recientes estudios sobre neurociencia. Debido a la inmensa cantidad de información que el cerebro recibe del ambiente, mucha de esta información es procesada de forma no consciente. La capacidad que tiene el cerebro de procesar la información de forma inconsciente es 200.000 veces mayor que de forma consciente". Diseñar una experiencia única al cliente requiere centralizarse en tres ejes fundamentales: el producto, servicio o marca, el lugar o entorno donde ocurre la experiencia y las personas que proveen tal experiencia (quienes interactúan con el cliente).

B. Joseph Pine II y James H. Gilmore, que dictan conferencias y se desempeñan como asesores de empresas, son los autores del libro "La economía de la experiencia: el trabajo es teatro y cada negocio es un escenario" ("The Experience Economy: Work Is Theater & Every Business a Stage", 1999), que es consecuencia de un ensayo de 1998 de los autores. En la obra describen la economía de la experiencia como la próxima economía después de la agraria, la industrial y la economía de servicios. Pine y Gilmore sostienen que las empresas deben organizar eventos memorables para sus clientes y que la memoria misma se convierte en el producto, como la experiencia. Las empresas con experiencia más avanzada pueden comenzar a cobrar por el valor de la transformación que ofrece una experiencia. Esto, argumentan, es una progresión natural en el valor agregado por el negocio más allá de sus aportes. La economía de la experiencia también se considera la base principal para la gestión de la experiencia del cliente. La economía de la experiencia consiste en propiciar acontecimientos y eventos, brindando productos y servicios memorables, a través de experiencias positivas donde los clientes abandonen su actitud pasiva y pasen a interactuar de manera más sensitiva y emocional con aquello que se les ofrece, de tal modo que las experiencias sean inolvidables respecto de los principios, las emociones, los valores, las sensaciones, las relaciones y las conquistas. La economía de la experiencia se encarga de propiciar acontecimientos, buscando que el cliente una experiencia sensitiva, emocional, cultural y educativa, convirtiéndose en una persona que impulse los servicios, de tal modo que se convierta en portavoz de la excelente satisfacción real vivida por el cliente.

"Lo nunca visto: ¡se dan un baño en un jacuzzi durante el Caen vs Lyon!", titulaba el diario deportivo español MARCA el 15 de septiembre de 2018. La cuenta de twitter de beIN Sports USA (cadena de televisión paga, filial del grupo catarí Al Jazeera, dedicada a la retransmisión de eventos deportivos) también se hacía eco de este singular hecho: "Se están volviendo locos en el jacuzzi ya que el @SMCaen ha empatado con el @OL_English. Mire la media hora final de #SMCOL ahora mismo en #beINSPORTSCONNEC", en referencia a las cuentas de los clubes de fútbol Caen y el Lyon y el partido entre ellos. Así fue que el 15 de septiembre de 2018, a las 17 horas, el local Stade Malherbe Caen Calvados Basse-Normandie, más conocido como Stade Malherbe Caen (Caen, Francia), se enfrentó al Olympique Lyonnais (Lyon, Francia) en el Stade Michel d'Ornano y ante 17.676 espectadores (86% de su capacidad), por la 5ta. fecha de la Ligue 1 Conforama (primera división de la liga de fútbol de Francia). Nabil Fekir había abierto el marcador para el visitante en el minuto 45, luego empataría Claudio Beauvue de penal (53') y ampliaría para el local Prince Oniangue (73'), dando cifras definitivas de 2 a 2 Ferland Mendy (88´). Hasta ahí una crónica deportiva normal. ¿Por qué tanto revuelo entonces en el titular de MARCA y en el post de beIN Sports? Thalazur es una empresa que se dedica a la talasoterapia (método de terapia que se basa en el uso de diferentes medios marinos y del clima marino como agente terapéutico) y al spa, dedicado al negocio hotelero, dando estos servicios en nueve destinos de Francia. A su vez, Thalazur es sponsor oficial del club Caen junto a otras marcas de renombre como McDonald's, Umbro, Crédit Agricole y Hyundai, entre otros mains y officials sponsors. Pues bien (podría empezar esta historia), Thalazur instaló un jacuzzi (tina de hidromasajes de lujo) a un costado del campo de juego de su estadio Michel d'Ordano. Tras un sorteo en redes sociales, una pareja disfrutó el partido frente al Plympique Lyon desde allí en traje de baño, tomando champagne en el campo de juego. "¿Ver un partido de fútbol en un jacuzzi? Ahora es posible con @Thalazur y @SMCaen. RT + Sigue a @ SMCaen y @Thalazur para participar en el sorteo", así decía el tweet de la cuenta oficial del Caen. Fueron dos parejas las beneficiadas, ya que el sorteo era para ver un tiempo cada una de ellas. El jacuzzi fue instalado en una de las esquinas junto al banderín del corner, al mismo nivel del campo de juego, y en la vista de la cámara de televisión, en el costado de la bañera puesta especialmente, se leía: "Thalazur, Thalasso – Hôtel & Spa, Clairazur, la référence spa". Gran parte de la prensa del fútbol mundial, del marketing, el marketing deportivo y de noticias en general (y por supuesto que de la industria de hotelería y spa) se hicieron eco de esta noticia generando comunicación viral en televisión, sitios web y en redes sociales, además de branding y publicidad, además de contenido para transmitir. No sólo la acción en sí misma, sino también el patrocinio de Thalazur y el club francés Stade Malherbe Caen. Una gran idea de un sponsor, apoyada por el club, llevada delante de un modo muy económico, activada en redes sociales, generando una enorme cantidad de comunicación a través de un contenido inusual, generando una experiencia totalmente única a socios de manera aspiracional. Todos preguntan si lo repetirán y... ¡¿por qué no lo hace mi club?!

"Los individuos experimentan a menudo sensaciones derivadas de la interactividad que generan el conjunto de emociones vividas en el momento del consumo. El valor percibido tiene que ver con la riqueza de estas sensaciones. El consumidor vive dichas sensaciones como únicas, irrepetibles e inolvidables. La experiencia produce recuerdos y un beneficio que es el cambio en la actitud del individuo. En este sentido, el cambio debido a la experiencia constituye uno de los resultados a tener en cuenta, ya que la experiencia no deja de ser una actividad y una representación. La experiencia admite, por lo menos, dos dimensiones de interés para la gestión empresarial: la que tiene que ver con el cambio de actitud del consumidor, que pasa de tener una postura pasiva a otra cada vez más activa y, en segundo lugar, la interactividad o conexión con el fenómeno que genera dicha experiencia". Así lo describe Carles Murillo, Co-Director del Máster en Dirección y Gestión del Deporte de la Barcelona School of Management de la Universitat Pompeu Fabra (Barcelona, España). Continúa diciendo que la estrategia de las marcas que generan experiencias suele basarse en la anticipación de las necesidades de los consumidores, tanto los actuales como los potenciales. Si la percepción de la experiencia es que es única e irrepetible, las estrategias para darle más valor deben tener en cuenta este hecho. Los clientes formulan sus expectativas en relación con la experiencia que quieren vivir. Las marcas se verán en la necesidad de superar las expectativas de sus clientes y no defraudarlos para hacer de la vivencia un hecho memorable. Pero ¿cómo evaluar la calidad de esta experiencia? La opinión del cliente resulta indispensable para seguir ofreciendo nuevos servicios con más valor. El rediseño de nuevos servicios acerca a los oferentes a la situación de la experiencia ideal en el bien entendido que cada cliente vivirá su experiencia de forma distinta. De esta forma, con ello obliga a diseñar situaciones diferentes para segmentos de clientes distintos. Experiencias únicas, planificación, estrategia, acción, estudio de las conductas del consumidor, segmentación y posicionamiento. Nada puede fallar en ese camino.

Convocado por la tarjeta de crédito American Express, el director, productor y guionista de cine español (y antiguamente historietista) Álex de la Iglesia (Alejandro de la Iglesia Mendoza) creó un corto titulado "Una vez en la vida", coescrito con Jorge Guerricaechevarría y dirigido por De la Iglesia. El corto para The Platinum Card fue presentado el 4 de abril de 2018, y en las marquesinas del corredor de ingreso se podía leer: "4 de abril, única función". ¿Cómo? No entendí... La historia se centraba en Pedro, un hombre tímido a quien su médico le anunciaba que solo le quedaban dos semanas de vida y ante esto, decide emprender la búsqueda hacia la felicidad y, con la tarjeta AmEx como mediadora, realiza un recorrido por diferentes aventuras que le permiten descubrir que la verdadera alegría de vivir se concentra en aprender a disfrutar, valorar y atesorar los pequeños momentos. Tal cual mencionaba la sección CONTENT LAB del diario argentino LA NACIÓN, con la invitación de American Express a vivir experiencias irrepetibles, 300 invitados disfrutaron de la proyección del corto del director español en un evento único. Pero la aventura no se trataba solo de eso: frente a una audiencia sorprendida, se anunció que la única copia disponible del cortometraje sería destruida en ese mismo momento. Fue entonces que Álex de la Iglesia, con una sonrisa pícara, celebró su gran travesura y sumergió la computadora en una pecera gigante, reforzando así la idea más importante que la historia buscó contar: el tiempo es limitado y nadie gana nada con tan solo esperar a que las cosas sucedan. Si no, por el contrario, se deben disfrutar todas las oportunidades que se presentan y buscar vivir experiencias irrepetibles. Eso realmente es una experiencia única: que sólo puedas asistir si estás dentro de la lista selecta de los 300 invitados, que el director de una película te la presente en vivo, poder ser uno de los 300 primeros en verla y además ¡ser los únicos en ver dicha película porque su única copia fue destruida por su creador frente a tus narices! Brillante. Existe un mensaje en este relato, según reza la nota del propio sitio del diario mencionado, "¿Cómo vivir experiencias únicas?". Hay un mensaje importante: "En la vida siempre postergamos cosas esperando aquel gran momento que le va a dar sentido a todo; pero lo cierto es que ese momento no llega nunca porque todo es provisional. Y cuando lo ves desde afuera, descubrís que lo más importante son las pequeñas cosas, aquel pequeño momento en que fuiste feliz", dijo Álex de la Iglesia.

El sitio Análitica Sports realizó una nota tomando como fuente BLOG MAVERICK, THE MARK CUBAN WEBLOG, donde titulaba: "What business is the NBA in?" ("¿En qué negocio está la NBA?"). Ese posteo del 26 de julio de 2019 fue realizado por el propio Mark Cuban, dueño de la franquicia de la NBA Dallas Mavericks desde 2000, además de inversor en compañías de telecomunicaciones. Su mirada sobre la marcha de los asuntos de la NBA, en muchas ocasiones, ingresó en una zona de confrontación. Así introduce el tema Analítica Sports: "¿Cuál es el negocio de tener una franquicia? ¿Cuál es el negocio de la NBA? O mejor dicho, ¿cuál debería ser, según Mark Cuban, el negocio de la NBA?". A partir de este punto vale la pena leer en detalle lo posteado por Cuban, que más allá de sus formas y excentricidades está lleno de verdad en su texto y contribuye enfáticamente respecto del concepto de experiencias únicas en el sport business. "*Ha pasado un tiempo desde que actualicé mi publicación sobre los negocios en la NBA. Parece que ahora es un momento tan bueno como cualquier otro. Tal como lo ha sido durante los últimos siete años o más, continúo recibiendo propuestas comerciales para nuevas formas de renovar la experiencia de juego de la NBA. Sin lugar a dudas, la propuesta siempre comienza con algún tipo de expresión como 'Hoy en día, todos tienen un teléfono inteligente y no pueden desconectarse de su teléfono'. Luego obtengo la esencia de la idea, que es un derivado de las estadísticas, las imágenes de Jumbotron (pantallas del estadio), los juegos de fantasía y las aplicaciones de gamificación. Imágenes de Instagram, intercambio social y cosas así. Todos parecen olvidar en qué negocio está la NBA. Para comprender por qué odio estas propuestas, primero tienes que entender qué venden los Mavs. ¡La NBA no vende baloncesto! Piensen en el primer evento deportivo profesional al que hayan asistido. Probablemente fue un padre que te llevó al juego. ¿Qué recuerdas? ¿Te acuerdas de la puntuación? ¿De un home run? ¿Un tiro en pleno salto? ¿Un pase? ¿O recuerdas con quién estabas? Recuerdo estar con mi papá en un partido de los Pirates. Mi papá y mi tío en un juego de los Steelers. Piensen en sus mejores recuerdos en un evento deportivo. Una vez más, ¿qué recuerdas? ¿Divertido con tus amigos? ¿Una primera cita? ¿Una última cita? ¿Cómo te sentiste después que el equipo ganó o perdió? ¿Estabas con un socio de negocios o un cliente? ¿O recuerdas la puntuación? Supongo que no es la puntuación. Nosotros, en el negocio deportivo, no vendemos el juego: vendemos experiencias únicas y emocionales. No estamos en el negocio de vender baloncesto. Estamos en el negocio de vender diversión. Somos entretenimiento de experiencias. Estamos en el negocio de dar la oportunidad de crear experiencias compartidas. Se lo digo a nuestra gente en los Mavs en todo momento: quiero que un juego de Mavs sea más como una gran boda que cualquier otra cosa. Sabes de la boda de la que estoy hablando. Aquella en la que todos están bailando, sonriendo, animando y riendo. La que la abuela Ethel tiene su trago anual de vodka y está cantando. En la que todo el lugar todavía hace la Macarena mientras se ríe tanto que lloran. En el casamiento en el que todos cantan en voz alta cada canción y abrazan al primo que no han visto en 10 años y esperan que no vean por otros diez. No importa si la mitad de la sala no cree que la pareja será feliz. Importa si todos en el lugar se divierten mucho. Importa si es el tipo de boda que todos querían. O deseaban que su boda fuera como esa. Es importante que abandones la recepción y te duelan las manos por aplaudir, te duela la boca por sonreír tanto y la garganta porque estabas riendo, cantando y gritando. Esa es una gran boda. Así es como quiero que sea un juego de Mavs. Quiero que sea muy participativo. Quiero que sea muy social. Quiero que sea muy inclusivo. Quiero que sea memorable. Quiero que sea muy divertido que la gente hable de ello con sus amigos y no pueda esperar para volver. Quiero que todos los padres tengan lágrimas en los ojos cuando ven que sus hijos saltan hacia arriba y hacia abajo si la puntuación es de 2 a 0. O de 120 a 84. Cuando cantan 'Lets go Mavs'. Quiero que el chico en la cita sepa que lo más que tendrá que hablar es durante el medio tiempo y luego después del juego. Y hasta la próxima cita, puede hablar sobre el juego en sí y no tener toda la presión de tratar de pensar en algo. Quiero que todos los que vengan a un juego de los Mavs puedan encontrar su propio apego personal a esa noche. Sé que no puedo controlar lo que sucede en la cancha en cada juego, pero puedo hacer lo mejor para asegurarme de que, no importa cuál sea el puntaje, hemos hecho todo lo posible para que la experiencia de los fanáticos sea una gran boda. Una vez que te sientas en tu asiento, la única vez que quiero que mires hacia abajo es para recoger el refresco o la cerveza que colocas debajo de tu asiento y tal vez revisar tu teléfono para ver si recibiste un mensaje de la niñera o de tu amigo para saber dónde reunirse después del juego. Quiero que siempre mires hacia arriba. Mirando el juego y el entretenimiento en el estadio. No puedes animar si no estás mirando. Es mi trabajo darte algo más que el juego para que mires. Puedes mirar los videos divertidos que ponemos en la pantalla grande para entretenerte. Vamos a intentar todo y cualquier cosa que podamos imaginar para que sea divertido y memorable. Así como un DJ responde a la energía y la actitud en una boda en tiempo real y trata de elegir la canción o actividad correcta para mantener la diversión y la energía, tratamos de hacer lo mismo en un juego de Mavs. Reconocemos que lo que hace que nuestros juegos sean únicos es que, como una boda, la abuela Ethel puede estar sentada junto a un gótico de 16 años que nunca ha conocido antes, y si ambos están mirando cuando los Mavs hacen un tiro justo cuando la chicharra de 24 segundos suena, pueden ser altos unos a otros como si fueran mejores amigos. Que, si la abuela Ethel está cantando defensa y siendo un sexto hombre clave para sus Mavs, el joven de 16 años se sentirá mejor al juntar sus manos para hacer lo mismo. Que, si ponemos un video divertido en la pantalla grande, ambos podrían cantar juntos. El video y la música son dos componentes simples de lo que hacemos. Parte de lo que separa de ir a un juego de ver en casa es la energía. La energía debería comenzar a acumularse a medida que se acerca al American Airlines Center. Debería construir más a medida que veas a otros fanáticos emocionados en el interior del estadio. Debería crecer con el video de introducción. Continuamos usando Eminence Front como nuestro video de introducción porque queremos que todos los que alguna vez hayan asistido a un juego en casa de los Mavs tengan un vínculo común. Queremos que sepan que el juego está a punto de comenzar y Eminence Front les recuerda que es hora de llevar su energía a otro nivel. No puedo pensar en un error más grande que intentar integrar teléfonos inteligentes solo porque tú puedes. Lo último que quiero es que alguien mire su teléfono para ver una repetición. Lo último que quiero es que alguien piense que es una buena idea desconectarse de los elementos únicos de un juego para ver repeticiones o actualizar sus posiciones de fantasía, sus apuestas, o concentrarse en tratar de predecir qué sucederá después en el juego. Si hay una buena razón para mostrar esta información, podemos mostrarla en las muchas pantallas en la arena. Hay un gran valor para todos que, en conjunto, contengan la respiración durante una repetición, o respondan a una gran jugada, y luego reaccionen espontáneamente a lo que ven. Queremos que las personas vitoreen, abucheen o canten a todo pulmón. Queremos que todos vean el juego con tanta atención que reaccionan simultáneamente a lo que acaba de suceder. Se pierde eso si la gente está mirando sus dispositivos móviles. La experiencia de los fans es mirar hacia arriba, no mirar hacia abajo. Si dejas que miren hacia abajo, es mejor que se queden en casa, la pantalla siempre será mejor allí. Como en todas las empresas, siempre deben preguntarse cuál es su producto y la mejor manera de entregarlo. En la NBA nuestro producto es diversión, experiencias únicas y energía. Lo último que debemos hacer es alentar a nuestros clientes a mirar sus teléfonos. El deporte es el único lugar en la vida donde te alentamos a que grites y grites a todo pulmón y aplaudas a los buenos. Eso es lo que somos. ¡Tenemos que hacer todo lo posible para potenciarlo más!"*. Honestamente es difícil agregar algo a todo esto. Es tan claro el texto. La NBA es básquetbol. De eso no hay dudas. Pero el negocio de la NBA es otro. Es sport business a través de la energía. Es marketing deportivo a través de la energía. Son experiencias únicas e inolvidables. Gracias Mark por tus conceptos. Gracias Mister Cuban por todo. Por cierto, actuaste muy bien de vos en la serie "Billions".

Realmente no hay demasiada ciencia en esto de proveer experiencias únicas a los clientes, consumidores, usuarios, compradores y recomendadores. Y todo parte desde la convicción de la organización y la voluntad del responsable de marketing, que es una herramienta poderosa. A cada acción de marketing podría corresponderle una experiencia única si se planifica dentro del plan operativo y está alineado con el táctico. Y por supuesto con el plan estratégico de marca, marketing y experiencia al cliente. Además, respecto al marketing deportivo, ya tenemos muchísimo recorrido ganado. Muchísimo. ¿Hay una mejor experiencia que poder ir al estadio a alentar a nuestro equipo? ¿La experiencia de vibrar por los colores por los cuales sentimos verdadera pasión? ¿Y si además podemos compartir esa pasión e ir al estadio con nuestros hijos y nietos, como pudimos haber ido con nuestros padres y abuelos? ¡Qué mejor que compartirlo con nuestros amigos del alma también, abrazándonos ante cada logro para gritarlo, o consolarnos ante un traspié! Compartir sentimientos son experiencias únicas. Lo mismo cuando vemos competir en vivo desde el campo de juego a nuestro deportista favorito. El deporte tiene muchísimo de eso. Pero no queda ahí la cosa. Eso ocurre indefectiblemente entre el club, equipo o deportista y el fanático, vínculo en el que la pasión es el motor. Entonces, ¿qué podemos aportar los que hacemos sport marketing? ¿Qué pueden aportar las marcas que son sponsors de esos clubes, equipos, eventos, deportistas, estadios o instituciones deportivas? Muchísimo. Créanme, muchísimo.

Coca-Cola patrocina deportes y, en general, los principales eventos deportivos como la Copa Mundial de Fútbol de la FIFA, los Juegos Olímpicos (¡desde 1928!), la Rugby World Cup, la NBA, el NASCAR y las competencias de la NCAA, entre tantos otros de relevancia global.

Para evaluar la efectividad del patrocinio de Coca-Cola podemos compararlo con sus objetivos que, según Business2000, las metas de marketing de Coca-Cola consisten en conectarse con los adolescentes de una manera interesante y divertida, crear momentos inolvidables vinculados a Coca-Cola, transmitir que Coca-Cola hace la vida cotidiana más interesante y divertida y comunicar los atributos dinámicos y líderes de la marca, tanto como ser visto como un patrocinador nacional a nivel local y un patrocinador global a nivel internacional. Es claro que en estos eventos, y producto de una negociación compleja (la P de plaza del marketing, el "place", el lugar donde ocurre la batalla de las ventas) existe exclusividad de venta de los productos Coca-Cola. Aunque por supuesto la oferta es muy amplia si se incluye a Powerade, el hidratador oficial de todos estos campeonatos. Pero queda corta la explicación de experiencias únicas. Coca-Cola está en estos eventos de clase y alcance mundial no solo por las ventas. No solo por la exclusividad de productos y marcas. No solo por Brand exposure y activaciones. Coca-Cola está ahí también por los fanáticos. Coca-Cola quiere estar ahí cuando ocurran emociones. Cuando el fanático salte para alentar a su equipo, cuando grite para festejar un punto de su jugador preferido, o cuando esté triste ante una derrota. Es decir: no quiere que el fanático esté ahí solo. Coca-Cola quiere acompañarlo y transmitirle: "Si vas a experimentar emociones, yo quiero estar ahí con vos". Cuando tengas una experiencia única, memorable e irrepetible, quiero que disfrutes una Coca-Cola. Aunque estés en tu casa viéndolo por televisión, en un viaje viéndolo por cualquier Smart device o en el estadio o campo de juego. "Soy Coca-Cola, un sentimiento, y quiero compartirlo con vos, vibremos juntos". Por esto Coca-Cola invierte en los mejores patrocinios mundiales y también en cada país (pensar global, actuar local). Para que cuando alguien sienta pasión por el deporte, puedan compartir esa emoción... claro que, para compartir sentimientos, primero hay que comprar la bebida de la botella contour que por supuesto es marca registrada. Y eso está bien. En definitiva, es el sport business. Y de ganar dinero se trata todo esto. En ventas o en imagen.

Si vas a patrocinar un club o un equipo está bien tener branding en el estadio y en la indumentaria del equipo cuando compite y cuando se entrena. Está bien realizar promociones en el estadio y en las redes sociales, invirtiendo en publicidad tradicional y también digital. Está perfecto invitar a clientes al estadio, proveyéndoles un best-seat-ticket de una butaca dentro de un palco corporativo con atención personalizada y catering con vista principal al campo de juego. Está muy bien. Pero para experiencias únicas se necesita otra cosa. Para llegar a eso, fue necesario realizar un acuerdo de sponsorship con el dueño del property. Para pensar si son experiencias únicas, deben poder tildar los dos casilleros del formulario que voy a mencionar. En primera medida, será un momento para agradecer a la marca que invita a ese consumidor o cliente, si eso no es posible comprarlo. Si es que no se puede adquirir a un valor determinado y pre establecido por el mercado formal. Y por otro lado, para que sea considerado experiencia única, que la acción que desarrolle la empresa que desea fidelizar traiga un resultado emocional positivo y dependa de la misma empresa que la lleva adelante. Es decir, que no dependa de un resultado deportivo, o de un jugador, o cualquier otro componente externo. Que sea ciento por ciento una consecuencia de la propia activación realizada por la marca para sus invitados exclusivos. Podemos listar algunos ejemplos e ideas para poder clarificar el concepto:

- Invitar a un grupo reducido de clientes (o socios) a la presentación de un nuevo jugador del equipo.
- Hacer participar a fanáticos de la presentación de la nueva camiseta del equipo, así como también al evento donde se anuncia un nuevo sponsor de la indumentaria.
- Presenciar la práctica del equipo.
- Asistir a una clínica deportiva exclusiva.
- Poder recorrer el campo de juego.
- Jugar un ProAm en un campo de juego real (muy común en golf y tenis, pero aplicable perfectamente al fútbol, rugby -tocata-, básquet y demás, y por qué no, en duplas de manera on line con una estrella de eSports).
- Compartir transporte y alojamiento con el equipo o jugador.
- Fotografiarse con el trofeo de un campeonato, o con la copa obtenida por el club o deportista.
- Realizar el kick off de un partido.
- Ingresar al campo de juego con el deportista o con el plantel.
- Ser el match ball oficial (ingresar la pelota con que se disputará un partido).
- Ingresar y/o lanzar la moneda que decidirá quién comienza el partido (con el saque en fútbol o en tenis, por ejemplo).

Es importante que todo esto tenga el mayor nivel de detalle respecto de hacer vivir la experiencia: desde el envío de la invitación con anticipación y de manera de campaña incógnita (al estilo "has sido seleccionado especialmente para vivir algo que llevarás por siempre como un recuerdo en tu corazón"), que la invitación sea siempre para ese invitado con un acompañante (todos queremos compartir momentos inolvidables con alguien cercano a nuestros afectos), la llegada al lugar del evento debe ser organizada y también sensorial (la recepción, el branding, el estacionamiento o bus que los recogerá por un determinado meeting point) y en el lugar debe haber comodidad (temperatura ideal, decoración, lugar para sentarse, catering y personal de recepción agradable y capacitado). Por último, luego de la experiencia es necesario que esa persona pueda llevarse un recuerdo (tangible o intangible), que podrá ser una foto con un deportista ídolo, o la nueva camiseta, o lo que sea que haga que ese invitado fue especial y diferente a cualquier otro. Y para finalizar, el property en cuestión (institución, equipo, club, deportista) y la marca sponsor responsable de tal activación debe comunicar esa acción para que otros que no asistieron sientan que eso fue exclusivo, y que la próxima vez puedan ser ellos los invitados. En definitiva, construir y comunicar el concepto de "experiencia única" y su visualización como algo exclusivo. Hacer sentir único a ese invitado especial. Y que ame la marca. En definitiva, todo se trata de eso.

Turismo: viajar por deporte y posicionamiento de destinos a través del deporte

No recuerdo haber aprendido en el colegio que Pekín, la capital de China, se decía "Beijing", hasta que fue elegida como sede de los Juegos Olímpicos de 2008. Tampoco me acuerdo haber escuchado que existía una ciudad rusa llamada Sochi, donde se disputaron los Juegos Olímpicos de Invierno 2014. También gracias a los Juegos Olímpicos de Invierno supe de Calgary (Canadá, 1988), Albertville (Francia, 1992), Lillehammer (Noruega, 1994), Nagano (Japón, 1998), Salt Lake City (USA, 2002) y Pyeongchang (Corea del Sur, 2018). Y por más que conocía de su existencia, nadie puede negar la importancia y el impacto de los Juegos Olímpicos de Barcelona 92, no solo por la cantidad de medallas que obtuvieron ni por las consecuencias positivas que ello trajo al deporte español, sino también por el posicionamiento, ayudado en una medida por la participación del verdadero Dream Team: el seleccionado de básquetbol de los Estados Unidos, con todas sus estrellas NBA (al menos 11 de los 12 jugadores, ya que Christian Laettner jugaba en los Duke Blue Devils de la NCAA). Por los Juegos Olímpicos de la Juventud aprendí que Nanjing es una ciudad de China (2014), como seguramente muchas personas en el mundo supieron de Buenos Aires y Argentina por los Youth Olympic Games 2018. Gracias al tenis investigué de Melbourne (Australia) gracias al Australian Open y su ya conocido logo estampado cerca de la línea de saque. También por el tenis y las finales de Copa Davis aprendí que Bratislava (2005) era en Croacia, y Malmö (1996) en Suecia, y tantos otros habrán sabido de la ciudad argentina de Mar del Plata por la final de 2008. Supe que Augusta queda en Georgia (Estados Unidos) gracias al golf. Con el seleccionado argentino femenino de hockey sobre césped, Las Leonas, por seguirlas en televisión, incorporé que Amstelveen (Champions Trophy 1993, 2000, 2001 y 2006) queda en Holanda y que, también por el Champions Trophy que Macao (2002) es una ciudad china al igual que Changzhou (2018). Y el mundo habrá conocido a las ciudades argentinas de Rosario (2004), Quilmes (2007) y Mendoza (2014). ¡Cómo no saber de Indianápolis (USA) por sus famosas 500 millas del NASCAR! O de Jerez de la Frontera (España) y Termas de Río Hondo (Argentina) por sus etapas del Campeonato del Mundo de Motociclismo o Moto GP, como quieran llamarle. Doha es asociado al tenis y al Moto GP también. Si hasta sabemos de la capital senegalesa de Dakar por el famoso rally París-Dakar que, aunque hace años se disputa en América del Sur, le seguimos diciendo "el Dakar", asociando el nombre de la ciudad casi como que es el deporte mismo: "están corriendo el Dakar", convirtiéndose en genérico de rally extremo. No supe que en Gales había una ciudad que se llamaba Llanelli, muy linda por cierto, hasta que fuimos hacia allí desde Londres, parando a conocer Oxford previamente, con mis amigos Federico Moreno y Mariano López Sartorio (y encontraríamos a otro amigo como Rodrigo Arizaga -columnista de este libro- al finalizar). Fue durante el Mundial de Rugby 1999, para ver la recuperación histórica del seleccionado argentino de rugby, Los Pumas, cuando vencieron a Samoa por 32 a 16 tras irse al entretiempo perdiendo por 13 puntos. Podría seguir con los ejemplos deportivos asociados a ciudades, países y regiones. Ímola es automovilismo, Hunttington Beach y Bell's Beach es surf, Cortina d'Ampezzo es deporte invernal y el barrio de Palermo en Buenos Aires es sinónimo del mejor polo del mundo, tanto como St. Andrews tiene al golf en su ADN. También antes Japón era sinónimo de fútbol ya que ahí se disputaba la Copa Intercontinental, que enfrentaba al campeón de la Copa Libertadores de América con el de la UEFA Champions League, evento que luego derivó en el Mundial de Clubes de la FIFA pasando por diferentes sedes. Gracias al fútbol, y por aquellas que disputan año tras año la UEFA Champions League, muchos jóvenes habrán aprendido geografía por las ciudades identificadas directamente con clubes, como en España: el F. C. Barcelona, Real Madrid, Zaragoza, Valencia y Vigo (por el Celta), al igual que los clubes ingleses de Manchester y Liverpool, o Roma, Milan, Nápoles y Turín en Italia, el F. C. de Oporto en Portugal, el Viktoria Pilsen de la ciudad checa Pilsen, el Mónaco, el Lyon y el Olympique de Marsella en Francia, el Dínamo de Kiev, el Steaua Bucarest (la capital rumana) y el Dínamo de Zagreb, la capital de Croacia, el Red Bull Salzburgo de la ciudad austríaca homónima (más allá de su naming sponsor), como el SK Sturm Graz de la ciudad de Graz en el mismo país. Recientemente, algún despistado podría aprender que el F. C. Sheriff Tiraspol pertenece a la ciudad de Tiraspol en Moldavia, o que el PFC Ludogorezt Razgrad tiene sede en Razgrad, Bulgaria, o que el F. C. Flora de Tallin es llamado así porque tiene sede en esta ciudad, capital de Estonia, y estos tres últimos se han clasificado a la Champions 2018-2019. La final de la UEFA Champions League se define a un solo partido, en un estadio y ciudad designados con anticipación, incluso al comienzo de la temporada. Este hecho provoca un movimiento realmente turístico, por los fans que viajan hasta la sede. En muchos casos es puramente un negocio. Y en otros, poder mostrar la ciudad a los visitantes y reposicionarla en el mercado turístico, tales los casos de Kiev en 2018, Cardiff en 2017, Berlín en 2015, Lisboa en 2014, Atenas en 2007, Estambul en 2005, Gelsenkirchen en 2004, Glasgow en 2002 y la lista podría seguir. La final de la UEFA Champions League es uno de los mejores negocios turístico-deportivos que existen para las ciudades sede. En el mismo sentido aparece México, país del que podríamos no saber acerca de su geografía, pero sí mencionar una extensa lista de diferentes ciudades sólo por conocer el nombre de los equipos que compiten en su liga, como el Guadalajara, Monterrey, Morelia, Pachuca, Querétaro, Tijuana, Toluca y el Veracruz, totalmente identificados el nombre del club con la ciudad a la que pertenecen, asociándose de manera indisoluble. Gracias al rugby podremos identificar a la ciudad de Toulon con Francia, por su equipo multicampeón cuando jugaban Juan Fernández Löbbe, Bryan Habana y Jonny Wilkinson, o al inglés Leicester Tigers, el primer equipo profesional de Pablo Matera, actual capitán de Los Pumas y columnista de este libro. El deporte está totalmente asociado a ciudades y países, de tal modo que podríamos aprender mucho desde este singular punto de vista.

Ya se ha dicho en este libro que la final de la Copa CONMEBOL Libertadores 2019 será por primera vez a un solo partido y en sede preestablecida: en Santiago, Chile. No digo neutral, porque eso es un concepto a priori y siendo que, en el futuro, pudiera llegar a ser finalista un club de la ciudad donde se disputa la final. Y les puedo asegurar que no será nada neutral, je. Así como ahora la ex Copa Libertadores de América, hace ya años que la final de la UEFA Champions League es licitada con mucho tiempo de anticipación. Mismos ejemplos por votación para los Juegos Olímpicos en ciudades, y para la Copa América y la Eurocopa en fútbol, en el caso de países.

Competencias nacionales internas que se disputan la obtención de la sede. Campeonatos regionales (europeos, sudamericanos, panamericanos, parapanamericanos, asiáticos, africanos, de América Central y Caribe, o bien de América del Norte, de Oceanía, europeo-americanos, del Hemisferio Sur como el Super Rugby y el Rugby Championship, del Hemisferio Norte como el caso del Six Nations de rugby, o torneos del Pacífico), y también campeonatos mundiales como las Copas del Mundo (masculinas, femeninas, Sub 15, Sub 17, Sub 18, Sub 20, Sub 22), Juegos Olímpicos (de invierno, de verano, sobre diferentes superficies); la búsqueda de ser sede de etapas de circuitos mundiales (PGA Tour, ATP World Tour, Fórmula 1, Moto GP, Fórmula E) y así podríamos seguir nombrando oportunidades y diferentes segmentaciones de competencias. ¿Por qué lo hacen? ¿Por qué lo organizan? ¿Por qué invierten tiempo y recursos en estos proyectos? Hay muchas razones. Algunas de ellas son el legado deportivo de inspiración para las nuevas generaciones y la infraestructura deportiva que queda, pero también el impacto directo en turismo receptivo por concurrencia para competir, asistir o formar parte de staff u organización en dichos lugares, tanto como la promoción y posicionamiento de la sede, para lograr recibir mayor cantidad de visitantes en el futuro. Inversión-ingreso. Esa es la relación más directa. Luego hay cuestiones políticas, por supuesto, pero eso no será objeto de análisis aquí. El turismo deportivo ha existido siempre, pero lo que está cobrando más notoriedad es el impacto económico que es capaz de generar.

Existe relativa cantidad de bibliografía al respecto. Si bien aclaro que no he leído todos, es bueno mencionar algunos de ellos para tener dimensión de lo que quisiera expresar. "Turismo deportivo" (Joy Standeven; 1999), "Fuentes de información sobre deporte, ocio y turismo" (Martin Scarrott; 1999), "Introducción al turismo deportivo y la gestión de eventos" (Melville Saayman; 2001), "Turismo deportivo: principios y práctica" (Joseph Kurtzman y Sean Gammon; 2002), "Turismo deportivo" (Douglas Michele Turco, Roger Riley y Kamilla Swart; 2002), "Deporte y turismo" (Peter Keller, Noelle Duc, Michael Breiter y Fred Salamin; 2002), "Juegos y actividades deportivas para la animación turística" (Xavier Puertas y Silvia Font; 2002), "Desarrollo del turismo deportivo" (Thomas Hinch; 2003), "Turismo deportivo: participantes, políticas y proveedores" (Mike Weed y Chris Bull; 2003), "Turismo Deportivo, conceptos y teorías" (Thomas Hinch y James Higham; 2004), "Turismo deportivo: interrelaciones, impactos y problemas" (Brent W. Ritchie y Daryl Adair; 2004), "Destinos de turismo deportivo: problemática, oportunidades y análisis" (James Hihgam; 2005), "Patrimonio, deporte y turismo: pasados deportivos, futuros turísticos" (Gregory Ramshaw; 2007), "Investigación del ocio, el deporte y el turismo: guía esencial" (Jonathan A. Long; 2007), "Gerenciamiento deportivo en deporte, recreación y turismo: dimensiones teóricas y prácticas" (Cheryl Mallen y Lorne J. Adams; 2008), "Ocio, deporte y turismo, política, política y planificación" (Anthony James Veal; 2010), "Deporte y turismo: Fundamentos de gestión y organización" (Pedro J. Jiménez Martín; 2011), "Equipamientos II: Ocio, deporte, comercio, transporte y turismo" (Susana Landrove; 2011), "Eventos deportivos internacionales: impactos, experiencias e identidades" (Alan Fyall y Richard Shipway; 2012), "Viaje y transformación: La evolución actual en la geografía del ocio y el turismo" (Russell Staiff y Garth Lean; 2014), "Gestión de riesgos y seguridad en las industrias de ocio, eventos, turismo y deportes" (Mark Piekarz, Peter F. Mills e Ian S. Jenkins; 2015), "Patrimonio deportivo" (Gregory Ramshaw; 2015), "El negocio del ocio: turismo, deporte, eventos y otras industrias del ocio" (Kenneth Roberts; 2015), "Servicio de calidad en ocio, eventos, turismo y deporte" (Keith Donne, John Buswell, Carley Sutton y Christine Williams; 2016), "Turismo y deporte" (Arta Antonovica, Javier de Esteban Curiel y Victoria Eugenia Sánchez García; 2016), "Turismo deportivo: nuevos desafíos en un mundo globalizado" (Ricardo Melo y Claude Sobry; 2017), "Deportes, eventos, turismo y regeneración" (Nicholas Wise y

John Harris; 2019), "Turismo deportivo y destinos sustentables" (Brent D. Moyle, Thomas Hinch y James Higham; 2018), "Ocio, deporte y turismo de nuestro planeta" (Stephen Bruce Codrington; 2019) y "Turismo deportivo activo: perspectivas globales y direcciones futuras" (Heather J. Gibson, Matthew Lamont, Millicent Kennelly y Richard J. Bunning; 2019). También existen algunos específicos como "Turismo deportivo y de aventura" (Simon Hudson; 2003), "Turismo olímpico" (Mike Weed; 2007), "Turismo y cricket: viajes al límite" (Richard Butler; 2014), "Experiencias de turismo, deporte, ocio y recreación a base de agua (deportes acuáticos)" (Gayle Jennings; 2007), "Turismo de golf" (Simon Hudson y Louise Hudson; 2009), "Turismo de montaña" (James Higham, Anna Thompson- Carr; 2015) y "Turismo de deportes de invierno: trabajar en las maravillas del invierno" (Simon Hudson y Louise Hudson; 2015). En lo particular, los títulos que más llamaron positivamente mi atención fueron "Turismo deportivo en América Latina: productos ofrecidos por operadores turísticos europeos" (Organización Mundial de Turismo; 2004) y "Deporte, turismo e identidades nacionales" (John Harris; 2013). ¿Por qué? Porque el turismo deportivo tiene mucho de negocio, de ingresos, de inversión en infraestructura deportiva y turística, de gastos de los viajeros, pero también mucho de construcción de identidad de esa ciudad, región o país, a través del posicionamiento. Gran cantidad de libros fundamentalmente en los últimos 10 años. El marketing deportivo, siendo incluso más antiguo en su estudio profesional de marketing si consideramos el origen en los años 60s con Mark McCormack y la empresa multinacional IMG, líder en marketing deportivo, no tiene ni siquiera la mitad de la bibliografía que el análisis del turismo y el deporte. Es cierto también que existen gran cantidad de papers y análisis de casos. Es muy bueno que eso ocurra. El conocimiento y el estudio es lo que salvará siempre a las naciones.

Consultando el World Sport Tourism Show (WST-SHOW) de 2018 en Varese (Italia), encontré algunas apreciaciones que es importante que se puedan transmitir. Ahora se sabe que el turismo deportivo mueve millones y millones de dólares en todo el mundo convirtiéndose en el segundo mercado más grande, por volumen de negocios, siendo superado tan solo por el turismo religioso. No existe un país que no tenga su propio deporte de referencia y su propio evento deportivo nacional (o sus eventos, en plural). Campeonatos mundiales, maratones, carreras de ciclismo, circuitos de Fórmula 1 o Moto GP, regatas de vela, o torneos de tenis y golf. Y esto sólo considerando algunos eventos de deportes profesionales. Si además se considera lo relacionado con el deporte amateur, la lista se hace aún más larga: rondas de golf, senderismo en las montañas o carreras a pie para todas las distancias, dificultades y entornos, solo por mencionar algunas. El deporte es una gran atracción y, como tal, es una fuente importante desde el punto de vista económico, tanto del lado activo de quienes practican deportes como del pasivo, de aquellos que siguen el deporte en vivo, concurriendo como espectadores. Y turistas, por supuesto. El deporte es pasión (lo repetiré hasta el hartazgo) y, como tal, quien lo practica lo vive de ese modo. Incluso desde un punto de vista económico ya que, en muchos casos, la práctica deportiva implica una gran erogación de dinero, en muchos casos desmedida y/o por encima de las posibilidades de la persona que la desarrolla. Tan solo pensar en el costo promedio de una bicicleta (carreras, bicicleta de montaña, cuesta abajo) utilizada por los aficionados, o incluso cuánto cuesta participar en la maratón de Nueva York (el registro, el viaje, la pensión y el alojamiento), o bien adquirir el equipamiento para jugar al golf como simple aficionado (bolsa de palos, los palos en sí, las pelotas, los zapatos, además del Green Fee, el caddie, el carro de golf, incluyendo traslados y alojamiento). No obstante, el deporte pesa también financieramente para quienes lo experimentan como espectador, pensando por ejemplo en un ticket para la final de la UEFA Champions League, la final de los 100 metros llanos de los Juegos Olímpicos, la final de la Copa Mundial de Fútbol FIFA, un boleto para el Super Bowl de la NFL o para los PlayOffs finales de la NBA en Estados Unidos, o una entrada para la final de tenis de Wimbledon, solo para dar algunos ejemplos. El deporte activo o pasivo implica un flujo de millones de personas que viajan generando un gran volumen de negocios. El Salón Mundial de Turismo Deportivo tuvo 300 expositores internacionales, 200 compradores de todo el mundo, casi 10.000 metros cuadrados descubiertos de exposición y 13.000 metros cuadrados de exposición cubierta, además de 12 áreas de pruebas. Se trataron en profundidad temas como accesibilidad, instalaciones de alojamiento, operadores turísticos, organizadores de eventos, federaciones deportivas, ciudades olímpicas, capitales y ciudades deportivas, editoriales, media, medicina del deporte, proveedores, productoras, ocio, (medio) ambiente y bienestar. Bien, pero bien completo. Como debe ser. El evento tuvo como sponsors en diferentes categorías a 23 patrones, 22 partners oficiales, 8 partners técnicos y 8 media partners.

El turismo es un factor fundamental de la cultura y de la economía, a la vez que es una de las actividades económicas más relevantes como generadora de empleo y de ingresos de gobiernos y privados. Los promotores y operadores turísticos siempre han buscado evolucionar mediante la especialización, diversificación y personalización de servicios y productos, con la finalidad de dar respuesta a las nuevas demandas que plantea el turista. El tradicional mercado de sol, mar y playa y el invernal de nieve, aunque sigue constituyendo un estándar de vacaciones, está variando, fruto de los cambios producidos en los hábitos de las personas y sus inquietudes, y la diversificación de las ofertas. En la actualidad, la combinación de turismo y deporte se está constituyendo como uno de los atractivos más importantes en la nueva oferta turística, ya que es un mercado en expansión y ofrece grandes beneficios económicos a nivel local, nacional y regional. En este tipo de turismo, la actividad deportiva y recreativa constituye una parte fundamental, así como el escenario natural donde se proyecta, ya que cada vez más el turista desea realizar unas vacaciones activamente. Además de los beneficios sociales y culturales, entre otros, las actividades de turismo generan grandes impactos económicos, ya que el gasto realizado por un turista activo repercute mucho más en los ingresos y el empleo local, en comparación con ese mismo gasto realizado por un turista tradicional. Muchos alojamientos turísticos están situados junto a campos de golf o se equipan para facilitar el disfrute de diversos deportes como el esquí, el submarinismo o los deportes náuticos, las actividades de deporte aventura o simplemente para ofrecer la práctica de actividades físicas y deportivas en la naturaleza.

Siempre es bueno detenerse, pensar y analizar (bueno, casi siempre, porque hay veces que es necesario que el corazón y el espíritu hagan su parte). Como ese jugador creativo que pone la pelota bajo la suela de su botín (o la bocha junto al palo de hockey o taco de polo, o se para el apertura unos metros más atrás para decidir) y analiza la mejor jugada. A vos (sí, a vos, que estás leyendo ahora este texto), ya creo que te habrás dado cuenta cómo explica Rica. Cómo escribe. Y también cómo habla. A Rica le gusta dar ejemplos para avalar lo académico, para contextualizar con casos reales que estén más cerca del lector u oyente. Y del mismo modo, a la inversa: dar situaciones reales para contextualizar y luego poder conceptualizar. Pues bien, ahí vamos otra vez.

Turismo y deporte. Deporte y turismo. ¿Deberíamos llamarlo "turismo deportivo"? ¿O "deporte turístico"? Lo pueden llamar como quieran, siempre y cuando se pueda entender de lo que estamos hablando. Y más aún, que el receptor del mensaje lo comprenda. Para eso, primero lo debe entender quien lo habla. En turismo y deporte existen diferentes puntos de vista desde el cual se podría realizar un aprendizaje. El más común y generalizado es la división en "turismo activo" y "turismo pasivo". Turista activo es aquel que viaja para practicar un deporte (así de siempre y sencillo, para qué la vamos a complicar). Y turista pasivo es aquella persona que viaja para observar cómo otros realizan deportes. Clarito, ¿no? En mi opinión, esa diferenciación queda corta en los diferentes tipos de turistas deportivos. Paso a intentar explicar el porqué de mi apreciación. ¿Dónde incluimos a aquellos que viajan para trabajar en deportes? Los dirigentes, jefes de delegación, médicos, kinesiólogos, psicólogos, preparadores físicos, utileros y demás personas que conforman el staff de una delegación que compite a una cita deportiva parecieran no estar incluidos. Tampoco los medios de comunicación: gráficos, radiales, de televisión, digitales, etc. No van a practicar el deporte y tampoco podemos decir que forman parte de la industria turística que va a adquirir un ticket para ver una competencia. Tampoco estarían incluidos los voluntarios, o los trabajadores ocasionales por temporadas (en centros de ski en invierno o en deportes de playa en verano, sólo por citar dos ejemplos). Ni siquiera los familiares de los deportistas, organizadores, árbitros, agencias, representantes, empresas, operadores turísticos ni proveedores que pudieran viajar exclusivamente para determinado evento deportivo o temporada estacional, que implica un mayor incremento sustancial de actividad deportiva en determinado lugar. Desde otro tipo de análisis, es difícil considerar todo el potencial de turismo pasivo, ya que es probable que solo se incluya en esta tipología a quienes se trasladan (y gastan en viajes, alojamiento, comidas, compras y tickets) a un evento deportivo profesional (o de características profesionales como son los Juegos Olímpicos o Panamericanos, para que se entienda lo que quiero expresar). Mientras que en turismo activo debe incluirse tanto al turista profesional como el aficionado de alto rendimiento, así como también al que viaja a jugar con amigos sin ningún tipo de interés en el resultado final, siendo que el placer y el ocio es lo que encuadra y define su viaje. Demasiado desbalanceado el concepto de turismo activo versus turismo pasivo. E incompleto, desde este simple análisis. Así las cosas, podríamos mantener la definición de turismo pasivo (el más fácil de describir) como el que concurre a ver un evento deportivo. Redefinimos el turismo activo como el que viaja para practicar un deporte, única y exclusivamente. Y el turismo deportivo intermedio (o semi activo, o semi pasivo), como aquel que va a trabajar en ocasión de un evento deportivo. Con "trabajar" quiero expresar de realizar una actividad que es participar del evento, se reciba o no retribución económica. Hablamos de realizar una tarea. ¿Dónde se ubican los familiares? Me corrijo con lo dicho anteriormente: son turismo pasivo, claramente. Para poder ampliar el concepto de turismo activo aficionado, donde el resultado deportivo no influye (a diferencia del turismo activo profesional y del turismo activo amateur de alto rendimiento) pondré algunos ejemplos, por más que pudieren quedar fuera otros tantos. Así es que el golf sería uno de los grandes y mejores ejemplos, cuando un grupo de amigos (o familiares como es el caso de Franco Longobardi -socio de WE ARE SPORTS y columnista de este libro-, junto a su padre Marcelo y sus hermanos Gastón e Ignacio, que viajan anualmente a desafiarse mutuamente por el honor en los links de Escocia) viaja por placer a jugar y divertirse. También el montañismo, trekking, escalada, ciclismo, kayaking, rafting, buceo, paracaidismo, vuelo en planeadores, globo, ala delta, parapente y/o ultralivianos, surf (como Jorge Prat

Gay -columnista de este libro-, y sus amigos) e incluso tirolesa, skate, ski, snowboard, parkour y hasta paintball. Sí, sí, sí, ya sé: hay más disciplinas por las que se viaja que implican práctica deportiva por relax. Las pueden comentar por redes sociales y quedarán registradas. Esta fue una lista para entender el concepto. Y tendremos, tal como expresan en el World Sport Tourism Show, diferentes categorías de turistas relacionados con el deporte como ser los viajeros que eligen el destino de su viaje en función de si pueden o no practicar un deporte específico, practicantes de nivel aficionado (clubes de ski, clubes de vela y asociaciones deportivas de aficionados para cada disciplina) que se mudan para participar en competencias, sesiones de entrenamiento, etapas, torneos y hasta para capacitación, profesionales que no se mudan por razones profesionales o comerciales (personal médico, fisioterapeutas, entrenadores, nutricionistas, etc.), personal, gerencia y empleados de clubes deportivos profesionales y aficionados, árbitros y jurados preparados para los controles, evaluaciones y realización regular de los eventos, también periodistas, equipos de televisión y radio que viajan para difundir las competiciones deportivas, el deportista en sí mismo que viaja para ver eventos deportivos, el turista que viaja para aprender a practicar el deporte que siempre ha querido o lo que va "de moda", y así podríamos seguir. Lo cierto es que, con la conceptualización anterior, es algo con lo que podemos sentirnos cómodos. Con eso, puedo dormir tranquilo. Como podemos ver, hay muchas oportunidades para que un territorio atraiga a todo este tipo de turistas. Para ello, se debe unir la oportunidad de practicar o asistir a un evento deportivo con la chance de pasar unas vacaciones de bienestar y diversión. Ni más ni menos que ampliar la oferta para involucrar al grupo o la familia que acompañan los deportes turísticos.

La española María Teresa Fernández Alles es profesora titular del Departamento de Marketing y Comunicación de la Universidad de Cádiz (España) y relacionada con dicho centro de estudios desde 1988. En 2014 publicó un documento por demás interesante: "El impacto turístico de los eventos deportivos: un estudio de caso" (Cuadernos de Turismo, nº 33, (2014); pp. 59-76 ISSN: 1139-7861 Universidad de Murcia), donde desarrolló "La incidencia del Gran Premio de España en el sector turístico" (Gran Premio de Motociclismo de España celebrado en Jerez de la Frontera, Andalucía). Allí, en ese cuaderno de turismo, realizaba una introducción a mi entender brillante para el abordaje del turismo deportivo. No tiene demasiado sentido ampliar mucho más a lo que esta profesora escribe, por lo que irá completo en el siguiente párrafo.

El turismo deportivo está referido a todas aquellas actividades relacionadas con el deporte que se realizan fuera del lugar habitual de residencia, ya sea en instalaciones artificiales o en el medio natural para realizar una actividad física u observar espectáculos deportivos, pudiendo existir o no fines competitivos (Latiesa y Paniza, 2006). En los últimos años, la demanda de esta modalidad turística ha aumentado considerablemente en todo el mundo debido a la mayor importancia otorgada a la salud y a la condición física, así como a la creciente celebración de eventos deportivos por parte de las ciudades para atraer turistas deportivos (Herstein y Jaffe, 2008). Los turistas deportivos son aquellas personas que participan en actividades deportivas durante sus vacaciones, pudiéndose clasificar en tres categorías (Herstein y Jaffe, 2008): a) Participantes del evento: son aquellas personas que viajan para participar en un evento deportivo organizado. b) Espectadores del evento: son los asistentes a un evento deportivo organizado. c) Amantes del deporte, que viajan con el fin de participar en deportes auto-organizados. Asimismo, pueden distinguirse 5 tipos de turismos deportivos (Kurtzman y Zauhar, 1997) (en Latiesa y Paniza, 2006): Resort (complejos turísticos cuya atracción principal es la actividad deportiva, ofreciendo otros muchos atractivos recreativos de servicios), cruises (cruceros que ofrecen las actividades deportivas como objetivo principal del viaje o bien para compartir el crucero con celebridades del mundo del deporte), attractions (atracciones naturales como parques, montañas, etc., o creadas por el hombre como museos sobre deporte), tours (viajes relacionados con el deporte en el que se pueden realizar actividades diversas como la visita a instalaciones deportivas o tours en bicicletas) y events (donde el objetivo de los turistas es ser espectadores de eventos deportivos). Esta última modalidad turística, el turismo de eventos deportivos, referida a "aquellas actividades o competiciones deportivas capaces de atraer un número considerable de visitantes con el objeto de participar o asistir como espectadores" (Delpy, 2003) (en Revuelta, 2006), ha adquirido una gran relevancia para el sector, por cuanto, los eventos deportivos se han convertido en una importantísima oferta para miles de aficionados, constituyendo en la actualidad una gran oportunidad para los destinos que buscan aumentar sus atractivos, tanto por el número de turistas que atraen como por su impacto económico (Getz, 2003). Como afirman Henderson et al (2010), ciertos eventos tienen la capacidad de atraer un gran número de turistas, así como el gasto que realizan, de ahí el interés de los agentes públicos en atraerlos por su contribución actual y potencial en el desarrollo del turismo. Además, el deporte es considerado "un sector económico importante a nivel individual, organizacional y nacional, siendo importante su contribución en la actividad económica y en la creación de riqueza" (Goldman y Johns, 2009:125). A nivel académico, el interés generado por esta modalidad turística ha quedado plasmado en el creciente número de estudios realizados, datando las primeras aportaciones en los inicios de la década de los noventa. Las áreas más destacadas en

las que se han centrado estas investigaciones son la conceptualización y evolución del turismo de eventos deportivos, el impacto económico de esta modalidad turística, el comportamiento del turista de este tipo de eventos, y el impacto en la imagen y la notoriedad de los destinos sede de los eventos deportivos. En este sentido, deben destacarse los estudios realizados en torno al impacto económico de esta modalidad turística, siendo referentes los correspondientes a Burgan y Mules (1992), Tyrrell y Johnston (2001), Daniels (2003), Daniels (2004), Daniels, Norman y Henry (2004), Mules y Dwyer (2005), y Solberg y Preuss (2007), aquellos centrados en el análisis del comportamiento del turista de eventos deportivos con aportaciones tan relevantes como las de Gibson, Willming y Holdnak (2003), Shipway y Jones (2007) y Gezt y McConnell (2011); así como las investigaciones centradas en los estudios de impacto de la organización de eventos deportivos en la imagen del destino, lo que ha sido objeto de diversos estudios por parte de numerosos investigadores, entre los que caben citar Chalip, Green y Hill (2003) sobre los efectos en la imagen del destino y la motivación del turista; Kaplanidov y Vogt (2007), Chen y Funk (2010) y Kaplanidov (2012), quienes analizaron la interrelación entre el evento deportivo, la imagen del destino y el comportamiento de los consumidores de este tipo de turismo, identificando los principales atributos de un destino que influyen en su imagen. Y Wright (2007), cuyo trabajo se centró tanto en analizar cómo los eventos deportivos refuerzan la imagen del destino, constituyendo un atractivo adicional del mismo, así como el papel de los organizadores en la maximización de los beneficios locales. Otros autores, entre los que cabe citar a Kouthouris y Alexandris (2005), y Kaplanidou y Gibson (2010), han centrado sus estudios en las variables que determinan que los turistas repitan la visita a un destino que han conocido previamente con motivo de un evento deportivo. Por otra parte, son de resaltar las aportaciones de uno de los autores más destacados en el campo objeto de esta investigación como es Getz y, particularmente, sus trabajos en torno a las tendencias, estrategias y problemas del turismo de eventos deportivos (Getz, 1997 y 1998); a la planificación, el desarrollo y el marketing en este tipo de turismo (Getz, 2003); y a su conceptualización, evolución e investigación (Getz, 2008). Asimismo, deben mencionarse las investigaciones de otros autores tan relevantes como Nogawa, Yamaguchi y Hagi (1996) sobre el turismo de eventos deportivos «para todos» y el potencial de gasto de los mismos; Shonk y Chelladurai (2008), quienes propusieron un modelo conceptual acerca de la importancia de calidad en este tipo de turismo para influir tanto en la satisfacción del consumidor como en la repetición del viaje para asistir al evento o al destino; Bramwel (1997), quien se centró en el análisis del turismo de eventos deportivos bajo el enfoque estratégico del desarrollo sostenible; y Kovacic (2010), sobre la logística en un evento deportivo. Respecto a las investigaciones realizadas en torno a grandes acontecimientos deportivos, debemos resaltar estudios de casos de gran relevancia mundial como son la Rugby World Cup 1999 (Jones, 2001); los Juegos Olímpicos de Atenas 2004 (Hede, 2005 y Ziakas y Boukas, 2012); la FIFA World Cup 2002 (Lee, 2005); los Juegos Olímpicos de 62 María Teresa Fernández Alles Cuadernos de Turismo, 33, (2014), 59-76 Invierno (Revuelta, 2006); la America's Cup 2007 (Andrey, Currás y Gnoth, 2011); los Juegos Olímpicos de Beijing 2008 (Li, Blake y Thomas, 2013); los Juegos Olímpicos de Invierno de Vancouver de 2010 y los Juegos Paraolímpicos (Williams y Elkhashab, 2012); el Gran Premio de Fórmula 1 de Singapur (Henderson, Foo, Lim y Yip, 2010) y el Campeonato de España de Natación (Méndez, Sánchez y Barajas, 2011). No obstante, no debemos obviar otros estudios centrados en eventos deportivos de menor escala, citando, entre otros, los trabajos de Hallmann y Breuer (2011), en el que se analiza la imagen de los destinos rurales en los que se celebran eventos deportivos de pequeña escala como son el ciclismo, el remo, el biatlón o el esquí; y el de Gibson, Kaplanidou y Kang (2012), sobre los eventos deportivos desde el punto de vista de la sostenibilidad bajo las ópticas económica, social y medioambiental.

Después de haber leído cada palabra, cada obra, cada autor y cada año de publicación, entenderán la razón por la cual decidí ponerlo textualmente como estaba escrito. Allí podrán encontrar las referencias necesarias para ampliar conocimientos en este sentido. Muchas gracias a María Teresa Fernández Alles por tan formidable tarea.

Haciendo un mix del capítulo anterior sobre tecnología (específicamente Big Data) y el marketing del turismo, en marzo de 2019, el sitio PuroMarketing realizó la nota "Marketing turístico y Big data: Un mercado cada día más volcado con la tecnología". En dicho artículo se menciona que la industria del turismo necesita poner todo a punto para situarse de un modo mucho más efectivo y para obtener los mejores resultados. El Big Data puede ayudarles a perfilar qué deben hacer y a conocer mucho mejor a sus consumidores. A través de las menciones de Eurecat, por medio de Hosteltur, aclara que la transformación digital y la implementación de las tecnologías de la información y de la comunicación (TIC) ofrecen a la industria turística un cambio estratégico que implica la aparición de nuevos perfiles profesionales y la necesidad de actualizar los ya existentes, ya que en los próximos cinco años se espera que la industria del turismo fiche a estos profesionales de forma masiva, lo que hará que tenga que competir en nuevos talentos en este sentido. Como explicaban en Analytics in Smart Tourism Design, la información ha sido siempre un elemento clave para la industria del turismo. Ahora, los viajeros generan más datos que nunca y el big data "provee de datos sin precedentes sobre los procesos de decisión de los consumidores". Uno

es el de los precios. Los precios se están optimizando para ofrecer a los consumidores lo que buscan y lo que hará que consuman más y mejor. Otro es de la personalización. Los hoteles están empleando sistemas de personalización predictiva, ofreciendo a los consumidores lo que quieren y estando preparados para sus necesidades antes incluso de que las manifiesten. Es lo que tradicionalmente hacía un buen director de hotel, pero multiplicado de forma exponencial. Y el otro gran punto es la seguridad, algo que hace especialmente la industria del transporte. Al final, todos estos elementos se pueden resumir en una palabra clave, la de experiencia (abordado precedentemente en este capítulo). La experiencia se ha convertido en la gran obsesión de las marcas y de las empresas, porque es lo que los consumidores quieren y lo que buscan en su relación con los productos y servicios. El Big Data ayuda a que la experiencia sea única, diferenciada y mejor, que se posicione de forma memorable ante el consumidor y que supere a la de la competencia. Mantener felices a los clientes es clave para la industria del turismo, pero la satisfacción del cliente puede ser difícil de medir, especialmente en el momento oportuno. Resorts y casinos, por ejemplo, sólo tienen una pequeña oportunidad de dar la vuelta a una mala experiencia de cliente. El análisis de Big data ofrece a estas empresas la capacidad de recopilar datos de los clientes, aplicar análisis e identificar inmediatamente posibles problemas antes de que sea demasiado tarde, expresa el sitio especializado PowerData.

Es importante poder medir el impacto económico de un evento deportivo de manera anticipada. ¿Cómo presentarse a candidatear una ciudad, una región o un país (o varios países en conjunto), si no se conoce de manera profesional cuál será el resultado de tal acción? Y en este punto no se habla de saber la real medida, sino poder estimarlo, construir métricas verdaderas y posibles. Generar un reporte a priori y conocer el nivel de profundidad que implicaría poder obtener ser sede de tal o cual evento deportivo. Siempre hablando de turismo como el gran ingreso que podrá generar. El turismo previo, por un lado, ya que tanto organizaciones, federaciones, instituciones deportivas, de gobierno, proveedores, operadores turísticos y demás deberán realizar relevamientos anticipadamente, y eso generará ingreso genuino de recursos. Por otro lado, poder valorizar los ingresos en materia de turismo por los visitantes del evento en sí mismo. Y, por último, establecer algún tipo de apreciación respecto de la consecuencia económica a mediano y largo plazo, por la promoción, cobertura en medios, difusión y posicionamiento de la sede (ya se ha dicho que puede ser una ciudad, un país, región o países) y su impronta de ingresos a futuro. Difícil de hacer. Por supuesto. Pero es importante estimarlo de la manera más real y sincera posible. Vale la pena aclarar que es importante dividir el impacto desde los ingresos genuinos (gastos por turismo) como el intangible por posicionamiento y mayor valor del lugar de ocurrencia del evento, que comenzará a estar en la mente de los turistas al momento de decidir unas nuevas vacaciones. Para ello, conocer al consumidor tanto local (turismo interno nacional), como extranjero es de suma importancia. Y poder obtener datos de los diferentes segmentos y nichos que esto involucra: deportistas, organización, voluntarios, delegaciones, staff, familiares, público en general, media, etc. Es prioritario conocer el monto y abrirlo por tipo de gasto del turista (traslados, impuestos, alojamiento, comidas, merchandising, compras en general, actividades turísticas paralelas al evento, tickets). También estimar la cantidad (abierto en función de cada uno de ellos) de los nuevos puestos de trabajo que el evento deportivo generará y los salarios y honorarios en cada una de sus escalas. Reflejar en el análisis el legado que generará en el deporte y el turismo futuro, la infraestructura deportiva que quedará actualizada y moderna si es que se realiza un buen trabajo en este sentido, tanto como el aprendizaje respecto de la organización de la competencia, para la comunidad local y voluntarios, lo que redundará en mejores prácticas en ello para siguientes actividades, sean o no deportivas, ya que el conocimiento siempre genera rupturas mentales positivas. También quedarán para las futuras generaciones las mejoras en hotelería, rutas y calles, estacionamientos, aeropuertos, oferta gastronómica, shows, espectáculos y servicios turísticos en general, que más allá de concretarse, debe planificarse con el suficiente tiempo y tamaño, en función de lo estimado previamente para no sobredimensionarlo ni subvalorarse. Y siempre tan difícil de prever y hasta comprender, que muchas veces no es tenido en cuenta en los relevamientos y estudios: el impacto social, el sentimiento y orgullo de una comunidad que se une en pos de un objetivo y lo logra. Eso hace más fuerte la unión de los ciudadanos y los pueblos. Les da vigor. Y confianza. Hace más sano a los pueblos y a las personas. Ponerse un objetivo y sentir el orgullo de recibir "al mundo" en su propia casa, y atenderlo bien. Es un intangible que pocas veces es considerado y tiene mucho de positivo.

La World Rugby es la entidad madre del rugby mundial. El organismo rector de este deporte a nivel global. Así como se realizan competencias femeninas y masculinas, tanto en su formato tradicional de 15 como en seven, también se realiza en mayores y en juveniles. Del 4 al 22 de junio de 2019 se disputó el World Rugby U20 Championship Argentina 2019. El Campeonato Mundial Juvenil de Rugby para jugadores menores de 20 años. Las sedes fueron las ciudades de Rosario y Santa Fe, en la Provincia de Santa Fe. Fueron 30 partidos, disputados por las 12 delegaciones: Argentina, Fiji, Francia y Gales (Grupo A), Australia, Inglaterra, Irlanda e Italia (Grupo B), y Escocia, Georgia, Nueva Zelanda y Sudáfrica (Grupo C). Organizado por la propia World Rugby

junto con el anfitrión local, la Unión Argentina de Rugby (UAR). En el website oficial de la UAR, el 21 de junio de ese año, fue publicado un artículo bajo el título "La marca indeleble del Mundial Juvenil". El texto es importante para conocer lo que se viene hablando aquí sobre impacto visible e invisible. Directo e indirecto. "El World Rugby U20 Championship Argentina 2019 va mucho más allá del vibrante desarrollo de partidos con el que la competencia misma cuenta. La cita tuvo un antes, un durante y un después, aunque su importancia para el país y el Litoral (región de la Argentina) perdurará para siempre. Uno de los requisitos de World Rugby es que el Mundial exceda lo estrictamente deportivo y en este sentido, su mensaje es fundamental. El legado, la infraestructura y el impacto económico son tres puntos claves en la existencia de lo que dejará el torneo tras su disputa. Lograr que más chicos jueguen y se vinculen con el rugby es uno de los mayores anhelos. Y en ese marco, la realización del Mundial Juvenil es posible debido al trabajo mancomunado de entidades comprometidas". Continúa la nota sobre objetivos y futuro de lo que implica un evento deportivo de estas características de organización de calidad: "En pos de alcanzar los objetivos trazados en cuanto al legado se refiere, desde la organización se llevaron adelante distintas acciones de promoción y difusión de la disciplina. El trabajo se emplazó a lo largo y ancho de la región, trascendiendo incluso las fronteras santafesinas. Hace tres meses tuvo lugar el puntapié inicial, dando cuenta de la propuesta en el choque de Jaguares-Blues (por el Personal Súper Rugby). El impulso no mermó y llegó hasta los días previos a este Mundial Juvenil. En el medio, recibieron visitas las distintas entidades artífices del rugby regional en Rosario, Santa Fe e incluso en el resto de la provincia, como Coronda, San Carlos, San Vicente, Esperanza, San Justo, Santo Tomé, Calchaquí, Crespo, Pueblo Esther, Gálvez, Venado Tuerto, Sunchales, Ceres, Rafaela y hasta Paraná y San Nicolás. El programa Legado tiene como objetivo promover la participación del público tanto en el marco del World Rugby U20 Championship como en la práctica del deporte en clubes y entidades locales que ofrecen rugby como disciplina. Más de 5.000 chicos fueron alcanzados con la iniciativa y disfrutaron de las diversas alternativas del deporte como una verdadera fiesta en sus lugares de origen. A su vez, las tareas fueron realizadas sistemáticamente con escuelas, los últimos grados de las primarias, en secundarias y universidades". La importancia también de la repercusión en ensanchar las bases de este deporte, en un país, si bien federal, con mayor preponderancia en su capital nacional, la ciudad de Buenos Aires y sus alrededores, por lo que toma extrema trascendencia el evento y su correlación con las uniones afiliadas y los clubes para la promoción y el desarrollo de este deporte, en el interior de un país con distancias realmente largas y realidades muy distintas a su centro comercial y político. "Luego de concluido este evento seguramente habrá más chicos volcados a nuestra disciplina y tendremos más jugadores practicando rugby, lo que es para todos una satisfacción enorme", sostuvo el santafesino Jorge Bruzzone, integrante del Consejo Directivo de la UAR. Distintas delegaciones llevaron adelante durante el World Rugby U20 diferentes acciones de legado, que fueron capitalizadas del mejor modo en el Litoral. El plantel de Nueva Zelanda visitó la Unidad Penal N° 6 de Rosario donde, en el lugar, parte del equipo brindó una práctica y trasladó su mensaje a los internos. La propuesta tuvo como fin vincular a los reclusos con el deporte y trabajar a la par la práctica de distintos valores que promueve el rugby, tales como el respeto y la igualdad. El 5 de junio, en el marco del Día del (Medio) Ambiente, representantes del seleccionado fijiano realizaron una plantación de árboles en el Parque de la Constitución Nacional de Santa Fe, junto a alumnos de 46 establecimientos educativos que se sumaron a una campaña interescolar de sustentabilidad ambiental. "En Fiji, para nosotros es muy importante trabajar sobre el medio (ambiente) y la sustentabilidad. Buscamos siempre priorizar nuestros espacios naturales y realizar plantaciones de árboles como ésta", reconocieron los jugadores fijianos. Se menciona en la web que distintos staffs de otros combinados nacionales optaron por brindarles entrenamientos a diversos clubes de la región, dictar charlas o desarrollar prácticas abiertas. Las semifinales, el partido por el tercer puesto y la final se disputaron en la cancha armada especialmente en el Hipódromo de Rosario. Finalmente, Francia fue el campeón al vencer en el partido decisivo a Australia por 24 a 23, el 22 de junio, mientras que Sudáfrica fue tercero tras ganarle a la Argentina por 41 a 16, ante 5.000 personas. Pero eso es apenas una anécdota deportiva. El legado ya estaba instaurado. Turismo y deporte. Deporte y turismo. Impactos positivos, producto de una buena organización. Pensando globalmente y actuando localmente. Cerraba la nota diciendo que más allá de su patrimonio deportivo en el país, su huella sin lugar a dudas quedó trazada en el Litoral. ¡Bravo! Well done.

Sin intención de ingresar en un terreno de filosofía, psicología ni sociología superflua, el ser humano viaja (hace turismo) para realizar vivencias y experiencias maravillosas, tal vez únicas y especiales (Shedroff; 2008). Así es como, al igual que en otros ámbitos empresariales y del marketing, se intenta lograr la satisfacción del cliente, que en este caso es vivir una experiencia única, inolvidable e irrepetible, siempre positivamente hablando. Para ello es necesario identificar los deseos y expectativas de los turistas (el cliente), brindar experiencias de calidad, obtener rentabilidad de tal modo que permita invertirse en el sector y sean sostenibles en el tiempo, para finalmente incrementar la oferta en función de una mayor demanda futura. El turismo es muy especial, principalmente para aquellos que lo hacen lúdicamente y como una de las opciones de ocio. De éstas se desprenden cuatro aspectos fundamentales de las personas: el físico (corporal, compras); intelectual (aprendizaje, conocimiento); emocional (diversión, juego, conexión) y espiritual (forma de ser, de pensar y de actuar). En definitiva, cuanto más intangible sea la experiencia, más tangible se volverá su valor.

El golf femenino está en claro crecimiento en Argentina, impulsado incluso desde la propia Asociación Argentina de Golf, como se expresó en el capítulo 2 de este libro. Uno de los ejemplos que se pueden mencionar fue el Primer Torneo Nacional de Damas con Hándicap, que se disputó el 9 y 10 de mayo de 2019 en Tortugas Country Club, en paralelo con el 8° Torneo de Ranking de Jugadoras Aficionadas 2018/2019 (a 54 hoyos) del 9 al 11 del mismo mes y año, calendario oficial de la AAG. Si bien el golf de la categoría Damas no es algo nuevo en Argentina, ya que existen circuitos especiales y asociaciones en ese sentido, que desde hace varios años le dan fuerza a la idea de un golf con mayor presencia para las mujeres, es evidente que el apoyo de las marcas y empresas es fundamental, tanto como la trascendencia que le otorga la organización de la Asociación Argentina de Golf, dándole la característica de torneo del calendario oficial. Una gran organización de modo profesional oficial. El torneo dio como resultado un récord de inscripciones de mujeres, que viajaron de todos los rincones de este país para participar de esta primera edición del Torneo Nacional con Handicap y escribir su propia historia. El certamen contó con el apoyo de los sponsors institucionales de la Asociación Argentina de Golf como Ford, Río Uruguay Seguros, ROLEX, EZGO, Universal Assistance y TORO. Toda una señal de la importancia de esta categoría para las marcas y la institución madre del golf en este país. El golf que crece de la mano del turismo. Y el turismo es parte del crecimiento que está viviendo el golf de las damas por estos días.

Juana es una agencia de publicidad de Uruguay, con foco en generación de contenidos, que en 2017 incorporó los eSports a su portfolio, siendo pionera en este país. Su directora, Silvina Pérez, apasionada por el mundo digital y early adopter, como se define a sí misma en su perfil de LinkedIn, generó el 12 de julio de 2019 un contenido en esta red social (recordar el capítulo 3 de este libro) sobre los eSports (capítulo 3, once again)... "Los eSports sacuden los ingresos del resto de la economía. A quienes seguimos el avance acelerado de los eSports a nivel mundial pareciera que no nos fuese a sorprender nada a esta altura. Sin embargo, siempre dan que hablar. Hace poco, en el reporte anual de NewZoo 2019, veíamos cómo por primera vez los ingresos anuales de la categoría superaban los mil millones de dólares, con un crecimiento anual de más del 26%. ¿Por qué en Uruguay seguimos viéndolo lejano? ¿Por qué en publicidad todavía las marcas no se acercan a la categoría?

¿Por qué a pesar que en el mundo las principales marcas ya aseguran su lugar, lo mismo que las principales cadenas televisivas? Incluso mucha gente de medios y marketing hoy no está familiarizada con Twich, por ejemplo. ¿Qué tal si les preguntamos quién es Ninja? ¿Qué les parece si les cuento que es el número 1 en eSports? ¿Y si agrego que en abril superó nada menos que a Cristiano Ronaldo en interacciones en redes sociales? Hace pocos días se realizó en Rotterdam el League of Legends European Championship. Según reportes de Riot Games, el campeonato contribuyó a la economía de Rotterdam con 2.6 millones de dólares en solo dos días. Según el mismo informe, el 87% de los participantes provenía de fuera de Rotterdam, incluso de tan lejos como China o Perú, y gastaron en promedio unos 56 dólares por día. Es momento que dejemos de verlo como algo lejano y de unos chicos encerrados en sus cuartos jugando a la play, y se entienda el verdadero potencial de esta industria y lo que puede aportar a toda la economía. Y pensemos desde nuestras empresas cómo podemos empezar a vincularnos. Es hora de ver el negocio detrás del juego". No conozco a Silvina, más allá de estar conectados por LinkedIn. Pero voy a felicitarla por este texto. El conquistador utiliza senderos que marcaron los pioneros. Ella es de estos últimos.

En su trabajo "El espectáculo deportivo y el turismo: deporte de masas, ¿turismo de masas?", el español Manuel E. González Ramallal (Departamento de Sociología de la Universidad de La Laguna, San Cristóbal de la Laguna, Tenerife, España), expresa en su introducción una división entre deporte turístico y turismo deportivo. El objetivo de ese trabajo se centró en conocer las repercusiones sociales que la competición futbolística de la Champions League genera en el ámbito del turismo, y específicamente lo que podría implicar que se realizase en La Coruña. Mencionaba González Ramallal en el apartado 2 que el turismo relacionado con un espectáculo deportivo presenta características propias que hacen de él un fenómeno difícilmente encasillable dentro de los segmentos del mercado turístico. En parte, esto se debe a que puede manifestarse de diferentes modos: desde el grupo de amigos o peña que viaja en vehículos particulares hasta el viaje organizado por una agencia de viajes para visitar una ciudad y presenciar algún acontecimiento futbolístico el fin de semana. En este sentido, ya a finales de los ochenta, los clubes de fútbol comienzan a ofertarse como reclamo turístico. La relación entre turismo y éxito deportivo de un club la hemos de contextualizar en un ámbito próximo al turismo de grandes acontecimientos, entendido éste como el turismo vinculado a grandes eventos nacionales o internacionales que se desarrollan, especialmente, en el campo económico, comercial, científico, cultural y deportivo (por ejemplo, los Juegos Olímpicos o competiciones deportivas de carácter internacional). Latiesa (2001)

en un artículo sobre la evolución y tendencias de la conexión entre turismo y deporte, apunta las sutiles diferencias existentes entre Sport Tourism (deporte turístico) y Tourism Sport (turismo deportivo). Dichas diferencias se sostienen en función del criterio central que adoptemos: ¿el objetivo principal es hacer deporte o hacer turismo? Una definición formal de Sport Tourism sería la siguiente: "individuos o grupos que participan activa o pasivamente en deportes competitivos o recreativos durante los viajes que realizan fuera de la residencia habitual. Aquí el deporte es la primera motivación del viaje y el elemento turístico es un refuerzo". Esta definición tiene un sentido fuerte (participación activa o pasiva en eventos deportivos competitivos, y débil (participación activa o pasiva en deportes recreativos, por ejemplo: senderismo, rafting, bicicleta de montaña, etc.). Como definición formal de Tourism Sport tenemos: "personas que viajan fuera de su lugar de residencia habitual y participan activa o pasivamente en deportes competitivos o recreacionales como una actividad secundaria". La definición de Tourism Sport también tiene un componente fuerte (refuerzo que logra el turista a través de su participación activa o pasiva en algún deporte, por ejemplo: cruceros deportivos, balnearios, etc.) y uno débil (turistas que participan accidentalmente en algunas formas de deporte, por ejemplo: golf, nadar, tenis, etc.). Los límites entre Sport Tourism y Tourism Sport no están claramente definidos, aunque se hace necesaria una aclaración y especificación de los mismos a efectos de conocer el campo que se va a estudiar. Latiesa define, finalmente, el Sport Tourism como la "actividad que se desarrolla en un lugar distinto de la residencia habitual y que tiene como objetivo principal la actividad deportiva (ejercicio y /o espectáculo) y como actividad complementaria la recreación turística" y el Tourism Sport como la "actividad que se desarrolla en un lugar distinto al de la residencia habitual y que tiene como objetivo principal la recreación turística y la actividad deportiva (ejercicio y/o espectáculo) como actividad complementaria u ocasional"'. El principal objeto de este estudio, al abordar la conexión entre éxito deportivo y turismo, es tanto la participación pasiva en eventos deportivos competitivos como el refuerzo del viaje con la asistencia a un evento deportivo trascendente. En este sentido, dicho objeto se aproxima tanto a la dimensión fuerte del Sport Tourism (deporte turístico) como a la dimensión fuerte del Tourism Sport (turismo deportivo). Por ello, de manera genérica, hablaré de turismo deportivo para referirme a ese amplio espectro que abarca la asistencia a competiciones nacionales e internacionales de fútbol en un lugar diferente a la residencia habitual y que tiene como motivaciones principales tanto el espectáculo deportivo como el turismo. En todo caso, habrá que confirmar finalmente que es lo que mueve a los individuos a realizar estos desplazamientos.

Quizás, en la última frase de González Ramallal está la clave: ¿qué es lo que mueve a las personas a hacer turismo para hacer deporte, o para ver deporte? Pero en definitiva, no es más ni menos que la pregunta que toda persona que haga marketing debe hacerse: ¿qué hará que compren mi servicio o adquieran mi producto? ¿Cuál es el botón que debo tocar al potencial consumidor para hacerlo reaccionar y que se decida favorablemente por mi marca? En marketing deportivo es algo más complejo. Porque el deporte es pasión. Y la pasión, como he dicho, es como el amor: no entiende de razones. Se es apasionado y no hay lógica. Se ama y punto final. No hay explicación.

Green marketing en el deporte

La ecología es la rama de la biología que estudia las relaciones de los diferentes seres vivos entre sí y con su entorno. Estudia cómo estas interacciones entre los organismos y su ambiente afectan a propiedades como la distribución o la abundancia. En el ambiente se incluyen las propiedades físicas y químicas que pueden ser descriptas como la suma de factores abióticos locales, como el clima y la geología, y los demás organismos que comparten ese hábitat (factores bióticos). La ecología habla del estudio que relaciona los seres vivos con su entorno, con el (medio) ambiente, analizando cuál es la influencia que tienen unos sobre otros, la interacción de los seres vivos con su medio. Es decir, es la biología de los ecosistemas. Y uno de los seres vivos que interactúa no es más ni menos que el ser humano. Nosotros. Las personas. Cuando se habla del cuidado del medio (ambiente) se está hablando de la protección del planeta adquiriendo hábitos o costumbres sencillas que permitan reducir la contaminación, ahorrar energía y conservar los diferentes recursos naturales.

El término Green Marketing o Marketing Verde surge a fines de los años 80 y principios de los 90, si bien la Asociación Americana de Marketing (AMA, American Marketing Association de los Estados Unidos) impartió el primer taller sobre "Marketing Ambiental" en 1975, y cuyos primeros escritos surgieron de allí a través de Karl E. Henion y Thomas C. Kinnear a través del libro "Marketing Ecológico" (Ecological Marketing, American Marketing Association; 1976). Pero no fue hasta principios de la década del 90 que surgieron las primeras obras como "No es una moda: el ambientalismo es ahora un hecho de la vida corporativa" (W. Coddington; 1990), "Una teoría del comportamiento del comprador ambiental y su validez: el modelo de acción y comportamiento ambiental" (H. T. Suchard y M. J. Polonski; 1991), "Marketing verde estratégico" (Stephen McDaniel y David H. Rylander; 1993) y "Usando alianzas estratégicas para un marketing verde creíble" (Nicola Mendleson y Michael Jay Polonsky; 1995), que plasmaron la preocupación de la contaminación ambiental de manera tal que pudiera ser adquirida por las compañías a través del Green Marketing.

Hay extrema confusión en la definición de conceptos y a su vez diferenciaciones. Algunos consideran lo mismo al marketing verde, el marketing ecológico, marketing sustentable y marketing ambiental.

Otros lo consideran totalmente diferente. Hay zonas confusas de análisis.

El Green Marketing consiste en el desarrollo y comercialización de productos eco-responsables en cuyo proceso se minimizan los efectos negativos en el ambiente. Esta tendencia incluye compromisos como la inclusión del reciclaje dentro del proceso de producción, la utilización de materiales orgánicos o biodegradables y de bajo impacto ambiental, la inversión en campañas de conciencia ambiental y la transparencia de los procesos y etapas del producto desde su nacimiento hasta su comercialización, dentro del marco de la producción responsable. El Green Marketing es una respuesta ante una actitud cada vez más exigente de los consumidores hacia las marcas, que consiste en un compromiso de compra que favorece y prioriza la elección de productos elaborados de manera consciente con respecto al cuidado ambiental. Este concepto hace referencia a cómo las empresas incluyen dentro de sus valores el respeto al (medio) ambiente, convirtiéndose así en una marca más valorada (y de aquí el porqué se encuentra dentro de la rama del marketing: porque hace crecer el valor de marca). De esta forma, las empresas empiezan a esforzarse en producir y promocionar sus productos de forma sostenible para no dañar la naturaleza. Y esa es otra área del marketing que puede utilizarlo siempre en un sentido consciente y positivo. Con impacto para las ventas, para la marca, para la empresa y para el planeta.

Hay una discusión constante en diferentes puntos del Green Marketing. ¿Hacen marketing ecológico porque incrementa las ventas? Si fuese así, no veo el problema. Quizás no lo hacen convencidos porque el planeta lo necesita, pero mientras cada vez lo hagan más empresas, mejor. Hasta que se terminen convenciendo, claro. Otra de las definiciones en contra del Marketing Ambiental es que "las empresas que hacen productos menos ecológicos, no son empresas ecológicas en su totalidad". Es un buen punto. Probablemente en la actualidad no haya empresas (masivas y/o de alcance global) que sean ciento por ciento sustentables. Empecemos porque tengan productos que tengan un menor o nulo impacto ambiental, y luego vayamos creciendo desde ahí. Empecemos por algo. ¿Quién es hoy en día "totalmente ecológico"? ¿Qué persona lo es? Debe ser totalmente ambiental. No solo en la separación de basura o menor uso de agua potable. También lo debe ser en los transportes que utiliza y el combustible de esos transportes. En todo el proceso de fabricación de las prendas que utiliza y del lugar donde vive y trabaja. Nadie que se encuentre dentro del sistema puede garantizar esto. Entonces, tratemos que todas las empresas tomen conciencia y empiecen por algunos productos y servicios, y fundamentalmente industrias y procesos sustentables. Crezcamos desde ahí. El reto es ése: si una empresa quiere desarrollar una estrategia real de marketing ecológico tendrá que adaptar todas sus estructuras y procesos para que no sean dañinos con el ecosistema. ¿Por qué, en general, los productos eco-friendly son más caros? Por una doble variable, porque es más caro producirlos (por los proveedores, por los procesos) y porque el segmento de las personas a las que les interesan estos productos está dispuesto a pagar más por ellos, como lo demuestran las investigaciones de mercado en los largos últimos años. Es cierto, también, que los entes gubernamentales deberían generar políticas de beneficios para favorecer empresas que se vuelquen hacia productos, procesos y prácticas de reducción de impacto ambiental negativo. Hay quien dice que algunos de los productos denominados verdes no son tan buenos como los predecesores que contaminan más. Es sencillo, entonces: es necesario comprar y consumir productos con cuidado ambiental, así obtienen mayores ventas y mejor rentabilidad, de tal modo que pueda ser aplicada la inversión en investigación y desarrollo para la mejora de esos productos y servicios. Sencillo. ¿No?

El Green Marketing tiene algunas desventajas. ¿Cómo puede ser que algo bueno para todos y para el medio (ambiente), tenga algo negativo? Y, sí. Si pudiera poner emojis en este libro, utilizaría ese de los brazos abiertos, palmas arriba y hombros levantados como diciendo: "¿y qué querés que haga?". El costo de producción es más caro por adaptación de maquinaria, procesos, distribución, envases, packaging, flexibilidad de proveedores y hasta uniformes del personal. Si no es posible tener elasticidad al precio final porque el mercado no lo resiste, considerando lo anterior, el margen de ganancia se reduce. Por otro lado, hay un potencial impacto intangible, pero quizás más peligroso aún: el greenwashing. El "lavado de cara verde", que no es ni más ni menos que, por comenzar a realizar algunos productos y/o procesos sustentables, los consumidores, el mercado y hasta la competencia lo utilicen en contra de las empresas que lo hacen por no ser "totalmente sustentables", generando una sensación de que esa empresa sólo lo hace por una cuestión superficial, intentando aprovecharse de los clientes y de su confianza en campañas ocasionales. La marca podría verse claramente afectada en su imagen y credibilidad.

Un punto que entiendo importante es la concientización. El Green Marketing, además de la investigación, desarrollo, producción, procesos, comercialización, distribución, venta, empaques y envases, de tal manera de no contaminar el medio (ambiente) y reducir a su máxima expresión el impacto ambiental, debe incluir políticas internas, reciclaje y declaración de principios, misión, visión y valores en este sentido. Y fundamentalmente una inversión en comunicación, difusión y promoción en campañas de concientización y educación ecológica, tanto como distribuir y fomentar el acceso a la información sobre productos ecológicos y fabricación sustentable, respecto de sus beneficios para el ser humano, los recursos naturales y lo que ello implica en el futuro de los habitantes de este planeta. Para ello resulta imprescindible abordar una estrategia de marketing razonable y acorde con la identidad de la marca, y con los objetivos de marketing verde fijados previamente por la empresa.

No es algo nuevo decir que las empresas petroleras han sido parte de los responsables de la contaminación del planeta. Ya sea en el día a día en todo el proceso de generación de combustible en su proceso productivo, incluida la todavía utilizada fragmentación en varios lugares del mundo, como también por la emanación de los gases por parte de la industria automotriz que los utiliza. Y, además, por el derrame de petróleo ocasional cuando es dañada una tubería o zozobra un barco carguero, como el lamentablemente conocido petrolero Exxon Valdéz, tras encallar el 24 de marzo de 1989 en Prince William Sound (Alaska, USA), vertiendo 37.000 toneladas de hidrocarburo. De todos modos, luego de tanto tiempo, pareciera haber una luz de esperanza en el mundo, siendo que las compañías petroleras se van convirtiendo en empresas de energía, con lo que adoptan productos y prácticas más sustentables como la energía eólica, la marina (olas, mareas, salinidad, temperatura) y la solar, además de promover iluminación LED. Y por otro extremo de la cadena, la industria automotriz con lanzamientos de autos híbridos (combinan propulsión mixta de un motor eléctrico y un motor de combustión) que reducen a casi la mitad la emisión de gases contaminantes, como los casos de TOYOTA Prius, al igual que el Ford Mondeo Hybrid, lanzado en Argentina en 2019, por ejemplo.

La American Marketing Association define el Green Marketing como el desarrollo y el marketing de productos designados a minimizar los efectos negativos en el ambiente físico, o bien a mejorar su calidad, y también destaca que son aquellos esfuerzos de las organizaciones de producir, promover, empaquetar y reclamar productos en una forma sensitiva o responsiva a preocupaciones ecológicas. Por otro lado, The Green Marketing Company define el Marketing Verde como aquellas actividades promocionales orientadas a tomar ventaja de los cambios de actitud de un consumidor sobre una marca. Estos cambios son influenciados por políticas y prácticas que afectan la calidad del (medio) ambiente y reflejan el nivel de su preocupación por la comunidad. Para IEBS (Innovation & Entrepreneurship Business School, España), utilizando ambas definiciones, el Green Marketing incluye las prácticas que generan las marcas para mejorar el medio (ambiente), con el objetivo de sumar una ventaja competitiva y un cambio de percepción del consumidor sobre la marca, demostrando que se preocupan por el (medio) ambiente.

Michael Jay Polonsky, de la Universidad de Newcastle, piensa que muchos tienen un concepto del Green Marketing demasiado delimitado: "Desafortunadamente, la mayoría de las personas piensa que el Green Marketing se refiere solamente a la promoción o publicidad de productos con características ambientales. Términos como libre de fosfato, reciclable, rellenable, amigable con la capa de ozono y ambientalmente amigable son algunas de las cosas que los consumidores asocian comúnmente con el Green Marketing y este concepto es mucho más amplio, uno que se puede aplicar a bienes de consumidor, bienes industriales y hasta servicios". La última definición de parte de Polonsky al respecto sería que el Green Marketing consiste en "todas las actividades designadas a generar y facilitar cualquier intercambio que pretenda satisfacer necesidades humanas, mientras que estas ocurran con mínimo impacto en el entorno natural".

Utilizar productos biodegradables, emplear productos reciclados (y también generarlos), son tan importantes como la reducción de emisiones contaminantes y los daños ambientales, paralelamente con la generación de conciencia social en este camino. Es necesario seguir invirtiendo también en innovación, desarrollo y calidad de nuevos productos y servicios ecológicos, así como también la búsqueda de energías renovables y sustentables. Y respecto del marketing (en el sentido estricto de la palabra), dirigir el mensaje correcto a este nuevo target, por los canales correctos y siendo consistente, real y veraz con el mensaje, generando precios de mercado acordes, manteniendo una rentabilidad considerable para fortalecer el valor de marca. Entender los deseos, gustos, preferencias y las conductas del consumidor verde, que, en definitiva, a esta altura deberían ser todos los habitantes del mundo. Dice Revitaliza Consultores que el Green Marketing no es una práctica cualquiera, ya que se apega a prácticas de transparencia y divulgación de sus políticas, prácticas, servicios y productos sustentables, con el objetivo de facilitar cualquier intercambio que pretenda satisfacer necesidades humanas, mientras estas ocurran con mínimo impacto en el entorno natural. Esta estrategia de posicionamiento es respaldada por normativas, políticas y certificaciones para productos, servicios y edificios que aplican prácticas en favor de la sustentabilidad. Este respaldo es avalado por terceros que garantizan que las empresas están cumpliendo con sus acciones y que son retomadas por los equipos de marketing para desarrollar estrategias de comunicación eficiente. Por demás interesante definición. Incluir Green Marketing de manera consciente en el plan integral de marketing atraerá nuevos segmentos de consumidores preocupados por el cuidado ambiental, mejorará el posicionamiento de la marca y la reputación de la empresa, aumentará la visibilidad y recordación de marca y producto, ayudará a educar y comprometer a los consumidores a ser más conscientes del entorno, obligará a autoexigirse en innovación y desarrollo, al tiempo que se estará construyendo un mundo mejor. Para cada uno de nosotros. Y para las nuevas generaciones.

Nike es el claro ejemplo de empresa que, cambiando sus políticas, ha mejorado increíblemente su imagen (y su beneficio) y se ha convertido en un referente en moda y deporte sostenible, marcando el camino a seguir por el resto de compañías, según menciona StartUpGreen en su web. En el año 2008 comenzaron una transformación seria y hoy en día la marca recicla y reutiliza materiales sobrantes para reducir el impacto ambiental, asociándose con empresas para investigar e innovar en nuevos materiales que mejoren el rendimiento de sus productos y que a la vez tengan poca o ninguna incidencia en el medio (ambiente). Del mismo modo, modificó su relación con proveedores. Comenzó con una línea de producto sostenible que ahora van a ir ampliando hasta llegar a toda su producción. Su objetivo estratégico fue minimizar la huella ambiental. Desde que se iniciaron las nuevas políticas de Nike en 2008, han conseguido reducir a la mitad el consumo de energía y emisiones en la fabricación. Su pretensión es que en el año 2025 el 100% de la energía consumida sea renovable. Por otro lado, han establecido nuevos estándares en los productos químicos utilizados en la fabricación, consiguiendo que el 95% de las sustancias utilizadas hoy en día no sean nocivas. Redujeron el 18% el consumo de agua en la fabricación de ropa y 43% en calzado y han conseguido bajar 92% los residuos a vertederos, reutilizando materiales y convirtiéndolos en materiales de alta calidad. Desarrollaron materiales para no tener que utilizar pegamento en sus zapatillas y de esta manera poder recauchutar, personalizar y reciclar de manera más fácil y sostenible.

El Green Marketing es un tipo de marketing cada vez más frecuente, ya que se adapta al pensamiento de las personas en el mundo moderno y es coherente con sus valores, como así también es capaz de transformar la tendencia actual para ofrecer aquellos productos que se dedican a preservar la naturaleza y su conservación. Este cambio de actitud es una premisa sobre todo en la llamada generación Millennial, un sector clave de la economía constituido por jóvenes menores de 35 años que actualmente son casi el 75% de la población mundial económicamente activa. Este segmento tan importante se conforma por clientes muy exigentes y respetuosos del ambiente, que requieren el mismo compromiso por parte de las marcas para elegirlas e identificarse con ellas. Dentro de este movimiento queda en segundo plano el precio de los productos, ya que se valora mucho su cuidadoso proceso, que da como resultado final mercadería de alta calidad y mucho valor emocional para los consumidores verdes.

En el capítulo 3 comentamos la importancia de la tecnología en el deporte y su trascendencia en el nuevo marketing. Si bien este caso podría haber estado incluido en esa sección por el uso intensivo de tecnología, bien vale que sea incluido en este apartado ya que sus consecuencias positivas tienen impacto directo en el planeta y su cuidado. El 29 de julio de 2019, la Superliga Argentina de Fútbol (SAF) firmó un convenio con el Instituto Nacional de Tecnología Industrial (INTI) de Argentina. En la agenda de trabajo aparecen objetivos como el ahorro energético y de agua, el uso de energías renovables, el desarrollo de indumentaria inteligente con sensores que brindan información del juego, como así también de alimentos funcionales para mejorar la nutrición de los deportistas. El diario argentino LA NACIÓN, en su portal deportivo, ampliaba la información comentando que, en el caso del ahorro de agua, un proyecto es la implementación de un sistema de mingitorios secos (iniciativa en la que el INTI ya viene trabajando), ya que permite economizar hasta 100 mil litros de agua al año por cada uno de ellos. El aporte de energías renovables podrá resolver de forma sustentable diversas necesidades que se presentan en los lugares de práctica deportiva, como el calentamiento de agua sanitaria mediante sistemas solares térmicos y la generación eléctrica a través de tecnología fotovoltaica. También se podrían considerar soluciones innovadoras como la obtención de energía eléctrica a partir de las pisadas de los espectadores. Mariano Elizondo, presidente de la Superliga Argentina de Fútbol, afirmó que "para nosotros es un placer poder formar esta alianza con el INTI. Muchos ya saben que desde la Superliga venimos machacando hace dos años con la tecnología... La realidad es que el fútbol termina siendo un gran evento de entretenimientos y los clubes tienen que estar preparados para darles mejoras no sólo a los jugadores, sino también a los hinchas: mejoras en la utilización de energía, del agua, en indumentaria inteligente para los futbolistas, en ofrecer cada vez más un mejor escenario". Si bien podría estar en la sección de Big Data, una de las acciones permitirá conocer y controlar la afluencia de público a los estadios, siempre dentro de las capacidades permitidas y habilitadas en cada uno de ellos. Y en este sentido se plantea la implementación de sistemas inteligentes que fehacientemente indiquen en tiempo real el número exacto de personas que ingresa o se retira, con el fin de cumplir con las resoluciones y normativa vigentes en la materia a nivel nacional. Por otro lado, el convenio también refiere a capacitación y transferencia de conocimientos en inocuidad de los alimentos, para garantizar no solo la integridad física de los deportistas, sino a la vez la de toda persona que realice ingesta de productos distribuidos durante los partidos. Javier Ibáñez, presidente del Instituto Nacional de Tecnología Industrial, señaló que "el fútbol en la Argentina es muy importante, mueve pasiones, mueve profesionalismo y tiene mucha actividad económica. Por eso nos parece muy interesante acercar a nuestros profesionales al mundo del fútbol argentino. Le damos las gracias a la Superliga por darnos la posibilidad de llevar a cabo este convenio, con la tecnología y el futuro como ejes. Nuestros conocimientos y nuestras capacidades están a disposición de cada uno de los clubes de la Argentina. Profesionales del INTI van a colaborar con su conocimiento y con transferencia de tecnología para mejorar la experiencia de jugadores, entrenadores, chicos de inferiores, dirigentes e hinchas". El INTI ya había firmado a comienzos de 2019 un convenio similar con la Asociación de Clubes de Básquet, para la implementación de servicios similares en la Liga Nacional de Básquet de Argentina, y tiene experiencia en brindar servicios al deporte, como la asistencia técnica y evaluación de la distribución espacial de intensidad luminosa de los proyectores en estadios: un estudio para verificar en algunas canchas el cumplimiento de las exigencias del reglamento de la Confederación Sudamericana de Fútbol (CONMEBOL). Otro caso de vinculación con el ámbito deportivo y el fútbol es el trabajo con la empresa de neumáticos Regomax, para el reaprovechamiento del caucho en canchas de pasto sintético, luego validadas por la FIFA. El INTI anunció la firma del convenio en su web con el título: "La Superliga y el INTI acordaron mejorar el fútbol a través de la tecnología". En mi humilde opinión, decidí incluir este caso en esta sección, ya que un titular alternativo para este anuncio podría haber sido perfectamente "La Superliga y el INTI acordaron mejorar el cuidado del planeta a través de la aplicación de tecnología en el fútbol". Justamente, otra nota del acuerdo se desplegaba con el enunciado: "La Superliga Argentina de Fútbol y el INTI trabajarán en ahorro energético, agua e indumentaria inteligente". Es por ahí, dirían los centennials.

Los eventos deportivos deberían comenzar a abrazar en toda su extensión al Green Marketing. Distribuir contenedores de residuos diferenciados para elementos reciclables distribuidos por todo el venue y sus alrededores, exigir a los puestos de oferta gastronómica el uso de materiales también reciclables y utilizar materiales para la cocción de sus productos con nulo impacto ambiental, tanto como heladeras y congeladores que utilicen gases eco friendlies. Iluminación de estadios y adyacencias, además de salas, vestuarios y ammenities con uso de tecnología LED. Baños amistosos con el planeta respecto del uso de agua, tanto como los productos que se utilicen para la limpieza. Transportes a través de vehículos eléctricos. Y también utilización de trofeos "verdes". ¿Cómo?

Según menciona el sitio EcoInventos (green technology), Japón implantó un sistema de recolección para basura electrónica de consumo, al tiempo que aprobó una ley en 2013 que obliga al reciclaje de electrodomésticos. Los metales preciosos reciclados también se utilizan para producir nuevos dispositivos electrónicos, siendo la plata el que tiene una demanda más alta. En 2014, Japón recuperó 143 kilogramos de oro, 1.566 kilos de plata y 1.112 toneladas de cobre, un componente esencial en el bronce, de la basura electrónica. Según datos de los Juegos Olímpicos de 2012 de Londres, se necesitaron 9,6 kilos de oro, 1.210 de plata y 700 de cobre para hacer todas las medallas olímpicas que finalmente colgaron de aquellos que accedieron a los diferentes podios. En general, las ciudades sede piden a las minas donar los materiales. Pero Japón no lo quiso hacer. Para los Juegos Olímpicos de verano de Tokio en 2020 se eligió el diseño ganador de las medallas de oro, plata y bronce que se fabricarán con electrónica de consumo reciclada extraída durante los dos últimos años, gracias a este plan instaurado en 2013, incluyendo teléfonos móviles, cámaras digitales, juegos electrónicos y computadoras portátiles. Tokio lanzó el Proyecto Medalla Tokio 2020 como parte de sus esfuerzos para hacer de Tokyo 2020 los juegos más respetuosos con el (medio) ambiente y sostenibles hasta la fecha. El proyecto recibió donaciones de 1.300 instituciones educativas y 2.100 tiendas de electrónica en Japón. El país también instaló cajas amarillas para donaciones en las oficinas de correos y en las esquinas de las calles de todo el país, mientras que una asociación permitió a los consumidores donar sus teléfonos viejos. El Comité Olímpico informó que más del 90% de las autoridades locales de Japón participaron en la iniciativa, con un total de 78.985 toneladas de dispositivos desechados, incluyendo 6,21 millones de teléfonos móviles usados, así como también cámaras digitales, consolas de videojuegos de mano y notebooks. Todo fue clasificado, desmontado y fundido para crear las medallas olímpicas. Las medallas no son la única forma en que Japón está intentando crear los Juegos Olímpicos con menor impacto en el (medio) ambiente. Los uniformes para el relevo de la antorcha olímpica se fabrican en parte con botellas de plástico recicladas, mientras que los podios de la ceremonia de victoria se harán con plástico reciclado de desecho doméstico y marino. Los ciudadanos de Japón contribuyeron con unas 45 toneladas de plástico de sus hogares para desarrollar los 100 podios. Los organizadores del Proyecto Medalla Tokio 2020 esperan mantener el impulso, en el que los empresarios, las autoridades y el público de Japón donarán electrodomésticos para que el metal pueda ser utilizado para ayudar a la comunidad, incluyendo la creación de medallas para los deportes locales en el país. Vale mencionar que Brasil utilizó residuos reciclados para hacer medallas olímpicas en los Juegos Olímpicos Río de Janeiro 2016, para ganar cerca del 30% de sus medallas de plata y bronce. Podio, medalla y beso para ambos.

En 2016, Mohammad Khorsandi-Fard y Reza Ismaeelzadeh, del Departamento de Educación Física y Ciencias del Deporte, de la Universidad Islámica de Azad (Rama Mashhad, Mashhad, Irán), publicaron un estudio metodológico denominado "Green Sport Marketing Mix, comportamiento de compra de los consumidores en ropa deportiva" (Shiraz Journal of System Management, Vol 4, No. 1, Ser. 13, Year 2016, 045-056). En el mismo plantean la problemática del impacto ambiental sobre el proceso de producción, distribución y uso de componentes de la indumentaria deportiva a nivel global. Lo hacen a través del estudio del test de Kolmogorov-Smirnov: green price, green product, green place, green promotion y green purchase. Es decir, las 4 "P" del marketing de McCarthy (explicadas en el libro anterior "La pasión deportiva del marketing"), pero desde un costado "verde" (Green Marketing), incorporando la "compra", como quinto elemento. Los autores concluyen que el estudio tuvo como objetivo investigar el efecto del mix de Green Sport Marketing en el comportamiento de compra de los consumidores de indumentaria deportiva. Los resultados mostraron que había una correlación significativa entre la mezcla de marketing verde y la decisión de compra del consumidor. Además, hubo una correlación significativa entre los componentes de la combinación de marketing deportivo y la intención de comprar productos ecológicos. Hoy en día, el entorno natural está en riesgo considerable y todos los sectores de la sociedad -para evitar una mayor destrucción del medio- se muestran preocupados. En conclusión: cualquiera tiene que redoblar sus esfuerzos para proteger el (medio) ambiente y la naturaleza. Esto es cada vez más importante, porque el ejercicio y la actividad física tienen una relación directa con el entorno y la naturaleza. Además, el ejercicio en áreas verdes y espacios abiertos constituye una parte importante de las actividades deportivas. Asimismo mencionan que, dada la importancia de la protección del medio (ambiente) y el aire limpio, prevenir la destrucción (incluidas las medidas para evitar la reducción de la participación deportiva de las personas y las condiciones ambientales actuales), la protección del (medio) ambiente, los esfuerzos para preservar la naturaleza y la salud, junto con el objetivo de prevenir las enfermedades causadas por la contaminación ambiental, conforman la responsabilidad social más importante de las organizaciones en el sector público y privado. Los consumidores de productos deportivos también reciben una estrecha relación y dependencia entre el entorno, el deporte, el ejercicio y la naturaleza circundante con mayor cuidado y apoyo. Los resultados mostraron que los consumidores de deportes mostraron mayor inclinación a adquirir los productos que cuidan el medio (ambiente) de forma segura. En otras palabras: los consumidores de productos deportivos prefieren un producto seguro para el entorno naturao y que no daña lo daña por sobre otras marcas. Los hallazgos también mostraron que los precios ecológicos también tuvieron un efecto significativo en la compra de productos deportivos verdes, demostrando que si el consumidor sabe que los precios se determinan de acuerdo con consideraciones ambientales, aunque sea más costoso que otro producto, y la diferencia entre el precio es razonable, va a comprar productos ecológicos. El marketing ecológico aumenta la lealtad del cliente y reduce la sensibilidad al precio del cliente y se fortalece para comprar productos ecológicos. Polonski (2015), Kumar (2015), Martínez (2015) y Chen (2013) mostraron en su investigación que el desempeño ecológico de las organizaciones es efectivo para aumentar la confianza y el desempeño de ventas. El mismo informe sugiere que, si las organizaciones cumplen con su responsabilidad social hacia el entorno, su cuota de mercado y su rendimiento organizacional general aumentarán. La publicidad ecológica también significa promover la conciencia sobre estas actividades de la organización y, por ende, las organizaciones con gestión ecológica y uso de la combinación de marketing en este sentido, deben informar a los consumidores de ello. Teniendo en cuenta la importancia del Green Sport Marketing y su impacto innegable en el aumento de la intención de compra de los consumidores, los fabricantes de productos deportivos deben tener en cuenta los factores ambientales y la seguridad de los productos y el proceso de producción en sus producciones, para poder incrementar la efectividad de su marketing plan, aumentar la cuota de mercado y mejorar el valor de la marca en la industria del deporte.

La empresa World Wide Carbon LLC es un proveedor de soluciones integrales de sostenibilidad integradas verticalmente, de servicio completo. Ofrece a los clientes y afiliados servicios de alta calidad, rentables y receptivos y proporciona valor al combinar habilidad, tecnología y una comprensión profunda de los mercados globales de carbono, según su propia descripción. "No fue hace mucho tiempo que volverse verde, en el mundo del deporte, significaba implementar programas de reciclaje en el lugar y tal vez usar materiales de construcción en nuevos proyectos de construcción.

Pero los tiempos han cambiado, y ahora los equipos e instalaciones universitarios y profesionales se están convirtiendo en marketing verde", mencionan al describir los casos de Green Sports Marketing Programs con 100% de utilización de carbono neutral, como el estadio de los Florida Marlins y los Tampa Bay Rays de la Major League Baseball, contemplando las 440 toneladas métricas de dióxido de carbono emitidas por los viajes de los espectadores, que fueron compensadas por las inversiones en los proyectos de reforestación. El mismo concepto con el Ford Field de Detroit, que se convirtió en el primer estadio de la NFL en celebrar lo que se consideró el primer juego neutral en carbono, cuando los Lions dieron la bienvenida a los Green Bay Packers, ya que un sumidero de carbono de 150.000 árboles plantados como parte de un esfuerzo de reforestación ayudó a compensar más de 1,8 millones de libras de invernadero y dióxido de carbono utilizados durante el juego. Por último, es destacable que el Pepsi Center de Denver, sede de cinco franquicias deportivas, es el primer estadio importante que se vuelve completamente neutral en carbono, al suministrar a la instalación más de 11.000 megavatios de energía renovable, igualando el uso anual de electricidad de las instalaciones de fuentes convencionales, y también ofrece estacionamiento preferido para los fanáticos que conducen vehículos híbridos y vende grasa alimenticia para biodiésel. Hay esperanza de un mundo mejor. Incluso pensando y considerando estructuras y eventos de grandísima escala. Hay esperanza de un futuro mejor para las generaciones que vendrán.

Green Sports Alliance es una organización comercial focalizada en el (medio) ambiente, que convoca a las partes interesadas de todo el mundo deportivo como ser equipos, ligas, conferencias, sedes, socios corporativos, agencias gubernamentales, atletas y fanáticos, para promover comunidades saludables y sustentables. Según declaran de sí mismos, "están comprometidos a crear conciencia y dedicados a crear un cambio significativo hacia un futuro más sostenible, y compartimos recursos, experiencia y conocimientos para crear conciencia sobre lo que es ambientalmente posible en los deportes, los negocios y la sociedad, al tiempo que movilizamos organizaciones deportivas, comunidades, atletas y fanáticos para crear un progreso sostenible y un cambio de comportamiento". En su filosofía incluyen la siguiente declaración: "Green Sports Alliance aprovecha la influencia cultural y de mercado de los deportes para promover comunidades saludables y sostenibles donde vivimos y jugamos. Alentamos a la industria del deporte y sus socios a medir, mitigar y avanzar en su sostenibilidad e impacto social. El deporte tiene un alcance global y la Alianza está en una posición única para amplificar las causas ambientales y activar apasionadas bases de fanáticos en todo el mundo. La Alianza y nuestros miembros aprovechan esa pasión para crear un cambio significativo y proporcionar una plataforma universal que pueda catalizar la conciencia y la acción". Realizan programas relacionados a eventos y venues deportivos respecto de energía renovable, reducción del impacto ecológico asociado a la gastronomía, promover políticas de compra que utilicen productos ecológicamente preferibles (como papel, productos de limpieza y herramientas de servicio), transporte ecológico y de menor impacto, reducción, reciclado, compactación y recupero de desechos, fomentar prácticas de reducción de la contaminación del agua y promover su conservación, además de avanzar en el diseño y las operaciones sostenibles y de alto rendimiento de instalaciones deportivas que promueven la salud ambiental y humana para el personal, los atletas y los fanáticos. Por otro lado, desarrollan

y organizan eventos de concientización sobre mejores prácticas ambientales, como el Simposio de Deporte y Sustentabilidad en St. Louis (USA; agosto 2019), Fórum 3BL: Marcas que toman posiciones sobre responsabilidad corporativa, sustentabilidad y alineamiento del propósito corporativo y valores (Oxon Hill, Maryland, USA; octubre 2019) y el Solar goes Corporate de SEIA, foro líder para debatir y aprender cómo las empresas pueden adquirir, implementar e invertir eficazmente en tecnologías de energía limpia, como la energía solar, el almacenamiento de baterías, la energía eólica y la eficiencia energética (Washington D.C., USA; noviembre 2019). No sé ustedes, pero quisiera seguir de cerca a esta corporación porque se presenta como uno de los casos que podría generar el cambio positivo en un mundo más sustentable para todos.

Llegará un día que Green Marketing no será una ventaja competitiva. No será un atributo del producto, servicio, marca o empresa. Llegará el día donde directamente el concepto desparezca. Ese día, hablar de sport marketing (y marketing en general), será hablar intrínsecamente de prácticas, productos, indumentaria, estadios, transportes, procesos, energías y eventos deportivos que tengan el cuidado por el medio (ambiente), como debería haber sido desde hace tiempo. Donde las normas de calidad ISO 9001 y las de gestión ambiental 14001 no sean un sello distintivo, sino una obligación empresaria. Con impacto negativo nulo sobre el planeta. ¿Cuánto falta para eso? No lo sé. Depende de la maduración del mercado, de la educación de los consumidores, de la concientización de las marcas y del compromiso de las empresas, instituciones y gobiernos. En realidad, depende de todos. Depende de nosotros. De cada uno de nosotros. De vos. De mí. De todos. Es responsabilidad de todos. Los consumidores deben presionar. Los gobiernos deben exigir. Las empresas deben comprometerse en profundidad y comunicar de manera ética, precisa y transparente. Ese será el día. ¿Pido mucho? No lo creo. Vivir sanamente en un ambiente amigable. ¿Es tanto?

Estoy convencido que la contaminación del planeta tiene que ver con todos los factores expresados precedentemente. Falta de educación de las personas en no conocer el poder de transformación que cada una de ellas podría generar positivamente hacia el cuidado de la Tierra. Falta de concientización respecto del impacto negativo que cada accionar individual en contra del ambiente genera en todos. Es decir, la fuerza de contaminación que tiene cada uno cuando se suma todo ese accionar irresponsable. Por otro lado, hay un tema histórico-cultural donde las personas de edad adulta y mayor continúan (por suerte cada vez menos), con sus hábitos nocivos hacia el medio en que viven y, por supuesto, por un tema de educación y concientización. Y cuando hablamos de personas, quizás es más fácil provocar el cambio, pero son las empresas y las industrias las que deberían tener esta conciencia verde. Llevarla muy adentro de sus políticas y procedimientos. Generando productos y servicios que lleven un cuidado ambiental intrínseco, proveyendo soluciones de consumo para el mercado en este sentido, exigiendo a los proveedores y a sí mismos un completo respeto por el planeta, en todo el largo de la cadena de producción. De punta a punta. También son los gobiernos los que deben dar el ejemplo. Por un lado, incorporando estas prácticas y privilegiando el uso de productos y contratación de servicios de empresas que realicen un verdadero Green Marketing, calificándolas con mejores puntuaciones al momento de optar por contrataciones municipales, provinciales, estatales, nacionales y hasta regionales y continentales, según el organismo a cargo. Por otro lado, los gobiernos deberían, en una primera instancia, otorgar beneficios (fiscales o similares), a quienes demuestren prácticas sustentables y/o, quizás, generar un nuevo gravamen a aquellas que no lo hagan.

De todos modos, todas estas son palabras. Y más palabras. Ciertas y valederas a mi modo de entender. Observo calles, plazas y playas contaminadas por las propias personas que las utilizan a diario. Sucias por sus propios descartes y desechos. Y no veo que en sus casas, hogares u oficinas contaminen o tiren basura al piso. El cambio está en cada uno. Y viene desde un solo lado: empezar a cuidar el lugar donde vivimos, preocupándonos por nosotros tanto como lo hacemos en nuestros propios espacios personales. Pero he aquí el secreto: pensando también en el otro. En el que tenemos al lado. Y en nuestros hijos y nietos, que son los que disfrutarán vivir en este suelo. ¿Lo disfrutarán? ¿Qué les estamos dejando? Depende de nosotros. Depende de cada uno. Depende de vos. ¿Y si empezás hoy?

Columna especial de Álvaro Mena Valverde.

Cómo construir una marca global: LaLiga.

Por Álvaro Mena Valverde (@menottimena), International Commercial & Partnership Account Manager de LaLiga (la liga de fútbol profesional de España, @LaLiga), tras su paso por el Grupo Munreco (Viceroy, Sandoz, Mark Maddox), Nokia, SCPF, G2, Zócora Comunicación, Arnold Beyond, Remo D6, The Grass Roots, MRM Worldwide y El Corte Inglés. Graduado en Gestión y Marketing en Business & Marketing School y postgraduado en Marketing Digital en la Universidad Complutense de Madrid.

Si hablamos de LaLiga, y si hablamos de fútbol, a todos inevitablemente nos viene a la cabeza Real Madrid CF y FC Barcelona. Dos de los equipos y de las marcas más reconocidas en el mundo. Traspasan fronteras gracias a sus activos principales, los jugadores, en su mayoría internacionales de primer nivel que despiertan pasión allí donde van. Un ejemplo claro, lo tenemos en sus giras de pretemporada por diferentes rincones del mundo buscando, entre otras cosas, más reconocimiento y más visibilidad de marca.

Pero LaLiga, gracias a Dios, no es sólo Real Madrid y Barcelona. LaLiga son 20 equipos, que, en menor medida, tienen los mismos objetivos: buscar tener más awareness fuera de nuestras fronteras para poder crecer, poder hacer mejores fichajes y ser más fuertes como equipo y como marca. En definitiva, elevar su valor de marca.

Por lo tanto, podemos decir que la marca LaLiga, es una marca compuesta por 20 submarcas, todas ellas importantes y en las que cada una de ellas aportan su granito de arena.

Pero una marca global, es global cuando trasciende e impacta en las personas mejorando de alguna manera sus vidas. En este caso, se trata de fútbol. De partidos de fútbol que duran 90 minutos y que los fans viven con enorme pasión. Pero, a día de hoy, no son suficientes para mantener un interés y un posicionamiento en el mercado, debido a la alta competencia que hay. Y cuando hablo de competencia no me refiero a la Premier League, Bundesliga, Serie A u otras ligas de fútbol que pueden ser la competencia más directa, llamémosle Nivel A. En el Nivel B, no podemos, ni debemos obviar otras propiedades como la NBA, NFL, NHL o NBL, competiciones deportivas de otros ámbitos. Pero a mi parecer, a día de hoy, la competencia más potente es la llamada Nivel C que, no es nada más y nada menos, que "el tiempo de ocio de los fans", donde han aparecido players muy potentes como HBO, Netflix, Amazon, YouTube, y cómo no, las redes sociales que quieren cubrir ese espacio.

Y es ahí donde nace la estrategia: pensemos en primer lugar, ¿por qué alguien va a "invertir" su tiempo de ocio en consumir LaLiga durante la semana en vez de ir al cine, ver una serie...? Queremos que nos consuman durante la semana y para ello es necesario tener "contenido de valor". Ahí es donde vuelven a cobrar importancia los clubes, ya que es una estrategia conjunta; contenido de sus jugadores y sus clubes y LaLiga amplificando ese contenido en nuestros medios digitales dando visibilidad. Es un win-win clarísimo.

La verdadera globalidad se consigue cuando abres las puertas a ese contenido, ya que habitualmente ver el fútbol, sólo se puede ver en los canales de pago, que al fin y al cabo, son los propietarios de los derechos audiovisuales, por tener en exclusividad esos 90 minutos y algunos activos más.

Desde LaLiga hemos lanzado nuestra propia OTT (plataforma digital) abierta, para acercar la marca a los fans. Tenemos 9 aplicaciones móviles en diferentes idiomas, redes sociales en diferentes idiomas. Tenemos proyectos deportivos en otros países, como LaLiga Genuine, la primera competición oficial para personas con discapacidad en la que participan los equipos de LaLiga, y que supone un antes y un después en la vida de nuestra marca. Hemos lanzado LaLiga Business School, nuestra propia escuela de formación de futuros profesionales. Y también LaLiga Lounge, el sport café de LaLiga donde los fans pueden ver los partidos y ser un centro de reunión y contacto con la marca.

Ahora, después de esto, te das cuenta que LaLiga no son 90 minutos del partido, y de ahí nuestra campaña de posicionamiento de marca que lanzamos hace dos años "No es fútbol, es LaLiga".

Todos esto proyectos y productos, generan mucho engagement con el fan, mucho interés y es por ello que durante la semana la marca LaLiga sigue estando en sus cabezas, de alguna manera les estamos aportando valor y eso a día de hoy es básico y necesario.

Columna especial de Pablo Ruiz.

La marca sostenida en el tiempo.

Por Pablo Norberto Ruiz (@pablonruiz), especialista en branding, Gerente de Marketing de Racing Club (Avellaneda, Argentina; @RacingClubOficial). Postgraduado FIFA/CIES en "Derecho y Management del Deporte".

En líneas generales, el término "largo plazo" en el plano deportivo significa todo un desafío en un ámbito por demás *resultadista.*

Una marca se construye día a día no solo por lo que entra por los ojos, sino que también hay que dotarla de atributos y lograr que trasmita valores, pero entendiendo que una marca deportiva no transmite únicamente conceptos a través del deporte sino que también lo hace mediante su contexto, su historia y su identidad. El desafío pasa por entender que una marca deportiva puede trasmitir valores positivos no solo desde el terreno de juego. Desde la pasión que despierta en su público, el contenido dota a la marca de emociones. Y atributos. Como marca, nos dirigimos a un público que está dispuesto de tatuarse un escudo, un logo. Y lo hace. Poniéndolo de otro modo, también gestionamos en la piel. Quizás centrándonos en nuestro público (el hincha), encontremos una clave para no centrarnos en el lugar común del foco del resultado deportivo.

Otro de los desafíos a los que debemos enfrentarnos será el de trabajar junto a nuestros socios comerciales, los sponsors, para encontrar cuáles son esos valores que tenemos en común, o bien, matchear cuáles son aquellos valores de ellos que tienen puntos en común con los nuestros. Lograr que las marcas que nos acompañan, y confían en el proyecto del club y su marca, puedan comunicar a través de nuestros valores, ayudará a fidelizar de una manera más directa, empatizando con nuestro público desde la experiencia y así poder crear lazos más sólidos que puedan perdurar en el tiempo.

A su vez, será fundamental entender que es necesario identificar a todos los actores que conviven e interactúan con nosotros, ya que la construcción de la imagen de marca no será solo puertas adentro, sino también través de licenciatarios, sponsors, medios de comunicación, etc., y nuestra marca requerirá control, alcance y consistencia en todo momento.

Debemos plantearnos cómo queremos posicionar nuestra marca en la mente de nuestro público. En nuestro target. ¿Cómo queremos que sea la percepción de nuestra imagen de marca? ¿Cómo competirá con otras marcas similares? ¿Qué queremos que transmita? Eso nos permitirá abrir el juego y crear un paraguas de submarcas, un sistema que parta de la *marca madre* a través de un manual de identidad. La identidad gráfica de una marca deportiva tiene una riqueza infinita a partir de sus símbolos. Por ejemplo, un club de fútbol puede crear todo un universo a través su escudo (y sus subemblemas), su camiseta (sus camisetas) y su historia (sus historias). Nunca olvidemos que las marcas se eligen con el corazón, y en el ámbito deportivo, esto se potencia y que en la mayoría de los casos, se transmite de generación en generación.

La etimología de la palabra "recuerdo" (del latín *recordis -re* (de nuevo) y *cordis* (corazón)-), que significa "volver a pasar por el corazón", guarda una estrecha relación con la historia. Cuando desarrollamos un producto retro -una camiseta, por ejemplo-, no estamos evocando únicamente un momento de la historia del club, estamos haciendo que nuestro público conecte con su propia historia personal dentro de esa historia grupal. Estamos logrando asociar a nuestro público con etapas como la infancia y a todos los valores positivos que ello encierra. Estamos logrando que nuestro público vuelva a pasar por el corazón, momentos de felicidad.

Crear, construir y consolidar para hacerse recordar. Ese es el desafío de una marca. En el deporte es fundamental evocar esos sentimientos del pasado, traerlos al presente, y seguir construyendo nuevas historias, nuevas experiencias de marca, a futuro. En deporte. En fútbol. Y por supuesto, en Racing Club.

Columna especial de Miguel Cardona.

Uniendo fuerzas para un mejor futuro.

Por Miguel Cardona (@MiguelCar086), Manager Deportivo de la Asociación Deportivo Cali (Cali, Colombia; @DeportivoCaliOficial) y como asesor deportivo. Vinculado al futbol hace 6 años como scout en Buenos Aires, Argentina, ciudad en la cual realizó la mayoría de estudios, entre los cuales se destacan las de Dirección Técnica, el Postgrado de Derecho y Management Deportivo de la Red Universitaria Internacional FIFA/CIES en la Universidad Católica de Argentina, Política y Gestión Deportiva, y Dirección Deportiva.

En uno de mis primeros partidos trabajando para la Asociación Deportivo Cali, después de una derrota, escuché a un socio decir: "No se sacó el resultado, pero ¡qué gusto me dio ver jugar a mi equipo! Jamás renunciaron al buen juego". Quizás para muchos el resultado es lo primordial, pero la pasión por el equipo y la satisfacción de sentirse identificado con lo que se vive dentro de la cancha es lo que nos hace volver a cada partido.

El Deportivo Cali, equipo tradicional de la ciudad de Cali en Colombia, es un vivo ejemplo de esa pasión. El paladar negro de nuestros hinchas es un reflejo de la historia, los valores y la ideología de este equipo que, a pulso, se ha ganado un puesto en la historia como modelo y ejemplo para el fútbol colombiano.

En el Deportivo Cali hemos entendido que el fútbol es mucho más que un resultado. Hemos entendido que la pasión de los hinchas debe estar respaldada por una buena gestión del equipo. Por eso, desde diciembre de 2017, cuando comenzó nuestra gestión liderada por Juan Fernando Mejía como presidente, nos hemos enfocado en mejorar el funcionamiento interno, posicionar al equipo y abrir espacios internacionales que aumentan la visibilidad de nuestra marca. Este reto lo hemos asumido como institución, entendiendo que todo funciona como un engranaje y que lo que hacemos para, mejorar la marca del Deportivo Cali y la gestión interna del club, repercute también en el desempeño del equipo.

Por eso, hemos diseñado una estrategia de fortalecimiento que se fundamenta en 4 pilares: potencialización de la cantera, alianzas y convenios, patrocinios, y relacionamiento con la hinchada. En primer lugar, buscamos potenciar la cantera mediante la participación de las divisiones inferiores en torneos internacionales buscando convertir a nuestros canteranos en embajadores de la institución en las diferentes ligas del mundo. Este trabajo se respalda en el segundo pilar, enfocado en lograr múltiples convenios de colaboración con clubes que trabajan en línea paralela a nosotros y por medio de participación en eventos deportivos, donde el Deportivo Cali se ha posicionado como un potente socio estratégico en Colombia y Latinoamérica. Actualmente hemos logrado convenios de cooperación con clubes como el Tauro de Panamá, Bolívar de Bolivia, Racing Club de Argentina y Boavista de Portugal, además de acercamientos con la Asociación de Fútbol de Beijing. Para el 2021 nuestro objetivo es contar con convenios de cooperación en cada continente del mundo. El tercer pilar está enfocado en ampliar la gama de ingresos y fortalecer la consecución de recursos, y para ello hemos enfocado esfuerzos en lograr aumentar los patrocinios alcanzando excelentes resultados y duplicando los ingresos de estos. Y por último, estamos trabajando en promover la interacción de los hinchas, los asociados, las diferentes marcas y el club a través del "Fan Fest", que se realizará en nuestro estadio, aprovechando ser el único club en Colombia que cuenta con uno propio.

Esta experiencia demuestra que los clubes debemos abrirnos a la cooperación para potenciar nuestras virtudes y mejorar nuestras falencias. En América Latina somos exportadores de jugadores y nos caracterizamos por tener la mayor materia prima del fútbol mundial, pero necesitamos de colaboración y trabajo en conjunto para poder alcanzar mayores y mejores resultados en el corto, mediano y largo plazo. Depende de cada club y de cada profesional trabajar por abrir estos espacios, por fortalecer el equipo y por seguir llevando el fútbol en Latinoamérica siempre hacia adelante.

Columna especial de Juan Pablo Pareja.

Fortalecimiento institucional a través de buenas prácticas en la gestión deportiva

Por Juan Pablo Pareja (@jprod11, Gerente General del Club Universidad Católica - Cruzados (Santiago, Chile). Anteriormente ocupó posiciones de Gerente de Operaciones y Product Manager en el club. Graduado como Ingeniero Comercial con especialización en Marketing en la Universidad Diego Portales, con un Magister en Marketing de la Universidad del Desarrollo y diplomado en Gestión Profesional Deportiva en la Universidad Mayor (Chile).

Nos encontramos tremendamente orgullosos de formar parte de la década más ganadora de la historia de Universidad Católica. Sin embargo, creo que el éxito de un club de fútbol no solo se debe medir por cantidad de títulos que luce en sus vitrinas. Su grandeza también se debe dimensionar por la solidez alcanzada en su desarrollo institucional.

Ya no basta únicamente con ganas y altas dosis de pasión para dirigir un club. Hoy, es imprescindible aplicar los mejores estándares de gestión deportiva para poder competir en la industria del entretenimiento de la que formamos parte. Eso es independiente de si se funciona bajo la figura de corporaciones sin fines de lucro o sociedades anónimas, como gestoras de los clubes. Lo clave, a mi parecer, es la calidad del management que tengan a cargo para que sean capaces de impulsar una verdadera profesionalización de sus diferentes estamentos.

La condición para construir bases sólidas de desarrollo es contar con definiciones estratégicas que verdaderamente promuevan el fortalecimiento institucional. Establecer una misión clara, una visión inspiradora y valores que guíen el accionar diario son elementos claves para orientar el trabajo de sus integrantes. Fundamental también es diseñar una estructura de gobierno corporativo que establezca políticas y normas claras de funcionamiento, que defina procesos transparentes en la toma de decisiones, y que contribuyan a la estabilidad y el crecimiento de las organizaciones. Y, por último, fijar ejes estratégicos que ordenen y prioricen las energías de los colaboradores para que trabajen con absoluta convicción en seguir la hoja de ruta definida, la que se debe mantener muy firme, más allá de los avatares que el fútbol siempre tendrá en los resultados de cada fin de semana. A lo anterior, es vital sumar equipos de trabajo multidisciplinarios y con altas dosis de compromiso, que estén cada vez más especializados en las distintas materias que debe abordar la gestión de un club deportivo del siglo XXI.

Los tiempos actuales nos exigen una rápida adaptación a los cambios del entorno, la adopción temprana de herramientas tecnológicas que faciliten la transformación digital de las instituciones y un seteo mental que esté permanentemente en "modo innovación", para responder de manera rápida y creativa a las crecientes demandas de nuestros aficionados y así ofrecerles una oferta de valor mucho más amplia y profunda que solo el sueño de levantar una copa.

El fuerte vínculo que por naturaleza un fan tiene con su club no nos debe llevar a la pasividad. Muy por el contrario, es una relación que se debe potenciar cada día a través de una relación constante con ellos, con crecientes y altos niveles de servicio en los distintos puntos de contacto existentes, más allá del día de partido, procurando por parte del club entregar experiencias diferenciadoras que sean motivo de orgullo para cada uno de ellos.

Columna especial de Claudio Destéfano.

The sport business, stupid.

Por Claudio Destéfano (@claudio_destefano), periodista, especializado en negocios y marketing deportivo. Creador del newsletter y sitio de información de negocios Destéfano Biz (@ destefanobiz) y del Museo TOP (Templo del Otro Partido) y autor de los libros "Saberlo es negocio" (2006) y "El otro partido" (2011), ambos de Editorial Aguilar. Comentarista de televisión, radio y gráfica en su especialidad, asesor de clubes de fútbol y director y docente de diferentes programas de capacitación en gestión deportiva (ESEADE y UCEMA). Claudio escribió el prólogo del libro "La pasión deportiva del marketing" de Guillermo Ricaldoni.

En 1992, la frase "¡The economy, stupid!" (o castellanizada, "¡Es la economía, estúpido!"), fue lanzada por el entonces presidente Bill Clinton para contrarrestar dos fuertes argumentos de George H. W. Bush (p): el fin de la Guerra Fría y la Guerra del Golfo Pérsico.

Por cuestiones tan políticas como deportivas, (los catalanes y vascos siempre fueron los más resistentes al gobierno central de Madrid), el Football Club Barcelona y Athletic Club tardaron en "manchar su dorsal", como se le decía a estampar una marca en la camiseta.

La primera vez que el equipo *culé* lució un logo en el pecho fue el de unicef en 2006. El acuerdo por cinco temporadas le costó al club 1,5 millón de euros al año. "No puede haber otra organización en el mundo que prestigie tanto la camiseta del Barça como unicef", declaró el presidente Joan Laporta. Cuatro razones más no salieron en los diarios:

a) gran parte de ese aporte al Fondo de las Naciones Unidas para la Infancia, el club las dedujo de impuestos; b) con tan prestigiosa marca en el pecho, podrían pedirle más dinero a los otros sponsors secundarios del club; c) en la estrategia de globalización de la marca, un padre chino estaría más a gusto de comprarle a su hijo una camiseta con el isologo de unicef, que con el de la casa de apuestas Bwin que tenía el Real Madrid; y d) "acostumbraron el ojo" de los fans con un sponsor, y con un *softlanding* incuestionable (¿quién denostaría a unicef?). La transición del pecho sonó "prolija", pues desde 2011 al 2013 siguió Qatar Foundation. Pasados los siete años "de aclimatación", de 2013 a 2017 ya fue Qatar Airways. Y ahora son Rakuten y Beko, dos marcas comerciales.

En el País Vasco fueron más allá. El Athletic Club fue el otro defensor de no manchar la camiseta. Incluso, tras alternar adidas y Kappa entre 1982 y 2000, de 2001 a 2009 usó marca propia: Athletic Club Sportwear. En el pecho "acostumbró el ojo" de los fans en competiciones europeas de 2004 con publicidad del gobierno vasco (repitió en 2009), y desde 2008 ya le puso isologo al pecho. Hizo punta Petronor (una empresa local del Grupo Repsol) y luego se sumó Bilbao Bizcaya Kutza, que desde 2017 se llama KutzaBank. Bilbao es una ciudad "pensada". Con pasado portuario, redujeron la importancia de los barcos para aumentar peatonales, sumar comercios y mejorar infraestructura. Su ícono era el famoso Museo Gugghenheim. Ahora también es el Nuevo San Mamés, remozado estadio del club que aún mantiene la regla que los jugadores deben tener en su árbol genealógico un pariente vasco. Tanta pasión generaba un problema: el glorioso San Mamés les quedaba chico. No se mudaron. Pero en 2013 inauguraron un nuevo estadio en un terreno aledaño, con la característica de que una parte fue ensamblada con el antiguo, y el equipo seguía jugando en su cancha con una tribuna menos, mientras se hacía la herradura restante que luego fue cerrada con uno de los arcos adentro. Tres cosas fueron fundamentales: a) mantuvieron los mismos accesos al estadio, donde los hinchas de boinas vascas iban de tapas previo al partido, y hoy siguen esos mismos bares y tascas; b) cambiaron el mix de asientos en el nuevo estadio, que se asemejan a las clases de un avión: Económica, Business y Primera Clase, y de esa forma, el Nuevo San Mames elevó el mix, pero con un detalle: la prioridad de compra de abonos fue para los particulares y empresas vascas; y c) el magistral toque gourmet, anclado en que Bilbao es la ciudad con mayor cantidad de chefs que acumulan estrellas Michelin (son siete, suman nueve stars), por lo que, además de tener una taberna y una tasca en el estadio para los días de semana, los chefs "michelines" gestionan la "Nuevo San Mamés VIP Area". La propuesta fue presentada de una manera original: en el spot publicitario, los chefs se cambiaban en un vestuario y los jugadores del plantel en el otro. Salieron del túnel hacia el centro de la cancha y formaron del equipo... intercalados. Bilbao, hoy, tiene dos iconos: el Gughenheim y el Nuevo San Mames.

Si, está muy bien respetar la historia. Mantener los valores de la tradición. Pero en marketing deportivo, una cosa no quita la otra. "¡The sportbusiness, stupid!", tal vez diría Bill… una vez más.

Columna especial de Federico McCormick.

"El legado de los Juegos Olímpicos de la Juventud Buenos Aires 2018"

Por Federico McCormick, experto en Sports Marketing y Comunicación, que "cree en el poder del deporte" según su propia definición. Fue Director de Marketing y Comunicaciones de los Juegos Olímpicos de la Juventud Buenos Aires 2018, y responsable de Sponsoring en Peugeot. Actualmente Consultor de Marketing en el Club Estudiantes de La Plata y la Unión Argentina de Rugby, además de ser agente comercial de La Aguada Polo Team.

Desde el 4 de Julio de 2013, fecha en que Buenos Aires fue elegida sede, los Juegos Olímpicos de la Juventud se presentaron como la excusa perfecta para utilizarlos como un catalizador en el desarrollo de la Zona Sur de Buenos Aires, y así lograr que más personas pudieran vivier mejor, promover el deporte y para posicionar la ciudad como una ciudad activa y capaz de recibir grandes eventos deportivos.

La Real Academia Española define como "legado" a aquello, sea cosa material o inmaterial, que se deja o transmite a los sucesores, de padres a hijos, de generación en generación. Desde el inicio, en el Comité Organizador, nos planteamos que el legado de los YOG Buenos Aires 2018 serían el fruto de todo lo realizado "antes, durante y después de los Juegos". Teníamos por delante la oportunidad única de tomar ese período previo de casi 5 años de planificación y organización, y aprovecharlo. Lo hicimos. De no haber sido así, todo hubiera quedado reducido a 12 días en el año 2018.

La Villa Olímpica y el Parque Olímpico de la Juventud fueron el gran legado físico de los Juegos Olímpicos de la Juventud. De los 30 edificios con 1.150 departamentos de la Villa Olímpica, el 60% de los fueron adjudicados a vecinos de la zona, a través de créditos del Banco Ciudad, uno de los sponsors de los Juegos. El Parque Olímpico, que cuenta con 6 pabellones multideportivos, 1 centro acuático, 2 canchas de hockey y 2 pistas de atletismo, fue concebido para convertirse en el nuevo Centro Nacional de Alto Rendimiento Deportivo (CeNARD).

En 2013, el Ente Nacional de Alto Rendimiento Deportivo (ENARD), comenzó con un programa de identificación de talentos, a través del cual, se testeó un universo de más de 225.000 jóvenes de todo el país, para concluir con la conformación del equipo final de 142 atletas que compitieron en Buenos Aires 2018.

Antes de los Juegos, 1.000.000 de alumnos participaron de actividades en el Programa Cultural y Educativo, la bandera Olímpica recorrió 753 colegios, se inauguraron 80 murales con temáticas olímpicas y se realizaron 308 clínicas deportivas en escuelas de la Ciudad de Buenos Aires, siempre en el contexto de los valores olímpicos: la amistad, el respeto y la excelencia.

Otro legado de Buenos Aires 2018 fueron los voluntarios, ya que se trató del Programa de Voluntariado más grande realizado en la historia de la Argentina. Se eligieron 8.000 voluntarios de los 36.000 inscriptos.

La innovación más relevante de los YOG Buenos Aires 2018 fue la creación de los cuatro Parques de Buenos Aires 2018 que, además de incluir las sedes deportivas, ofrecieron experiencias únicas alineadas con su identidad. TOYOTA fue el patrocinador principal del "Green Park presentado por Toyota", Dow instaló el "Dow Guest Area" en el Parque Urbano en Puerto Madero y Coca-Cola fue presenting sponsor del Parque Olímpico al que tiñó de rojo, el color más representativo de su identidad corporativa.

Además de haber tenido los ojos de todo el mundo puestos en Buenos Aires por 12 días, el mayor legado de los Juegos Olímpicos de la Juventud Buenos Aires 2018 fue haber inspirado y acercado al deporte a una generación de chicos y jóvenes, haber formado profesionales para mejorar la gestión del deporte en la Argentina y, sobre todo, poder mostrar al mundo que podemos estar a la altura de las grandes citas deportivas globales, "unidos por Buenos Aires 2018".

Capítulo #4:
Nuevos públicos

"El deporte no construye el carácter. Lo revela".
Heywood Hale Broun

"La cuestión no es si te derriban; es si te levantas".
Vince Lombardi

Capítulo #4

Nuevos consumidores: Baby boomers, Generación X, Millennials, Centennials y Alfa.

Nuevos públicos

"*Estoy haciendo un documental de mis amigos, pero en realidad es de gente que busca su propia identidad sin ejemplos o héroes que seguir*" dice Lelaina, a lo que Michael responde: "*Tus amigos parecen perfecto para eso*". Más adelante, Troy le dice a Lelaina "*Dos cigarrillos, una taza de café y un poco de conversación. Vos y yo, y 5 dólares*", para que inmediatamente Lelaina diga con seguridad: "*¡Trato hecho!*". Las palabras en blanco sobre placas negras se suceden en el trailer de la película: "Vida", "Trabajos", "Amigos" y "Amor". "Reality Bites" fue el nombre de una película de 1994, dirigida por Ben Stiller, lo que fue su debut en esa función. En Hispanoamérica, su título traducido fue "Generación X" y en los papeles protagonistas estaban Winona Ryder (Lelaina Pierce), Ethan Hawke (Troy Dyer) y el propio Stiller (Michael Grates). El argumento se centra en Lelaina, una aspirante a videógrafa que está trabajando en un documental llamado Reality Bites acerca de la vida de sus amigos Troy Dyer, Vickie Milner (Janeane Garófalo) y Sammy Gray (Steve Zahn), y en cierto grado acerca de ella misma. Sus cuestionamientos, documentados o no, ejemplifican algunos aspectos de las carreras y estilos de vida de la llamada "Generación X". Su título en español también fue "La dura realidad", aunque su traducción literal sea "La realidad duele" o "La realidad golpea". Y así es realmente en la película con la cual se identificó toda una generación. Un grupo de jóvenes amigos enfrentan la vida después de graduarse, buscando suerte en el trabajo y el amor, con cierta dejadez y nostalgia, pero con una desesperada necesidad de vivir la vida mientras la suya propia ocurre. La película tuvo un presupuesto de 11.500.000 dólares, que fueron ampliamente recuperados por la recaudación de más de 330.000.000 de la misma moneda.

Los Baby Boomers fueron llamados los nacidos luego de la Segunda Guerra Mundial (1946) y hasta 1965, por el crecimiento en el índice de natalidad (baby boom), junto con el descenso de la tasa de mortalidad, que ocurrió en ese período en algunos países anglosajones. Los Baby Boomers son responsables de los primeros diálogos sobre temas como igualdad para personas homosexuales y personas afrodescendientes, así como los derechos de las mujeres. Crecieron en un período en donde las actitudes conservadoras estaban cambiando para ser más tolerantes. A su vez, están entre las personas que más dinero ganan en la historia de los Estados Unidos, por lo que tienen un importante impacto en los hábitos de compra de ese país y contribuyen con cerca del 77% de su riqueza acumulada. Entre sus características se pueden mencionar que son experimentadores, individualistas, de espíritu libre, orientados a causas sociales, menos optimistas, poseen desconfianza en el gobierno (a pesar de interesarse por la política) y les gusta el cinismo general. Fueron contemporáneos de grandes acontecimientos mundiales que los marcaron profundamente, como el asesinato de John Fitzgerald Kennedy, Robert Kennedy y Martin Luther King, el auge de The Beatles, los disturbios y protestas políticas, la llegada del hombre a la Luna, la guerra de Vietnam (y protestas contra esa guerra), la experimentación social, la libertad sexual, el movimiento por los derechos civiles, el surgimiento del movimiento ecologista y el feminista, la experimentación con diversas sustancias tóxicas recreativas, el Watergate y la consecuente renuncia de Richard Nixon, la Guerra Fría y el embargo de petróleo que causó gran inflación y escasez de gasolina.

A ellos les siguió la ya famosa Generación X, término utilizado para aquellos nacidos en el período comprendido entre 1962 y 1982, aproximadamente. Otros lo llaman la generación MTV. Su principal preocupación es ser alguien en la vida. Son responsables, se muestran comprometidos y preocupados por el mundo. Los miembros de la generación X son los grandes impulsores de la tecnología, ya que nacieron justo en el boom en el que se dejó de hablar de aparatos eléctricos y botones analógicos para hablar de dispositivos electrónicos pero, aunque gustan por la tecnología, al segmento más longevo de esta generación, Internet, las redes sociales y el comercio electrónico todavía les resulta ajeno. Para ellos el ocio significa salir y encontrarse con personas y disfrutar del aire libre, como paseos, andar en monopatín y el billar, en vez de encerrarse con los juegos muchas horas. Fueron los que aprendieron a jugar en la calle, los primeros usuarios del chat, vivieron la llegada del CD, la PC de escritorio, el flipper, el walkman (y el fin de los cassettes y videocasetes), la caída del muro de Berlín, el fin de la Guerra Fría, la aparición del SIDA, el nacimiento de Internet y la burbuja .com en la década de los 90, y quizás por eso actualmente parte de esta generación se resiste a utilizar tecnologías totalmente digitales. El fotógrafo y periodista Robert Capa utilizó, en los años 50, el término para un simulacro fotográfico sobre los jóvenes que crecieron después de la Segunda Guerra Mundial, y al describirlos dijo: "Nombramos esta generación desconocida, la generación X".

Ah, son fanáticos de los deportes, donde encuentran un lugar más de distracción y evadirse del entorno que los agobia en su constante búsqueda de identidad y de su lugar en el mundo.

Luego de esa "X", ya todo fue más fácil. Si bien ya no hay tanta precisión sobre el período, a la siguiente generación se la ubica en los primeros años de los 80 y mediados de los 90 o quizás principios de los 2000. Es la Generación Y, ya comúnmente denominados "millennials", por esto de marcar el cambio de milenio. La generación milénica ha estado generalmente marcada por un mayor uso y familiaridad con las comunicaciones, los medios de comunicación y las tecnologías digitales. Se los considera con mucha confianza en sí mismos, y por eso surgieron algunos con títulos como "La Generación Yo Yo Yo", de la revista Time, y "Generación Yo: ¿por qué los jóvenes estadounidenses de hoy son más seguros, asertivos, con derecho, y más miserables que nunca?", del libro de Jean Twenge de 2006. Sus características se definen por ciertas palabras que los estudiosos les otorgan como una generación especial, protegida, segura, orientada al trabajo en equipo, convencional, presionada y exitosa, con rasgos de confianza y tolerancia, pero también describe un sentido de derecho y narcisismo. Consideran la riqueza como algo importante, no están tan involucrados ni interesados en temas políticos pero sí en las instituciones, son más optimistas y tienen un alto sentido de la vida en comunidad (de amigos y global por ser la generación de Internet). Están menos interesados en los deportes que la generación anterior, si bien no hay diferencias con ellos en competencias como la NBA, la UFC, la Premier League y los deportes universitarios de la NCAA. Menos interesados en la NFL, se vuelven hacia la Major League Soccer, llevando al fútbol a ser el segundo deporte de preferencia popular en Estados Unidos en la franja de 18 a 34 años. Están más preocupados por el ejercicio y la condición física, y por eso la mayor concurrencia a gimnasios, puesto que son más activos físicamente que sus dos generaciones anteriores y la siguiente.

Después de la X viene la Y. Después de la Y le sigue la Z: la Generación Z es aquella que identifica a los nacidos entre 1994 y 2010 (o 1997 a 2012 según otros). Son los "centennials" que usan Internet desde muy baja edad y es normal y habitual el uso de tecnología y redes sociales muy por encima de las generaciones anteriores, y por eso algunos la nombran como la iGeneration. Además de los avances tecnológicos de uso popular, esta generación se ha visto influenciada por los ataques terroristas del 11 de septiembre de 2001 y la gran recesión en los Estados Unidos, lo que provocó en ellos un sentimiento de malestar e inseguridad con el entorno. Son independientes y tiene vocación empresarial y se identifican a sí mismos como leales, compasivos, reflexivos, de mente abierta, responsables y determinados, aunque ven a sus pares como competitivos, espontáneos, aventureros y curiosos. Los describen en su conjunto como una generación más educada, con buen comportamiento, estresada y deprimida en comparación con las anteriores, al tiempo que utilizan las redes sociales principalmente para desarrollar habilidades de socialización que luego adoptan en la vida real, además de convertirse, social media, en una herramienta para la creación de identidad, si bien muchos señalan que los patrones de uso de las redes sociales de esta generación pueden estar asociados con la soledad, la ansiedad y la fragilidad. Son conscientes de la importancia de la educación formal universitaria, pero sin contraer deudas para ello, en su objetivo de formar parte del mundo empresarial, pero desde un ángulo diferente respecto de una mayor libertad en su concepción, ya que lo consideran una parte más de los hechos de su vida, por lo que quieren un sentimiento de satisfacción y emoción en su trabajo, al tiempo que están ansiosos por participar e influir positivamente en su comunidad y en el futuro de ella.

¿Cómo llamar a la siguiente generación si se acabaron las letras del abecedario? Justamente eso. Siempre de niño pensé en la palabra "abecedario". Claramente provenía del "A-Be-Ce", la A, la B y la C, las primeras 3 letras del romano. Si se acabó el "abecedario" romano, entonces comencemos con el griego, que debiera ser denominado en exclusiva como el "alfabeto", ya que utiliza las dos primeras letras griegas: ALFA-BETa. Después de toda esta cosa rara (?), vale mencionar que la siguiente generación, luego de la última del abecedario romano, corresponde el nombre de la primera letra del alfabeto griego: Generación Alfa, también llamada por algunos como la Generación T (tecnológica y táctil, esta última, por las pantallas de dispositivos móviles). Es la que nace con posterioridad a 2010 y probablemente finalice en los nacidos hasta 2025. Las tecnologías dominantes en esta época son la geolocalización, los dispositivos táctiles, la portabilidad de dispositivos, la conexión en todo momento y lugar, la generación compartida de contenidos y la sociabilización a través de redes. Al revés que las generaciones anteriores, los Alfa deben adaptarse a dispositivos aún analógicos, siendo que ellos mismos, desde su nacimiento, utilizaron tecnología digital en su totalidad. Los integrantes de la Generación Alfa están acostumbrados a una respuesta inmediata de los dispositivos, dan por sentada la conexión a Internet (y cuando no hay lo ven como una carencia), están acostumbrados a interactuar con los dispositivos con el cuerpo, no diferencian bien entre público y privado, acostumbran a sociabilizar todos los aspectos de su vida, están acostumbrados a trabajar en red de forma colaborativa y replican este comportamiento en el mundo off line.

Hasta aquí la descripción de las últimas generaciones dentro de la población global económicamente activa. Es importante poder

centrarse ahora en las dos últimas: los millennials y los centennials, para poder comprender el perfil de estos consumidores actuales, ya que la Generación Y es considerada la que tiene los consumidores más poderosos del mundo, mientras que la Generación Z ya está comprando productos y servicios, y más vale a las marcas conocerlos en profundidad, siendo que, en muy poco tiempo, comenzarán a disponer de su propio dinero de manera masiva. En la actualidad, y según un estudio de Bloomberg basado en datos de la Organización de las Naciones Unidas, los centennials representan el 32% de la población mundial, que es de 7.700 millones de personas. Los nacidos en 2001 comienzan en 2019 a votar, entrarán a la universidad, se mudarán y empezarán a trabajar y ganar su propio dinero. Una gran masa de nuevos consumidores trabajando, conduciendo autos y gastando a su criterio, siendo que no poseen hijos. Por su parte, los millennials representan el 31% de los habitantes del planeta y, siendo que todos ellos están dentro de la población económicamente activa, ya invierten y gastan sus ingresos, aunque con mayores compromisos como familia e hijos. Para el estudio de Bloomberg, los millennials incluye a personas nacidas entre 1980 y 2000. Los Z, por tanto, son aquellos nacidos a partir de 2001. Sin embargo, el PewResearch Center define a los millennials como los nacidos entre 1981 y 1996, un marco que también utiliza la consultora Ernst & Young. Los millennials seguirán representando la mayor proporción en las cuatro economías más grandes del mundo: Estados Unidos, China, Japón y Alemania. De los casi 2.000 millones de habitantes de esos cuatro países habrá una proporción de 100 millennials por cada 73 de la Generación Z. "*Cada generación presenta un conjunto único de comportamientos, lo que supone múltiples desafíos para quienes pretenden llegar a ellos*", reconoce un informe de Nielsen Holdings Plc. La Generación Z está colapsada y bombardeada con información, por lo que puede detectar rápidamente si algo es relevante o no para ella. Según el informe New Horizons IV: un estudio global del viajero joven y estudiante, los jóvenes de la Generación Z están más interesados en vivir experiencias únicas que los de la generación anterior. Un 37% aseguraba, entre 57.000 encuestados de 188 países diferentes, que pagarían más por experiencias de comida o bebida, seguido de un 27% que lo haría para asistir eventos o festivales. A su vez, según TecnoHotel News, los jóvenes de la Generación Z encuestados para este informe reconocían haber usado airbnb (56% en su último viaje) y reservan sus viajes y hoteles a través de ordenador, smartphone o tablet (85%). Además, son muy propensos al co-working, de ahí que en muchos destinos de viaje estén surgiendo estos espacios de trabajo colaborativo para poder atraer a estos jóvenes viajeros. Hoy en día, Generación Y y Generación Z representan el 63% de la población global. En muy pocos años los millennials y los centennials representarán el 75% de la fuerza laboral mundial según la consultora internacional Deloitte (The Deloitte Global Millennial Survey 2019). En 2020, estos 4.400 seres humanos, representarán el 59% de la presencia demográfica, y en 2025 manejarán el 47 % de los recursos económicos, mientras que el 88 % de estos jóvenes viven en mercados emergentes y el 90 % posee un smartphone. Como para tenerlos en cuenta como consumidores, ¿no?

Diferentes estudios mencionan que los millennials han sido criados por padres que constantemente los convencían que podían hacer cualquier cosa que se propusieran. Sus padres son los llamados "padres de la culpa" por varios psicólogos a lo largo del mundo. Pero luego, los millennials crecieron y, al encontrarse con el mundo real, se dieron cuenta que no era tan así como sus progenitores decían, y eso les provocaba ansiedad extrema, desequilibrio emocional e incertidumbre, lo que les provocó una baja autoestima, y se hacen más fuertes con la aceptación del otro, fundamentalmente por la cantidad de followers o likes en redes sociales (lo que no es la vida real). Por su parte, los centennials han crecido con la tecnología como algo natural y habitual, y esa tecnología y velocidad de Internet hizo que tengan una capacidad superior para análisis de información y toma de decisiones en función de ello, lo que los convierte en personas más sencillas en su forma de pensar, si bien su marcado pragmatismo no les impide considerar a sus dispositivos móviles como una extensión de su cuerpo, y la aceptación digital como parte de sus emociones.

¿Y cuál es la relación de los millennials con el deporte? Se ha dicho que los baby boomers y la Generación X poseían un alto fanatismo por los deportes, específicamente como seguidores de los mismos. Si bien la tecnología ha sido un factor preponderante y fundamental en la vida de los millennials, los estudios del caso no observan una merma del interés por los deportes en esta generación, si bien es cierto que seguirlos en vivo, en cualquier lugar y por cualquier dispositivo, los diferencia de los anteriores. Lo que es importante mencionar es que los pertenecientes a esta generación están sujetos a períodos más cortos de atención. Por otro lado, en un claro mix de tecnología y deporte, los millennials encuentran en los deportistas a un referente que, a través de sus redes sociales, se convierte ni más ni menos que en una persona que los puede influenciar en sus hábitos, costumbres y preferencias de consumo. Son los llamados influencers que mencionamos en el capítulo 3 de este libro. El deporte ha tomado parte de su vida social y se ha convertido para ellos en una forma de vivir gracias a la tecnología. Muchos deportistas se han transformado en un icono de moda gracias a las redes sociales, estos han revolucionado el mercado convirtiéndose en una marca ambulante y en influenciadores de muchos de estos jóvenes (y no tanto), gracias a ellas. Cristiano Ronaldo, Lionel Messi, Roger Federer, Nicholas Kyrgios o LeBron James pueden llegar a influenciar en sus millones de

seguidores en sus redes sociales, y cualquier noticia que posteen será tenida en cuenta por los millennials. Volvemos al tema de la tecnología y el deporte, para mencionar los eSports y los juegos en red, ya que ésta fue la primera generación en abrazar esta disciplina, que ya es considerada deporte (ver capítulo 3), siendo que las redes sociales se han unido a este hecho y se ha formado un mercado que abarca un 40% de los millennials alrededor del mundo. Por otra parte, la Generación Y, al avanzar en edad, no deja de realizar actividad deportiva como forma de mantenerse activa, pero siempre considera que los aparatos tecnológicos son un buen compañero de ejercicio, ya sea un smartphone para escuchar su play list preferida de Spotify utilizando los AirPods (o EarPods según la marca de preferencia), o un contador de la cantidad de calorías quemadas y hasta una app del ritmo cardíaco (por las dudas, je), siendo que la mayoría de las aplicaciones son gratuitas e incluso están asociadas en cobranding al calzado deportivo. A los millennials no sólo les interesa la nueva tecnología de la indumentaria para practicar actividad física, sino que es necesario que se combine respecto de sus gamas de colores, ya que lucir bien es algo en lo que están altamente interesados. Para los millennials, el deporte es una forma de seguir formando pequeñas comunidades en lo que para ellos es el mundo: una comunidad global única; y es así como el deporte es un canal más para socializar con nuestros grupos con los cuales disfrutan el deporte, una faceta que también forma parte de la vida activa de los millennials. Esta generación consume deportes multidispositivo (televisión, tablet, smartphone, notebook, PC) y también multiplataforma (cable, satelital, streaming, redes sociales -facebook, twitter, YouTube, Instagram, Snapchat-, NETFLIX, apps), como de contenido (vivo, on demand, documentales, series deportivas). Sobre esto último, a los millennials, tener que ajustarse a un horario específico para ver algún deporte les incomoda y hasta les cuesta atender. Es más: los millennials (y en mayor medida los centennials), miran deportes por dos plataformas a la vez, como mínimo, ya que comentan en redes sociales mientras siguen el juego por otra plataforma y hasta en vivo. Es como si tuvieran necesidad de hacerlo, y mucho tiene que ver con su limitada capacidad de foco en un tema por más de determinado tiempo, que es inferior al de las generaciones precedentes. Organizaciones deportivas como la NBA (con más shows en tiempos muertos) y la MLB (nuevas reglas que hacen el partido más corto) se han visto favorecidas por las nuevas audiencias que celebran tales decisiones, mientras que la NFL, al imponer reglas para proteger la integridad de los deportistas haciendo el juego menos peligroso, pero más lento, han perdido interés en una porción de sus seguidores. Hace varios años, los partidos de cricket duraban días, pero con la creación del Twenty20 se volvieron más cortos, dinámicos y atractivos, generando un volumen de negocio que llega a niveles inesperados, más allá del fanatismo por la gran masa de personas en India, donde este deporte es casi una religión. Mismo caso con el hockey sobre césped a nivel mundial, que migró de 2dos tiempos de 35 minutos a cuatro cuartos de 15 minutos cada uno desde el 1 de enero de 2017, generando mayor intensidad en cada período y tiempos de recreación intermedios. Lo mismo la Asociación Argentina de Polo, que desde 2017 viene implementando (y probando) continuamente por un juego más dinámico y menos cortado, que ha llevado incluso hasta un 35% menos de duración de los partidos de alto hándicap. Por esa razón se incorporó el tie break en el tenis hace varios años, siendo el US Open de 1970 el primero en instrumentarlo, y la Copa Davis en 1989, aunque Wimbledon lo haya puesto por primera vez para el quinto set recién en 2019.

Respecto al deporte profesional (o amateur organizado) esta generación, al utilizar extrema tecnología en exceso (como ellos mismos afirman) y tener un escaso tiempo de concentración en un mismo tema, envían videos de tácticas y rivales a los cuales enfrentarán por WhatsApp, siendo que lo ven cuándo y dónde quieren, pudiendo incluso verlo por partes, al igual que manuales digitales de jugadas. La responsabilidad de los millennials y su compromiso en las tareas también hace que los objetivos se cumplan. Quizás la falta de concentración, sumado a la falta de constancia, haya hecho que exista una tendencia en algunos deportes a que los jugadores top y/o campeones tengan un promedio de edad más alto, lugar que no supieron (o no pudieron o no quisieron) ocupar los millennials. Son los casos de Roger Federer (nacido en 1981), Rafael Nadal (1986), Serena Williams (1981) y hasta Novak Djokovic (1987) en tenis, Justin Rose (1980) en golf, Drew Brees (1979) y Tom Brady (1977) en la NFL, LeBron James (1984) y el recientemente retirado Emanuel Ginóbili (1977), y hasta Cristiano Ronaldo (1985) y Lionel Messi (1987) en fútbol. Siguiendo el perfil que venimos mencionando, no es de extrañar casos como lo ocurrido en la misma NFL, donde se han experimentado circunstancias nunca vistas en la que jugadores millennials renuncian a seguir jugando en su mejor momento como atletas, como Chris Borland a los 29 años y Patrick Willis a los 33, ambos de los San Francisco 49's. O lo ocurrido en el box con Julio Cesar Chávez Jr., y su retiro a los 32 años; y en el fútbol, los hermanos Dos Santos: Giovani a la edad de 29 y Jonathan con 28. Según Forbes México (por Fernando J. Cabrera), "las organizaciones deportivas tienen el reto de lograr una sinergia entre lo que es la esencia del deporte y su tradición adaptándose a los nuevos tiempos y hábitos de consumo, donde se debe conjugar lo mejor de la cultura millennial con lo tradicional. Es tiempo de fomentar y de encauzar los valores y hábitos positivos de ambas generaciones; en el fondo, nuevos valores, otras formas de comunicación hacia aficionados y atletas, junto con la evolución de las reglas de cada deporte pueden resultar en un increíble espectáculo integrado por atletas de esta nueva generación potencializados por las aportaciones de las generaciones anteriores".

Los millennials son personas versátiles, seguras de sí mismas, multipropósitos, que buscan gratificación instantánea, se enfocan en logros personales y que usualmente poseen una sobrecarga de estímulos en las ofertas de entretenimiento, que les provoca escasa capacidad de concentración en una actividad. Igual, lo que más me gusta de los millennials es que tienen un alto valor atribuido al respeto, integridad, honestidad y logro de sus intereses individuales. Eso no se compra con nada.

Los millennials han sido durante mucho tiempo una prioridad para las marcas y el marketing. Fueron la primera generación global y su tamaño e influencia no podían ser ignorados en el mercado como consumidores. Si bien los millennials siguen siendo importantes, es hora de que las marcas dirijan su atención a la próxima generación: los centennials. La Generación Z ya ha eclipsado a los millennials, e impulsa las tendencias globales y empuja a las industrias hacia adelante, y pronto serán un grupo central de consumidores en una variedad de categorías. Como el mayor de la generación cumplió ya 21 años, es hora de reconocer lo importante que es para las marcas mantener el ritmo de sus valores, creencias y expectativas para evitar quedarse atrás. Debemos revisar más en detalle a esta gran masa global de nuevos consumidores, con sus propios gustos y preferencias, sus nuevos empleos, y su nuevo dinero para invertir y gastar en lo que más les plazca. ¿Cómo son entonces los centennials? Veamos...

Si los millenials eran más volátiles y no podían concentrarse por demasiado tiempo, los centennials son aún más. En su vida laboral, por ejemplo, el promedio de estancia en las empresas es de 6 a 8 meses, ya que valoran sus actividades recreativas y "vivir la vida mientras la vida ocurre". Como referencia, los baby boomers tenían un promedio de permanencia promedio de 20 a 30 años, la Generación X de 8 a 10 años, y los millennials de 5 años. Los centennials salen constantemente de la zona de confort para mantener un equilibrio vida-trabajo y la rotación laboral es valorada ya que, para ellos, implica la capacidad de adaptarse fácil y rápidamente en un contexto cambiante. Varios estudiosos del tema sostienen que una porción importante del cambio de empleo no se debe a lo económico, sino que cuestionan la ética y prácticas de la empresa en la que desempeñan funciones. Esta generación pasa no menos de 4 horas diarias conectados a por lo menos dos pantallas, siendo siempre una su smartphone, generando constantemente nuevos estímulos por su poca aprehensión a la focalización de un tema.

Un estudio de la consultora Morning Consult, a través de las variables visión favorable de la marca, nivel de confianza, impacto en la comunidad y lealtad del consumidor, relevó las 25 marcas mejor valoradas por los consumidores, y terminó reflejando que el segmento millennial no registra positivamente a facebook, WhatsApp o Snapchat, e Instagram aparece en el escalón número 15 de un ranking que lideran, en este orden, Google, NETFLIX, YouTube, Amazon, Oreo, PlayStation, Walmart, Target (supermercados), Doritos, Nintendo, Chick-Fil-A (comida rápida), Nike, Marvel Studios y Spotify. Por demás interesante: tecnología de entretenimiento y consumo, además de Nike y Marvel como deporte y entretenimiento, que ya deberíamos considerar como lo mismo. Vale aclarar que ellos no consideran marca a las redes sociales ni a sus carriers (apple, Samsung, Motorola). Tanto a los millennials como a los centennials les interesan los videos en tiempo real, pero a los primeros les atraen las redes sociales de interacción, mientras que los segundos tienen conductas de exposición menores, ya que son más privados con su imagen frente a otros de manera cuasi pública.

Según expresa el diario argentino La Voz del Interior, "los centennials son nativos digitales, ya que han crecido en un mundo de interacción a través de las pantallas y están acostumbrados a realizar múltiples tareas al mismo tiempo. Son personas que prefieren la vida en comunidad, optan por el desarrollo de proyectos en colaboración y, entre sus valores, pisan fuerte la justicia social y el cuidado del ambiente. Ya comienzan a buscar su independencia, pero como aún no terminan de estar asentados en el mercado laboral, se inclinan más por el compartir piso o co-living, espacios donde los residentes apuestan por un ambiente creativo que les permita desarrollar proyectos laborales y los hagan sentir al mismo tiempo en un hogar". Son emprendedores y les interesa un WiFi de altísima calidad y velocidad, les gustan los jardines, exposiciones de arte, gimnasios y huertas orgánicas, donde puedan expresarse por la cultura y la naturaleza (y sustentabilidad) pero en espacios compartidos. En eso de compartir y cuidar el planeta, utilizan más el transporte público, los viajes compartidos y medios alternativos eco friendlies, como bicicleta y skate. Los centennials están desembarcando en el mercado laboral. Pero a su manera.

Los sucesores de los millennials son más pragmáticos, menos idealistas. En efecto, el realismo es una de sus características. Valoran menos su privacidad y miden el impacto en cuanto a influencia social. Son personas ansiosas, con una fuerte autoestima, para quienes el reconocimiento de su familia y de sus amigos es altamente valorado. Dan prioridad al trabajo por encima del estudio (no lo descartan, pero están dispuestos a postergarlo), planean viajar, irse a vivir fuera de la casa de sus padres, comprar su casa y divertirse con amigos.

Admiran a personas de su entorno, más que nada a sus padres, en quienes destacan la superación de obstáculos y el logro de sus metas desde el esfuerzo. La mayoría ve el trabajo de manera positiva, como posibilidad de autonomía, satisfacción y crecimiento, más que como medio para ganar dinero. La posibilidad de progresar, desarrollarse y aprender, pero además, sentirse a gusto, estar cómodos y disfrutar son las principales características que valoran los nuevos jóvenes. Son consumidores cultos, o al menos "tecnológicamente informados" ya que, por cualquier situación, conflicto o hasta para comprar por e-commerce, suelen resolver (muy rápidamente), todas sus inquietudes a través de la búsqueda (excesiva) de información en Internet.

"Los jóvenes de hoy en día son muy escépticos. Han desarrollado gran habilidad para percibir la honestidad de una marca. Por lo tanto, las marcas deben cumplir lo que les prometen. Si los adolescentes desconfían de una marca, no la compran. Si una marca no cumple con sus expectativas, la abandonan. Y la boicotean. Son los clientes más exigentes". Así se expresaba Martín Lindstrom, destacado especialista en creación de marcas al sitio Estrategia Magazine, en septiembre de 2018.

El estudio "Teens, Social Media & Technology 2018", elaborado por Pew Research Center, revela que de los 743 adolescentes encuestados, el 85% eligen YouTube como su red social preferida, seguida de Instagram (72%), Snapchat (69%), Facebook (51%), Twitter (32%), Tumblr (9%) y Reddit (7%). Aunque la plataforma de vídeo de Google es elegida por la mayoría, Snapchat le arrebata el puesto en frecuencia de uso (35%), seguida de cerca por YouTube (32%) Instagram (15%), Facebook (10%), Twitter (3%), Reddit (1%) y Tumblr (inferior al 1%). Además, los jóvenes con menores recursos económicos (22%) eligen utilizar facebook, en comparación con los de mayores ingresos (4%). Las mujeres son mayoría a la hora de utilizar Snapchat (42% versus 29% de hombres), siendo al revés en YouTube: 39% de los hombres frente al 25% de las mujeres. El 90% de los adolescentes afirma jugar a videojuegos registrando altas tasas tanto en hombres (97%) como en mujeres (83%). Tanto Snapchat como Musica.ly, recientemente adquirida por Tiktok, afrontan el reto de retener usuarios, ya que si bien la mayoría de jóvenes acuden a ellas para producir contenido, muchos utilizan Instagram para publicar los videos y los efectos de Snapchat. En definitiva, el contenido de Tiktok lo disfrutan Instagram y Snapchat como carriers.

En una columna para la sección deportiva del diario LA NACIÓN, el periodista argentino Marcelo Gantman (columnista de este libro), expresa que "los jóvenes entre 18 y 25 años pasan más tiempo viendo cómo otros compiten en videojuegos que mirando deportes tradicionales por televisión. Consumen un promedio de 3 horas 25 minutos semanales como espectadores de videogames en plataformas como Twitch y YouTube, contra 2 horas 33 minutos de competencias deportivas por televisión. El promedio de seguimiento de videojuegos en streaming es de 1 hora 48 minutos semanales, mientras que las competencias deportivas por TV permanecen robustas con 2 horas 27 minutos".

Los jóvenes prefieren las tiendas físicas al e-commerce. Por una cuestión muy sencilla: tienen efectivo (propio o de sus padres) pero no tienen tarjeta de crédito. Es necesario adaptarse, proveerles experiencias únicas en los propios stores para que disfruten y se entretengan mientras compran y al mismo tiempo, que quieran regresar. Los centennials son un dolor de cabeza para empresas como Amazon, que observan en sus métricas de la gran cantidad de cuentas de jóvenes, que navegan y eligen hacer window shopping digital, pero no pueden comprar por sí mismos. Así fue que, en 2019, Amazon instaló, temporariamente, una serie de tiendas físicas. Y temáticas. De esta forma, convocó a gran cantidad de consumidores, muchos de ellos jóvenes, y analizó su comportamiento, sus preferencias y sus gustos. Hizo una investigación de mercado verbal y también observacional. Estemos preparados para lo que vaya a traer Amazon, porque, como pionero y líder, seguro habrá tomado debida nota de las conclusiones y actuará en consecuencia. Pese a que el 90% de los centennials usa Internet, continúan apostando por la tienda física para comprar, como se dijo. Según el informe Uniquely Generation Z, elaborado por el IBM Institute For Business Value, el 67% de los centennials compra en la tienda, el 22% lo hace a través de un e-commerce y el 13% adquiere la mayoría de sus compras a través de una app.

Por otro lado, está el sentido del marketing: dar valor a la marca. Y no hay objetivo más grande que el consumidor ame la marca. Hasta hace muy poco tiempo, esos sentimientos se heredaban. Se prefería un reloj porque era el que el abuelo había entregado al padre, y el padre al hijo. Si bien pudiera haber autos mejores (o no), el sentimiento que tenía el hijo por el auto que su padre conducía cuando era pequeño era algo indestructible. Pues bien, los centennials han roto esa cadena marcaria emocional. Los productos se eligen con el cerebro y las marcas con el corazón. Esta Generación Z ha puesto todo en duda. Ya no eligen más una marca con el corazón de su padre, madre, abuelo o abuela. Los jóvenes aman las marcas con su propio corazón. Y son fieles a los productos y servicios que les generan una conexión emocional a ellos mismos y no por herencia o tradición. Aunque no tengan hoy una tarjeta de crédito, si las marcas quieren que los centennials los amen, deben darles buenas experiencias en el punto de venta, entretenerlos y cumplir lo que prometen, entre otras cosas, para que cuando tengan su nueva Visa, MasterCard o American Express, el trabajo emocional

y de conexión entre ellos ya esté realizado. Querer empezar en ese momento no solo puede llegar a ser tarde: podría ser catastrófico y nunca ser revertido. En la actualidad la clave no está en su capacidad de gasto, sino en el factor tiempo, en las horas que dedican al consumo de contenidos y a interactuar con las marcas.

Según Palco23, diario de información económica del negocio del deporte en España, en un artículo de septiembre de 2018 (I, Viruega y P. López), se menciona que, según las cifras comunicadas por YouTube, el 57% de sus usuarios ven contenido justo antes de que un evento deportivo empiece; el 47% lo hace mientras sigue un partido por televisión, y el 60% acude a YouTube después de haber visto un deporte en directo por TV o por cualquier otra plataforma. Lo mismo ocurre con otras aplicaciones. El 91% de los menores de 22 años utiliza WhatsApp mientras observa un partido de LaLiga (Española de Fútbol) y el 88% sigue el encuentro mientras navega por Instagram, según Nielsen. Todo esto demuestra una mayor dispersión de la atención, algo que algunos clubes están tratando de aprovechar. Por ejemplo, el Arsenal FC reproduce las mejores jugadas del partido a través de las stories de Instagram. "*Los fans jóvenes siguen los contenidos deportivos en distintos dispositivos y formatos. Ya no ven todos los partidos completos y muchos de ellos se van a YouTube a ver los resúmenes, los highlights y las últimas noticias. Hay un cambio radical en este comportamiento*", afirmó Cristina Delgado, responsable de contenidos deportivos y musicales de YouTube en la Península Ibérica y Oriente Medio, en el marco del Sports Business Meeting 2018.

El comportamiento de los centennials respecto al consumo del deporte es bastante obvio luego de leer sus características principales. Prefieren seguir deportes por cualquier dispositivo que no les impida hacer otra cosa. Mientras ven deportes quieren poder chatear, utilizar aplicaciones, pausar, retroceder y adelantar las imágenes. Verlo cuando ellos quieran a través del on demand. Y si no quisieran verlo, poder mirar los highlights en alta definición, por redes sociales o Internet en general, y que sea dinámico y de manera inmediata a que ocurra. Además, al utilizar redes sociales mientras el partido ocurre, intentan mantener contacto con su propia comunidad digital para comentar lo que está sucediendo en ese momento en el evento deportivo a través de la pantalla, o cualquier otra situación si es que ya han perdido el poder de concentración en el partido. Si están en un estadio o campo de juego, esperan tener un servicio 5G de su compañía de telefonía celular, un excelente servicio de WiFi en el estadio o ambas cosas. No querrán desconectarse de lo digital, pudiendo interactuar con las redes sociales (ya sea con su comunidad o bien para postear videos o fotos de lo que está viviendo el joven en ese momento y recibir la mayor cantidad de likes y reproducciones posibles). Y cuando se aburran del juego que está ocurriendo delante de sus ojos, volverán a la pantalla en búsqueda de distracción y más entretenimiento. Si compran comida y bebida en el estadio, lo querrán hacer con una buena experiencia, de manera agradable y rápida, al igual que cuando concurran a una tienda a comprar la camiseta preferida de su equipo o de su ídolo, que esperan sea realizada con material reciclado, bajo estándares de bajo o nulo impacto para el (medio) ambiente. Por último, verán todo lo que los influencers deportivos tienen para decirles y recomendarles, pero buscarán mayor información, lo testearán en su comunidad digital y adoptarán la decisión de compra que ellos crean mejor, con toda esa información adquirida. No son complejos. Están ahí. Sólo hay que entenderlos. Los consumidores que ya están empezando a comprar y los que seguirán comprando activamente (y a gran escala) por los próximos 25 años.

Según un estudio de 2018 llamado "centennials at 21", realizado por KANTAR, una de las compañías de consultoría, investigación y datos más importantes del mundo, estas son algunas de las consideraciones a tener en cuenta en el nuevo mercado abierto por esta Generación Z, que está cambiando algunas pautas de consumo y comportamiento global:

- No buscan rehuir las realidades del mundo.
- Reconocen que abundan las preocupaciones sociales, ambientales, políticas y financieras, y que esconderse de ellas no las hará desaparecer.
- El 85% dice que planean ahorrar dinero para el futuro de su familia en los próximos 12 meses (igual que el promedio global).
- No están dejando su destino a poderes más grandes.
- Están tomando el futuro en sus propias manos al desarrollar las habilidades necesarias para darles una sensación de estabilidad en un mundo inestable.
- Esperan un futuro en el que los recursos se vuelvan más escasos.
- Desarrollan habilidades creativas de resolución de problemas.
- El 76% dice que se esfuerzan constantemente por mejorar ellos mismos y sus habilidades de la mejor manera posible (4 puntos más que el promedio mundial).
- Esperan y valoran la diversidad en una variedad de factores, que incluyen cultura, política, género, raza, sexualidad y capacidad.
- Viven con el lema "vos lo hacés", dándose a sí mismos y a otros permiso para ser diferentes y expresar esas diferencias como mejor les parezca.

- El 74% dice que sentirse extremadamente cómodo expresando "quién es" es extremadamente importante (5 puntos más que el promedio mundial).
- Han sido moldeados por la falta de control en un mundo disruptivo, la exposición a ideas diversas y la capacidad y presión de estar siempre conectados.
- Son dependientes digitales y nunca han conocido un mundo sin Google.
- La volatilidad que están presenciando tiene resultados más negativos, con el vaciamiento de la clase media en muchos mercados y, posteriormente, una disparidad de ingresos cada vez mayor.
- Deberán ser más inteligentes y más estratégicos para planificar su futuro solo para mantenerse equilibrados, y para lograr una relativa prosperidad.
- Exigen (al igual que los millennials) más de las marcas que eligen: están orientados a un propósito, buscando el porqué detrás de la marca.
- Son impulsados digitalmente y buscan experiencias.
- Se basan en la mentalidad posmaterialista.
- El 68% de los consumidores más jóvenes (centennials y millennials) buscan regularmente oportunidades para traer nuevas experiencias a sus vidas (16 puntos más que los consumidores de más edad).
- El 56% de los consumidores más jóvenes también dice que priorizar las experiencias, sobre las posesiones materiales, es importante para su vida personal. Las marcas tendrán que buscar nuevas oportunidades para encontrar un crecimiento impulsado por la experiencia, que puede no estar directamente relacionado con su producto histórico ofrecido.
- Las experiencias no serán un mercado separado o un complemento: será una expectativa que está integrada.
- Utilizan para obtener información y entretenimiento cuándo, dónde y cómo lo deseen.
- El 80% de los encuestados informa que utiliza un teléfono móvil para acceder a Internet a nivel mundial.
- Poco más de un tercio dice que usan demasiado su teléfono (al igual que los millennials).

- Dada la conciencia de los centennials sobre la cantidad de tiempo que pasan en sus dispositivos y el deseo de algunos de reducir ese tiempo, es fundamental que las marcas ofrezcan un verdadero valor como una compensación por el tiempo dedicado a interactuar con ellos.
- Las marcas que buscan conectarse con centennials deben pensar "móvil primero" al construir plataformas de contenido y comercio, pero más móvil porque sí, no los atrae.
- El 60% dice que no usará una aplicación o sitio web que sea demasiado lenta.
- El 63% menciona que ha instalado un bloqueador de publicidad en su teléfono móvil o computadora.
- 62% declara que no usará una aplicación o sitio web que sea difícil de navegar.
- Son la generación más activa en las redes sociales, y no son solo observadores pasivos: para algunos, conectarse en las redes sociales es la forma de decirle algo a cualquiera.
- Esperan compartir en redes sociales y ver a otros ahí compartir lo que está sucediendo.
- Las personas que nunca han tenido influencia sobre sus elecciones de productos (influencers versus un amigo o familiar de confianza).
- Aprovechan las oportunidades de compra en sus redes sociales.
- Cuando lleguen a la edad adulta temprana, tendrán nociones preconcebidas de su marca o categoría, y que recuerden experiencias buenas o malas con ellos desde una edad temprana.
- Los mercados con más energía juvenil comenzarán a desempeñar un papel cada vez más importante en la definición y el desarrollo de las tendencias mundiales.
- La población mundial está envejeciendo en general, con mayores proporciones de poblaciones envejecidas en América del Norte, Europa y Asia desarrollada.
- Por el contrario, los mercados de África, América Latina, Oriente Medio y Asia en desarrollo están dirigidos por los jóvenes, y los jóvenes a menudo representan más del 40% de la población.
- Comprender los valores y las motivaciones de esta generación es un primer paso clave para prepararse para el éxito a medida que los centennials toman las riendas e impulsan los mercados globales.

Por último, nos queda la Generación Alfa, los nacidos con posterioridad a 2010 (y se prevé que hasta 2025), por lo que los de mayor edad ya tienen 8 y 9 años. Es importante mencionar que si bien, hoy en día, incluye niñas y niños de 0 a 9 años, es muy marcada la diferencia de 0 a 2 años (y algo más), aproximadamente, de aquellos de 3 a 9 años. Tal subsegmentación radica en que los primeros aún no exigen nada, no toman decisiones respecto de lo que quieren, sino que son su madre y padre los que satisfacen sus necesidades de comida, vestimenta, asistencia, transporte y hasta elementos y servicios de entretenimiento. Por su parte, los segundos, de 3 a 9 años, ya comienzan a expresar sus gustos y preferencias, solicitándoles a los mayores qué es lo que les gustaría tener. El primer grupo podríamos llamarlos "bebés" mientras que al segundo, "kids", ya que a partir de 10 años ingresarían en el grupo "teens".

Los bebés Alfa (suena feo, pero entiendan la expresión por formar parte de esta generación y la subsegmentación) expresarán llanto, risa, sonrisa y demás estados de alegría, tristeza e intermedios, pero no necesariamente porque le compren tal o cual juguete. Su satisfacción provendrá de su relación maternal, principalmente, un ambiente familiar de contención, amor y armonía, salud, abrigo y alimentación. En ese lugar estará la causa de su estado de ánimo positivo, dentro de un ámbito y situación saludable, por supuesto. Las técnicas de marketing centradas en bebés están focalizadas, casi en su totalidad, a sus padres. Es decir: satisfacer la necesidad de padre y madre en ser felices a través de la felicidad de sus hijos, respecto de lo que los mayores interpretan sobre las preferencias de sus hijas e hijos. Comprar un peluche de Mickey Mouse a un niño de 1 año responde más a una psicología de recordación de la infancia de los padres, más que del gusto del bebé. Mientras ese peluche, sea suave y esponjoso, valdrá lo mismo para el bebé que sea del famoso ratón de Disney, de Princesita Sofía, un perro dóberman o la novia de Chucky. Para ponerlo en estricto sentido semántico, las necesidades que un bebé tiene son resueltas por los adultos (alimento, salud, abrigo, confort), mientras que, a esta edad, los deseos de los menores, son interpretados (y resueltos) también por los padres, como por ejemplo juguetes, películas, ropa divertida, etc. En este segmento, los deseos y gustos no se encuentran desarrollados del todo. Sin embargo, van expresándose acerca de lo que les agrada y lo que no, y la mayoría de sus preferencias son innatas. En estos casos la publicidad va dirigida específicamente a los padres, por lo que se puede considerar a la calidad como uno de los factores con mayor peso al momento de la compra. Se estima que desde los 6 meses, los niños empiezan a reconocer algunas marcas y logos, y que la lealtad de marca empieza tempranamente, como a los 2 años. Es sabido que las marcas que hoy prefieren los acompañarán durante su vida. Hay una etapa intermedia, según la corriente que se utilice que, de 2 a 5 años, los gustos y preferencias se encuentran un poco más desarrollados. A esta edad los niños se centran en los rasgos más llamativos de los productos. Tienen una capacidad limitada para distinguir entre la fantasía y la realidad, por lo que la decisión de compra aún recae en los padres, aunque en menor magnitud. De 5 a 9 años, suelen expresar claramente sus gustos y preferencias. En esta etapa los niños se inclinan más por los juegos, ya sean individuales o colectivos, y suelen tener más peso e influencia sobre los padres al momento de la compra. En esta etapa, los niños reconocen ya más de 100 marcas y logos, y reciben los mensajes de manera casi literal, por lo que no alcanzan a comprender que alguien les intenta vender algo, por lo que no encuentran diferencia entre entretenimiento y publicidad, lo que es un terreno fértil para el marketing para niños. La etapa preescolar parece una de las más interesantes, puesto que conlleva crear una estrategia tan buena que logre que la influencia de los niños sobre sus padres sea tanta, que estos finalmente adquieran el producto para sus hijos. La repetición y el uso de mascotas, celebridades y dibujos animados para expresar el mensaje dirigido son dos de las fuertes herramientas para esta Generación Alfa. Es muy importante ir midiendo el mensaje según el canal y el momento de comunicación, ya que esta edad, de 0 a 9 años, posee períodos de transición de una edad a otra, de un aprendizaje a otro, de manera muy difusa (no es marcado como en otras franjas etarias) y, al mismo tiempo, existen grupos de niños que saltan de una etapa evolutiva a otra de manera muy diferente, sin ningún tipo de correlación con la edad. Básicamente, es lo mismo que decir que cada niña o niño crece y madura a su propio estilo y ritmo independientemente de su edad. Al menos, en este segmento de 0 a 9 años. Unos superan etapas en diferentes momentos que otros: emitir palabras, armar frases, gatear, pararse por sí mismo, caminar, conocimiento de su cuerpo, etc. Todos somos diferentes, pero a estas edades todos aprendemos incluso a diferentes momentos. Eso para el marketing es imposible de seguir de manera individual, pero deben estar atentos a los cambios y adaptaciones como, por ejemplo, el desarrollo táctil de esta generación, a edad más temprana incluso que centennials y millennials. El desafío del marketing entonces, estará en saber en qué momento dejamos de generar contenido y mensajes para los padres y cuándo y sobre qué productos y servicios a los niños. Las marcas deben estar monitoreando constantemente la evolución de métricas respecto de preferencias y niveles de maduración de esta generación, ya que sólo a través de investigaciones de marketing profesionales se podrá conocer a ciencia cierta en qué etapa está cada segmento y qué tamaño tiene cada una de esos shares de mercado, de tal modo que justifiquen remodelar el mix de marketing, la imagen de marca y el target al cual estará dirigido el mensaje. En el momento que se consigue el deseo del niño hacia el producto, a los padres se les debe proporcionar la suficiente información del mismo, al igual que sus beneficios, funcionalidades, lugar de compra y valor añadido del producto.

Los adultos en la actualidad poseen un ritmo de trabajo más dinámico que en épocas anteriores. Adicionalmente sufren aún más presión por ser el sustento económico familiar, lo que los lleva a jornadas más largas de trabajo en sus empleos, y, por consiguiente, pueden compartir menos tiempo en compañía de sus hijos "kids". Volvemos al concepto de la "generación de los padres y madres de la culpa", ya que, si bien pueden darle un bienestar (cuando es posible) a través del trabajo y el esfuerzo, eso les demanda estar menos tiempo en sus hogares. Ese sentimiento de culpabilidad, según los analistas, lleva a los padres y madres a suplir ese estado emocional negativo con compra de regalos y aceptar los caprichos de sus hijas e hijos respecto de la adquisición de productos y servicios demandados por los kids. Esto lleva a un intercambio de roles en la estructura familiar, donde los kids deciden la compra y los adultos aceptan tales decisiones y obran en consecuencia. Adicionalmente a ello, y por el crecimiento acelerado de los niños y niñas a esa edad, los kids cambian constantemente de gustos por los objetos que, sumado al alto nivel de exposición a la publicidad por el contacto frecuente con la televisión, dispositivos móviles y la publicidad a la que están expuestos, provoca que los pequeños se aburran rápidamente de sus juegos, quizás incluso nuevos, y deseen adquirir nuevos productos de entretenimiento. En deporte, incluso, influenciados por la moda, llegada a la información (en América Latina, el 80% de los niños de 6 a 8 años ya tienen acceso al menos a una red social) y fundamentalmente por sus pares, también se provoca una necesidad constante de los kids de estar actualizados, ya que pueden tener la camiseta de su equipo favorito, pero si cambia de diseño y hasta de sponsor de una temporada a otra, querrán siempre la más actualizada porque "la otra es vieja", aunque tenga solo dos meses de uso. Lo mismo con los nuevos botines que estrenó en el partido anterior o el cambio de diseño de la pelota oficial de la liga de fútbol que habitualmente observan, aunque sus botines estén casi nuevos (a esa edad el desgaste es claramente menor por la intensidad de su juego) y la pelota solo haya sido pateada un par de veces. Porque ya los kids no deciden solamente sobre artículos y servicios de entretenimiento y tiempo libre, también piden a sus padres sobre determinado calzado, ropa, bebida, lugar de comida o vacaciones, y hasta opinan en el hogar sobre la necesidad de un nuevo smartphone y la posibilidad de cambiar el "viejo" automóvil de la familia. Se han democratizado las decisiones familiares de tal modo que todos tienen opinión y decisión, y cada miembro tiene una posición al respecto, incluidos los kids. Este poder de los niños en las decisiones de compra del hogar se le llama Power Kids y el desafío de las marcas pasa por seducir tanto a grandes como chicos, ya que todos son decisores y todos influencian sobre los productos a adquirir.

Es muy importante la regulación legal de los contenidos de los comerciales de productos para niños, de tal modo que se impidan las marcas como PNT (Publicidad No Tradicional, incluida en la artística del programa), tanto como que los avisos publicitarios no provoquen ansiedad en los niños, al tiempo que no infieran que si no los adquieren, no serán aceptados (o serán criticados) en su grupo de amigos, o bien que sus padres no están actuando bien al no cumplirles sus deseos. Esto es de suma importancia, ya que los niños poseen conductas emocionales y su desarrollo cognitivo para comprender el mensaje no es suficiente para poder decodificarlo. Alrededor de los 8 o 9 años, los niños entienden que los anuncios intentan vender algo. Antes de eso, toman los anuncios al pie de la letra y asumen que son como cualquier otro entretenimiento, o tal vez incluso reales, ya que no distinguen un dibujo animado en serie de una publicidad con dibujos animados.

Si las generaciones anteriores poseían una estructura de decisión familiar orientada verticalmente de arriba hacia abajo, hoy en día posee un sentido horizontal plano, donde la opinión de cada integrante del hogar, incluyendo los kids, es tenida en cuenta. Lentamente, incluso, en algunos países y segmentos, comienza a notarse una orientación vertical pero invertida, de abajo hacia arriba, donde el Power Kids supera a los padres en intensidad, siendo que actúan según la opinión y pedido de lo que sus hijos solicitan.

Una de las técnicas más efectivas para llegar a los kids es la denominada School Marketing, que no es ni más ni menos que la realización de campañas promocionales comerciales de las marcas dentro de la escuela. Desde hace tiempo que esto se realiza, y un buen ejemplo es la visita de fábricas de productos relacionados con su edad, como podría ser el proceso de pasteurización de la leche, el envasado de yogures y hasta la producción de galletitas y otros productos alimenticios. Los beneficios de esta iniciativa es que la difusión del mensaje se realiza casi a manera de PNT dentro del "contenido" del colegio, concentra a todo el target con una sola acción, es una actividad no opcional porque es el colegio quien la exige, poseen un líder de opinión para los niños (maestros) que los coordina y eso le otorga validez y credibilidad para el niño, y no hay influencia de comerciales de la competencia, ya que no suelen visitar dos centros de producción de la misma actividad económica. Estas acciones pudieran quedar como meras visitas y el posterior trabajo de redacción sin contenido. Es importante que este School Marketing tenga contenido más pedagógico (que tenga asociada una o varias actividades de aprendizaje a partir de la experiencia de contacto con la marca) y de investigación posterior, que esté vinculada con el contenido curricular, que pueda asociarse a la innovación y a la tecnología para generar mayor interés en los menores, que pueda ser explicado y bajado a la realidad por los docentes, ya que por su edad pudieran no interpretar los mensajes de las acciones y que, sin dudas, pueda siempre tener un mensaje de valores humanos, asociado a la responsabilidad social empresaria a través de acciones de bien común e impacto positivo en la sociedad, como pudieran ser la igualdad, el cuidado del (medio) ambiente y el respeto por el prójimo. Respecto del deporte, pudiera ser que las actividades de educación física curriculares y hasta las extra curriculares después del horario habitual escolar contasen con el apoyo de marcas de indumentaria, elementos y calzado deportivo, bebidas isotónicas, productos de alimentación saludables y hasta de señales deportivas. De esta manera, esas marcas estarán en el lugar justo, en el momento exacto, facilitará de materiales a la institución educativa (con sus logotipos comerciales, por supuesto) lo que implicará un ahorro, pudiendo incluso generar contenido atractivo para los kids a través de charlas de valores en el deporte, una clínica de destrezas deportivas, una charla de igualdad de género y hasta la visita de un deportista que pueda explicarles sobre el valor del esfuerzo, la autosuperación, la importancia del trabajo en equipo y la pasión.

Finalmente, siempre será función de la madre y el padre dar el lugar de contención necesario para que el niño desarrolle y crezca en su autoconfianza, de tal modo que no supla carencias afectivas a través de la exigencia en la compra de productos. También es prioritario que los mayores puedan monitorear el tipo de información a la que tienen acceso los niños a través de Internet y redes sociales, limitando con blockers y manteniendo una cuenta duplicada de control por la propia seguridad del menor. Asimismo, siempre será en el seno de la familia que el niño deberá ocupar el lugar que le corresponde (como niño), siendo escuchado y comprendido por sus padres, los que le deberán dar el lugar al kid de expresarse, pero siempre deberán ser los adultos los que establezcan los límites lógicos y normales que le corresponde a cada uno según su edad y madurez, al tiempo que es una muy buena edad para que comiencen los pequeños a entender el valor del dinero, el esfuerzo que hacen sus padres por ellos y que la felicidad, y crecer bien y sano no pasan por la adquisición desmedida y frecuente de productos y servicios al antojo de sus hijos e hijas.

Siempre comento que tan importante es comprender lo que se dice, como poder interpretar lo que no se dice. Lo que está ahí implícito para decodificar. Es sabido el atributo de tradición que ostenta la marca de relojes Rolex. Pero tan trascendente es poder acertar en el mensaje a las nuevas generaciones, que hasta marcas tan perpetuas como su modelo Oyster, que un aviso de 2019 de la prestigiosa compañía de origen suizo tenía como título "Cuando se da forma al futuro del golf, se hace historia". El texto del aviso continuaba de este modo "Este reloj (Oyster Perpetual Day-Date) presenció el progreso de la nueva generación de jugadores en la élite del golf, y su empuje para conducir este deporte hacia una emocionante nueva era. Acompañó a golfistas que ya empezaron a ganar majors y parecen estar destinados a seguir cosechando éxitos. No solo marca el tiempo. Marca su época." Nuevas generaciones, emoción, producto y deporte. Todo en un mismo lugar, para seguir haciendo más fuerte aún la marca. En ese aviso, además del modelo de Rolex, figuraban los norteamericanos Rickie Fowler de 30 años, Brooks Koepka de 29, y Jordan Spieth y Justin Thomas de 26, junto al australiano Jason Day de 31 y el español Jon Rahm Rodríguez de 24. Bien hecho por el isotipo de la coronita.

Un buen ejemplo de caso de éxito mundial y a través de la historia es el desarrollado por la compañía de entretenimiento Disney. Su target primario pareciera ser los niños, aunque por cuestiones obvias de dependencia absoluta y minoría de edad, ese target se amplía a la familia. También los adolescentes y adultos de manera independiente, ya que la permanencia en el tiempo le ha otorgado una vigencia total y absoluta a través del marketing de la nostalgia, donde estos dos grupos encuentran en los parques de atracciones de Disney y sus productos de merchandising derivados un regreso emocional a la infancia, donde todo era felicidad. Donde todo era magia. La magia de Disney. Recientemente incluso, Disney ha vuelta a dar una nueva curva de aprendizaje, ampliación de su target, redefinición del concepto de productos Disney e incremento del volumen del negocio a una tasa de rentabilidad muy por encima de lo que estaba habituado. ¿Cuál fue la última película de Disney donde Mickey Mouse y sus amigos eran protagonistas? Los últimos dos largometrajes fueron en 2004: Mickey, Goofy y Donald, los tres mosqueteros y Mickey y sus amigos juntos otra Navidad, si bien esta última en realidad fueron cinco cortos unidos, pero entre 1999 (Fantasía 2000) y 2004, solo hubo 3 películas con este singular ratón, y entre 1953 y 1983, ninguna, más allá de existir en la actualidad una serie de dibujos animados para niños que lo miran con alegría, de edades entre los 0 y quizás los 5 años. Pero como todo empezó con un ratón, Mickey Mouse es el personaje estrella de Disney y nunca pierde vigencia. Lleva a los adultos a ese rincón feliz de la infancia de modo positivo en tan sólo un segundo. Para 2018, el gigante de papelería Moleskine lanzó una edición limitada de libros de altísima calidad, en conmemoración de los 90 años desde la aparición de Mickey que, más allá de las ilustraciones para niños y niñas, su valor estaba destinado a los adultos como

objeto de colección que atesora recuerdos. Cuando Mickey Mouse cumplió 90 años, además de la habitual oferta especial de siempre para todas las edades, customizados con foco en el número 90, Disney amplificó su oferta hacia productos nuevos de alto valor percibido (y precio). Taschen lanzó un libro de 150 euros, Kate Spade un bolso de 198 dólares, Beat unos auriculares de 300 dólares, Marc Jacobs una línea especial de productos como carteras, billeteras, ropa, accesorios y zapatos, entre otros, que parten de los 400 dólares, y Gucci lanzó carteras de 4.500 dólares con la forma y diseño de la cabeza de Mickey incluyendo sus reconocibles orejas negras. ¿Conclusión? Solo en 2018, estas líneas especiales por el aniversario del roedor estrella recaudaron en todo el mundo 3.000 millones de dólares en ventas de productos de merchandising y derivados. Todos en la compañía seguramente soplaron las velitas al canto de "¡y que cumplas muchos más!".

Disney es sinónimo absoluto de entretenimiento y alegría. Recordemos que Florentino Pérez, presidente del Real Madrid Club de Fútbol, cuando le consultaron si la competencia por el espectáculo era contra el Fútbol Club Barcelona, respondió que él competía con Disney por el entretenimiento, y tanto es así que fue el impulsor de los parques temáticos de diversiones del Real Madrid. No hay comercial o aviso publicitario de Disneyland o Disneyworld donde los niños (o adultos), no estén riendo. Eso es política tácita de la compañía. Y sus personajes tienen la sonrisa literalmente dibujada. Porque en definitiva Disney no vende tickets para parques, ni atracciones, ni merchandising, ni mucho menos muñecos de peluche. Disney vende alegría. Vende felicidad. Esa felicidad de la infancia cuando no existían preocupaciones de gente adulta. Pues bien, el deporte, ya se ha dicho, forma parte del entretenimiento, tanto que la señal deportiva ESPN forma parte del grupo Disney y hasta tiene su propio parque temático en Orlando, "ESPN Wide World of Sports Complex", en el camino de acceso a Magic Kingdom y su castillo blanco con techos puntiagudos celestes, donde se practican más de 60 deportes y se llevan a cabo miles de eventos para atletas de todas las edades y capacidades. Disney ha cruzado siempre la línea y ha abrazado al deporte como uno de sus contenidos principales. Peluches con todos los personajes de Disney, principalmente Mickey, Minnie, Goofy, Donald y Daisy vistiendo indumentaria deportiva y haciendo deportes de todo tipo como fútbol, béisbol, básquet, carreras de autos, levantamiento de pesas, tenis, ski, fútbol americano, bowling, atletismo, motos de agua, artes marciales, arco y flecha, salto con vallas, skate, golf, hockey sobre hielo, polo, ciclismo, equitación, gimnasia artística y tantos otros, solo por citar algunos. Los que más aparecieron como deportivos fueron el propio Mickey Mouse y su entrañable amigo Goofy. De hecho, el 27 de mayo de 1987, The Disney World estrenó la película de dibujos animados de

20 minutos de duración "Sport Goofy en Soccermanía", mostrando a este personaje jugando al fútbol de manera atlética y ágil (si bien Mickey Mouse no aparece en el film). Además, en los alrededores de los parques Disney de Orlando (Florida, USA), los turistas pueden alojarse en el Disney's All-Star Sports Resort. Por supuesto que ya hay hace tiempo videojuegos electrónicos de KONAMI de la serie "Disney Sports" en sus ediciones de American Football, Soccer, Basketball, Skateboarding, Snowboarding y Motocross, entre otros. La relación de Disney con el deporte es total. Entretenimiento en todas sus aristas. Entendieron todo. Seguramente pronto aparecerá Mickey como jugador de eSports para poner en la cuna del bebé de la Generación Alfa.

Columna especial de Fernando Bolan.

El ticketing en eventos deportivos

Por Fernando Bolan (@ferdesuarez), director de Ticketek Argentina (@ticketekar) y de Time for Fun Argentina (@t4fargentina). Anteriormente desarrolló actividades como director, gerente de marketing y product manager en diferentes compañías en Argentina y España. Licenciado en Comercialización en la Universidad Argentina de la Empresa y es postgraduado del Programa de Desarrollo Directivo del IAE Business School (Argentina).

Hoy en día, los sistemas de venta de entradas se transformaron en commodities. El valor agregado y diferenciación, está en el servicio. Así fue cómo lo pensé y soñé hace muchos años atrás.

Comencé a trabajar en el Grupo Time for Fun (T4F) en 2008 como Gerente Comercial en la unidad de negocios de Ticketek. Mi obsesión era lograr con el tiempo ser la ticketera #1 del país, no solo por la cantidad de eventos que comercializaríamos, sino por el foco muy puesto en la atención "boutique", que nos habíamos propuesto brindar a los productores y dueños de los eventos, que confiarían en nosotros la responsabilidad de la venta de las entradas de sus shows y espectáculos. Y así comenzamos. En 2010, ya como Gerente General de Ticketek y habiendo logrado cerrar acuerdos con los principales teatros y venues de todo el país, pusimos foco en obtener los eventos más prestigiosos en materia deportiva en Argentina, sean nacionales o internacionales. Ese mismo año, logramos sortear una barrera inquebrantable hasta ese momento: vender un partido de la Selección Argentina de Fútbol. Convencer a la Asociación del Fútbol Argentino hacerlo a través de nuestra web y no más con colas eternas en el Luna Park (sede concentrada y exclusiva) como se hacía habitualmente. Gente acampando días y noches para conseguir una entrada. Personas pagando a terceros para que hagan la fila por ellos, y para hacerse de un ticket. Como si fuera poco, además existía la posibilidad que los sectores más radicales de las hinchadas de los clubes, se encontraran en un mismo lugar, siendo un gran potencial de violencia y conflicto, solo por el hecho de tener que ir a buscar un ticket para asistir a un partido de fútbol. El partido en cuestión, fue la despedida de los jugadores de la selección argentina de fútbol, que irían a competir en la Copa del Mundo de la FIFA en Sudáfrica 2010. Luego de esa tremenda experiencia, la AFA y Conmebol confío en nosotros la comercialización de la Copa América Argentina 2011 (26 partidos de fútbol, en 8 sedes diferentes). Se vendieron desde Ticketek, más de 650.000 tickets, todos ellos vía web, ninguno de ellos presencial.

Adicionalmente, durante todos estos años logramos la comercialización de eventos deportivos de altísima tradición y calidad como Copa Davis de tenis, Preolímpico de Básquet, Abierto Argentino de Polo, MotoGP, Superbikes, ATP de Buenos Aires de tenis (Argentina Open), la Unión Argentina de Rugby con los Test Match de Los Pumas y los partidos del Super Rugby de Jaguares, el 4 Naciones de Básquet, maratones, despedidas de ídolos del fútbol como Ariel Ortega, Sebastián Battaglia, Fernando Cavenaghi y Rodrigo Mora, tanto como exhibiciones de tenis y carreras de automovilismo. Más allá del orgullo de haberlo logrado como compañía, lo importante es destacar que todos ellos se realizaron bajo la misma filosofía: asesoramiento integral a cada uno de los productores, ya sea en temas impositivos, pricing, promoción y sponsorship.

En septiembre 2014, la compañía confío en mí para llevar adelante la Dirección Comercial Corporativa, además de la Dirección de Ticketek, es decir, la parte comercial de las tres unidades de negocio del Grupo: la productora T4F, Ticketek y el Teatro Ópera, propiedad del grupo. Esta experiencia me permitió mantener una relación directa con muchas marcas, a las que les empezamos a ofrecer eventos afines a su estrategia comercial (propios y de otros productores clientes de Ticketek), y de esta manera, nos transformamos también, en concentradores de productores y marcas, dando como servicio adicional, patrocinio a diferentes acciones.

De cara a los clientes compradores de las entradas, fuimos evolucionando durante todos estos años, buscando darles las herramientas necesarias para que tengan una mejor experiencia a la hora de comprar un ticket, y, por supuesto, asistir a un evento de calidad de manera ordenada, a través de una experiencia agradable, sencilla y segura. Así fue que desarrollamos las aplicaciones mobile y el e-ticket. Hoy en día el cliente puede optar por utilizar el código QR en su dispositivo móvil e ir directo al show sin tener que retirar el ticket físico. Desarrollamos también como opción, que el cliente, una vez que compró su entrada, pueda adquirir el parking (servicio que realizamos a través de terceros especialistas), utilizando la red de estacionamientos cercanos al venue. Una vez finalizado el show, damos la opción de múltiples restaurantes para ir a cenar con descuentos exclusivos, presentando únicamente el ticket físico o QR. De esta manera, podemos dar una experiencia positiva integral.

¿Qué aspectos deben tenerse en cuenta a la hora de contratar una ticketera?:

- Trayectoria: Historial y reputación de la empresa en el mercado donde el productor realizará el evento.
- Confiabilidad: ¿Quiénes gestionan la compañía? ¿Su management se involucra en los proyectos?
- Respaldo: frente a un inconveniente, ¿quién respondería? ¿De qué modo?
- Cobertura: ¿Es limitado o posee alcance nacional?
- Asesoramiento: Ya sea para nuevos productores como para experimentados: definición de política de precios, estrategia de comunicación, liquidaciones y temas impositivos.
- Versatilidad: Capacidad de reacción frente a un evento que no está vendiendo bien, un cambio de precio o agregar una nueva función a la venta. Esta versatilidad debe darse 24 horas, los 7 días de la semana.

Las ticketeras manejan mucho dinero de terceros, por lo que, en esa función de intermediación, deben cumplir con esas variables de manera confiable y segura.

Cuando me preguntan acerca de los activos de Ticketek, los resumo en:

- Marca: Ticketek se transformó en una marca genérica.
- Tráfico: actualmente nos visitan más de 1.600.000 personas por mes. Nos transformamos en un portal de consulta. Independientemente que un determinado evento lo venda o no Ticketek, la gente ingresa a nuestro site para ver "qué es lo que viene a Argentina" o "qué puedo hacer este fin de semana".
- Base de Datos segmentada: contamos con una base de más de 2.500.000 personas que al menos han comprado una vez en nuestra empresa.
- Pero considero que el verdadero y gran activo que tiene la compañía es el servicio.
- Todo esto acompañado y sostenido por los Recursos Humanos con los que cuenta la empresa, con esencia de servicio.

Ese es el valor agregado de Ticketek, lo que nos diferencia.

¿Hacia dónde vamos? Estamos orientados en dar la posibilidad a los clientes de tener resuelto el programa completo antes de salir de sus casas: traslados, estacionamientos, tickets (físico o digital), alimentos y bebidas en el show, opciones de restaurantes a la finalización de los eventos y traslados de regreso a casa. La experiencia debe ser completa. Todo esto dentro de una única aplicación, para tener la actividad en un solo lugar y que su único objetivo sea disfrutar y vivir un momento inolvidable. De eso se trata todo.

Columna especial de João Pedro Mattar.

Flamengo, el gigante.

Por João Pedro Mattar (@jp_mattar), Head of Marketing del Club de Regatas do Flamengo (Río de Janeiro, Brasil; @flamengo). Ex Marketing Manager de adidas y Marketing Consultant de Espírito Santo Futebol Clube. Con título en la Escola Superior de Propaganda e Marketing (ESPM, Brasil), postgraduado en Sports Marketing en la Universidade do Estado do Rio de Janeiro (Brasil) y con un Master en Sports Marketing de la Universitat de Barcelona (España).

Cuando hablamos de Flamengo, no estamos hablando solamente de un club. Estamos hablando de un importante elemento cultural del "País del Fútbol".

Flamengo es sinónimo de tradición, liderazgo, títulos, ídolos, amor, pasión, Zico, Maracanã, fiesta, carnaval, rojo y negro, vermelho y preto, Brasil… Flamengo es sinónimo de gente. Mucha gente. Más de 40 millones. De todas partes del mundo, de todos colores y niveles sociales.

Después de una década dorada en los años 80s, el club enfrentó varias crisis en los años siguientes. En 2012 una deuda cuatro veces mayor que sus ingresos. El gigante Flamengo estaba herido. A pesar de ello, de años de malos resultados deportivos, depreciación de la marca y deterioro de la infraestructura de entrenamientos deportivos, la afición del club no solo se ha mantenido, sino que ha crecido más y más durante este período de manera inexplicable. Se necesitaba todavía solucionar los problemas administrativos para tratar de recuperar el club. Y ese gran cambio se produjo a partir de 2013, cuando grandes ejecutivos del mercado brasileño formaron un equipo para postularse en las elecciones de la institución. A partir de entonces, comenzamos un Plan Estratégico para los próximos 9 años (cada período presidencial en Flamengo dura 3 años), haciendo foco en la austeridad financiera, pago de deudas, aumento de ingresos, recuperación de instalaciones deportivas y, por último, la inversión en deportes. Debíamos ganar la confianza.

Para que el plan fuera exitoso, el club necesitaría implementar un modelo de trabajo profesional con objetivos claros y establecidos, para cada área y así se hizo. La manera profesional que Flamengo ha vuelto a conectar con el mercado, nos ha traído gradualmente la credibilidad necesaria para lograr negociaciones cada vez más equilibradas y exitosas.

En el Departamento de Marketing, tenemos como eje fundamental de nuestro trabajo, la generación de ingresos, el sponsorship. Para esto, es nuestro desafío diario es conocer mejor a los millones de apasionados del Fla y ofrecerles nuestros productos, servicios y experiencias, presentarlos a nuestros sponsors, hacerlos parte presente e importante del día a día del club. Pero, ¿cómo buscar a tanta gente diferente en un país con dimensiones continentales? ¿Cómo encontrar los fanáticos globales? ¿Cómo impactarlos de manera eficaz, con tantas diferencias culturales y sociales entre ellos? ¿Cómo comunicarnos con ellos?

Empezamos por la contratación de una consultoría especializada en branding para juntos desarrollar un trabajo de identificación de la poderosa esencia de la marca Flamengo. ¿Qué hay en esta marca que hace con que tanta gente diferente se conecte con nosotros? ¿Qué sentimiento común es este que acerca la selva del Amazonas con las playas de Río de Janeiro, los pobres con los ricos y que definitivamente no tiene nada que a ver con los resultados deportivos? ¿Cuál es el real código Flamengo?

Buscamos descubrir los verdaderos deseos de los consumidores (aficionados). Viajamos por todo el país realizando grupos de investigación con los tipos más diversos de audiencias, incluso con los fanáticos de otros clubes. Al final del estudio, entendemos que los cuarenta millones de aficionados se encuentran en los puntos que resumen el código Flamengo. Ser de Flamengo es ser un "brasileño Alfa", un típico brasileño. Los valores de este club son valores inherentes a cualquier brasileño, sin distinción de estrato social. Los partidos de Flamengo son una linda fiesta nacional, una celebración. Más que victorias o derrotas. Basado en nuestro estudio, llegaba el momento de comunicarnos con nuestra afición. Y empezar a ofrecerles lo que esperaban de Flamengo y generar ingresos a partir de ello.

Hemos llevado a cabo un registro nacional de aficionados que generó una base de 1.5 millones de correos electrónicos activos. Lanzamos el programa de membresía (socios) con siete planes distintos y diferentes niveles de descuentos, beneficios y experiencias. Hoy el programa suma más de 110 mil socios activos y genera más de 60 millones de reales al año. Invertimos en la estructuración y crecimiento de las áreas de licencias, eventos, socios, patrocinios y derechos de transmisión. Desarrollamos el proyecto de tiendas oficiales que ya suman 65 locales en todo Brasil. Incrementamos el proyecto de escuelas de fútbol, que hoy cuenta con 160 puntos y 19.000 alumnos. Lanzamos el proyecto de gimnasios y el de bares del club. Paralelamente, hemos renovado nuestras instalaciones deportivas en colaboración con el Comité Olímpico de Estados Unidos de Norteamérica y el de Gran Bretaña, como también con la NBA y la Federación Holandesa de Fútbol. Creamos una de las más modernas Ciudades Deportivas del mundo en lo que respecta al fútbol profesional y la cantera. Y, por supuesto, empezamos a gestionar el Estadio Maracanã, nuestro templo.

En este período hemos aprendido a comunicarnos de manera efectiva con nuestros aficionados y hemos invertido en la capacidad de generación de contenidos de calidad. Hoy somos el líder absoluto entre los clubes latinoamericanos en este sentido, y competimos directamente con los principales clubes europeos en el mundo digital.

En poco más de 6 años, desde que comenzamos el plan estratégico, revertimos nuestros gráficos financieros, terminamos con la deuda de más de 800 millones de reales y aumentamos nuestros ingresos de 180 millones a 780 millones anuales de reales. Esta facturación nos permite contratar jugadores de los principales clubes europeos y a mantener una audiencia promedio de más de 55 mil hinchas por partido.

Así se reinventó el Flamengo. Así lo sigue haciendo. Con pasión. El gigante sanó. Y despertó.

Columna especial de Pablo Nieto Moreno.

La obsesión por monetizar la pasión del hincha.

Por Pablo Nieto Moreno (@pblnt), gerente de Comercialización y Marketing del Club Atlético Peñarol (Montevideo, República Oriental del Uruguay; @oficialCAP). Es egresado de la Escuela de Administración de la Facultad de Ciencias Económicas en la Universidad de la República, posgraduado en Negocios Internacionales y MBA en Marketing y Estrategia en la Universidad ORT Uruguay. Profesionalmente se formó en consumo masivo en diferentes posiciones comerciales y de marketing para The Gillette Co/P&G Co en Uruguay y la región. Durante más de 16 años desarrolló estrategias de marketing globales en mercados tradicionales/modernos para diversas marcas/categorías, desde hojas de afeitar hasta jabones en polvo.

El sueño de cualquier hincha es ser parte del equipo de sus amores. Primero desde dentro del campo de juego, para luego hacerlo desde la grada. Y, algunos, tenemos el privilegio de aportar desde nuestra profesión, aunque eso te genere instantáneamente una interpelación en cada asado. Aquellos quiénes eran tus compañeros de tribuna, ahora son tus críticos en redes sociales. Porque la pasión, es como una gran lupa que incrementa exponencialmente el drama de las derrotas, así como enaltece sin límites las victorias del fin de semana siguiente.

Hace casi una década que estrené la posición de Gerente de Comercialización y Marketing en Peñarol, y el desafío que me movió a dejar una vida profesional en consumo masivo, es el mismo que me sigue desvelando hoy día: ¿cómo lograr obtener un dólar por mes, por cada uno de los hinchas del club?

A lo primero que nos abocamos fue al reposicionamiento de la marca, basándonos en el premio entregado por la Federación de Historia y Estadística de FIFA como "El Club del Siglo de América del Sur". Así fue que lo transformamos en un concepto fácil de entender y asimilar para todos: Club Atlético Peñarol, Campeón del Siglo. Único, primero e inalcanzable, como lo es nuestra rica historia, que construyó el mayor patrimonio deportivo de Sudamérica.

A través de este claim, desarrollamos una campaña de captación de socios, que, asociado a un plan de beneficios y fidelidad, nos llevó a multiplicar los ingresos por ocho, revalorizar la marca con los sponsors y a plantearnos nuevos desafíos. Desafíos que eran inimaginables, como construir desde cero el primer estadio con normas FIFA del Uruguay, para más de 40.000 espectadores.

Convencidos de que pertenecer a la industria del entretenimiento, nos obligaba a tener una infraestructura acorde, en 2012 lanzamos la campaña de ventas de butacas y palcos para el nuevo Estadio de Peñarol, con una emotiva campaña de publicidad liderada por Fernando Morena, el mayor goleador del fútbol uruguayo, en la cual relataba haber convertido todo tipo de goles, excepto uno: el del estadio de Peñarol, e invitaba a todos ser parte de este momento histórico.

El resultado fue sorprendente, como lo es Peñarol. Logramos los objetivos de venta de butacas y, en la noche de la subasta, de palcos, los que se agotaron y alcanzaron los diez millones de dólares. Se complementó con la comercialización de contratos de publicidad, concesiones para la venta de comida y bebida, explotación de tiendas y museo, más el desarrollo de áreas de hospitalidad. Así fue, que se recaudaron fondos para el 50% de los costos de construcción del estadio, lo que hizo posible financiar el saldo restante, a través de una institución bancaria.

En febrero de 2014, se comenzó el movimiento de tierras y el 28 de marzo de 2016 se inauguró el "Estadio Campeón del Siglo", nombre elegido por la gente, con dos días de fiesta, el primero con el partido inaugural frente al vigente Campeón de América, el Club Atlético River Plate de Argentina, y el segundo con un gran espectáculo musical, mapeo digital y marionetas gigantes que nos transportaron a través de vagones que recorrían los momentos más imborrables de la historia del club. Naturalmente, dejamos en la previa, un momento para que Fernando Morena convirtiera, tras pase centro de su nieta, el tan ansiado gol en el nuevo estadio de Peñarol.

Resumiendo, tenemos un club con una rica historia y fuerte legado de liderazgo, una marca poderosa, con una muy buena cartera de socios, rentable y moderada en su capacidad de desarrollo, sponsors locales o glocales, limitados económicamente por un mercado de tres millones de habitantes, inversión suficiente como para ser bicampeones uruguayos, pero insuficiente para garantizarnos alcanzar a nuestros pares de la región, y un nuevo estadio con sistemas de ingreso, seguridad y entretenimiento modelo en el Uruguay. Logramos que jugadores exitosos en el mundo vuelvan a cumplir su sueño de vivir Peñarol, al tiempo que lideran la inclusión de los jóvenes surgidos en nuestra cantera, para luego ser transferidos a reconocidos equipos de las mejores ligas globales. Además, estamos inmersos en nuevo ecosistema, digital, mayormente globalizado y liderado por las redes sociales, con nuevos tipos de audiencias que consumen nuestro producto a través de diferentes pantallas y en los lugares más diversos, un nuevo entorno que demanda contenidos exclusivos y distribución masiva. Este nuevo y hasta desconocido entorno para los clubes, es el que nos da la chance hoy, en 2019, de poner a su disposición a Peñarol en el bolsillo de su pantalón, a través de su dispositivo móvil.

Tenemos la obligación de participar de este nuevo desafío digital y global, que nos permita alcanzar esa meta inicial que nos desvela desde el principio, monetizar al hincha, porque si no lo hacemos, involucionaremos, tratando de usar fórmulas viejas para desafíos modernos. El primer paso que dimos fue el de integrarnos, como el primer club de Sudamérica, al GSIC (Global Sport Innovation Center), un centro pionero en desarrollo de innovación en el deporte patrocinado por Microsoft y que busca integrar socios estratégicos para unir los mundos del deporte y la tecnología, a través de cuatro áreas claves de trabajo: fan engagement, estadio inteligente, visión de negocios y productividad, y performance del equipo y atleta. Luego, comenzamos a trabajar en el desarrollo de contenidos audiovisuales exclusivos y de alto valor agregado para nuestras redes sociales. Desde que comenzamos, hemos liderado la cantidad de interacciones per cápita en la región, en las cuatro principales plataformas de medios sociales. Más tarde, lanzamos, junto a un socio de GSIC, una aplicación oficial para celulares, que brinda noticias, información del club, estadísticas del partido y un hub de redes sociales para poder consolidar toda la actividad del hincha y poder tener registros de su actividad y gustos.

Al tiempo, instalamos un CRM que garantice la calidad de servicio en la atención al socio y nos permita tener información consolidada sobre su comportamiento y, de esta forma, generar una base de insumos que nos permita reconfigurar procesos internos a través del sistema de gestión de calidad ISO9001-2008 vigente en el club desde el año 2013.

Estamos convencidos que la entrega de valor a través de contenidos digitales propios es la clave para poder desarrollar un club sustentable económicamente, que entregue al hincha lo que demanda, en el formato que espera, y que nos ayude a seguir construyendo un Peñarol más cercano y más grande.

Columna especial de Rodrigo Arizaga.

Millennials y centennials, el desafío de conectar con generaciones hiperconectadas

Por Rodrigo Arizaga (@elveinte), especialista en marketing, branding, redes sociales y patrocinios deportivos. Ex gerente de marketing de la Unión Argentina de Rugby y de diversas compañías nacionales e internacionales.

La irrupción de nuevas tecnologías, formatos, el livestreaming en redes sociales y la excepcional calidad de las trasmisiones deportivas en general, cambiaron la forma en la cual los millenials y centennials, y con ellos todos los fanáticos, seguidores y consumidores, se vinculan con el deporte.

Las comunicaciones han cambiado y modificado la capacidad de atención que todos tenemos. Hoy en día, todo se ve y vive con el smartphone en la mano. La llamada "second screen" es prácticamente la primera pantalla. Y los espectáculos deportivos no son ajenos a esa situación. Los partidos se ven con el teléfono en la mano: se siguen en twitter, se comparten en historias y posteos de Instagram y Snapchat, se comentan en WhatsApp, y hasta se siguen en las plataformas de OTT, On Demand y Livestreaming, incluso desde la cancha para poder ver repeticiones. De hecho, los más fanáticos y obsesivos siguen las estadísticas en aplicaciones o páginas web específicas.

Las transmisiones con múltiples cámaras y cada vez mayor definición permiten vivir experiencias cada vez mejores desde la indepedencia de un teléfono o la comodidad de una casa. La era del 4K, que comenzó con el Mundial FIFA 2018 en Rusia, ya está siendo superada y veremos saltos de calidad a velocidad exponencial.

Definitivamente, la experiencia del fanático ha cambiado y esto implica un desafío y una oportunidad para las marcas y las organizaciones deportivas: ¿cómo ser relevantes en ese momento? ¿Cómo conectarse con ese fan súper estimulado? Es ahí cuando aparecen nuevas oportunidades para las organizaciones deportivas para vincularse con esta nueva generación de fan utilizando apps y soluciones con cámaras exclusivas para los suscriptores. Con soluciones de gamification que permiten interactuar de manera lúdica con lo que sucede en el terreno deportivo (con trivias, juegos, y hasta simples luces para distintos momentos del espectáculo); y con servicios que hacen más sencilla y cómoda su participación en el evento, como soluciones que permiten encargar comida o bebida desde la tranquilidad de una butaca y retirarlas en los entretiempos, pausas del juego, cuando el fan quiere, y hasta incluso, que se la lleven a su ubicación como ocurre ya en varios estadios.

Estos nuevos recursos no sólo deben ser vistos como una oportunidad para generar seguidores. Deben ser considerados para monetizar ese engagement, mejorando contratos de derechos de transmisión (hay una creciente competencia y aumento de players interesados en ese contenido que sin dudas es un diferencial para los consumidores), y/o con medios y canales propios. Todo ello genera una obligación como dueño del property deportivo para vincularse y retener a aquellos a los que las generaciones anteriores les trasladaron la pasión.

Columna especial de Pablo Fernández.

Action Sports, ¿deporte o estilo de vida?

Por Pablo Fernández (@ruzofernandez) es Sports Marketing Manager en Red Bull Argentina. Ex Team Manager en Vans Argentina, posee estudios en el Programa Ejecutivo de Management del Deporte y Gestión de Entidades Deportivas (Paradigmar – Deloitte; Argentina), en el postgrado "Derecho y Management del Deporte" de la Red Universitaria Internacional FIFA/CIES que se dicta en la Universidad Católica Argentina y en el Programa Ejecutivo Transmedia Storytelling de Comunicación Empresarial en la Universidad de Palermo (Argentina).

Dentro del corazón del segmento de los action sports (o deportes extremos) existe una dualidad particular. Una especie de grieta que divide a los fanáticos en dos. De un lado están quienes los ven simplemente como deportes, mientras que del otro lado se encuentran quienes sostienen que son un estilo de vida. Y ambos bandos defienden su postura como si fuesen visiones antagónicas.

Incluso entre los pioneros y máximos referentes existen opiniones contrapuestas. Unos defienden el profesionalismo, las grandes competencias y la difusión masiva; mientras que los otros sostienen que todo eso atenta contra las raíces de su cultura.

Si bien es verdad que Street League (SLS), X-Games, Vans Park Series y otras competencias son relevantes para los fanáticos del skate. E incluso es probable que, con el paso del tiempo, estas disciplinas, vayan teniendo más importancia en los Juegos Olímpicos. También es cierto que, a diferencia de los deportes tradicionales, un skater se valida con el reconocimiento de sus pares. Por su parte, los futbolistas o tenistas se enaltecen subiendo al podio de las competencias más importantes del mundo, al tiempo que los skaters se hacen grandes cuando salen en la tapa de Thrasher Magazine o las revistas locales de culto.

Si observamos esta situación desde el punto de vista del marketing, que es el tema de análisis y reflexión al que Guille nos invita en este libro, podemos decir que nos encontramos frente a un mercado con dos segmentos claramente determinados. Y esta dualidad genera un contexto favorable para que las marcas comerciales definan su posicionamiento al identificarse con uno u otro perfil. Sin embargo, si hacemos doble click, podemos ver que existe una tercera posición que completa este mercado. Son el grupo de consumidores aspiracionales, que, si bien nunca tuvieron una tabla bajo sus pies, visten y consumen los productos de las marcas del segmento buscando "pertenecer" y fortalecer su autopercepción.

Entonces tenemos las marcas que, con el objetivo de posicionarse como "exitosas" o "líderes", se relacionan únicamente con atletas acostumbrados a levantar trofeos, con perfiles competitivos y orientados a la performance. Pero también están las que invierten en acuerdos con deportistas que son referentes en sus disciplinas, aunque jamás se destaquen en una competencia; buscando de esta manera ubicarse en el corazón de los consumidores como "originales" o "auténticas".

Profesionalmente cuento con la experiencia de haber formado parte de Vans y Red Bull, dos grandes marcas que, si bien pertenecen a diferentes categorías de producto, ambas están fuertemente identificadas con el segmento de action sports. Sin embargo, cada una cuenta su propia historia y a la hora de planificar considero importante tener claramente definidos; tanto el posicionamiento que buscamos como los atributos que nos ayudan a construir nuestra imagen de marca. De esta manera será más fácil seleccionar con claridad los activos deportivos con los que nos vamos a asociar para alcanzar nuestros objetivos de marketing.

Columna especial de Santiago Chichizola.

Tendencias en diseños de camisetas de fútbol

Por Santiago Chichizola, diseñador de indumentaria deportiva con más de 10 años de experiencia en el mercado, ha diseñado para clubes profesionales de Argentina y el resto del mundo. Autor y director de contenidos de la web "LaCasaca.com" (@LaCasacaBlog), líder mundial en divulgación sobre diseño y mercado de camisetas de fútbol. Conferencista sobre diseño de indumentaria deportiva y docente invitado en el Postgrado Diseño de Indumentaria Deportiva (DID) en la Universidad de Buenos Aires (Argentina). Co autor del libro "Camisetas legendarias del fútbol argentino" (@LibroCamisetasARG) junto a Eugenio Palópoli, Diego Silber y Sebastián Ruggiero.

¿Qué veremos sobre la piel de los jugadores de fútbol?

Existen camisetas de fútbol, casi desde que existe el fútbol. Pero no siempre se comercializaron masivamente. Y este dato es por demás curioso, ya que no fueron las grandes marcas de indumentaria deportiva actuales las que descubrieron este millonario mercado.

La marca que cambió para siempre el negocio de la venta de camisetas de fútbol siendo hace ya mucho tiempo objeto de culto para coleccionistas y para todos, la tangibilización de la pasión por un club, una selección, un equipo, o tan solo por la admiración a un jugador en particular, fue justamente, la humilde empresa Admiral, oriunda de la ciudad de Leicester en Inglaterra. Ellos fueron los primeros en firmar un contrato con un club (el Leeds United), para vestirlos y comercializar exclusivamente su camiseta como una réplica oficial de la que usaban los jugadores en el campo de juego, y la que se vendía, además, protegida en sus derechos de autor con copyright. Parecía una idea ridícula, sobre todo porque la camiseta del Leeds era una simple remera toda blanca. Entonces... ¿Por qué alguien iba a pagar mucho más por otra camiseta presuntamente blanca, pero con el escudo del club y la bendición de "producto oficial"? En un comienzo, los niños fueron la respuesta. Ellos querían verse como sus héroes, los futbolistas, y vestir como ellos. Básicamente estaban internalizando el concepto de "ídolo" o mejor llamado "ícono". Luego este deseo se expandió rápidamente a los fanáticos adultos de este deporte. Pero para asegurarse de captar ese potencial mercado, Admiral tuvo que ajustar detalles también en el producto, y lo hizo a partir del diseño.

Y, como se trataba de indumentaria, adoptó conceptos de la moda. La camiseta del Leeds United no tenía que ser necesariamente blanca y punto. ¿Cómo? Si, no tenía que ser así. Con el tiempo incorporó suntuosos cuellos acordes al estilo de los 70s, escudos bordados, tiras y recortes contracolor, telas brillosas de acetato, galones de repetición del logo de la marca y utilizó colores osados en camisetas alternativas.

La empresa Admiral no estaba preparada para liderar sostenidamente semejante revolución de diseño que se tradujo inmediatamente en un éxito comercial que ya se había desatado. Fueron las marcas con más respaldo financiero y que comprendían el marketing mejor que nadie, las que aprendieron la idea que Admiral había tenido la osadía de probar, vieron el éxito resultante, y lideraron a partir de ese momento, incluso hasta nuestros días.

A partir de entonces las camisetas de fútbol, al ser un artículo de vestir, tener una tipología muy amistosa con el mercado (no es mucho más que una simple T-shirt) y no requerir necesariamente de mayor tecnología, se convirtieron en la indumentaria deportiva puntual que más se ha dejado llevar por los vaivenes caprichosos del mundo "fashion". Es por eso que hemos visto desfilar en casacas de fútbol diferentes formatos, calces, texturas, coloridos y estilos estéticos, a lo largo del tiempo.

Tanto se expandió (y lo sigue haciendo) el mercado, que las marcas de indumentaria deportiva visualizaron que podían cambiar las camisetas todos los años y, aún así, se seguían vendiendo. Incluso notaron que podían ser más osados con los kits alternativos, y se vendían también. Comprendieron que podían lanzar un tercer kit puramente comercial (ni para local, ni visitante; ni oficial, ni alternativa) donde poder presentar variantes más profundas con foco en el gusto del consumidor y sus preferencias de color y diseño, y que se vendían aún más.

Este es el punto donde se encuentra hoy el mercado de comercialización de las camisetas de fútbol. Si bien la moda siempre cambia y se reinventa (por eso es moda), el diseño en casacas parece haber gastado ya todos los recursos.

Y tanto se globalizó el mercado del fútbol, que las marcas empezaron a ver que también podían encontrar un nuevo target (ya ni siquiera le podemos decir nicho por su gran tamaño), a vender sus camisetas a no fanáticos. Es decir, a no fanáticos de esos clubes, equipos y/o selecciones (hinchas neutrales) a través de clubes y jugadores top con altísima visibilidad y penetración en sus propios mercados y más allá de sus fronteras nacionales, trascendiendo incluso su propio continente. Todo esto ayudado en primera instancia por la difusión a través de los medios gráficos, luego por la televisión y ya hoy en por redes sociales y por cualquier dispositivo móvil. Y aquí es cuando el diseño se

encuentra con el problema de la uniformidad y rigidez del formato de cada club. Por ejemplo, si el público que encuentra en las camisetas de fútbol un atractivo, y específicamente simpatiza por el F. C. Barcelona de España (pero no es hincha del club catalán), compra la camiseta de esta temporada. Ahí es donde surge la pregunta: ¿Qué cosa hará que ese público adquiera nuevamente una camiseta del Barca la siguiente temporada si siempre son básicamente a bastones azul y grana? Y esta pregunta también cabe, aunque en menor medida, a los que sí se consideran hinchas del Barcelona. La solución a esto es un trabajo del área de marketing en conjunto con el sponsor técnico del club, y haciendo esta tarea sostenida en el tiempo, pero siempre utilizando herramientas de la moda y el diseño para proponer rupturas en esas tipologías duras de camisetas-símbolo.

Además de lo mencionado, el mercado mismo de las camisetas se está segmentando internamente. Están los consumidores más tradicionalistas que buscan la camiseta inalterable del club de sus amores. Por otro lado, encontramos a los nostálgicos amantes de lo retro/vintage, y por supuesto los más jóvenes que quieren diseños más rupturistas y adecuados a los tiempos que corren, casi como una prenda casual de vestir.

Con el afán de captar todos estos meta-consumidores, las marcas se unen a otros productos. Surgen colaboraciones como la de adidas con EASports y su juego electrónico FIFA. Empezaron en 2018 introduciendo fourth kits (cuarto kit) para los equipos top adidas, pero sólamente en formato digital para usar con el juego. ¿Qué significa eso? Que estaba la camiseta de local (home), la de visitante (away) y la tercera camiseta que es producida más para la moda y el no fanático. Bueno, diseñaron una cuarta camiseta sólo para el uso en los videojuegos. Al año siguiente, fue tal la cantidad de consultas y pedidos, que se lanzaron otros fourth kits pero esta vez también se podían conseguir en tiendas en formato físico. A pesar que los clubes no la utilizaron nunca en el campo de juego, ese cuarto diseño de camiseta de juego se podía adquirir en las tiendas de la marca. Negocio brillante, pero siempre entendiendo la demanda del consumidor. Este cuarto kit tiene la característica de estar totalmente despojado de tipologías y preconceptos. No hay una paleta de color, ni un formato establecido. Y así sirve como laboratorio para probar extrovertidos y osados diseños dentro de un club y estirar así los límites del usuario. Ya se sabe que es cuestión de tiempo para que más marcas se sumen a la movida de los 4th kits.

Haciendo un poco de futurología, veo a Nike, adidas y PUMA dirigiendo el mercado, con las crecientes apariciones de Umbro, Kappa, Macron y New Balance. Fugaces apariciones de otras empresas menores también veremos. Líneas de kits (hasta 4 por temporada) aparejadas a otros productos de las marcas. Menos tecnología y más estética. También veremos retro-homenajes, diseños personalizados por el hincha, moda, colaboraciones de terceros que en general son ajenos al deporte y colecciones cápsula (líneas exclusivas que los diseñadores y directores creativos de las marcas crean en conjunto con un colaborador externo ya sea otro colega, una modelo, IT girl o influencer, y juntos confeccionan un conjunto creativo de prendas únicas e irrepetibles y de edición limitada). Hacia allí vamos.

Capítulo #5:
El deporte como herramienta para el desarrollo social

"Simplemente juega. Diviértete. Disfruta el juego".
Michael Jordan

"¿Sabes cuál es mi parte favorita del juego? La oportunidad de jugar".
Mike Singletary

Capítulo #5

El deporte como herramienta para el desarrollo social.

"El deporte tiene el poder de cambiar el mundo. Tiene el poder de inspirar. Tiene el poder de unir a la gente de una manera que poco más lo hace. Le habla a la juventud en un idioma que comprenden. El deporte puede crear esperanza donde antes había sólo desesperación"
Nelson Mandela

El deporte y la actividad física generan un cambio de actitud en las personas que lo practican, pero además generan beneficios relacionados con el ámbito social y la actitud positiva, repercutiendo en la adaptación de las personas a su entorno, generando una población saludable y activa, y potenciando los valores de responsabilidad personal, solidaridad, espíritu de equipo, liderazgo, esfuerzo, compromiso con el otro y colectiva en el desarrollo social, a través de distintos deportes y juegos pre-deportivos.

Según el Instituto de Estudios Universitarios Amerike de México, establece que "en el campo social es común que los gobiernos desarrollen programas de deportes o de activación física en zonas donde más problemas de drogadicción e inseguridad existen, con el fin de que los niños y jóvenes se integren y encuentren en el deporte una manera para convivir y reintegrarse con su entorno. Se ha comprobado que en las zonas marginadas donde se rehabilitan parques o se construyen canchas deportivas, y se crea un programa para la comunidad, bajan los índices de drogadicción y se genera un ambiente de solidaridad y cooperación entre la comunidad. En el ámbito educativo, la Educación Física no sólo es una asignatura más, sino que los docentes la usan como una herramienta para tratar situaciones de discriminación o burla en el plantel. A través de dinámicas deportivas se afrontan conflictos y se construyen relaciones colaborativas que permitan llevar a cabo una inclusión social en los grupos de clase, además de que intrínsecamente en cada sesión de educación física se trabaja el desarrollo de valores y actitudes que favorece a la educación incluyente. En la actualidad, la puesta en marcha de iniciativas de inclusión social centradas en la actividad física y deportiva es uno de los grandes campos desde los que hay que trabajar la inclusión social y educativa y donde se necesitan profesionales para desarrollar y gestionar estos proyectos".

"El deporte como actividad humana es un valioso motor para la transformación social, fomenta una nueva ciudadanía y convierte a los jóvenes en agentes de paz", expuso el Dr. Luis Lara Rodríguez, investigador de la Universidad Autónoma de Ciudad Juárez (UACJ), México, durante su visita a la Universidad de Costa Rica (UCR) en abril de 2018. Lara, sociólogo, conversó sobre la Vulnerabilidad Social y su impacto en el trabajo de comunidad. Y entre sus principales áreas de investigación están el deporte y la actividad física como estrategias para la transformación social, mientras que asegura que se organizan torneos o promueven juegos tradicionales, que también son importantes, pero que usados como vehículos de cambio fortalecen valores, la educación ciudadana desde un enfoque democrático de justicia social e incluso asuntos desde la perspectiva de género. "Hay un binomio negativo heredado de la sociedad industrial de que el ocio es todo aquello improductivo. Sin embargo, los seres humanos requieren del ocio para ser personas integrales porque el deporte y la actividad física pueden coadyuvar a unas sociedades más sanas. Convertir a los niños, niñas y jóvenes en agentes de paz implica que van socializando desde la escuela, la familia o su barrio cuestiones de matonismo, violencia de género, machismo, de violencia hacia el entorno urbano. Así, ellos van ubicando que es algo en perjuicio de ellos mismos como habitantes de ese sector", dijo Luis Lara Rodríguez, según expresaron en la Universidad de Costa Rica (que pude gratamente conocer en mayo de 2010, cuando fui invitado por la Red Universitaria Internacional FIFA/CIES a disertar sobre marketing deportivo y marcas). El deporte es una de las actividades que integra a niños, niñas y jóvenes y promueve el trabajo comunitario, sin lugar a dudas.

En su trabajo "La actividad física y el deporte como herramienta de inclusión social" del sitio Entrenadorfutbol.es (25 de mayo de 2018), Alex Sánchez establece que "en el marco de la agenda post-neoliberal focalizada en el diseño de políticas públicas para la inclusión, comienzan a gestarse las innovaciones estratégicas donde las herramientas transversales pueden contribuir a fortalecer los procesos de resignificación de los sistemas". Continúa el artículo diciendo que en el área de la práctica deportiva se amplía el campo de intervención para implementar las políticas en relación al desarrollo humano, tanto en el ámbito público como en el privado, posicionan al deporte como medio para la construcción de relaciones y habilidades sociales que permiten fortalecer la construcción del tejido social. Concluye Sánchez mencionando que "el deporte se presenta como una herramienta única que garantiza el principio de integralidad formativa, orientado a propiciar la inclusión, la construcción e relaciones sociales, la formación en valores y el desarrollo integral del ser".

Tal como se observa en los Objetivos del Desarrollo Sostenible (ODS) de la Organización de las Naciones Unidas (ONU), el deporte contribuye cada vez más a hacer realidad el desarrollo y la paz promoviendo la tolerancia y el respeto, respalda también el empoderamiento de las mujeres y los jóvenes, las personas y las comunidades, así como los objetivos en materia de salud, educación e inclusión social.

En junio de 2010, en el ámbito del Simposio Europeo del Deporte (Madrid, España), el profesor David Moscoso Sánchez, Coordinador Científico del simposio, desarrolló el escrito "Pensar el deporte, transformar la sociedad". En ese trabajo se exponen varios principios en esta corriente que queremos expresar. "El deporte se mueve en tanto que la sociedad se transforma. Los cambios sociales, políticos y económicos experimentados en los últimos lustros exigen examinar el deporte desde una nueva mirada. El lugar que ocupa el deporte es siempre aquel que la sociedad le concede. De ahí que haya que poner el acento del trabajo de la Unión Europea en la sociedad, en tanto que el deporte es expresión de la misma". El Simposio Europeo del Deporte, cuyo lema decía así: "Pensar el deporte, transformar la sociedad. La apuesta de la Unión Europea por la ciudadanía del Siglo XXI", hace explícito una apuesta de carácter más institucional y moral que jurídica, y más sensible por los problemas sociales relacionados con el deporte que por el deporte en sí mismo. En dicho simposio, Jaime Lissavetzky Díez, Secretario de Estado para el Deporte (España), presentó otro trabajo que denominó "El valor social del deporte; El poder del cambio en nuestras manos", donde expresaba su constante preocupación para entender el deporte como un elemento importante de unión e identidad europea, y también como un explícito derecho ciudadano cuya garantía exige y merece esfuerzo y protección: el deporte como derecho de ciudadanía y el deporte como identidad. Pero el presente que marca la vida de los europeos nos obliga a los responsables de las políticas públicas deportivas a una nueva mirada, y convencidos como estamos de que todos los Estados miembros de la Unión podemos construir juntos una política deportiva a la vez transversal e integral, esa nueva mirada ha de procurar ser única y compartida. El deporte no puede mirarse exclusivamente como una actividad económica. Hay que hacer, hay que tener una mirada sobre el deporte como una actividad social, porque el deporte tiene una gran dimensión social. El deporte como fenómeno debe adoptar en las sociedades modernas la función activa de ser un catalizador de la diversidad. El horizonte nos sitúa en el entendimiento de que el deporte forma parte, cada vez en mayor medida, de la mejora permanente de nuestra convivencia como personas y como pueblos. El deporte tiene que ver y puede hacer mucho por la paz. La paz es una actitud, respeto, tolerancia. El deporte no es una meta, es un camino y, por lo tanto, también el deporte puede ser territorio de la paz.

No queda duda al respecto: el deporte es una poderosa herramienta de inclusión social. Los conceptos primarios atribuyen al deporte y su correspondiente actividad física y mental, las consecuencias positivas de salud, energía, calidad de vida y bienestar en las personas. A su vez, potencia habilidades sociales e intrapersonales como el trabajo en equipo, la superación, el liderazgo, la solidaridad, el respeto, la diversidad, la igualdad y la inclusión, la superación de adversidades, el auto desarrollo y el orgullo ante el éxito, la actitud positiva ante la derrota, el no generar excusas, el logro de objetivos propios y grupales, la emoción que evoca en sí mismo, el sentido de pertenencia y la satisfacción y alegría que producen el cumplimiento de metas en un espacio lúdico. Por otro lado, el deporte une a las personas. Ya sea por un deporte individual donde existe un equipo de trabajo como también seguidores y fanáticos, como por un deporte en equipo. El deporte no conoce límites ni exclusiones, es para todos los sexos, edades, razas, religiones, etnias, nacionalidades, formas de pensar y formas de sentir. El deporte es inclusivo desde todo punto de vista. El deporte une. Y contra eso, no hay instrumento más fuerte y profundo que contribuya en el desarrollo social de las personas y el crecimiento armónico y saludable de las sociedades.

Como en el caso del Programa "Potenciá tu club" de los clubes de barrio de la Ciudad de Buenos Aires o en la política del Municipio de Cañuelas, el deporte no es ajeno a la realidad social y la importancia que tiene en la vida de las personas. Salud, energía, diversión, alegría, capacitación, ayuda, respaldo, sentido de pertenencia, trabajo en equipo y solidaridad. El deporte puede transformar al mundo porque influye positivamente en las personas. No todo es Real Madrid, Barcelona y Manchester United. O Boca Juniors, River Plate, Racing, Peñarol, Universidad Católica, Sporting Cristal, Flamengo o Deportivo Cali, grandes clubes sudamericanos. El deporte surge desde las raíces más puras como actividad implícita de relacionamiento, además de la actividad física. Estos ejemplos demuestran que es posible que lo deportivo y social estén en la agenda de los responsables de dirigir el rumbo de un país, incluso en lugares donde el marketing es una posibilidad real de ingresos genuinos que permitan ayudar a crecer, y al mismo tiempo sea un instrumento social.

En lo profesional conozco ambos proyectos y me he involucrado en diferentes niveles para contribuir y conocer más. Y en lo personal conozco a Marisa Fassi (Jefa de Gabinete) y Zulma Luna (Relaciones Institucionales), del Municipio de Cañuelas; y a Luis Lobo (Subsecretario de Deportes), Jorgelina Bertoni (asesora de la Secretaría de Deportes y Desarrollo Humano), Carlos Yoshida (Gerente Operativo de Clubes de Barrio y Federaciones Deportivas), Gastón Busso (Jefe de Gabinete de la Subsecretaría de Deportes), Matías López (Secretario de Desarrollo Ciudadano) y Eleonora Bauer (Jefa de Gabinete de la Secretaría de Desarrollo Ciudadano), del Gobierno de la Ciudad de Buenos Aires; tanto como a Martín Giménez Rébora (Responsable de Movilización de Recursos -y columnista de este libro-) y a Pablo Ferreyra (Coordinador de Alianzas Corporativas) de UNICEF Argentina. Puedo dar fe del enorme trabajo que realizan todos ellos.

Fortalecimiento de los clubes de barrio y las federaciones deportivas de la Ciudad de Buenos Aires (Argentina)

Fundada el 2 de febrero de 1536 por el español Pedro de Mendoza como la ciudad Real de Nuestra Señora Santa María del Buen Ayre, actualmente la Ciudad Autónoma de Buenos Aires es la capital de la Argentina y tiene 48 barrios, divididos en 15 comunas, 203 kilómetros cuadrados de superficie, que albergan a casi 3 millones de personas. En este contexto se encuentran insertos con una gran vida social más de 400 clubes de barrio.

La Secretaría de Desarrollo Ciudadano del Gobierno de la Ciudad de Buenos Aires es llevada adelante por Matías López y depende de la Vicejefatura de Gobierno. Sus misiones y funciones son las de formular proyectos de fortalecimiento de la cultura cívica y la participación ciudadana, en coordinación con las áreas correspondientes, y específicamente en deportes su responsabilidad primaria en esta área es la de diseñar y ejecutar las políticas, planes y programas vinculados al fomento y desarrollo integral del deporte en todas sus etapas y modalidades, apoyando la recreación como medio de equilibrio y estabilidad social, en línea con otras como coordinar el establecimiento de las prioridades en las políticas de desarrollo ciudadano, según las características propias de cada Comuna; supervisar el diseño e implementación de los programas dirigidos al desarrollo de los jóvenes residentes en la ciudad; entender las relaciones con las colectividades; planificar programas, proyectos y actividades transversales, que involucren la calidad de vida y el desarrollo ciudadano de los habitantes, en forma conjunta con las áreas correspondientes, y entender en las acciones y programas para la promoción y preservación de la defensa de los derechos humanos. De esta área depende la máxima autoridad en deportes, Luis Gustavo Lobo, Subsecretaría de Deportes de la ciudad de Buenos Aires (y columnista de este libro).

En la Subsecretaría de Deportes del Gobierno de la Ciudad de Buenos Aires tienen, como se ha dicho de manera amplia, la imperiosa necesidad del fortalecimiento de los clubes de barrio, de tal modo que sean centro y motor de las actividades saludables de los porteños, como se los conoce a los habitantes de la ciudad capital argentina. El programa de fortalecimiento de clubes de barrio de la ciudad se llama "Potenciá tu club" y está dirigido a líderes y referentes de las entidades de barrio, al tiempo que apunta al fortalecimiento de éstas, haciendo foco en el aumento y mejora de las capacidades y servicios institucionales, para que de esta forma puedan dar mejores respuestas a las demandas y necesidades de la comunidad. La propuesta integra distintas instancias de formación y acompañamiento y está dirigida a líderes y referentes de los clubes, sean integrantes de la comisión directiva o designados por la misma. El programa "Potenciá tu club", es una iniciativa impulsada por la Subsecretaría de Deportes de la Ciudad de Buenos Aires con la participación de la Fundación SES. Esta es una organización social que trabaja promoviendo la inclusión juvenil en riesgo, con un enfoque en el desarrollo de sus derechos, y sus siglas surgen de tres valores fundamentales: sustentabilidad, educación y solidaridad. Básicamente, este programa tiene como misión enseñar a los clubes a aplicar sus propias herramientas de desarrollo, que son brindadas en la capacitación impulsada por Deportes de la ciudad, además de acciones de fomento (como el destinado a modificar sustentablemente el sistema de luminarias, apuntando al ahorro de energía de los clubes) para fortalecer sus prácticas cotidianas.

El programa, a su vez, consiste en un ciclo de talleres con acompañamiento, orientados a mejorar las capacidades y servicios institucionales, con el fin de ofrecer mejores respuestas a las demandas y necesidades de la comunidad en clubes deportivos. En 2016 fue su lanzamiento, donde el contenido estaba estructurado en tres etapas y módulos: Planeamiento Estratégico (sistemas de pensamiento y plan de trabajo a partir de definir las necesidades y prioridades como entidad), Promoción de la participación de los socios en la vida del club (pensar al club en articulación con otros, como ser usuarios, otras instituciones o entidades del barrio, con el objetivo de aumentar la referencia y protagonismo del mismo) y Gestión de recursos (financieros, humanos, infraestructura, equipamiento y materiales, entre otros, que favorecerá a que los participantes puedan llevar adelante acciones para la búsqueda de recursos externos o para potenciar los propios). Trabajan con contenidos académicos, talleres de aplicación, metodologías participativas y lúdicas con apoyo de educadores, coordinación de grupos, intervención de diferentes estilos de liderazgos, kits de aprendizaje, entre otros tópicos. Han participado en las diferentes ediciones los deportistas y ex deportistas Esteban Tuero (automovilismo), Alejandra García Flood (salto con garrocha), Walter Pérez (ciclismo), Sebastián Battaglia, Augusto Solari y Leonel Gancedo (fútbol), Vanina Oneto (hockey sobre césped) y los profesionales Marcelo Roffé y Laura Spacarotella (psicología deportiva), Santiago Kweitel (doctor especialista en pediatría y deporte), Gabriel Leme y Mario Mouche (preparación física y deportiva), Gabriel Fantuzzi

(nutrición) y Juan Jurado (periodista). Por mi parte, he tenido la suerte y oportunidad de participar en todas las ediciones como disertante, lo que me provocó un verdadero orgullo y satisfacción siendo que fui formado en deportes y en valores en uno de los tantos clubes de la ciudad.

El programa "Potenciá tu club" (#PotenciaTuClub) es una forma de enseñar a pescar, pero ayudando a conseguir también la caña, el reel y la carnada. Es una metodología que potencia las buenas prácticas. Pero tampoco queda como un hecho aislado.

Dentro de la política de fortalecimiento institucional, existen otras actividades del mismo nivel de calidad y capacitación dentro de la Subsecretaría de Deportes del Gobierno de la Ciudad de Buenos Aires. Son los casos del ciclo de talleres #FederacionesBA, un espacio de encuentro, intercambio y formación de las 69 federaciones deportivas metropolitanas (y algunas nacionales) que integran el Registro Único de Instituciones Deportivas (RUID). Las federaciones deportivas son un verdadero aliado para el desarrollo y la difusión del deporte en la Ciudad de Buenos Aires, y son las responsables de regular el deporte a nivel metropolitano. Este ciclo de talleres trabaja junto a ellas para organizar y promover sus disciplinas, fomentando especialmente la formación y asesoramiento de sus dirigentes. De esta forma, crean oportunidades y espacios para exhibiciones y encuentros que les permitan difundir sus disciplinas y atraer nuevos deportistas. Los talleres trataron sobre nuevos liderazgos en las organizaciones, marketing deportivo y comunicación en el deporte, y gestión deportiva y profesionalización de la dirigencia deportiva. A su vez, les brindan apoyo para el desarrollo de encuentros, torneos y competencias regionales, nacionales internacionales. Las federaciones involucradas en el registro son la Federación de Cestoball de Capital Federal, Federación Argentina de Patinaje sobre Hielo, Federación Argentina de Bochas, Asociación Civil Nuevas Olimpíadas Especiales Argentinas, Asociación Argentina de Kite, Federación Argentina de Triatlón, Asociación Metropolitana de Tenis Adaptado, Federación Argentina de Tenis de Mesa Adaptado, Asociación Metropolitana de Squash, Federación Argentina de Luchas Asociadas, Asociación Metropolitana de Futbol de Salón, Federación Argentina de Voleibol de Sordos, Asociación Argentina de Racquetball, Federación Argentina de Deportes para personas con Discapacidad Mental, Asociación Argentina de Fútbol sobre Sillas de Ruedas a Motor, Asociación de Softbol de Buenos Aires, Asociación Civil Escuela Metropolitana Hockey sobre Hielo, Federación Metropolitana de Bowling, Liga Metropolitana de Beisbol, Federación Metropolitana de Taekwondo, Federación Metropolitana de Gimnasia, Asociación Femenina Metropolitana de Básquet, Federación Argentina de Yachting, Federación de Esgrima de la Ciudad de Buenos Aires,

Asociación Amateur de Hockey sobre Césped de Buenos Aires, Federación de Waterpolo de Buenos Aires, Unión de Rugby Buenos Aires, Federación Argentina de Canoas, Federación Argentina de Centros Comunitarios Macabeos, Federación Metropolitana de Judo, Asociación Metropolitana de Padel, Federación de Natación de Buenos Aires, Federación Metropolitana de Billar, Federación Argentina de Tiro con Arco, Federación Argentina de Fútbol con Parálisis Cerebral, Federación Metropolitana de Voley, Federación Porteña de Patín, Federación Argentina de Fútbol Silencioso, Asociación Argentina de Tenis para Ciegos, Federación Metropolitana de Pelota, Asociación Metropolitana de Ciclismo, Federación Metropolitana de Arte Marcial Chino Wu Shu, Federación de Karate de la Ciudad de Buenos Aires, Federación Argentina de Netball, Federación de Badminton de la República Argentina, Federación de Tenis de Mesa de la Ciudad de Buenos Aires, Federación Atlética Metropolitana, Federación Metropolitana de Balonmano, Asociación Metropolitana de Cazadores y Tiradores con Arco, Federación Argentina de Pato, Asociación Argentina de Golf, Asociación Argentina de Tenis, Asociación Metropolitana de Artes Marciales Chinas, Asociación Argentina de Remeros Aficionados, Asociación de Sumo de la República Argentina, Asociación de Surf de Buenos Aires, Asociación de Patinadores Metropolitanos, Asociación Argentina de Curling y Federación Regional de Básquetbol de Capital Federal, entre otras.

Por otra parte, desde 2017 y dentro de las acciones que lleva adelante la Subsecretaría de Deportes de la Ciudad de Buenos Aires, se encuentra el Ciclo de Jornadas de Ciencias del Deporte, que están destinadas a deportistas de alto rendimiento, entrenadores, preparadores físicos, docentes, estudiantes y profesionales de la salud. Estas jornadas reúnen a médicos especialistas en medicina del deporte (cardiología, nutrición, traumatología del deporte, kinesiología, diagnóstico por imágenes, prevención de lesiones y medicina de la danza, innovación y tecnología aplicados al desarrollo físico, psíquico y deportivo, entre otros), sociedades científicas de todas las especialidades médicas vinculadas al deporte, estudiantes de universidades de temas afines, asociaciones deportivas, deportistas profesionales y de alto rendimiento, profesores de educación física, entrenadores y periodistas deportivos y especializados en temas de salud. "Este tipo de iniciativas ayudan a promover la prevención de enfermedades vinculadas al sedentarismo y a la falta de ejercicio, como la obesidad, osteoporosis, diabetes y estrés, entre otras", mencionan siempre al inicio de las jornadas. Eso es realmente un beneficio tangible para mejorar la vida de las personas.

La misión es fortalecer a los clubes de barrio de la Ciudad, trabajando de forma permanente con la responsabilidad que implica. Allí, no solamente se practican deportes; son espacios fundamentales para la sociedad en aspectos de formación, contención, interacción social y desarrollo para todas las edades. Y, siguiendo esa línea, las federaciones son quienes agrupan a los deportistas y es allí en donde interviene el Estado para brindar ayuda a las propias federaciones y a los atletas en su proyección deportiva. Es importante mencionar que todo ello, junto a Barrios Activos (una propuesta desarrollada por la Vicejefatura de Gobierno de la Ciudad que consiste en un festival y jornada de deportes, juegos y competencias en plazas y espacios públicos para las familias), se encuentra englobado dentro del compromiso y programa "Buenos Aires Ciudad Activa" (#BACiudadActiva), que es una iniciativa del Gobierno de la Ciudad de Buenos Aires para fomentar el deporte, la actividad física y la alimentación saludable para lograr una mejor calidad de vida de las personas, a través del bienestar de la comunidad. Su objetivo es frenar el avance de las enfermedades crónicas no transmisibles como la diabetes, la obesidad, enfermedades cardiovasculares, enfermedades respiratorias crónicas y algunos tipos de cáncer, que actualmente representan la principal causa de muerte en Argentina y el mundo. Para lograrlo, BA Ciudad Activa engloba acciones que, desde distintos frentes (actividad física, deporte, alimentación, salud, espacio urbano, educación, transporte), promueven estilos de vida activos y saludables, además de potenciar la calidad de vida de los ciudadanos. BA Ciudad Activa es parte de la iniciativa internacional Global Active Cities, conformada por una red de ciudades activas, que promueven el bienestar en sus comunidades, como Liverpool (Inglaterra), Richmond (Canadá), Lillehammer (Noruega), Tampere (Finlandia), Ljubljana (Eslovenia), Karsiyaka (Turquía), Port Moresby (Papúa Nueva Guinea), Gaborone (Botswana) y Lausanne (Suiza). Su visión es generar un entorno que fomente la actividad física y la alimentación saludable, para que cada vecino tenga la oportunidad de disfrutar de un estilo de vida activo en su comunidad de pertenencia, desarrollando sociedades más sanas, seguras e inclusivas que refuercen el sentido de bienestar. Sus ejes son incrementar el tiempo y la frecuencia de la práctica de actividad física, deportiva y otras acciones que contribuyan al bienestar físico y mental; generar avances significativos en la lucha contra la obesidad en especial y las enfermedades crónicas no transmisibles en general; y construir, a partir de los Juegos Olímpicos de la Juventud Buenos Aires 2018, un legado perdurable de los valores olímpicos en beneficio de toda la sociedad. Además posee los objetivos de asegurar la participación en actividad física y deportiva de los vecinos de todas las edades, condiciones físicas y socioeconómicas; promover acciones que contribuyan a frenar la prevalencia del sobrepeso y obesidad infantil; empoderar a la comunidad para elegir un estilo de vida saludable; mejorar los hábitos alimenticios de los vecinos y hacer del espacio público un entorno saludable. Es importante que desde su función pública, los gobiernos, de cualquier índole (nacional, provincial, municipal, local), puedan construir políticas, estrategias y acciones concretas para mejorar la vida de las instituciones deportivas y construir, a través del deporte, espacios sociales que sirvan a una sociedad más saludable, sustentable y de valores positivos. Como dijo el ex tenista profesional argentino Luis Gustavo Lobo, actual Subsecretario de Deportes del Gobierno de la Ciudad de Buenos Aires en su columna como invitado especial en este libro: "Es ampliamente gratificante enfocar todas las energías en mejorar la vida de las personas y de las instituciones, siempre a través del deporte".

Sociedad, deporte y solidaridad: el caso Municipio de Cañuelas (Argentina)

El Partido de Cañuelas es una localidad del noreste de la Provincia de Buenos Aires, a 60 kilómetros de distancia de la Ciudad de Buenos Aires, capital de la República Argentina. Cañuelas tiene una rica historia y un gran presente de inversiones, gran contenido turístico, apoyado por su corredor gastronómico autóctono local, las fiestas populares y localidades muy atractivas como Uribelarrea. Y un gran sentir deportivo, como herramienta de construcción social y solidaridad.

Cañuelas tiene mucha historia para contar, que se remonta más allá de la época del Virreinato del Río de la Plata. Esta zona se denominaba Pago del Carmen de las Cañuelas. Al erigirse una humilde capilla bajo la advocación de la virgen, Patrona de esta comunidad, es por ello que el 16 de julio de cada año se realizan las Fiestas Patronales en su honor. Estudios realizados demuestran que muchos años antes del virreinato ya se conocía el Pago de Las Cañuelas y el Arroyo Las Cañuelas. Los agrimensores y pilotos que realizaban las mensuras eran en su mayoría españoles. Estos descubrieron la espadaña de la zona, parecida a las cañuelas de su terruño: caña, planta gramínea de un metro de altura, hojas anchas y puntiagudas, lo que dio origen el nombre: Cañuelas, originariamente "El Carmen en las Cañuelas", luego "El Carmen de Cañuelas" o como dicen las actas municipales: "En el Pueblo del Carmen de Cañuelas". El 24 de junio de 1829, en la Estancia la Caledonio se firma el "Pacto de Cañuelas", entre el General Juan Galo de Lavalle y el Comandante General de Campaña Don Juan Manuel de Rosas. Según la leyenda, en esa fecha, una criada de Rosas se hallaba preparando la lechada (leche azucarada caliente). Al llegar Lavalle, cansado por el viaje, se acostó en el catre de Juan Manuel de Rosas. La criada, que fue a llevarle un mate al Restaurador, encontró al jefe enemigo y entonces salió corriendo en busca de la guardia. Mientras tanto, la lechada olvidada hervía en la olla y su contenido se transformó en la mezcla acaramelada que hoy todos conocemos como "Dulce de Leche". El Pacto de Cañuelas es uno de tratados más importantes que ha tenido la Provincia de Buenos Aires en su historia, y va a definir su destino hasta 1852. En el contexto político nacional, puede decirse que este pacto está a la misma altura que el Tratado del Pilar de 1820. Son ambos sin dudas, los más importantes por su significación histórica. El Tratado del Pilar crea la Provincia de Buenos Aires, con todo lo que tal acontecimiento implicó en esos años y a posteriori. El Tratado de Cañuelas es uno de los más importantes de la historia de la provincia de Buenos Aires porque la situación política pasa del grupo Directoral unitario a este nuevo grupo, que se va a denominar federal, pero en el que vamos a ver hombres que participaron en el Congreso General Constituyente de 1924 y votaron por el sistema unitario de gobierno. El Pacto de Cañuelas se firmó con el objetivo de detener la guerra civil que asolaba la provincia de Buenos Aires desde la revolución de diciembre de 1828. De ahí su grado de importancia en la historia grande de la Argentina.

La superficie de Cañuelas es de 120.000 hectáreas y representa el 0,40% de la superficie de la Provincia de Buenos Aires. Tiene una población de 51.892 habitantes según el censo nacional 2010, con un crecimiento de variación relativa de 21,90% respecto de 2001 y con una densidad de 35,4 habitantes por km2, distribuidos en 18.288 viviendas. Respecto de su población mayor a 10 años, posee un índice alfabetismo superior al 98%. El clima característico de la región es del tipo templado húmedo o templado sin estación seca, con temperaturas medias de 24,7° en enero y 9,1° en julio, con una media anual de 16,5°. Las lluvias son abundantes, sobre todo en verano. El área norte, en donde se localiza la mayor parte de los centros poblados y la ciudad cabecera.

La ciudad de Cañuelas es la capital del partido homónimo. A pesar de su rica historia y el paso del tiempo, mantiene un perfecto equilibrio entre el avance moderno y la tranquilidad de un pueblo que sigue manteniendo sus raíces y conservando su propia identidad que lo ha hecho único. En su casco histórico se pueden visitar la Parroquia Nuestra Señora del Carmen (cuyo nuevo edificio de 1980 conserva en la parte posterior el campanario de la primitiva iglesia de 1866), el Palacio Municipal es de 1955, el monumento que es réplica de la Pirámide de Mayo (cuya original se encuentra entre la Casa de Gobierno -sede laboral del Presidente de la Nación-) y la placa que recuerda a los Hombres de Mayo (los héroes de la Revolución de Mayo, principio de la independencia argentina). Además de teatros históricos, la plaza principal, la escuela N° 1, la biblioteca y el Centro Cultural, se puede encontrar el Cañuelas Fútbol Club, que ofrece canchas de pelota paleta, básquet, gimnasio, fútbol de salón y en la esquina funciona un restaurant para socios y público en general, lugar de encuentro por excelencia. El turismo es algo realmente destacable. Veinte kilómetros al sur del casco central del Partido de Cañuelas se encuentra el poblado de Uribelarrea. "Uribe" es un poblado que conserva la historia y la tradición. Además es común ver cerca de la estación las carreras cuadreras y actividades folklóricas que son organizadas por los centros tradicionalistas. En suma, realizar cabalgatas, recorrer las tranquilas calles del pueblo, andar en bicicleta o simplemente caminar hasta el túnel de árboles en el borde del ramal ferroviario lo llevarán al pasado de este pequeño pueblo de película que atrae a cineastas para la filmación de películas, cortos y publicidades, como la película "Evita" de Alan Parker, entre muchos otros filmes rodados aquí que son ejemplo de ello. Gobernador Udaondo y Vicente Casares son otras localidades turísticas que merecen la pena visitarse. En Cañuelas comparten la alegría de grandes fiestas populares, en el marco de eventos como la Feria Rural (marzo a diciembre), la Fiesta de la Picada y la Cerveza (octubre), la Expo Cañuelas y Fiesta del Dulce de Leche (noviembre), donde es habitual contar con la presencia de grandes y reconocidos artistas locales, nacionales e internacionales, como por ejemplo, en los últimos años Javier Calamaro, Rosana, Iñaki Urlezaga, Los Nocheros, Luciano Pereyra, Chaqueño Palavecino, Miranda, Los Auténticos Decadentes, Los Pericos y tantos otros, lo que provoca que miles de turistas se acerquen y compartan momentos agradables mientras conocen Cañuelas. El Casco Urbano de la capital, Uribelarrea y la Ruta 205, forman parte del corredor gastronómico de calidad de este partido de la Provincia de Buenos Aires.

Hasta ahí una descripción para que se entienda el contexto deportivo que continúa. En parte por herencia, pero fundamentalmente por Marisa Fassi, la Jefa de Gabinete del Intendente, y su vocación social y solidaria, entendiendo el deporte como vehículo de transformación de la vida de las personas. "Mi función es una sola: mejorar la calidad de vida de los habitantes de Cañuelas. Para mí los cañuelenses son todo. Son mis compañeros, son mis vecinos, mis amigos. Es importante hacer obras. Realmente muy importante. Y también, provocar un cambio y mejorar el municipio de tal modo que sea cada vez un mejor y más lindo lugar. Por quienes viven aquí, por quienes los visitan y por quienes invierten. Vivir en Cañuelas tiene que ser agradable y placentero. Visitar Cañuelas debe ser una experiencia inolvidable. Invertir en Cañuelas debe ser seguro, confiable y rentable. En todo esto, nuestra misión es ser solidarios con la gente, poder acompañarlos en sus inquietudes. El deporte es una gran herramienta de transformación social, que las personas disfrutan y les da alegría en actividades de las más variadas. Y, por otro lado, para mí, los paradeportes son una obligación como funcionaria. Es uno de los ejes de nuestra tarea". Imposible ser más claro, independientemente de qué opinión, corriente o partido político se sea.

Para comenzar, es importante observar el portal de noticias más importante de la zona, CañuelasYa. En su sección "Deportes", posee una segmentación digna de un medio nacional: Atletismo, Automovilismo, Básquet, Boxeo, Fútbol, Hockey, Polideportivo, Polo y Rugby. Para tener esa apertura de noticias, es que evidentemente existe contenido a tal fin. Y todo eso es lo que ocurre en Cañuelas. Y quizás más.

El Municipio de Cañuelas entiende a todo el deporte como un verdadero vehículo de la sociedad, pero fundamentalmente con foco en tres ejes: el deporte social como recreación, el polo como algo genuino de la zona y escenario de inversiones y los paradeportes como solidaridad y compromiso.

Dentro del deporte social, Cañuelas realiza constantes actividades en apoyo a sus vecinos, a la vez que da difusión a las actividades que clubes y deportistas aficionados de la zona. Así podemos encontrar acciones tan variadas donde el municipio se encuentra involucrado como los Juegos Bonaerenses vóley, tenis de mesa, fútbol, fútbol de playa, fútbol sala, fútbol, fútbol 5, básquet, danza folklórica, handbol, atletismo, atletismo especial, taba, ajedrez, natación, paddle, beach vóley, softbol, hockey y más, tanto jóvenes como adultos mayores, masculino y femenino), el Torneo Infantil Barrial, exhibiciones de Taekwondo, golf (Molino Cañuelas Championship del PGA TOUR Latinoamérica), scouting de clubes de fútbol como River Plate, las Olimpíadas de la Cuenca del Salado (natación, básquet, vóley, beach vóley, paddle, bochas, tejo, handball, rural bike, duatlón, atletismo, canotaje, 10K, tenis, golf, ajedrez, pesca, pelota paleta, tenis de mesa, taekwondo, atletismo paralímpico, fútbol inclusivo, patín artístico, fútbol 7, skate BMX, fútbol 11, rugby, ciclismo y juegos electrónicos -FIFA-), apoyo a jugadores del Mundial del Potrero (fútbol), tenis adaptado (certamen internacional Cañuelas Open), veladas y clínicas de box, la Liga Municipal de Vóley, carreras deportivas (10K, 8K, 4K y 400m Kids), cursos de la Escuela Municipal de Técnicos de Fútbol, Liga Municipal de Hóckey sobre Césped, Liga Municipal de Vóley, las Olimpíadas Senior y hasta la recepción en Cañuelas del programa "Boca en tu municipio", donde el Club Atlético Boca Juniors visita diferentes localidades para acercarlo a la gente, realizar muestras de la institución, responder a socios y afiliados, adquirir merchandising y tener contacto con la Fundación Boca Social. Mención aparte para el apoyo que realizan a deportistas de las más variadas disciplinas como el fútbol, vóley, box, taekwondo, ciclismo, atletismo, media maratón, kick boxing, danzas y tenis, entre otros.

Se ha dicho ya que el polo argentino es el mejor del mundo, por la calidad y cantidad de jugadores, clubes y caballos. El Municipio de Cañuelas cuenta con una gran cantidad de clubes y emprendimientos vinculados con este deporte, que lo hacen sin dudas unos de los lugares con mayor actividad polística del mundo, como son los casos de La Dolfina, La Dolfina Polo Ranch, La Natividad, Puesto Viejo, Chacras de la Trinidad, El Metejón, La Martina, Club Hípico y de Polo

Cañuelas, El Relincho, Estancia Don Manuel, La Martona, La Fulana Polo, San Antonio Chico Polo Club y Estancia Villa María. Cañuelas es actualmente considerado uno de los centros del mejor polo del mundo. Teniendo en cuenta la relevancia que el deporte tiene para este distrito, el Municipio de Cañuelas promueve y alienta la práctica del polo en todas sus facetas, estando presente en los más importantes torneos. La Copa Diamantitos, la Copa Cañuelas Puesto Viejo, el Argentina Polo Tour de La Dolfina, el Abierto de San Jorge, como así también la participación del Colegio Las Cañuelas en el Torneo Intercolegial han sido eventos declarados de interés municipal contando con apoyo de la Municipalidad de Cañuelas, y en el cual se han consagrado bicampeones recientemente. A su vez, apoya eventos del más alto nivel a través de la Asociación Argentina de Polo, como la ExpoPolo, la Copa de las Naciones, el Abierto Argentino de Polo Femenino y el Abierto Argentino de Polo, el más importante a nivel mundial. Ganador en 15 oportunidades del Abierto Argentino de Polo y Olimpia de Oro en el año 2014, Adolfo Cambiaso ha sido el impulsor del crecimiento del polo en Cañuelas. Junto a Bartolomé Castagnola dieron origen a finales de los 90 a La Dolfina, equipo que se constituiría en uno de los mejores de la historia en sus distintas versiones. "Considerada una verdadera industria sin chimeneas, el polo es un sello verdaderamente distintivo de nuestro distrito, atrayendo inversiones y generando puestos de trabajo para las familias de Cañuelas", mencionan en su sección deportiva del site del municipio.

En 2018 se inauguró la escuela paralímpica Cañuelas F. C., un proyecto de vanguardia en la región con el respaldo permanente del gobierno municipal. Esta institución deportiva dará un paso fundamental en materia de deportes adaptados y para personas con capacidades diferentes, junto a Cañuelas F.C. y la Fundación Paradeportes. La sede que albergará en primera instancia a las disciplinas fútbol para ciegos, tenis adaptado y paravolley. La fundación se unió a Cañuelas Fútbol Club, institución de la provincia de Buenos Aires fundada el 1 de enero de 1911, para la creación de un equipo de fútbol 5 para ciegos que compite de manera oficial en la Liga Argentina de Fútbol 5 para Ciegos organizada por FADEC (Federación Argentina de Deportes para Ciegos), bajo el nombre Fundación Paradeportes Cañuelas FC, donde el objetivo es organizar y desarrollar diferentes equipos deportivos: paravoley, quadrugby, básquet en sillas de ruedas, fútbol 5 para ciegos juvenil y femenino, entre otros. Para entender la importante de este emprendimiento, el mismo fue declarado de interés por la Cámara de Diputados de la Nación de la República Argentina (Expediente 3170-D-2017, del 14 de junio de 2017). Hay infinidad de casos de apoyo del municipio a eventos y deportistas adaptados. Florencia Moreno (tenista número 1 del país en la rama femenina), Darío Ríos (dos medallas de oro en el mundial de takwondo adaptado 2018), la Liga Argentina de Fútbol 5 para ciegos a través de Paradeportes Cañuelas F. C. y, tan solo para dar un ejemplo final, en Cañuelas se realiza la fiesta del deporte adaptado, donde se realizan en simultáneo competencias de Fútbol 5 para ciegos masculino y femenino, torneos de tenis en silla de ruedas masculino y femenino y vóley. Solidaridad, compromiso social e inclusión.

"Es un claro objetivo de nuestro gobierno apoyar el desarrollo educativo y fundamentalmente acompañar las necesidades de nuestros chicos y comunidades; sobre todo porque muchos de estos proyectos solo son posibles gracias al esfuerzo, el trabajo y el compromiso de nuestros docentes", destacó Marisa Fassi, Jefa de Gabinete Municipal. Constantemente desde la intendencia se realizan reuniones para el apoyo a clubes que contribuyan al desarrollo de las actividades deportivas. Dirigentes, atletas, padres y organizaciones de todo tipo (educativas, de fomento, solidarias, deportivas, escuelitas, clubes) son siempre recibidas. "Acompañar y estar cerca sigue siendo el principal objetivo del Municipio. El deporte es inclusión, desarrollo y contención social, por eso desde siempre ha sido un objetivo en nuestra gestión", menciona frecuentemente Fassi. Bien hecho. Es necesario imitar estas acciones que dan alegría a los pueblos, además de salud y energía dentro de un contexto social necesario. Es responsabilidad de los dirigentes ir en este rumbo. No por nada, el Gobierno Municipal de Cañuelas se encuentra adherido a la ley de "Ética en el ejercicio de la función Pública" (Ley N° 25.188, Decreto 1196/14 de la Ordenanza N° 3.032/14).

Unicef, deporte para el desarrollo

En el libro anterior, "La pasión deportiva del marketing", el capítulo 9 hablaba sobre los valores y las acciones de común a través del deporte, y el texto describía las actividades de UNICEF, que utiliza el deporte como canal de comunicación de valores positivos. Seguiré ampliando el tema y en este caso será sobre los fundamentos del deporte como herramienta para el desarrollo de las misiones de esta prestigiosa ONG global, en las propias palabras de UNICEF que se describen a continuación.

El deporte y los juegos son importantes para UNICEF porque constituyen elementos vitales en la salud, la felicidad y el bienestar de las niñas, niños y jóvenes. La investigación revela que la participación de los jóvenes en actividades recreativas estructuradas contribuye a su desarrollo físico y psicosocial. Además puede enseñar los valores fundamentales y las habilidades para la vida (trabajo denodado, disciplina, trabajo en equipo, imparcialidad y respeto hacia los otros), que conforman el comportamiento de los individuos y les ayudan a perseguir sus objetivos y responder apropiadamente ante los acontecimientos de sus propias vidas y ante los de los demás. Para UNICEF, el deporte comprende todas las formas de actividad física que contribuyen a la buena forma física, el bienestar mental y la interacción social: el juego, la recreación, actividades deportivas organizadas, ocasionales o de competición, y deportes o juegos autóctonos. La labor de "Deporte para el Desarrollo" de UNICEF se basa en su misión de garantizar que todo niño tiene derecho a la recreación y el juego en un ambiente seguro y sano (un derecho fundado en el Artículo 31 de la Convención sobre los Derechos del Niño), así como el derecho al deporte, que está expresamente contenido en otros tratados internacionales. Esto también reconoce iniciativas basadas en el deporte como una estrategia de programa para conseguir objetivos de desarrollo específicos, incluidos muy notablemente los Objetivos de Desarrollo del Milenio (ODM). UNICEF emplea el Deporte para el Desarrollo con el fin de ayudar a conseguir objetivos en las cinco esferas temáticas de interés de UNICEF: la supervivencia y desarrollo infantiles; educación básica e igualdad de género; prevención, tratamiento, atención y apoyo en relación con el VIH/SIDA; protección infantil contra la violencia, la explotación y el abuso; y promoción de políticas y alianzas en pro de los derechos de los niños. Esto puede contribuir a la comunicación para el desarrollo y proporcionar el apoyo psicosocial en situaciones de emergencia humanitaria. Finalmente, Deporte para el Desarrollo puede ayudar a luchar contra la discriminación y la exclusión de grupos marginados, incluidos los niños y niñas con discapacidad.

¿Por qué los deportes y los juegos? UNICEF reconoce que los deportes y los juegos físicos representan un papel importante en la vida del niño. En su aspecto más fundamental, el deporte y los juegos son derechos del menor, tal y como se detalla en el artículo 31 de la Convención sobre los Derechos del Niño: los Estados "reconocerán el derecho del niño al descanso y el esparcimiento, al juego y a las actividades recreativas propias de su edad y a participar libremente en la vida cultural y en las artes". Además, nadie pone en duda que una actividad física habitual es esencial para el desarrollo físico, mental, psicológico y social de las niñas, niños y adolescentes. Participar en deportes puede ayudar al desarrollo físico de los niños y niñas, a mejorar sus resultados académicos y a reducir los actos delictivos. UNICEF cree que el deporte puede actuar como una efectiva herramienta programática que ayude a lograr objetivos en salud, educación, igualdad de género, VIH/SIDA y protección y desarrollo del menor. Ese es el concepto del deporte para el desarrollo, que no es simplemente un fin en sí mismo sino un instrumento eficaz para mejorar las vidas de los niños y niñas, de sus familias y comunidades.

El deporte, la diversión y los juegos constituyen una forma amena de aprender valores y lecciones que duran toda la vida. Promueven la amistad y el juego limpio, nos enseñan a trabajar en equipo y nos aportan disciplina, respeto y las habilidades necesarias que harán de los niños y niñas unos adultos comprometidos. Además, contribuyen a preparar a los jóvenes para hacer frente a los retos futuros y adoptar posiciones de liderazgo en el seno de sus comunidades. UNICEF reconoce la función esencial del deporte y la actividad física en la vida de la infancia. El deporte y la diversión, además de ser un medio para alcanzar los principales objetivos de UNICEF, constituyen objetivos en sí mismos, dado que garantizan el derecho de todos los niños y niñas a jugar. Todos los niños y niñas tienen derecho a un comienzo saludable; todos los niños y niñas tienen derecho a una educación. Y todos los adolescentes tienen derecho a poder convertirse en ciudadanos responsables y comprometidos. La práctica regular de deportes y juegos desde la primera infancia y durante la adolescencia es esencial para el desarrollo físico, mental, psicológico y social. La participación en actividades deportivas puede fortalecer la salud de la infancia, mejorar el rendimiento escolar y contribuir a reducir el nivel de delincuencia. Los deportes son especialmente beneficiosos para las niñas, pues contribuyen a desmontar los estereotipos de género. Las celebraciones deportivas y los juegos se emplean para educar a las familias sobre cuestiones sanitarias como la importancia de la vacunación y la prevención del VIH/SIDA. El deporte constituye un medio eficaz para llegar a aquellos niños, niñas y adolescentes que a menudo padecen discriminación o exclusión, como los huérfanos, los discapacitados, los que han sido niños soldados, los niños y niñas refugiados y desplazados, los que han sido víctimas de la explotación sexual, y los niños y niñas de comunidades indígenas. En colaboración con sus aliados, UNICEF está incorporando actividades deportivas, de ocio y juegos a sus programas nacionales con el propósito de llegar a los niños y niñas, familias y comunidades de todo el mundo. Tanto en países en guerra como donde hay paz, estas actividades están siendo empleadas para promover la salud, la educación de las niñas, crear espacios infantiles y advertir de los efectos perniciosos del tabaco, el alcohol y las drogas. Están siendo utilizadas para concienciar a los jóvenes sobre el peligro del VIH/SIDA y proporcionarles las técnicas para la vida práctica que precisan para protegerse a sí mismos. Los programas deportivos y recreativos están ofreciendo entornos seguros, que fomentan relaciones estables entre la infancia y los adultos, así como en el seno de la infancia misma. Estos programas están brindando a los niños y niñas de todas las edades la oportunidad de expresarse, de ser escuchados, de aportar sus opiniones e ideas y convertirse en agentes del cambio. Están contribuyendo a crear comunidades y una sociedad más justa y pacífica.

Como estrategia de programa transversal, el Deporte para el Desarrollo (S4D) sirve como vehículo para abordar las prioridades de UNICEF en las siguientes áreas: Deporte y supervivencia y desarrollo de niños pequeños, Deporte y educación de calidad; Deporte e igualdad de género; Deporte y VIH / SIDA; Deporte y protección infantil; Deporte y discapacidad; Desarrollo y participación deportiva y adolescente; y Deporte y conflicto, posconflicto y emergencias.

En mi opinión, UNICEF es la ONG más importante del mundo. Por formar parte de la Organización de las Naciones Unidas, por trabajar por los niños y su educación, por su carácter global de estrategia y lineamientos, por su accionar bien local en cada país y por una experiencia y transparencia tan necesarias para una institución de este tipo. Además, utiliza realmente al deporte como un canal poderoso de comunicación, tanto de sus actividades, como nutrirse de deportistas y eventos deportivos para difundir su misión, sus programas y sus resultados, para que cada vez más personas puedan conocer la gran misión que poseen y el enorme trabajo que realizan. En la medida de mis posibilidades, siempre colaboraré desde alguno (o algunos) lugares con UNICEF.

Columna especial de Luis Gustavo Lobo

Potenciemos el deporte. Potenciá tu club.

Por Luis Gustavo Lobo (@loboluisok), Subsecretario de Deportes del Gobierno de la Ciudad de Buenos Aires (Argentina; @ deportesba), ex tenista, número 1 del ranking argentino en juniors, medalla de oro (dobles mixto junto a Patricia Tarabini) y medalla de plata (doble masculino junto a Javier Frana) en los Juegos Panamericanos de Mar del Plata 1995. Jugador de Copa Davis durante 7 años consecutivos, en el ATP Tour fue número 12 del mundo en dobles y 167 en singles, finalista en Roland Garros 1998 (doble mixto junto a Serena Williams), ganador en dobles de 11 torneos ATP Tour y 1 ATP Masters Series y alcanzando otras 8 finales, además de haber participado de los 4 Grand Slams en 19 oportunidades. Tras su retiro fue entrenador de Carlos Moyá, Marcelo Ríos, David Nalbandian, Juan Mónaco, Agustín Calleri y Mariano Zabaleta.

Desde la Subsecretaría de Deportes entendemos que el trabajo no es producto de una sola persona. O un área en particular. Para nosotros, la política deportiva y en general, es una vocación de servicio hacia las personas. Así es que, desde la Jefatura de Gobierno, la Vicejefatura, la Secretaría de Desarrollo Ciudadano y la propia Subsecretaría de Deportes, y todas las personas que forman estos equipos, pensamos, planificamos y desarrollamos los planes que mejor se adaptan para que cada vez la capital de la República Argentina sea un espacio más saludable y un mejor lugar para vivir. A su vez, interactuamos con diferentes entes, trabajando conjuntamente para lograr los objetivos como es el caso de las áreas de policía, salud, seguridad, educación, tercera edad, niños y tantas otras.

Así fue como en 2016 creamos el programa "Potenciá tu club", una iniciativa dirigida a líderes y referentes de clubes de barrio, que apunta a mejorar las capacidades y servicios institucionales. Dicho así, parece demasiado formal. Pero son más de 400 clubes de barrio los que conviven en la Ciudad de Buenos Aires. Espacios de reunión de familias, de deportes, de salud y energía, de herencia para atrás y legado hacia adelante. Y es ahí donde también sentimos la necesidad en que el Estado se hiciera presente. Escuchándolos. Acompañándolos. Dándoles herramientas que tomen como propias, las implementen y puedan fortalecerse con orgullo de sí mismos.

El programa "Potenciá tu club" está impulsado por la Subsecretaría de Deportes de la Ciudad de Buenos Aires que tengo el honor de llevar adelante, con la participación de la Fundación SES. Consiste en un ciclo de talleres con acompañamiento, orientados a mejorar las capacidades y servicios instituciones, con el fin de ofrecer mejores respuestas a las demandas y necesidades de la comunidad y a la cual invitamos constantemente a diferentes especialistas y profesionales para que compartan sus experiencias y les transmitan los conocimientos necesarios. La propuesta está dirigida a líderes y referentes de los clubes, sean integrantes de la comisión directiva o partícipes de la vida cotidiana de la institución deportiva de cada barrio.

En los últimos años se han dado contenidos respecto de planeamiento estratégico, planes de trabajo, promoción de la participación de los socios en la vida del club, gestión de recursos financieros, humanos, infraestructura, equipamiento y materiales, entre otros, marketing, comunicación, difusión en redes sociales, liderazgo, gestión deportiva y obtención de recursos propios y genuinos a través del patrocinio, además de compartir experiencias con referentes como Sebastián Battaglia y Vanina Oneto, y otros tantos profesionales, como es el caso de Guillermo Ricaldoni.

Se suelen hacer acciones aisladas muchas veces erróneamente en la política. "Potenciá tu club" es parte de una visión mucho más amplia e integral, que forma parte de otras como las jornadas-taller "FederacionesBA" para dirigentes deportivos de federaciones metropolitanas y nacionales que apuntan a superarse en distintos aspectos de su vida cotidiana de estas instituciones, "Ciencias del Deporte" que son una serie de jornadas destinadas a deportistas de alto rendimiento, entrenadores, preparadores físicos, docentes, estudiantes y profesionales de la salud, y hasta los "Juegos Porteños", entre tantas otras actividades de formación, gestión, capacitación y desarrollo del deporte.

Yo creía que era difícil pararse solo en la línea de saque de un campo de juego. Más difícil aún en un Gran Slam. Quizás por eso es que mi carrera en el tenis fue en dobles. Soy un convencido del trabajo en equipo. Más difícil aún es trabajar desde una entidad de gobierno. Siempre hay cosas por hacer. Siempre hay alguien por quién trabajar. Pero les aseguro que es ampliamente gratificante enfocar todas las energías en mejorar la vida de las personas y de las instituciones. A través del deporte… mi pasión. Porque para mí los clubes de barrio son una parte extremadamente importante de la sociedad. Yo me crié en uno.

Columna especial de Nicolás Cañeque.

Volver a jugar: deporte con integración social.

Por Nicolás Cañeque, co-fundador y presidente de la ONG "Volver a jugar" (@volverajugarorg). Fundador y CEO de NTE Eventos. Postgraduado en Derecho y Management del Deporte de la Red Universitaria Internacional FIFA/CIES en la Universidad Católica (Buenos Aires, Argentina).

En Argentina como en casi todos los países de Sudamérica, las unidades penitenciarias están habitadas en su gran mayoría por personas de bajos recursos, al igual que los hogares de niños. Un dato muy llamativo es el alto nivel de analfabetismo, lo que en la mayoría de los casos genera una incapacidad para resolver situaciones de conflicto sin utilizar la agresión, ya que, en muchos casos, la violencia es el medio que conocen desde niños para comunicarse. Estos fenómenos no deseados se repiten en barrios vulnerables y colegios, como en cualquier institución que trabaje con este grupo humano.

A partir de esta problemática que se vive día a día, la ONG "Volver a jugar", implementa el deporte y actividad física en niños en situación de pobreza, como recurso principal para aportarles herramientas genuinas que les permitan, superar obstáculos en varios sentidos, a través de talleres deportivos de integración.

"Volver a jugar" tiene la plena convicción que el deporte es un excelente medio para trasmitir valores positivos y un gran canalizador para la resolución de problemas. El principal objetivo de los talleres que realizan es que los niños aprendan sobre valores y reglas, como el respecto, la inclusión y la amistad. Sobre estos pilares es que se basan todas las acciones sociales. El segundo objetivo es que aprendan a jugar al tenis de mesa de manera lúdica. Tanto el juego reglado, como el no reglado, producen una enorme catarsis de energía y aumenta significativamente la hormona de la felicidad, la dopamina.

La experiencia de campo demostró que el deporte por sí solo no educa, pero es uno de los mejores vehículos para que un niño aprenda, porque, sin darse cuenta, se está formando en algo que le atrae, el juego, de tal manera que incorpora los conceptos básicos, de manera lúdica. Para poder jugar, la condición es que se deben respetar las reglas del deporte, y si ello no ocurre, ni él ni sus compañeros pueden participar. Y es ahí donde está el canal de aprendizaje: un niño lo que más desea es jugar, y para ello, debe respetar las reglas, y al otro.

El éxito del programa "Ping pong para todos", tiene su fundamento en lo mencionado. Es llevado adelante en forma conjunta esta ONG y la empresa Almar, quienes han donado una mesa de ping pong por mes durante 12 meses a espacios de muy bajos recursos, como cárceles, hogares de niños y escuelas públicas. Un hito en la historia de este deporte, ya que nunca antes se había logrado hacer algo similar. El proyecto tuvo gran repercusión en colegios primarios, logrando bajar ostensiblemente los niveles de agresión entre los niños. La última donación realizada fue a la escuela María Guadalupe en el barrio Las Tunas en General Pacheco (Provincia de Buenos Aires, Argentina), donde asisten 578 chicos de muy bajos recursos económicos, tan solo por citar un ejemplo concreto. La actividad tuvo tanta adhesión, que "Volver a jugar" junto a los directivos de la escuela, se animaron a hacer un taller dos veces por semana.

El comienzo no fue nada fácil. Los chicos no estaban acostumbrados a jugar nenes con nenas, ni a respetar reglas. Menos aún a cuidar el material.

Es casi imposible que un niño que no ha sido cuidado ni valorado, respete o cuide. Porque en definitiva él no ha sido cuidado. La única forma de comunicarse era a través de la violencia, ya se física o verbal. Un dato llamativo es que en la escuela los últimos años se han roto bancos, pizarrones hasta paredes, pero no se han roto las mesas de ping pong.

El proyecto hoy, 2019, entró en la currícula como taller educativo, cuenta con 6 mesas Almar, ha registrado accidentes cero, bajaron los índices de agresión y ansiedad en niñas y niños, 500 menores jugando, y es la delegación más grande de tenis de mesa en el Partido de Tigre. En la actualidad se están construyendo entre padres, alumnos, docentes y voluntarios, más mesas de juego con materiales reciclados. Y su construcción ocurre en el patio del colegio. La comunidad ha adoptado el proyecto como propio. A futuro esto posibilitará que muchos niños no estén en la calle y puedan quedarse en el colegio, la institución educativa, jugando también, mientras aprenden.

Aún hoy, las mesas siguen sin sufrir actos de vandalismo, y niños y niñas juegan entre sí de manera natural y armónica. Son pequeños logros, que hacen grandes diferencias.

Columna especial de Martín Giménez Rébora.

UNICEF,
el espíritu de los embajadores deportivos

Por Martín Giménez Rébora, Responsable de Movilización de Recursos de unicef Argentina (@unicefargentina).

La Convención sobre los derechos del Niño establece, en su artículo 31, que, todas las niñas y niños, tienen el derecho "al descanso y al esparcimiento, al juego y a las actividades recreativas propias de su edad y a participar libremente en la vida cultural y en las artes". En este sentido, el deporte, la recreación y el juego no solo son derechos de los chicos que debemos garantizar, sino que tienen un impacto universal y positivo en la vida de las niñas, niños y adolescentes, ya que promueven la salud física y mental, al mismo tiempo que diversos valores y aprendizajes vinculados con el espíritu de equipo, el respeto, la capacidad de liderazgo y la colaboración.

Por eso, en UNICEF utilizamos de manera efectiva distintas estrategias, programas y actividades a través de las cuales aprovechamos el potencial del deporte y el juego para beneficiar a las chicas y los chicos.

El deporte mejora la salud y el bienestar, es clave para una educación de calidad, promueve la participación de los adolescentes, las niñas, los chicos con discapacidad, y tiene un rol clave en los programas de recuperación psicosocial que UNICEF implementa durante situaciones de emergencia. Sin embargo, aún queda mucho por hacer en temas como estrategias compartidas, coordinación de acciones, generación de recursos, y compromiso de los gobiernos, las organizaciones sociales y deportivas, no solo en lo que respecta a la práctica deportiva, sino también en temas de alimentación y hábitos de vida saludable (en la actualidad la obesidad infantil y adolescente es uno de los principales desafíos de salud pública en la Argentina) y el juego limpio. En este último aspecto, debemos prevenir que el deporte se convierta en un ámbito de disputa y conflicto, donde los adultos en vez de prevenir favorezcan este tipo de situaciones.

Este es el espíritu que nos mueve a la hora de sumar Embajadores de Buena Voluntad deportivos: trabajar juntos para que los temas vinculados al derecho al juego y a los demás derechos de los niños se conozca, respete y cumpla. Nuestros Embajadores de Buena Voluntad y las alianzas deportivas giran sobre tres ejes principales:

comunicar valores y promover los derechos de los chicos, desarrollar acciones solidarias y recaudar recursos. Son muchos los ejemplos de instituciones y asociaciones y deportistas. Para nombrar solo alguno de ellos, UNICEF mantiene alianzas con la International Cricket Council, el seleccionado de rugby neozelandés All Blacks, el club español Barcelona FC, el club inglés de fútbol Manchester United, La Dolfina Polo Club y la Fundación Marangoni. También entre sus Embajadores podemos mencionar a dos argentinos de fama mundial, como Leo Messi y Manu Ginóbili, y otros como Serena Williams, David Beckham, Pau Gasol y Donncha O'Callaghan, representantes de distintas disciplinas. Todos compartimos el anhelo de que cada día, en cada rincón del mundo, los chicos disfruten, compartan y prendar a través del juego y el deporte.

Columna especial de Pablo Matera y Jerónimo de la Fuente.

Respeto, solidaridad, liderazgo, equipo y... locura

Por Pablo Nicolás Matera (@PabloMatera) y Jerónimo de la Fuente (@JeronimoDLF).

Pablo Matera es jugador de rugby (ala, forward) y actual capitán de Los Pumas (la selección argentina de rugby, @LosPumasUAR) y jugador titular de Jaguares, la franquicia argentina del Super Rugby, de la cual fuera capitán en 2018. Jugador formado en la Asociación Alumni (Unión de Rugby de Buenos Aires, Argentina) y ex jugador del Leicester Tigers (Premiership, Inglaterra), integró los seleccionados argentinos de Los Pumitas (Sub19 y Sub20), Los Pumas Seven, Argentina XV y Los Pumas, además del Combinado Pampas XV. Debutó en Los Pumas con 19 años, y participó de los mundiales junior 2012 y 2013, y la Rugby World Cup de 2015 (4to. puesto). Junto a Jaguares finalista del Super Rugby en 2019 donde fue elegido MVP de la final. Continuará su carrera en el Stade Francais (Top14, Francia).

Jerónimo de la Fuente es jugador de rugby (centro, back) y actual capitán de Jaguares (@JaguaresARG) y jugador titular de Los Pumas. Formado en Duendes Rugby Club (Unión de Rugby de Rosario, Argentina), integró los seleccionados argentinos Sub19, Sub20, Los Pumas Seven, Argentina XV y Los Pumas, además del combinado Pampas XV. Debutó en Los Pumas con 23 años y participó del 2011, y la Rugby World Cup de 2015 (4to. puesto). En 2019 fue designado capitán de Jaguares, año en que la franquicia argentina del Super Rugby logra el hecho histórico de ser finalista de este certamen en el cuarto año de existencia del equipo.

Tenemos muchas diferencias entre nosotros. Uno es del interior del país y el otro de Buenos Aires. Uno juega de forward y otro de back. Uno debutó en Los Pumas siendo un junior y el otro ya en edad de mayores. Uno fue jugador profesional en Europa y el otro no...

"*Tenemos muchas diferencias entre nosotros*" podría ser un gran título para la prensa amarilla. Ja. Pero la verdad es que tenemos muchas cosas en común que aquellas que no hemos compartido. Tuvimos la suerte de jugar para seleccionados argentinos juveniles, en mundiales juveniles, en seven, en Pampas XV, en Argentina XV, jugar en Los Pumas y hasta jugar un mundial mayor. Uno heredó la capitanía de Jaguares de parte del otro. Y actualmente somos los capitanes de los equipos más representativos de la Unión Argentina de Rugby (UAR).

La realidad es que coincidimos bastante en el camino que cada uno hizo en este gran deporte que es el rugby. Y lo más importante es que somos jugadores-personas formadas en nuestros clubes. Donde empieza todo. Donde los valores humanos y deportivos se transmiten casi a flor de piel.

Y hablando de valores… muchas veces se habla del espíritu del rugby. Parece ya una declaración trillada. Pero es así. El rugby tiene eso que lo hace especial y es, quizás, muy difícil de comprender si no se practicó. Es un deporte de alto contacto. Golpes constantes donde se mide no solo velocidad y habilidad, sino también fuerza durante 80 minutos de lo más intenso que hay. Donde tus se da todo por tus compañeros. Y todo queda en anécdota luego del partido en el ya conocido tercer tiempo. Y esta es otra verdad. Ambos tenemos gran cantidad de amigos de nuestros clubes, en Jaguares, en Los Pumas, en otros clubes y en otros equipos, ya que es un deporte de caballeros. Sentimos mucho respeto por muchos de nuestros rivales y también somos conscientes del mismo sentimiento que ellos nos tienen a nosotros. Porque es bueno ser siempre sinceros.

Y en nosotros se da una particularidad especial: siendo uno capitán de Jaguares y el otro capitán de Los Pumas, en cierta parte del año a uno de nosotros nos honra llevar el liderazgo del equipo y al otro ser jugador que debe aceptar y apoyar a su capitán. Imaginen que un presidente de una empresa durante 6 meses toma todas las decisiones, y la segunda parte del año debe aceptar, respetar y apoyar las decisiones de su vicepresidente. O mejor aún: de un gerente. Es difícil de aceptar. Y la verdad es que no. En el rugby, no. Somos un equipo. Llevemos la camiseta negra y naranja, o la camiseta celeste y blanca. Y ambos queremos lo mejor para el equipo. Seamos capitanes, titulares, suplentes, aguateros (en general los jugadores que no son elegidos para un partido cumplen esa y otras funciones) o nos toque ver el partido desde la tribuna. Y no hay nada de demagogia en eso. Es natural.

Como este es un libro de marketing deportivo, también coincidimos entre nosotros en eso. Nuestra marca de indumentaria es Nike, y tenemos como sponsors individuales a cerveza Imperial y el laboratorio Savant. ¿Coincidencia? No: nuestro agente comercial también es el mismo, WE ARE SPORTS, cuyo director es Guillermo Ricaldoni justamente, junto con Franco Longobardi. Y nos sentimos cómodos con ellos porque son como nosotros en algún sentido: no quieren figurar, solo trabajan silenciosamente para nuestro bien, y entre todos formamos otro equipo fuera del campo de juego. Eso está bueno también.

¿Por qué la palabra "locura" en el título? Es una palabra que usamos mucho en Jaguares como una muy buena idea de la UAR. Hace cinco años era una locura pensar en un equipo argentino participando del Super Rugby, la competencia de rugby más dura del mundo integrada por equipos de Nueva Zelanda, Sudáfrica y Australia (también se sumó un equipo de Japón). Hace poco tiempo era una locura pensar en ganar de visitante. Había que estar realmente loco para imaginarse clasificar a los playoffs del Super Rugby. ¿Jugar una semifinal? Extremadamente loco. Pero imaginarse en una final siendo protagonistas era una loca locura de un loco. Bueno... en 2019 la jugamos. ¿Nosotros dos? No. Todo el equipo. Y cuando hablamos de equipo excede a los jugadores. Hablamos de staff y dirigentes. Y colaboradores. Y nuestras familias. ¿Estamos locos? Por supuesto. También se necesita de eso para soñar en grande y llegar a donde nunca se había llegado.

Columna especial de Mariano Rodríguez Giesso.

La identidad y el respeto a través de la indumentaria del deportista

Por Mariano Rodríguez Giesso (@mariano_ro_gie), presidente de Giesso (@giesso). presidente de la Federación Argentina de Ski y Andinismo (2014-2018) y actual bocal. Miembro del Consejo Ejecutivo del Comité Olímpico Argentino.

Cuando ya vamos llegando a pensar en la imagen de un deportista y de un equipo, es porque sabemos que, en lo esencial e importante, se llegó a un nivel altísimo de excelencia. Es decir, en lo deportivo.

Podemos, por supuesto y necesariamente, hacer una excepción a esta realidad, que está vinculada a la representatividad que el atleta o equipo tengan. Esto ocurre cuando se está representando a una entidad deportiva, región o país.

Fragmentamos, por tanto, el pensamiento, y hacemos la división considerando por un lado la importancia de la identidad y respeto que se busca lograr con la manera de vestirse fuera del ámbito de competencia, y por otro, la imagen asociada al deportista, para que no solo esté conceptualmente asociada a su estilo deportivo personal, sino también a estar alineada con lo que las marcas que lo acompañan buscan transmitir al universo que lo mira y admira.

Identidad y respeto.

Es necesario para lograr estos dos cometidos, pensar en tres variables que nos llevarán a poder decidir qué usar para identificarse: a) la edad del deportista, b) el tipo de evento o competencia a la que se asiste y c) el deporte del que se trate.

Cuanto menor es la edad, la relevancia del evento y el ámbito de competencia, es muy importante ir despojado. La simpleza debe primar. Uno no quiere sobresalir y llegar sobre vestido. Sería arrogante. Puede significar desvalorizar el entorno. Desde un simple accesorio a una prenda económica, pueden ser identificaciones sutiles y acordes para la gran mayoría de los deportistas en ocasiones de eventos en los que participan cotidianamente. Sin dudas su uso va a lograr darles identidad y respeto por el entorno y los adversarios. Y no se trata solo de ellos y su sentido de pertenencia, se trata del otro y de los terceros: espectadores, periodistas, voluntarios, familiares, organizadores y demás. Es un gran mensaje: venimos acá, sea nuestra casa, la vuestra o la de un tercero, y nos sentimos orgullosos de estar representando a quien lo hacemos. Pero cuidado; que la indumentaria que se use como identificación, de ninguna manera sea deportiva. Puede ser formal o casual, también un accesorio; pero tendrá relación con el ámbito en el que sea usada. Un buzo deportivo técnico es para mantener calientes los músculos y muy bienvenido para el precalentamiento, para estar de reserva, para entrenar. De ninguna manera para viajar, para asistir a una ceremonia o presentarse ante la comunidad. Eso es inconscientemente desvalorizante. Y la desvalorización atenta contra la integridad y el respeto.

El tipo de evento al que se asiste y el lugar donde ocurra, amerita que se contemple qué usar. Una ceremonia inaugural de un Juego Olímpico, una comida protocolar en un ámbito elegante o similares situaciones, obligan a que la vestimenta se amolde al entorno. Una reunión previa al inicio de un campeonato de niños al aire libre, requiere nada más que una identificación simple.

En tercer lugar, el tipo de deporte marca el estilo de lo que se debe usar. Un deporte como el surf, no debería elegir lo mismo que la equitación. Las licencias o deberes que imponen deportes extremos, no son idénticas a las que se deben los deportes monárquicos. No obstante, la manera de llevar una prenda o accesorio, también es parte del estilo.

Pero recordemos las bases y hablemos ahora de un deportista de elite en un evento de mucha jerarquía. Para ello, un accesorio es insuficiente para su identificación. Un completo uniforme y todos los accesorios que se necesiten, deben, sin dudas, estar pensados. Tomando por supuesto los preceptos del deporte en cuestión, nada puede estar dejado de lugar y pensado mucho más profundamente que cuando se trata de un accesorio para un grupo de chicos de 10 años que van a competir al club vecino.

Imagen

Un deportista de alto rendimiento es, desde todo punto de vista, un referente para el entorno, y, a la vez, para sí mismo; siendo él mismo su mejor publicidad.

De acuerdo al estilo que la persona u equipo tengan en su línea deportiva, será la clase de marcas que querrán asociarse a su imagen. Y, ese estilo y manera de encarar el deporte, debe tener su misma identidad en la vida. Las marcas buscan consistencia. Los rivales la respetan. El entorno lo valora.

Esto se suma a la identidad y respeto, pero está también asociado a lo económico y fundamentalmente a lo deportivo, aunque cueste creerlo.

El deportista profesional y el de alto rendimiento, son una marca en sí mismos. No solo se presentan ante el público en conferencias, viajes y presentaciones, sino que también su vida personal es observada permanentemente. Y hoy, con el poder de comunicación que posee cada individuo, publicando en redes sociales hechos que a su criterio se destacan, le dan la oportunidad al deportista para sorprender y no ser sorprendido.

Mujeres por un lado, hombres por el otro. Cada uno debe considerar su propia imagen, debe vestirse y actuar conforme al mensaje que tácitamente transmite. Y siempre, pero siempre, teniendo en cuenta su identidad. El mensaje que transmite tanto desde lo deportivo, como desde lo filosófico. Detrás de cada gran deportista hay un bagaje cultural que explota en su mensaje. Es importante que no lo traicionen nunca, es su principal legado y lo que desde lo deportivo como desde la cultura y también desde lo económico lo que más fuerza y trascendencia les va a dar.

La forma de vestirse, los ámbitos a los que concurra, los vínculos afectivos, los objetos que use, la forma en que trate a la gente, el comportamiento en público y cada detalle en él, podamos pensar que son parte de la imagen, y como tal parte del mensaje. Y ese mensaje es el que las marcas van a valorar. Las asociadas a un tipo de mensaje lo harán con un determinado deportista, y las asociadas a otro valor, lo harán con otro. Pero lo que no resignarán es que tenga consistencia en todos los aspectos. Fundamentalmente que le otorgue identidad y que siempre sea con respeto.

Capítulo #6:
Río Uruguay Seguros y el polo

"Expande tus conocimientos sin restricciones".
Mark Hume McCormack

"Haz siempre un esfuerzo total, aun cuando las probabilidades estén en tu contra".
Arnold Palmer

Capítulo #6

Posicionamiento de marca y rentabilidad a través del deporte. Reseña preliminar

Río Uruguay Seguros es una compañía aseguradora de la República Argentina que tiene su sede central en Concepción del Uruguay (ciudad fundada en 1783), en la Provincia de Entre Ríos, a casi 300 kilómetros de la ciudad de Buenos Aires, capital nacional y centro político, económico y administrativo de este país sudamericano. Para tener una noción de la ciudad de su Casa Matriz, en toda la Provincia de Entre Ríos habitan 1.235.994 personas, según el Censo 2010 del INDEC (Instituto Nacional de Estadística y Censos, de Argentina), lo que implica tan solo el 3,08% del país. La población de la ciudad de Concepción del Uruguay es de poco más de 70.000 habitantes.

El 27 de septiembre de 1958 se resuelve, por iniciativa de un grupo de hombres de empresa de Concepción del Uruguay, la creación de una cooperativa de seguros. Movió a aquellos pioneros la intención de que los capitales (que normalmente emigraban en concepto de seguros) quedaran en la región, con las ventajas que ello reportaría en lo económico-social al amplio espectro de la comunidad, defendiendo los recursos locales para su re inversión, promoviendo así la producción y generando fuentes de trabajo. También consideraron fundamental brindar un mejor servicio y un trato más equitativo para los asegurados de la zona. El 21 de diciembre de 1958 se firma el Acta Constitutiva de la futura compañía y el 18 de enero de 1963 comenzó a funcionar como entidad aseguradora Río Uruguay Cooperativa de Seguros Limitada. Ese empuje e iniciativa se reflejó de múltiples maneras en el desarrollo empresario. Claro ejemplo lo constituye la instalación, a fines de la década del 70, de un Centro de Cómputos –único en la región- con la más alta tecnología de aquel entonces, para responder con celeridad a todas las consultas e inquietudes de sus asociados como así también agilizar la emisión y entrega de pólizas. Esa tecnología siguió avanzando y Río Uruguay Seguros lo hizo al mismo ritmo, distinguiéndose por estar a la vanguardia en este aspecto.

A cinco décadas de su creación, Río Uruguay Cooperativa de Seguros Limitada nuclea a un número mayor de 120.000 asociados, diseminados fundamentalmente en las provincias argentinas de Entre Ríos, Corrientes, Misiones, Santa Fe, Chaco, Formosa, Buenos

Aires, Córdoba, Santiago del Estero, Salta, Tucumán, Jujuy, La Rioja, Mendoza, Neuquén, San Juan, Catamarca, San Luis, Río Negro, Chubut y La Pampa. Presente con 26 centros de atención, en 13 provincias y Ciudad de Buenos Aires, responden a 21 tipos diferentes de coberturas de seguros (Automóviles, Motos, Pasajeros, Accidentes Personales, Embarcaciones de placer, Hogar, Incendio de vivienda, Salud individual, Vida individual, Alquiler de inmuebles, Vida para empleados, Integral industria y comercio, Sepelio, Salud corporativos, Accidentes personales a instituciones, Drones, Integral avícola, Silo bolsa, Granizo, Transporte y Maquinaria agrícola), divididos en cuatro grandes grupos: Automotor, Individuales, Corporativos y Agropecuarios, además de Responsabilidad Civil y riesgos varios.

Según se declara en su información institucional, "hoy, Río Uruguay Cooperativa de Seguros Limitada se siente orgullosa del camino transitado y sigue reafirmando su presencia en las zonas mencionadas, ofertando a todo el núcleo poblacional de la misma, el respaldo de la seriedad que como empresa siempre ha asumido y no sólo la garantía de una situación económico-financiera estabilizada, sino también de un gran respaldo moral, que no ha abdicado de sus principios y mantiene vigentes los objetivos que llevaron a su creación".

Río Uruguay Seguros está comprometido con la comunidad y lo demuestra a través de las actividades de R.S.E. (Responsabilidad Social Empresaria), cumpliendo a su vez con el 7° principio aprobado por el Cooperativismo Mundial en Manchester en 1995, y que demuestra que las empresas no sólo son actores económicos, sino también sociales. El trabajo hacia adentro, con su capital humano, como hacia la sociedad, es muy intenso y no sólo tiene rigor científico, sino además una metodología y con ánimo de transformar, y no solamente asistir, para que la equidad social también sea parte de las obligaciones empresariales. La empresa es firmante del Pacto Global de Naciones Unidas, lo que la ratifica como una Organización Económica Solidaria, que honra sus compromisos iniciales y no sólo con expresiones de deseo, sino con realizaciones verificables en la comunidad. "Río Uruguay Cooperativa de Seguros Limitada avanza, con inquietudes e imaginación; mejorando su infraestructura; replanteando sus sistemas informáticos y de comunicaciones; encarando planes de Calidad Total, emprendiendo profundos procesos de rediseño, teniendo como meta la excelencia en el servicio", mencionan en la empresa. Asimismo, se cumple con un rol protagónico en la Asociación Argentina de Cooperativas y Mutualidades de Seguros de la República Argentina, impulsando proyectos de complementación y atención recíproca entre las instituciones asociadas y aportando, desde allí, a las políticas del sector. Río Uruguay Seguros cumple con un rol protagónico tanto en lo Gremial Empresario como en el Movimiento Cooperativo, a nivel

provincial, nacional e internacional. En su provincia fueron promotores de la constitución de la Mesa Intercooperativa de Entre Ríos, que logró, por primera vez en la historia, que todas las Federaciones existentes se conformaran en una sola organización, con objetivos comunes y, al margen de las diferencias de actividades, esté hoy con una envidiable unidad de criterios y mayor fortaleza. En lo nacional forman parte, desde casi el nacimiento de Río Uruguay, de la Asociación Argentina de Cooperativas y Mutualidades de Seguro y de la Federación Argentina de Cooperativas de Seguros, ámbitos donde se estudia y potencian las actividades y se forma opinión sensata para el mercado argentino. Desde Río Uruguay, y como representantes de esta AACMS (Asociación Argentina de Cooperativas y Mutuales de Seguros), integran ICMIF América, brazo de ICMIF, la Federación Internacional de Cooperativas y Mutuales de Seguros del mundo, lo que le permite a esta modesta empresa regional participar tanto en esos ámbitos como nutrirse de los conocimientos de los principales aspectos del seguro a nivel internacional. También se han incorporado a Fideseg, institución con fines de investigación, desde la que colabora en la promoción de estudios e investigaciones que mejorarán el aporte intelectual de argentinos que mucho pueden brindarle a esta compleja actividad. Río Uruguay Seguros es accionista de Asociart ART S.A. desde sus orígenes (1996) e intermediarios con la Red de Productores; es fundador de Stop Loss Bureau de Reaseguros S.A. (1992), teniendo primas de Reaseguros Activos por un monto muy significativo; está junto al CESVI hace más de 10 años con un sistema de gestión de siniestros Orion y capacitación de peritos inspectores y personal de Río Uruguay e integrada como el octavo socio desde el 1° de octubre de 2008. Además, es Socia Fundadora de Previsol AFJP (1994), hoy Credicoop Administradora de Fondos de Aportes Voluntarios y Depósitos Convenidos. Es la primera y única empresa aseguradora del país con certificación de calidad ISO 9001-2008 en Gestión Integral de Seguros Generales. Esto significa que todos sus procesos de Casa Central fueron certificados, al tiempo que está avanzando en la certificación de todas sus agencias, hecho que ha sido reconocido y ha merecido por ello importantes premios internacionales.

Por su parte, y según se ha mencionado antes, Río Uruguay Seguros tiene un compromiso activo y genuino con la sociedad, que, profesionalmente, posee su metodología a través de su política de Responsabilidad Social Empresaria. El presidente de la compañía, el contador Juan Carlos Lucio Godoy, declara al respecto que "la Responsabilidad Social Empresarial es el fenómeno voluntario que busca conciliar el crecimiento y la competitividad, integrando al mismo tiempo el compromiso con el desarrollo social y la mejora del medio ambiente. Compartimos con todos la Estrategia de RSE en 2018, que como todos saben tiene continuidad en el tiempo respecto a sus objetivos y metas. Este aspecto de continuidad de sus iniciativas ha sido valorado y destacado por Naciones Unidas al estudiar su caso empresario, lo que los llena de orgullo y al mismo tiempo los lleva a redoblar el compromiso ineludible con sus asegurados, colaboradores y con la sociedad toda". Este es el detalle de la estrategia integral de RSE de Río Uruguay Seguros:

1. Promoción de la accesibilidad y la inclusión social junto a sus Grupos de Interés.

a. En sinergia con Organizaciones de la Sociedad Civil: Fortalecimiento institucional (talleres, colaboraciones, asesoramiento, acompañamiento, Concurso de Proyectos Sociales en Concepción del Uruguay y ciudades vecinas), alianzas con Fundación Temaiken (accesibilidad Parque), con Cooperativa La Juanita y Fundación Julio Bocca (promoción de la inclusión social), con ASDCU (inclusión laboral).

b. Junto a las Entidades Educativas: Promoción del acceso a la educación y la inclusión social (capacitaciones sobre RSE, cooperativismo, educación vial, medioambiente, etc. en Escuelas y Universidades (UADER, UNER, UCU, UTN, Universidad Popular), enseñanza del Lenguaje de Señas en el Instituto Martín Fierro en convenio con Escuela Ponce de León en Concepción del Uruguay, Biblioteca Voces en UTN en Concepción del Uruguay, programa de becas para la Cooperativa Jirafa Azul en Concordia.

c. En alianza con Organismos Locales, Nacionales e Internacionales promoviendo la Sustentabilidad: ⍰ Membresía oro en IARSE, adhesión Pacto Global Red Argentina y mundial, adhesión a los Principios de Empoderamiento de la Mujer de la Organización de las Naciones Unidas, integrantes de COOPERAR e Integrantes de FUNDECE, proyecto conjunto con la Municipalidad de Concepción del Uruguay en la construcción de esquinas accesibles para la zona céntrica de dicha localidad como contribución a las políticas públicas locales.

d. Trabajo junto a municipios, escuelas y educadores procurando el acceso a la Educación Vial: Programa "Súper TC 2000 va a la Escuela" para alumnos en escuelas de todo el país, capacitación de CESVI en Concepción del Uruguay (Plan de Saneamiento Vial) para alumnos y docentes, charlas de OVILAM en escuelas de la provincia de Buenos Aires.

e. En vinculación permanente con medios de comunicación (transparencia, rendición de cuentas, efecto multiplicador): Gacetillas de prensa, publicaciones nacionales e internacionales, videos, canal de YouTube, página web y redes sociales (facebook, twitter, Instagram, etc.), reporte de Sustentabilidad siguiendo los lineamientos internacionales GRI y Anexo de RSE junto al Balance Económico del Ejercicio, encuestas a grupos de interés (Asociados, organizaciones de la sociedad civil), entrevistas radiales, televisivas y para medios gráficos.

f. En colaboración con entidades deportivas para estimular el deporte como actividad inclusiva e instrumento de salud física y mental que favorece al espíritu de grupo: Apoyo a deportistas adaptados, colaboración con ADISMOC en Concordia, convenios y apoyos a clubes.

g. Junto a las Unidades de Negocio y PAS: Implementación de programas de RSE para la promoción de la accesibilidad e inclusión social.

2. Buenas Prácticas en Río Uruguay Seguros: Iniciativas Internas de Equipo de Salud y ambiente laboral, Equipo RSE en Unidades de Negocio de RUS, Programa de seguimiento de nuestro Médico Asesor Dr. Martín Oliva, Equipo de Promoción de la lectura, Equipo de Medio Ambiente, Equipo de preparación para el egreso laboral, Equipo Seguridad Vial, Equipo Organizaciones de la Sociedad Civil y Equipo Capacitación y Difusión Cooperativa.

3. Compartir las buenas prácticas en diferentes ámbitos académicos y en organismos públicos/privados.

4. Certificación anual de nuestra Estrategia a través de WORLDCOB y del Sistema de Gestión de Calidad mediante la Norma ISO 9001:2008.

Río Uruguay Seguros hace públicos sus reportes vigentes e históricos de RSE y de Sustentabilidad, al tiempo que da difusión en sus medios de comunicación propios a la Memoria del Pacto Global, la Guía de Derechos Humanos y el apoyo al Pacto Mundial, y como es correspondiente, se encuentra regida e inscripta en la Superintendencia de Seguros de la Nación, organismo de control en Argentina.

¿Para qué tanta introducción? Para poner en contexto al lector sobre la distancia al principal foco económico, político y administrativo (y quizás deportivo) de Argentina, y el tamaño menor de la sociedad donde se encuentra inserta la compañía respecto de aquel epicentro nacional. Esto permitirá poder comprender y valorar aún más el caso de éxito que estamos desarrollando.

Río Uruguay Seguros y el deporte

Río Uruguay Seguros siempre ha tenido la profunda convicción y política de apoyar al deporte, tanto como en el entretenimiento, como acciones de esparcimiento, transformación social y formación de las personas. Desde su creación misma, ha apoyado a la actividad deportiva bajo dos ejes claros: generar un vínculo con la comunidad y, al mismo tiempo, contribuir al desarrollo del deporte como forma de vida sana de los habitantes.

Río Uruguay Seguros apoya a todos los deportes ya que los considera una actividad que transmite importantes valores como el respecto, la igualdad y la solidaridad. Además se ponen en juego el esfuerzo, la perseverancia, la superación, el éxito personal y colectivo. Valores que la empresa defiende para su organización desde sus orígenes.

Por otro lado, el deporte moviliza emociones y sentimientos influyendo en las actitudes y comportamientos de las personas. Promueve la amistad y el juego limpio, enseña a trabajar en equipo y aporta disciplina y respeto mutuo. En una empresa que prioriza en el capital humano de su organización, promover estos valores es fundamental.

Esto le ha permitido mantener un fuerte arraigo en cada lugar donde se encuentran sus asociados, su red comercial y sus potenciales clientes, al tiempo de contribuir a la salud y diversión de las personas. Una gran cantidad de deportes, disciplinas y categorías deportivas, a través de eventos, deportistas, instituciones y hasta líderes de opinión deportiva, ha acompañado a Río Uruguay Seguros en su crecimiento y posicionamiento, que en los últimos años se ha visto potenciado por el apoyo complementario de otras personalidades y eventos de entretenimiento.

La historia y presente del apoyo de Río Uruguay Seguros al deporte comienza de manera sistemática con el deporte motor en la Argentina. El automovilismo, además, involucra gran cantidad de diferentes coberturas directas representativas como automóviles, integral de industria y comercio (los lugares donde se preparan los motores de los autos de carrera), salud, accidentes a pasajeros (los integrantes del staff deben trasladarse ante cada circuito). Y hay que decirlo: por ser un deporte de riesgo, accidentes personales, vida y sepelio. A su vez, existen los seguros indirectos como moto (siempre alguien del equipo se mueve en las ciudades en ella), hogar (donde viven los integrantes de los teams), salud, vida, accidentes personales, incendio y hasta drones de las agencias que filman para registrar los eventos, entre tantos otros. Hace más de 20 años que Río Uruguay Seguros entendió que el apoyo al deporte, en este caso, involucraba mucho más que un patrocinio deportivo. A su vez, comenzó a realizar sponsorship en las categorías más variadas, pero siempre contemplaba que los seguros de ese team, auto de carrera y el piloto, debían ser asegurados en la compañía, y parte del patrocinio regresaría a la compañía a través de pólizas de seguro que generaría ingresos genuinos, tanto como un incremento de los principales indicadores de la industria aseguradora, como ser patrimoniales, sumas aseguradas, pólizas emitidas, cantidad de clientes y demás, si bien con escasa siniestralidad por ser un deporte que año tras año posee mayores controles y reglamentaciones en materia de seguridad.

El automovilismo es la actividad deportiva, en sentido amplio, donde Río Uruguay Seguros se encuentra con mayor historia y presente respecto a diferentes categorías, equipos, escuderías, pilotos y competencias. Gracias al apoyo y el nivel de involucramiento y seriedad profesional, sumado al servicio y calidad de las personas que llevan adelante esa relación, los equipos y eventos de automovilismo en los que la compañía ha estado presente han mantenido la relación que se afianzó con el correr de los tiempos, generando vínculos sólidos y duraderos para beneficio de todos.

La relación más concreta de la marca con el deporte motor comenzó en 1998 junto al Turismo Carretera y el Top Race, si bien desde tiempo antes ya apoyaba diferentes categorías zonales y locales en el país. En la actualidad se encuentra presente en Super TC 2000, TC 2000, Turismo Carretera, TC Mouras, TC Pista, Top Race, Rally Argentino, Rally Misionero, Rally Entrerriano, Turismo Nacional, Stop Car, CARX Rally Cross, Porsche GT3 Cup Trophy Argentina, además de otras competencias y categorías menores locales, regionales y nacionales. Sin dudas que su vínculo con la ACTC (Asociación de Corredores de Turismo Carretera, de Argentina), es un property del que tanto Río Uruguay Seguros como la institución madre del automovilismo argentino se sienten orgullosos y genera oportunidades y apoyos, además de mesas de trabajo conjuntas buscando la sinergia exacta que potencie las actividades de cada uno. De hecho, en el autódromo de Concepción del Uruguay, se disputan el Gran Premio Río Uruguay Seguros en Rally Cross, Turismo Nacional, TC Pista y Turismo Carretera, entre otros, lo que genera claramente un branding a nivel nacional, activaciones atractivas y fuerte arraigo, sentido de pertenencia e identificación con la comunidad local donde la marca aseguradora posee su Sede Central.

Río Uruguay Seguros y el polo

Para 2015, WE ARE SPORTS realizó un relevamiento de sport marketing en el mercado argentino que involucraba a deportistas, eventos, federaciones y sus respectivos patrocinios, comunicaciones y utilización de redes sociales. En ese estudio se observaba, entre otras cuestiones, las categorías y rubros de actividad de marcas, según su inversión en sponsorship deportivo, divididos por cada disciplina.

De esta forma, a nivel federaciones y eventos se observaba que la Asociación del Fútbol Argentino y por ende la selección argentina de fútbol, poseían el patrocinio de Sancor Seguros; el rugby tenía una gran relación entre QBE Seguros (actualmente ZURICH) y la Unión Argentina de Rugby y la Unión de Rugby de Buenos Aires, mientras que ZURICH en golf estaba presente gracias a su relación con el PGA TOUR Latinoamérica, con el cual habían creado el Zurich Argentina Swing (sistema de puntos de los cuatro campeonatos argentinos de este tour) y su injerencia en el VISA Open de Argentina (el Abierto de golf de la República Argentina) junto a la Asociación Argentina de Golf como organizador. El Grupo Asegurador La Segunda estaba junto a la Confederación Argentina de Básquetbol, su selección y su principal estrella, Emanuel Ginóbili, mientras que la Liga Nacional de Básquet (Asociación de Clubes de Básquetbol) se había aliado con Sancor Seguros. La Asociación Argentina de Tenis, por su parte, poseía cobertura médica con Omint que también cuenta con su división de seguros, si bien el ATP de Buenos Aires (Argentina Open de Tenis) contaba con ZURICH como patrocinador. La ACTC, como se mencionó, tenía un fuerte vínculo con Río Uruguay Seguros, mientras que la Federación de Voleibol Argentino poseía con la empresa un vínculo menor. De los deportes de mayor exposición, comunicación, visibilidad y oportunidad de sport business, solo estaban sin acuerdos de negocio y patrocinio con compañías aseguradoras el hockey sobre césped, el hándbol y el polo. Existían oportunidades. Solo era necesario visualizarlas y tener la firme convicción de aprovecharlas.

No fue este estudio el que observó la compañía. Fue la convicción y la clara decisión de su presidente, Juan Carlos Lucio Godoy, apoyado por la visión y oportunismo de Julio Barbero, un polista aficionado y asesor y productor de Río Uruguay Seguros. Había un escenario posible para instaurar la marca en el polo argentino (el mejor polo del mundo) a través del patrocinio, además de la generación de ingresos a través de exclusividades de coberturas directas y también indirectas, por la trascendencia en el mundo corporativo de jugadores de bajo, mediano y alto hándicap, amén de ser un deporte con arraigo en el campo y fundamentalmente en el interior del país, tal como lo es la compañía. Hablarían el mismo idioma, generándose beneficios mutuamente.

La primera incursión de Río Uruguay Seguros en el polo había sido en 2011 como sponsor del club, el calendario anual de torneos y del equipo de polo La Aguada, el equipo de la familia Novillo Astrada, ganador de lo más prestigioso del mundo: la Triple Corona de alto hándicap de Argentina, que conforman los abiertos de Tortugas Country Club, Hurlingham Club y el Argentino de Polo en 2003. Había sido una excelente primera acción que no se detuvo en el tiempo y de hecho continúa en 2019.

Así fue que, a fines de abril y principios de mayo de 2017, fue sponsor de la Copa de las Naciones y de la selección argentina de polo, participante en el certamen, generando su primer acuerdo formal con la Asociación Argentina de Polo (AAP), la entidad madre de este deporte en el país. En ese equipo actuaba como capitán ni más ni menos que Adolfo Cambiaso (h), quizás el mejor jugador de polo de la historia, junto a sus jóvenes sobrinos Bartolomé y Camilo Castagnola, completando Juan Martín Zubía el cuarteto que se coronó campeón ante Uruguay. Durante ese evento, además, se disputó el Cuadrangular de Menores (Argentina, Chile, Uruguay y Colombia) y el Test Match Femenino entre Argentina y Estados Unidos por la Copa Sunset "Sunny" Hale, la formidable jugadora norteamericana que había fallecido recientemente. En su primera incursión en el polo formal institucional, Río Uruguay Seguros ya estaba presente junto a diferentes públicos (mayores, menores, masculino, femenino), con una misma acción y comenzando a adquirir un posicionamiento de marca notable con tan solo una acción. Eran épocas de elecciones en la AAP, y ese acuerdo fue logrado con el presidente de aquel entonces, Francisco Dorignac. En ese mismo momento (el 1 de mayo de 2017) se estaba desarrollando una exhibición por los 100 años de Tucumán Polo Club, en la cual participaban los dos mejores jugadores del mundo como son Adolfo Cambiaso (h) y Facundo Pieres, junto a Juan Ruiz Guiñazú y Eduardo Novillo Astrada (h). La exhibición convocó a más de 3.500 personas en las afueras de la ciudad de San Miguel Tucumán, en el norte argentino, y fue organizada por la Asociación Argentina de Jugadores de Polo, que apoyaba una lista diferente a la oficial, y Novillo Astrada era su candidato a presidente. Río Uruguay Seguros seguía adelante con su convencimiento que el polo era el nuevo lugar para su marca, y a través de un trabajo profesional lograba insertarse lentamente, pero a paso firme, en cada actividad de este deporte de caballos, tacos y bochas.

Pero no fue hasta agosto de 2017 que firmaría su primer acuerdo de extensión en el tiempo con la Asociación Argentina de Polo. En esa fecha, Río Uruguay Seguros se convierte en la aseguradora de la Asociación Argentina de Polo y del Abierto Argentino de Polo (el Abierto de Palermo, como se lo conoce comúnmente), generando beneficios cruzados de branding, publicidad, relaciones públicas, activación en eventos, presencia en redes sociales, ticketing, acciones promocionales y relaciones públicas por un lado, y exclusividad para tener matching right en las coberturas de seguros asociadas de manera directa e indirecta, al ser la compañía de seguros del polo argentino, donde equipos, staff, petiseros, proveedores, personal y agencias de los eventos serían presentados por la AAP a Río Uruguay Seguros en sus eventos y actividades, generando confianza y garantía en los potenciales asegurados.

Gracias a la inserción de manera formal y oficial de la marca en el polo grande de la Argentina, a través de la institución más prestigiosa de este deporte a nivel global, y el campeonato más importante del mundo, en los meses siguientes lograron acuerdos de patrocinio (y generación cruzada de emisión de pólizas de cobertura) con la Asociación Argentina de Criadores de Caballos de Polo (AACCP) y con la Asociación Argentina de Jugadores de Polo (AAJP). En el caso de los primeros, ante cada torneo y evento, la AACCP, premia al mejor ejemplar equino (muchas veces ante cada partido también), con la famosa manta de la institución, que a partir de ese momento llevaría el logo de Río Uruguay Seguros, lo que le garantizaría una asociación mayor entre la marca y la industria del polo, con una frecuencia constante y en todos los rincones de la Argentina donde se jugara al polo. Al mismo tiempo, la AAJP le daría el prestigio y segmentación necesarios, ya que el polo no solo es practicado por los cracks de alto hándicap, sino que existen torneos de alto, mediano y bajo hándicap, tanto masculinos, como femeninos y mixtos, lo que le daría exposición de marca a todo nivel, y un nivel de relaciones y contactos necesarios para aquellos jugadores y sus clubes, tanto para los empresarios que, si bien tienen un nivel bajo, poseen una potencialidad de coberturas de seguros altísima. El escenario estaba dado y Río Uruguay Seguros había decidido que el polo era el lugar oportuno para el posicionamiento de marca, pero generando rentabilidad a través de las pólizas que estaba provocando en paralelo. Sport business puro y genuino.

Pero el andar de RUS, tal como hizo su abstracción de marca hace unos años, no se detuvo ahí. En ese 2017 logró ser sponsor y aseguradora oficial del Abierto de polo de San Jorge, el Abierto de polo del Jockey Club (de San Isidro), además del campeonato Abierto Argentino de Polo. Los otros dos torneos grandes poseían ya una compañía de seguros. Eran los casos del Abierto de Tortugas CC con Sancor

Seguros y del Hurlingham Open con QBE Seguros. A nivel equipos de alto hándicap y sus clubes, RUS logra acuerdos de sponsorship con Martindale Country Club (un prestigioso club de las afueras de Buenos Aires), Chapaleufú (el famoso club de la familia Heguy) y Ellerstina (el multiganador team de la familia Pieres), además de mantener su relación con La Aguada y La Aguada Las Monjitas, el segundo equipo de la familia Novillo Astrada este último.

En 2018 no se detendría su marcha. A principios de año realiza un nuevo acuerdo institucional con la AAP, dando su naming al "Circuito RUS de polo del interior", lo que le permitía a la Asociación Argentina de Polo generar un apoyo a los clubes de todo el país, y a Río Uruguay Seguros garantizarse una presencia y cobertura nacional. Más en el target imposible, ya que RUS, con origen y Casa Matriz en el interior de la Argentina, podría lograr satisfacer las necesidades de nuevos asegurados con su red comercial ya extendida a nivel país. El acuerdo institucional como la marca de la AAP y del Abierto Argentino de Polo continuaría, tanto como con la AACCP, la AAJP, Martindale Country Club, La Aguada Polo Team y Polo Club, Ellerstina Polo Team y Polo Club, y se sumarían los equipos top clasificados al Abierto Argentino de Polo como La Ensenada y La Albertina Abu Dhabi. Por otro lado, RUS pasaría a ser presenting sponsor del Abierto de Polo del Club Hípico Militar San Jorge y sus dos eventos: el Trofeo Duque de Edimburgo y la Copa Coronel Francisco Reyes Carrere. Y, tal como dijo el golfista profesional sudafricano Gary Player, "cuanto más entreno, más suerte tengo": a la suerte hay que acompañarla con trabajo y dedicación. En 2018, Hurlingham Club se unió a la Asociación Argentina de Polo para organizar y comercializar el abierto de polo del club, el más antiguo del mundo, y el segundo en importancia a nivel global. Así fue como la AAP contactó a las marcas que apoyaban a la institución y al Abierto Argentino de Polo. Fue Río Uruguay Seguros quien levantó la mano, por lo que ese año se denominó el "125° Abierto de Polo RUS del Hurlingham Club". En menos de dos años, la compañía aseguradora oriunda de Concepción del Uruguay se convertiría en sponsor de cuatro de los cinco torneos más importantes de Argentina, siendo además que en uno de ellos sería presenting sponsor y en otro, el de mayor tradición, title sponsor. Río Uruguay Seguros estaba cumpliendo sus metas de posicionamiento en un deporte que le daría un reconocimiento tal, que impactaría positivamente en su plan de negocios, valor de marca y en el resto de sus actividades.

Gracias a ser la aseguradora de la Asociación Argentina de Polo para su programa de patrocinio anual institucional, y al mismo tiempo del "Circuito RUS de polo del interior", la marca ha estado presente con branding, publicidad y también activación promocional en diferentes torneos y clubes de relevancia como ser el Campeonato Argentino del Interior con Handicap (CAIH) en Tapia, Tucumán, en 2018 y Ascochinga, Córdoba, en 2019, en su versión tradicional masculina; mientras que hizo historia ya que esta última sede y año se disputó por primera vez el CAIH Femenino. En todos estos campeonatos de 2019, RUS poseía el logo en la camiseta de todos los equipos por ser el Title Sponsor: CAIH RUS. Adicionalmente estuvo presente en los torneos denominados Cámara de Diputados, la Copa República Argentina, los Campeonatos Metropolitanos, el Torneo Nacional de Menores, el intercolegial de polo por la Copa Santa Paula, la ESPN Evolution Cup, que sirvió como escenario de prueba de nuevas reglas, y los torneos femeninos, entre otros, además de los torneos del interior en Coronel Suárez, Lobos, Salta, Córdoba, Rosario, Entre Ríos, Tucumán y otras tantas localidades de la Argentina. De la mano de la AAP también tuvo destacada presencia en el stand de la institución en la Exposición de Ganadería, Agricultura e Industria Nacional, que se realiza en los meses de julio y agosto en la Ciudad de Buenos Aires, y va por su 133 edición, convocando anualmente a más de un millón de personas. Del mismo modo, RUS estuvo presente junto a la Asociación Argentina de Polo en la ExpoPolo en su predio de la localidad de Pilar (Provincia de Buenos Aires) donde hubo más de 50 expositores y fue declarada de interés por el Ministerio de Agroindustria de la Nación Argentina, y en la exposición sectorial Nuestros Caballos. Nuevamente es necesario decirlo: todo ello, sin inversión adicional al valor del patrocinio comprometido.

Río Uruguay Seguros, además, patrocina el Argentina Polo Tour, cuya misión es promocionar el polo en Argentina, definir caballos y darles la posibilidad a nuevos talentos a participar en torneos con extranjeros y jugadores de alto hándicap; así como la Copa Potrillos y Potrillitos, que es un tradicional y convocante torneo de menores del Club de Polo Los Indios, donde participan muchos de los hijos de famosos polistas.

Solo por el hecho de patrocinar el equipo y club de polo de la familia Novillo Astrada, La Aguada, RUS posee presencia en un nutrido, variado y segmentado (en su target), calendario anual de torneos, donde mantiene contactos y posibilidad de relaciones comerciales con jugadores, clubes, público y familiares. Algunos de ellos son la Copa Novillitos (menores), La Aguada Torneo Amateur (principalmente empresarios polistas de bajo hándicap), la Copa Julio Novillo Astrada (22 goles, alto hándicap), La Aguada Cowdray Park Polo Trophy (16 goles, mediano hándicap, con patrones en los equipos), la Copa Primavera (14 goles, con patrones en los equipos), La Aguada Guards Polo Trophy (16 goles, en asociación con el club de polo de la Reina de Inglaterra) y La Aguada Ladies Cup (femenina). De igual modo, por estar presente con Ellerstina Polo Team & Ellerstina Club de Polo, Río Uruguay Seguros mantiene presencia en Ellerstina Ladies Cup (femenino), Ellerstina Copa de Oro (18 a 22 goles con un patrón y tres profesionales), Ellerstina Copa de Plata (hasta 16 goles con un patrón y tres profesionales) y Ellerstina Copa de Bronce (10 a 12 goles). Excelente forma de amplificar el patrocinio, su oferta y su público objetivo de manera efectiva, eficaz y eficiente.

¿Cómo lograr comunicación de tanta inversión en patrocinios? De manera creativa. Y efectiva. Pero... ¿cómo? La inversión en patrocinios deportivos de Río Uruguay Seguros, específicamente en polo, fue acompañada por una inteligente cobertura de diferentes medios de comunicación. Tal inversión fue realizada con costos muy bajos, ya que se centró principalmente en medios digitales y redes sociales del sector. RUS, además, obtuvo repercusión y earning media por el solo hecho de estar presente en las principales actividades de polo, ya sea en eventos (grandes, medianos y chicos), instituciones principales, equipos de alto hándicap y clubes de polo. ¿Cómo es esto? Al ser sponsor de la Asociación Argentina de Polo, RUS tenía cobertura y presencia en media en el newsletter digital que tiene una frecuencia diaria, dirigido al mundo del polo (jugadores, clubes e instituciones), otros medios de prensa, demás sponsors de la AAP, embajadas, hoteles, entes gubernamentales y demás. Por otra parte, tenía presencia de branding (y notas periodísticas relacionadas) en la web oficial de la AAP, de la Asociación Argentina de Criadores de Caballos de Polo (AACP) y de la Asociación Argentina de Jugadores de Polo (AAJP). A su vez, la Asociación Argentina de Polo publica semestralmente la revista oficial Centauros (física y digital), con todo el acontecer de los torneos del calendario oficial y de clubes, además de contar RUS con publicidad. Por otra parte, la AACCP imprime, para los torneos más grandes y tradicionales, su revista con las listas de los caballos de los equipos que participan en los mismos, con pauta publicitaria de RUS. A fin de año el anuario muestra la misma presencia, pero con el adicional que todas las fotos de los ejemplares premiados en torneos y eventos tienen la manta ya mencionada, y en todos ellos figura el logo de Río Uruguay Seguros que lo vincula y fortalece la relación. Y por último, mencionar que la Asociación Argentina de Polo viene realizando un gran trabajo de cobertura, presencia y publicidad en redes sociales (Instagram, facebook y twitter), tanto en su torneo emblema, el Abierto Argentino de Polo HSBC, como en el resto de los torneos en el Campo Argentino de Polo, Pilar, el Gran Buenos Aires, el interior de la Argentina y la presencia internacional de sus selecciones argentinas, todo ello tanto en menores como mayores, masculino, femenino y mixto, bajo, mediano y alto hándicap; al igual que una completa pauta de publicidad en el diario LA NACIÓN (media partner de la AAP hace más de 20 años), en carteles de vía pública (carteles espectaculares, transiluminados, paradas de colectivos, puestos de diarios y revistas, lunetas traseras de colectivos y más), en los cuales siempre al pie están presentes los sponsors de cada torneo, incluyendo el de Río Uruguay Seguros, por supuesto. Ah, y todo esto se complementa formalmente con el logo y publicidad en el programa oficial de cada uno de los torneos que RUS auspicia. Todo ello, sin inversión adicional que fue negociado como beneficio de patrocinio en el fee inicial. ¿Cuáles fueron las métricas? Más de 500 posteos anuales, más de 90.000 likes, 420.546 reproducciones, 1.060.293 impresiones y 763.583 de alcance estimado, lo que implicó un crecimiento de 2017 a 2018 de 26% en impresiones, 11% en likes y 26% de alcance de Instagram, con una demografía de 39% de mujeres y 61% de hombres, 21% de la Ciudad de Buenos Aires y el Gran Buenos Aires, 50% de Argentina (10% de Estados Unidos, 3% del Reino Unido, 2% de Brasil y 1% de México, como más destacados), 87% entre 18 y 54 años y siendo los miércoles el día de mayor visita, los lunes y jueves de mayor interacción, mientras que los domingos y lunes fueron los días en los que nuevos followers lo descubrieron por primera vez.

De esta forma se mantiene presencia, branding y publicidad. Pero, ¿cómo hacer para poder generar contenido de tantas acciones, en diferentes lugares, de segmentos y lugares diferentes? RUS creó su propio canal. ¿Cómo? Para potenciar su estrategia y plan de sponsorship en el polo, Río Uruguay Seguros creó un canal de comunicación propio en Instagram: @ruspolotv cuyo nombre pasó a ser RUSdeportesTV. Esta cuenta posee contenido propio de la marca, específicamente de polo, y al mismo tiempo, replica las acciones de la marca en otros deportes, donde intervengan integrantes líderes de opinión del polo (periodistas, influencers, dirigentes y jugadores). A su vez, la cuenta está direccionada con su perfil en twitter (@RUSpoloTV). De esta manera, Río Uruguay Seguros produce contenido propio para mantener el control del lenguaje, contenido y estilo de comunicación de la marca, al tiempo que establece un contacto directo, cercano y fluido con el mundo del polo, sus patrocinados, sus seguidores (los del polo y los de la empresa aseguradora en general) y los clientes asociados de todo el país, generando engagement con cada uno de ellos a través de material dinámico y entretenido. Aprovechando sus patrocinios, RUS Polo TV fue transmitiendo contenido de polo y marca, en cada lugar, con diferentes conductores como la modelo y conductora Jéssica Toscanini y los periodistas especializados Manuel Pereyra Iraola y Federico Levy. Más aún: en el Abierto Argentino de Polo armó un set de entrevistas especiales de RUS junto al stand corporativo de dos niveles con vista a la cancha N° 2 del Campo Argentino de Polo, por el que pasaron el presidente de la compañía Juan Carlos Lucio Godoy, la conductora Teté Coustarot, el tenista y piloto de rally David Nalbandian, los polistas de alto hándicap Eduardo "Ruso" Heguy y Alejandro Novillo Astrada, el ex piloto de automovilismo Osvaldo "Cocho" López, el ex jugador del seleccionado argentino de rugby Serafín Dengra y el periodista y conductor Juan Manuel "Rifle" Varela, entre muchos otros, jugadores de polo, celebridades y comunicadores. Una gran iniciativa, creativa, de bajo costo y alta repercusión en medios digitales y redes sociales.

Bajo una idea original de Julio Barbero, la empresa mundial en contenido, Discovery, produjo y emitió 6 capítulos de la miniserie "Polo Herencia de Gloria by RUS", con contenido sobre la historia del polo, las diferentes provincias del país a raíz de lo federal de este deporte, los jugadores de alto hándicap, las nuevas generaciones, la industria del polo y sobre la Asociación Argentina de Polo y el Abierto Argentino. Fue emitida por la señal de cable Discovery Channel en su señal para América Latina y también en el canal de aire argentino TELEFÉ, logrando un rating y una penetración inéditos. Tuvo el apoyo institucional de la Asociación Argentina de Polo, la Asociación Argentina de Jugadores de Polo y la Asociación Argentina de Criadores de Caballos de Polo. En su faceta comercial, a través de PNT (Publicidad No Tradicional, inserta en la artística de los diferentes episodios de la serie), invirtieron el banco global HSBC, la cerveza Stella Artois y la marca argentina de indumentaria Cardón. La serie fue presentada por Río Uruguay Seguros, por lo que el nombre de cada capítulo llevaba el nombre y logo RUS, al tiempo que tuvo su Avant premiere exclusiva en el cine Village Recoleta el 12 de noviembre de 2018, con la presencia de polistas, celebridades y empresarios, además de una gran cobertura de medios. "La idea es contar la historia del polo en Argentina mechando con cosas de la actualidad. Mostrar el deporte que, en algunos casos, tiene familias con cuatro generaciones de jugadores. Y difundir también que el polo es una fábrica sin humo, con todos los integrantes del ambiente. Los que estamos dentro sabemos que hay jugadores, domadores, veterinarios, petiseros, herreros, pilotos, managers y mucha gente más trabajando alrededor. Los que están afuera del polo no lo saben, y por eso queremos contar y mostrarles todo esto", comentó Julio Barbero a ClickPolo. A nivel de resultados, la serie "Polo Herencia de Gloria by RUS", tuvo un share (porcentaje de TV encendidas) en hogares del 38% en su horario, mientras que el segundo recién logró 28%. El share por target fue de 60% en menores de 12 años, 46,60% en niños y niñas de 13 a 19 años, 49,60% en mujeres de 20 a 49 años, 37,20% en hombres de 20 a 49 años, 34,10% en mujeres mayores de 50 años y de 29,10% en hombres mayores a 50 años. El reach en hogares fue de 9,6%, un 75% más que su siguiente competidor (El Trece: 5,5%). El share por emisión tuvo un piso de 32%, ascendiendo a 32,5%, 36,8%, 38,6% y logrando un pico máximo de 49,7% en su cuarto episodio emitido. A nivel rating superó por 38,40% a su siguiente competidor en la franja (El Trece), un alcance de 1.700.000 personas y una audiencia promedio de 230.000 personas. Fue número 1 en su franja horaria con 4,3 puntos de rating

en hogares y share promedio de 38%, superó al segundo canal en 38% (+1.2pp en rating y +10.5pp en share), mejoró la performance de la franja (vs. cuatro domingos previos) en +0.6 Rat.HH (+14.7%) y +1.6pp Shr.HH, muy buenos valores de reach (9,6%) y fidelidad (44,9%), en targets lideró en todos los individuos de 4 a 49 años y en las mujeres mayores de 50 años, y, a excepción de un empate casi técnico en el primer capítulo, lideró el resto de los otros cinco episodios. Todos estos datos tienen como fuente Kantar Ibope, MW Buenos Aires 2018. Un verdadero éxito rotundo de taquilla. Una apuesta de riesgo exitosa. Pero el que no arriesga, no gana.

Estos son algunos indicadores para entender el impacto de los patrocinios deportivos en los que la marca RUS ha estado presente, concretamente en el polo durante los grandes eventos, considerando métricas de los eventos por parte de los organizadores:

124° Abierto Argentino de Polo HSBC (2017)

- 65.000 personas concurrieron a las 11 fechas del (+31% respecto al año anterior).
- 61 horas de programación únicas en vivo por ESPN para Argentina y el mundo.
- #POLOxESPN fue Trending Topic número 1 en Argentina y en Buenos Aires durante la final, el sábado 2 de diciembre de 2017.
- 1.200.000 impresiones en twitter (39 días).
- 1.700.000 impresiones en Instagram.
- 71.000 likes en posteos de Instagram.
- 5.300 interacciones en posteos de Instagram.
- 1.200.000 alcance de posteos en Instagram.
- 1.400.000 de rate de influencers contratados por AAP (OTS: Opportunity To See).
- 250.000 de engagement total (Total de personas que interactuaron con posteos).
- 9.200.000 impresiones en facebook.
- 3.300.000 de "ME GUSTA" en facebook.
- 1.800 de nuevos "ME GUSTA" en facebook.
- 5.700.000 de alcance total en facebook.
- 140.000 sesiones iniciadas en el website.

- 80.000 usuarios conectados en el website.
- 330.000 de visitas en el website.
- 2,25 páginas por sesión en el website.
- 46% de nuevas sesiones en el website.

125° Abierto Argentino de Polo HSBC (2018)

- 57.000 personas asistieron al evento (menor cantidad de partidos en fines de semana).
- 61 horas de programación únicas en vivo por ESPN para Argentina y el mundo.
- 1.650.000 impresiones en twitter (+20%).
- 140.000 likes en twitter.
- 3.000 retweets.
- 3.200 respuestas en twitter.
- 2.800 clicks en enlaces de twitter.
- 26.743 impresiones tuvo el tweet de mayor impacto.
- 4.700.000 impresiones en Instagram (+240%).
- 7.200 personas que visualizan las stories de Instagram, en promedio.
- 8.000.000 de alcance en facebook (+60%).
- 22.000 visitas en facebook.
- 1.000 reproducciones de videos en facebook, en promedio.
- 84.000 likes en Instagram (+15%).
- 2.200 comentarios en Instagram.
- 12.000 interacciones Instagram.
- 1.700.000 personas, el alcance en Instagram (+30%).
- 34.050 impresiones tuvo el posteo #1 en esta métrica de Instagram.
- 2.010 likes tuvo el posteo #1 en esta métrica de Instagram.

125° Abierto de Polo RUS del Hurlingham Club (2018)

- 15.000 personas asistieron al evento en las sedes AAP Pilar y Hurlingham Club.
- 700.000 impresiones en twitter.
- 530.000 impresiones en Instagram.
- 5.700 personas /cuentas que ven las stories por día.
- 28.000 likes en Instagram.
- 2.300 interacciones en Instagram.
- 530.000 impresiones en Instagram.
- 820.000 de alcance en Instagram.
- 2.100 likes, el posteo con mayor cantidad en Instagram.
- 32.000 impresiones, el posteo con mayor cantidad en Instagram.
- 22.000 de alcance, el posteo con mayor cantidad en Instagram.
- 3.200.000 el alcance en facebook.
- 4.700 visitantes en facebook.
- 1.000 reproducciones de videos en facebook en promedio.

Por último, cabe mencionar los valores generales de inversión y resultados de 2018. Río Uruguay Seguros supo negociar el valor de cada uno de los patrocinios, obtención de mayores beneficios inclusivo, por lo que logró un ahorro de costos de $18.400.000 considerando los valores de mercado de las propuestas comerciales, tomando en cuenta el Abierto Argentino de Polo, la Asociación Argentina de Polo, la Exposición Rural, el Abierto de Hurlingham Club y el Abierto del Jockey Club. Por otra parte, la exposición de marca y repercusión en media, solo contemplando la pauta en medios gráficos, televisión, streaming, redes sociales, Internet y vía pública, valorizado a precios de mercado con descuentos habituales de agencia fue de $14.800.000. Por último, se consideran los ingresos genuinos generados por el área comercial de Río Uruguay Seguros, respecto de ventas (primas por pólizas de seguros emitidas), las que generaron $13.000.000 anuales (sin considerar las renovaciones asociadas), que son atribuibles de manera directa a nuevos clientes y asociados como consecuencia del sponsorship en este deporte. Las cuentas son concretas y las matemáticas objetivas ya que, tras una inversión de fee en patrocinios de polo por $20.000.000, el beneficio en ingresos efectivos, valor de imagen de marca y repercusión en medios alcanzó los $26.200.000. Una oportunidad analizada. Una visión. Una firme decisión. Gestión activa. Negociación win-win para las partes involucradas. Pensamiento amplio para obtención de beneficios adicionales de imagen y publicidad. Y una fuerza comercial detrás para ir generando las ventas necesarias como consecuencia del nuevo posicionamiento y mayor relacionamiento.

El involucramiento de RUS en el polo ha sido total. Se sumergió en el polo a todo nivel estructural, de alcance nacional y cobertura global (a través de la transmisión y retransmisión de varios de los eventos que patrocinó). El nivel de reconocimiento de RUS como marca asociada al polo fue de 100% sobre la base de 1.108 casos encuestados durante el Abierto de Palermo 2018, el evento deportivo más importante de la Argentina y del mejor en polo a nivel mundial. El 98,7% de las personas encuestadas calificó como "muy importante para el apoyo, desarrollo y profesionalización del polo", la presencia de Río Uruguay Seguros en los diferentes estamentos de este deporte.

Presente, futuro y conclusiones finales

No es menor el comentario que Río Uruguay Seguros está presente en gran cantidad de deportes, en eventos de todo tipo y tamaño, en todos los rincones de Argentina como alcance geográfico en sentido federal, como ser fútbol de salón, natación de aguas abiertas, rugby (el prestigioso Club Champagnat, entre otros), hockey sobre césped femenino (Champagnat y otros del interior), taekwondo, yachting (la regata ROLEX Circuito Atlántico Sur de Buenos Aires a Punta del Este en Uruguay y otras carreras), rural bike, running y maratones, tenis, básquet, ski, vóley, pato y la carrera histórica de las 500 Millas de autos clásicos y antiguos, además de fiestas del deporte, charlas de periodismo y conferencias sobre deportes y vida sana.

Del 6 al 18 de octubre de 2018 se desarrollaron los Juegos Olímpicos de la Juventud Buenos Aires 2018. Un evento de gran trascendencia para la Argentina ya que, hasta la fecha, ha sido el único evento olímpico recibido en este país. Río Uruguay Seguros no solo fue sponsor y la aseguradora oficial de los Youth Olympic Games 2018, sino que además, con la automotriz TOYOTA, apareció como una de las dos marcas responsables del recorrido de la antorcha olímpica por todos los rincones de la República Argentina. Fueron 14.000 kilómetros que incluyeron 15 provincias (además de la capital nacional y el continente antártico), considerando las ciudades de Buenos Aires, La Plata, Paraná, Puerto Iguazú, Corrientes, Jujuy, Salta, Tucumán, Catamarca, La Rioja, Córdoba, San Juan, Mendoza, Neuquén, Bariloche, Ushuaia (la ciudad más austral del mundo) y la Base Marambio en el sector argentino de la Antártida, además de Concepción del Uruguay, sede de la Casa Matriz de Río Uruguay Seguros, por supuesto. Visibilidad, extensión, federalismo, patrocinio deportivo y prestigio. Todo en uno.

Por su parte, el 1 de julio de 2016 RUS estrenó su patrocinio con el Club Atlético Boca Juniors (Argentina) en otro de sus casos creativos. Más allá del sponsorship tradicional donde, además, logró obtener un palco (que habitualmente concurren clientes y celebridades, para seguir generando relacionamiento) y el cartel LED del tanteador del mítico estadio La Bombonera (uno de los escenarios del fútbol más fotografiados y posteados en el mundo). Entre otros tantos beneficios del acuerdo, RUS deseaba estar en la camiseta. Pero entre las regulaciones del fútbol y las limitaciones contractuales con su sponsor técnico Nike, no existía en la casaca xeneize un espacio para que la marca aseguradora pudiera estar. Pero lo logró. ¿Cómo? Pensando. El número que identifica a cada jugador no estaba contemplado en reglamentaciones ni acuerdos de indumentaria. En ese lugar, en cada número, se observa desde 2016 el isologotipo de Río Uruguay Seguros (como RUS). Y si el número es de dos dígitos, pues tiene doble visibilidad. ¿Brillante? Aún más. Boca es un club que genera contenido y noticias constantemente, no sólo en Argentina y América del Sur, sino en todo el mundo. Los números de la camiseta son mucho más que números, son la marca registrada de cada deportista, el sello que los hace eternos. Son una leyenda viva para el hincha. Cuando se presenta a un nuevo jugador, siempre la foto publicada es con la nueva camiseta que lleva su nombre y número en la espalda, lo que implica exposición de marca para RUS. Cuando un mandatario, celebridad, artista o quien sea, visita al club, o el club lo visita, siempre se regala el elemento más tangible: la camiseta. Y como detalle, lleva el nombre del agasajado, junto con el número 1 o número 10 habitualmente. Así fue que la marca de Río Uruguay Seguros tuvo repercusión mediática mundial cuando por ejemplo le obsequiaron la camiseta al cantante escocés Rod Stewart, a la mandataria chilena Michelle Bachelet, a la embajadora de la Copa Mundial de la FIFA Rusia 2018 Victoria Lopyreva, al actor de la serie Game of Thrones Nikolaj Coster-Waldau (encarnó a Jaime Lannister), a los tenistas argentinos campeones de la Copa Davis Juan Martín del Potro, Diego Schwartzman, Federico Delbonis y Leonardo Mayer, tanto como los jugadores globales, el argentino Carlos Tevez y el italiano Daniele De Rossi al ser fotografiados como nuevos jugadores del club. Y, por supuesto, el astro argentino Diego Armando Maradona, el más famoso hincha del club de la Ribera. Excelente idea creativa (una vez más), con repercusiones globales incluso impensadas, mucho más allá de lo imaginable. Dalma Maradona, la hija de Diego, fotografió a su pequeña hija Roma con la camiseta de Boca con el número 12 y la publicó en su Instagram, donde se ve muy claramente el logo de RUS en ambos dorsales. Dentro de lo inimaginable, está la jugadora Yamila Rodríguez del fútbol femenino de Boca, que se tatuó su brazo con el festejo mirando al cielo, vestida con la camiseta de boca. Y en el tatuaje se observa nítidamente la marca RUS en la manga de su camiseta, mientras que por encima del tatuaje dice "Amor" y debajo "9 – 03 – 19".

RUS ya estaba en el interior del país por su origen y expansión. Debía hacerse fuerte en el centro político, económico y administrativo de Argentina: la Ciudad de Buenos Aires. Acá es donde el deporte puede ser un poderoso canal, no solo de comunicación y marca, sino también de negocios. Río Uruguay Seguros entendió que Boca (y su camiseta), le darían la masividad necesaria, y la validez, desde Buenos Aires hacia el resto de la Argentina y el mundo, en un público y mercado multitarget. Y por otro lado, el polo le daría esa clase de exclusividad para conseguir el posicionamiento necesario en el alto target en los torneos de alto hándicap (y target), al tiempo que la Asociación Argentina de Polo y el resto de las instituciones oficiales vinculadas lo llevarían a relaciones sólidas, de negocios y duraderas, con los clubes y jugadores de todo el país. Podría decirse que cada uno de ellos validó al otro. Y ellos, con la fuerza comercial de la compañía, la exclusividad y federalismo del polo y expansión per se del fútbol, harían el resto. Del interior a Buenos Aires por red comercial, y de Buenos Aires a los clubes del polo de todo el país, al igual que con Boca a cada rincón de la Argentina y el mundo.

En 2019, Río Uruguay Seguros continuó con su posicionamiento, validación y expansión en deportes, al convertirse en la aseguradora oficial de la Asociación Argentina de Golf, generando inmediatamente beneficios de cobertura gratuita para matriculados a través de una póliza general de responsabilidad que cubría por siniestros, no solo a los golfistas matriculados de la Argentina, sino también a los más de 330 clubes afiliados a la AAG. Posicionamiento similar. Misma estrategia. Nuevo deporte. Más clubes. Mayor cantidad de oportunidades de cobertura de seguros en RUS, que continúa apoyando al deporte y posee un acuerdo de largo plazo con la Asociación Argentina de Polo y Boca Juniors. La oportunidad no debe ser una moda. Es necesario transformarla en tendencia y hacerla más sólida cada día. Marketing, deporte y negocios. Sport business de Río Uruguay Seguros. De Concepción del Uruguay a Buenos Aires y a toda la Argentina, con repercusiones globales.

Luego de un análisis sectorial, hace algunos años, Río Uruguay Seguros tuvo la visión que el polo era un deporte que abarcaba una gran cantidad de contingencias respecto a coberturas de seguros. Ese estudio permitió comprender que no existía una aseguradora con una preponderancia y posicionamiento mayoritario. En función de esto, existía una real oportunidad de negocios, y luego de un ingreso gradual, tomó la firme convicción de lograr el posicionamiento que le permitiera no solo un reconocimiento y asociación de marca, sino también la producción de pólizas y sustentar su inversión con ingresos genuinos a través de la rentabilidad del sponsorship en ventas. Para ello invirtió en sport marketing, comunicación, publicidad, promoción, contenido, redes sociales y branding, tanto en instituciones como en grandes eventos, equipos y clubes, que luego tendría su consecuencia directa en ventas a través de emisión de coberturas de seguros, con un crecimiento comercial tangible asociado. En mi opinión, un caso de éxito que merece ser destacado, teniendo incluso mayor relevancia por la ubicación y el contexto de Río Uruguay Seguros, su historia, su presente como cooperativa y su ubicación central alejada del centro hegemónico de la Argentina, pero con fuerte arraigo en todo el país.

Columna especial de Eduardo Novillo Astrada (h).

Estrategia y posicionamiento del polo

Por Eduardo Novillo Astrada (h) (@eduardonovillo), presidente de la Asociación Argentina de Polo (@asocdepolo) de 2017 a 2021. Ex polista de alto hándicap (9 goles fue su máxima valorización), ganador del Abierto Argentino de Polo, el Hurlingham Open y el Abierto de Tortugas (la Triple Corona de alto hándicap de Argentina, el mayor logro y el más prestigioso en el mundo) en 2003 con La Aguada junto a sus hermanos Miguel, Javier e Ignacio.

Me considero parte de una nueva generación de dirigentes. Dirigentes jóvenes (menores de 50 años) ex deportistas de alto rendimiento. Como Agustín Pichot en la World Rugby, Sebastián Verón en Estudiantes de La Plata y Juan Ignacio Sánchez en Estudiantes de Bahía Blanca... como también forman parte algunos en funciones políticas como Luis Lobo en la Subsecretaría de Deportes del Gobierno de la Ciudad de Buenos Aires, Diógenes de Urquiza en la Nación, Carlos Mauricio Espíndola en la Provincia de Corrientes, Fabián Turnes en el Municipio de Vicente López... Estoy convencido que nuestra visión dentro de un campo de juego puede contribuir a tener una visión y perspectiva diferente, que, sumado a nuestra edad, permite tener una comprensión más moderna y aggiornada de hacia dónde está yendo el deporte global y poder comprender cómo adaptar tal circunstancia a la realidad argentina para que el deporte nacional pueda seguir creciendo con mejores prácticas, más actuales y más profesionales.

Desde mayo de 2017 cuando tuve el honor de asumir la presidencia de la Asociación Argentina de Polo (AAP) en representación de los clubes que la conforman, nos propusimos con el nuevo Consejo de Administración, tener una estrategia clara y concreta.

Son 4 los ejes sobre los cuales estamos asentando las bases a futuro del polo. Todos ellos tienen igual relevancia y el orden no indica una prioridad de uno por sobre el otro. Escuchar a los clubes del interior de la Argentina, estar presentes y fortalecer su crecimiento acompañándolos en su desarrollo, potenciando del mismo modo nuestro Abierto Argentino de Polo que va por su edición 126... historia pura. Por otro lado, tener una presencia mundial acorde al mejor polo del mundo siendo que nuestro país es líder mundial por sus jugadores, canchas y caballos. Participamos con equipos y giras de intercambio, además de tener conversaciones con India, China, Malasia, Singapur,

USA, España, Suecia, Colombia, Uruguay, Chile, Canadá, Emiratos Árabes, Qatar, Francia… En tercer lugar, expandir el calendario de torneos de manera sólida para que los clubes de todo el país y los jugadores, encuentren en la AAP el referente de esta verdadera industria que da trabajo a gran cantidad de argentinos, ya que junto a los jugadores existen criadores, herreros, veterinarios, petiseros, pilotos, managers, PyMEs y grandes empresas tanto en producción de productos como monturas, botas, cascos, tablas, tacos y bochas, sino también agroquímicos, pasturas, semillas, alimento para caballos y yeguas, elementos para la construcción de caballerizas, clubhouses y galpones, uso de maquinarias, repuestos… es interminable la lista. Y el último punto es amplificar la base. Y esto no implica popularizar de manera desmedida y descontrolada, sino potenciar y abrir el polo a todos. Es un deporte lindísimo donde están todos los elementos juntos: el hombre (jugador), el animal (caballo) y el ambiente (la cancha con su césped y al aire libre). Lo que nos propusimos es romper estructuras y que más personas de diferentes lugares, encuentren en el polo un entretenimiento más para ver y disfrutar. Así fue que dimos el empuje necesario para que la mujer tuviera el lugar que se merece a través de la creación del primer Abierto Argentino de Polo Femenino en 2017, del primer Campeonato Argentino del Interior con Handicap en 2018, de la primera referee mujer, de la primera mujer que forma parte del Consejo Directivo de la AAP y por supuesto, el crecimiento y relevancia de la Subcomisión de Polo Femenino. Por otro lado, siguiendo esta última línea, hemos recibido en la AAP gran cantidad de escuelas de barrios carenciados en un Programa que aún me sigue emocionando. Durante el festival del Caballo Argentino de 2018, hubo demostraciones de equino terapia y de polo jugado por chicos y chicas con capacidades especiales. Incluso dimos difusión a Salvador Condomí Alcorta, que es ciego y juega al polo. Por último, también trabajamos y se aumentó la cantidad de torneos par menores y para amateurs. Todo ello sin descuidar el alto, mediano y bajo hándicap, por supuesto.

Para terminar, poder decir que todo esto lo hacemos con la mayor dedicación posible y respetando la historia misma de este deporte, pero también intentando analizar, comprender y cambiar estructuras cuando entendemos que es necesario para el crecimiento del polo. Si nos equivocamos, volveremos a analizar, pero siempre haciendo más por este tan lindo deporte.

Capítulo #7: Tendencias y conclusiones finales

"Espero haber dado a otras personas la posibilidad de creer. Dí todo lo que tenía y todavía me siento bien".
Roger Federer, tras perder la final de Wimbledon 2019, la más larga de la historia

"Nunca abandono el campo pensando que podría haber hecho más, y eso me da tranquilidad".
Peyton Manning

Capítulo #7

Tendencias

"Necesitamos urgente una política de Estado en favor del deporte. Un país deportista es un país sano en todo sentido, porque el deporte mejora la salud, nos brinda la oportunidad de socializar sanamente, facilita el éxito en el ámbito académico. Es una herramienta para desarrollar el carácter, y sobre todo ayuda a erradicar problemas sociales, que es el punto donde debemos de profundizar ante tanta inseguridad en el que está inmerso el Perú. Establecer los deportes que serán ejecutados en cada zona del país, de acuerdo a su historia y costumbres de cada lugar, se puede intensificar un programa para el deporte que mejores resultados dio en cada ciudad; sin dejar de lado a los otros deportes. Y por encima de todo, el deporte genera IDENTIDAD y ORGULLO de ser peruano".

Tweet de Jesús Valdez, Jefe de Fútbol Femenino del Club Sporting Cristal (Perú) y columnista de este libro, al finalizar los Juegos Panamericanos Lima 2019.

Todos los estudios a nivel global indican un crecimiento firme y sostenido para el sport business, a una tasa del 4 al 6% anual para los próximos 5 años. Hay determinadas claves y puntos a tener en cuenta para poder estar dentro de ese crecimiento y que el impacto sea realmente genuino y efectivo al momento de comunicarse con adultos, pero también con teens y kids, millennials y centennials, que en definitiva son el mercado de consumidores, usuarios, compradores y recomendadores. Invertir en sports marketing por su crecimiento mencionado no implica necesariamente el éxito en la estrategia dentro del Marketing Plan. "Muchos dueños de properties deportivos siguen realizando paquetes de beneficios tradicionales, vendiendo sponsorship como se hacía hace 20 años, ofreciendo a las marcas, exposición vía cobertura lineal de televisión como principal atractivo para potenciales sponsors", explica Gareth Balch, responsable de Two Circles. Según PuroMarketing, están olvidando en su negociación el potencial de Internet y las redes sociales y no están explotando lo que éstas podrían aportar, ya que incrementaría sus ingresos.

Quienes poseen properties atractivos desde hace años, en muchos casos, no están sabiendo cómo hacer bien las cosas. De manera profesional y moderna. Atractiva para los nuevos perfiles de consumidores. De cada 20 horas de transmisión, actualmente sólo seis corresponden a TV tradicional. Los consumidores están hoy en día en las redes. Ya no están físicamente. El contacto que ellos quieren es digital y a un click de distancia del dedo del consumidor. Esta forma obsoleta de entender la comercialización del marketing deportivo, incluso para los que así lo hacen, tiene un gran sesgo mentiroso y peligroso. ¡Epa! ¿Por qué? Porque los ingresos siguen siendo importantes y a los property owners les alcanza con esos ingresos. Les resultan suficientes. Entonces dicen: "¿quién me va a enseñar a vender mis productos si lo hice siempre así y aún sigo ganando grandes sumas de dinero?". La respuesta debiera ser algo así como… Pero señor, eso ya no va más, y usted no está pudiendo ver que ese mercado es cada vez más reducido. Usted no está pudiendo visualizar las grandes sumas de dinero que no está ganando. Está olvidando que está bien seguir incluyendo brand exposure como carteles en cancha, banderas y publicidad tradicional. Agarre un papel y una pluma y comience a escribir la lista, como si fuese al supermercado: entregar reportes históricos de visualización de marca, complementar con contenido propio y genuino en redes, incorporar digital marketing, dar un abrazo contenedor a los bots, incluya pauta en social media y haga evaluaciones de métricas, segmentar su público ya no solo por edad, sexo y ubicación, sino también por gustos, perfiles digitales y preferencias, hacer estrategias diferentes según la red social que utilice para su comunicación, contenido, comercialización y marketing, mantener su stand para el contacto con el público pero incorporar experiencias únicas para clientes especiales (y para los comunes también), y comprender (y actuar en consecuencia) las tendencias identificadas para los próximos años como el deporte femenino, los eSports, el turismo de los eventos deportivos, la actuación local de las ideas globales, el deporte social, de base y en los barrios y municipios locales y el green marketing, que comprende y cuida los recursos naturales en grandes acontecimientos deportivos generando un impacto positivo en las personas, su entorno y la comunidad. Por favor: entienda que está subutilizando el potencial de sus recursos.

Según la firma británica de consultoría especializada en deportes Nielsen Sports, uno de los desafíos clave para la industria del patrocinio es medir el Retorno de la Inversión (ROI, Return Of Investment) de las inversiones y la actividad de patrocinio. En general, existen muchos profesionales de marketing y patrocinios que sienten el desafío de informar internamente y tomar decisiones de patrocinio basadas en datos. Pero puede ser difícil definir cuál de muchas métricas usar y qué significan realmente. Según Nielsen, el marketing se puede evaluar en tres áreas clave: el Reach, el Brand Equity y el Cambio de comportamiento del consumidor. Cada marca y patrocinio tendrá objetivos diferentes contra algunos o todos estos pilares y con muchas

medidas internas y externas diferentes, y el desafío estará en conectar estos puntos de datos para crear una métrica de retorno significativa. Por un lado se establecen los rendimientos monetarios, donde se consideran los conceptos medibles de cobertura en media y publicidad, la exposición de marca generada, los resultados de las campañas y los valores de ventas reales, genuinas, directas y medibles. El segundo concepto es poder establecer el desempeño estratégico del patrocinio en cuestión, a través de una investigación de mercado concreta que mida específicamente los resultados en función de los objetivos del patrocinio. Esta parte mide cómo el patrocinio resuena y alcanza el mercado objetivo, así como el impacto en las métricas de equidad de marca, como la conciencia, la imagen y la consideración. Esto, por lo tanto, puede medir cómo el patrocinio y la activación están afectando las métricas de marketing de la marca, como cambiar la imagen de la marca o subir el conjunto de consideraciones. Esto da como resultado un factor de ponderación, que se aplica a los rendimientos monetarios, se procesa por el property fee, sumados a los costos de activación. Esto otorga un valor por encima o debajo de 1, para poder establecer si es mayor el beneficio de crear valor de marca que el costo de fee y activación, o al revés. Y luego el análisis más detallado para saber si es un sponsorship de costo elevado, de baja performance, de rendimiento potencial o de alta performance.

Según el comunicado del 27 de junio de 2019 por Nielsen New York (USA), Riot Games, el editor, desarrollador y organizador de torneos de eSports de League of Legends contrató a Nielsen para la medición integral de la valoración del patrocinio en las múltiples ligas y competiciones en todo el mundo. La medida ayudará a Riot Games a demostrar el valor monetario de la exposición proporcionada a las marcas que actualmente activan o consideran asociarse con sus eventos de League of Legends. La investigación también apoyará a las marcas para lograr el mayor retorno de la inversión a través de Riot Games. Como parte del acuerdo, Riot Games proporcionará acceso a sus datos de audiencia de transmisión para respaldar la medición de exposición de marca que incluye la nueva experiencia Pro View, que ofrece a los fanáticos la posibilidad de seguir a jugadores individuales durante las competiciones de League of Legends. Las métricas se incorporarán al producto de valoración de patrocinio sindicado Nielsen Esport24 líder en la industria. La participación de la marca en los deportes electrónicos está creciendo a medida que los especialistas en marketing buscan conectarse con este segmento de jóvenes adultos de difícil acceso y conocedores de la tecnología que utilizan bloqueadores de anuncios en línea y es menos probable que vean televisión. Según una investigación reciente de Nielsen, uno de cada cinco fanáticos en todo el mundo comenzó a seguir los deportes electrónicos en el último año, y casi el 60% de los televidentes estadounidenses en Twitch dicen que no ven televisión semanalmente. "A medida que los deportes electrónicos continúan ganando impulso con los vendedores y anunciantes de marcas, la necesidad de una verificación independiente del público por parte de terceros y la exposición de la marca es crítica. Con este acuerdo, tenemos la oportunidad de ayudar a monetizar la plataforma de Riot Games y validar este mercado en crecimiento", dijo Nicole Pike, directora gerente de Nielsen eSports. League of Legends Esports es un deporte mundial de primer nivel que atrae la atención de millones de fanáticos en todo el mundo a través de 13 ligas regionales, que consisten en más de 800 jugadores profesionales y 100 equipos profesionales, y cada liga regional comprende aproximadamente 10 equipos que compiten durante todo el año entre sí en el transcurso de dos divisiones estacionales. El deporte se integra globalmente a través de tres eventos internacionales: el Campeonato Mundial, el Invitational de mitad de temporada y el All-Star Game. Nielsen medirá la exposición de la marca a lo largo de 2019 y 2020, incluida la Serie de Campeonato de la Liga de Leyendas de América del Norte (LCS), el Campeonato de Europa de la Liga de Leyendas (LEC), los tres eventos internacionales de la Liga de Leyendas y ligas regionales seleccionadas en Asia. "La confianza y la transparencia son componentes vitales para construir y mantener relaciones con los socios de la marca", dijo Doug Watson, director de eSports Insights, Riot Games. "A medida que las grandes empresas invierten en nuestros torneos, queremos ayudarlos a ver el valor de su exposición e identificar la mejor manera de interactuar con nuestra apasionada base de fanáticos", concluyó. Hablando de sponsorship, durante los últimos 12 meses, League of Legends eSports ha firmado múltiples socios destacados que incluyen Mastercard, Dell, State Farm y Nike. Además, Riot Games ha lanzado múltiples productos premium, incluidos Pro View, Team Pass y Fan Pass, que complementan la experiencia de visualización en watch. lolesports.com, el portal de visualización desarrollado por Riot Games específicamente para League of Legends Esports.

A nivel mundial, Coca-Cola es uno de los 11 socios olímpicos mundiales, que es el nivel más alto de patrocinio. "Los Juegos Olímpicos son uno de los eventos más caros [para patrocinar], pero también es de los que probablemente obtengas menos beneficios", comenta Phil Rumbold (entonces director de marketing de Cadbury UK). En 2011 se realizó un estudio sobre la efectividad del patrocinio olímpico en la elección de la marca de consumo en el mercado de bebidas y refrescos. Descubrieron que el patrocinio de Coca-Cola de los Juegos Olímpicos en realidad resulta en un aumento en las ventas a corto plazo durante el evento. El efecto de ventas a largo plazo no fue estadísticamente significativo, si bien éste no es el objetivo principal del patrocinio de Coca-Cola.

Durante los Juegos Olímpicos de Londres 2012, la calificación del índice de Coca-Cola aumentó debido a su patrocinio del evento a pesar de que se plantearon dudas sobre la idoneidad de la asociación. Coca-Cola utiliza el patrocinio para colocar su marca en el centro de los eventos deportivos más grandes del mundo. De esta manera, pueden usar su poder como marca para alentar la participación en el deporte a todos los niveles y al mismo tiempo promover el consumo de su producto de manera responsable y moderada. Coca-Cola se compromete a proporcionar valor social a través de sus patrocinios, como es el caso de los Juegos Olímpicos, entre otros. Según Jamie Eadie, director de la Cartera Olímpica de Coca-Cola, están intentando desarrollar un nuevo modelo de evaluación para los acuerdos de patrocinio que ayudará a todas las empresas a "cuantificar el valor social más amplio de su actividad de patrocinio" (Marketing Magazine, 2012). Parece que para Coca-Cola, la efectividad de su estrategia de patrocinio no se mide en el resultado final, sino en un nivel mucho más amplio, que incluye el impacto social positivo que produce y las asociaciones de marca que trae. A través de su patrocinio de los Juegos Olímpicos, Coca-Cola logra sus objetivos, en particular al conectarse con los adolescentes de una manera divertida e interesante, y para ser visto como una marca global y local. La amplia variedad de otros eventos que patrocinan garantiza que cubran todos sus objetivos en un alto grado y, de esta manera, usar el patrocinio es altamente efectivo. Coca-Cola es claro en su mensaje y lo utiliza como una oportunidad para transmitir sus objetivos centrales de patrocinio olímpico, para alentar la participación en el deporte y el ejercicio entre los jóvenes. Como se ha comentado más de alguna vez: "en realidad permitimos que los atletas de todo el mundo hagan realidad sus sueños, y básicamente gracias a los patrocinadores, ustedes tienen los Juegos Olímpicos". Esta última frase, que pudiera ser percibida como poco amistosa, es en realidad lo contrario. Es una leyenda real que establece que los sueños también pueden lograrse en gran medida, porque existen marcas que contribuyen a la formación, desarrollo, participación y obtención de metas, gracias a que existen inversores que, en muchos casos de eventos, federaciones y deportistas, se conocen como sponsors.

Las marcas que deseen captar la atención de los centennials (y su dinero), deben ser digitales, ecosensibles, honestas, rápidas, dinámicas, innovadoras e interactivas. Las marcas ya no deben hablar de los atributos técnicos del producto o servicio, ni de sus aspectos funcionales; deben hablar con ellos de tal manera de expresarles cuál es la experiencia placentera y entretenida que van a experimentar como consumidores, pero fundamentalmente, como personas que disfrutan la vida, teniendo las empresas un compromiso con el mundo, el entorno y la gente, y cumpliendo tal promesa de marca. Red Bull es un buen ejemplo de ello, ya que no le habla de conservantes o materiales, sino que expresa un concepto, una forma de vivir la vida siempre yendo un poco más adelante. Viviendo la vida de una manera aventurera. Red Bull no muestra la planta de producción, sino que exhibe un circuito de aviones, una competencia de carros móviles hechos de manera artesanal solo por el hecho de divertirse, patrocina a alguien que quiere descender con sus propias alas artificiales o cuando el 14 de octubre de 2012, el paracaidista austríaco de 43 años Felix Baumgartner saltaba al vacío desde más de 39.000 metros y pasó a la historia como el primer ser humano que supera la velocidad del sonido (alcanzó los 1.357 kilómetros por hora) y fue transmitido en directo por más de 40 cadenas de televisión y 130 medios digitales, con cientos de millones de espectadores en todo el planeta y ocho millones en YouTube. Contarles historias sobre un concepto y cómo ellos se insertan en la historia, para vivir una experiencia al tiempo de posicionar la marca. Ya no escuchan sobre características técnicas del producto, fundamentalmente cuando se habla de entretenimiento, del cual el deporte forma parte.

Las marcas realmente deben pensar en smartphones y dispositivos móviles en mucho mayor porcentaje al que lo hacen con la televisión. Quizás sus nuevos asesores deberían ser también consumidores, porque desde los millennials a los centennials, estás dos generaciones han cambiado completamente la forma de entender el mercado, el entretenimiento y el consumo del deporte. Los mensajes deben ser claros, concisos, cortos y de fácil y rápida comprensión, porque estos jóvenes y adultos jóvenes, no es que no tengan tiempo, sino que no lo quieren perder en anuncios comerciales. Entienden la vida desde otro ángulo. La quieren disfrutar en cada momento, no cuando se jubilen de su etapa laboral luego de los 60 años. Su momento es ahora. Y su vida ocurre ahora. Y ellos buscan un balance constante entre vida y trabajo. Y la vida es un espacio y tiempo placentero. Las marcas deben entender que las redes sociales son el lugar donde ellos se informan de los demás, exponen su cotidianeidad y también donde concurren a seguir generando comunidades. Porque para ellos, el mundo es una gran comunidad, compuesta de otras pequeñas comunidades, cada una de ellas con intereses intrínsecos afines. Donde hay algo que los une. Las marcas que entiendan las redes sociales como un espacio de comunicación, pero también de feedback rápido y genuino, tendrán una diferencia respecto a su competencia. Los jóvenes le dan extrema importancia a los valores positivos, como si para otros no lo fuera. Pero ellos son capaces de generar efectos virales negativos para las marcas que traicionen su compromiso con la comunidad de potenciales consumidores, usuarios, compradores y clientes. Las estrategias deben ser específicas y directas para comunicarse con ellos, no generalistas.

Deben pensarlas para ellos. Snapchat es hoy su red. Pero Instagram está incorporando funciones similares. Deben las empresas estar atentas qué es lo que está pasando e intentar precedir hacia dónde irán los millennials, los centennials y los alfa.

Menciona el diario argentino LA NACIÓN "Gracias a la explosión provocada por el éxito de la banda BTS se concretó la definitiva aceptación del K-pop como género musical mainstream y el suceso de los fabulosos siete que comenzó en las redes sociales, se extendió al ranking Billboard, al consagratorio reconocimiento en los medios norteamericanos, discurso en las Naciones Unidas incluido, le permitió a la producción de contenidos de entretenimiento hechos en Corea del Sur atravesar fronteras literales y figuradas para convertirse en origen y fuente de mucho de lo que se ve y se verá en cine y televisión en el resto del mundo. Un nuevo orden en el escenario de países que dominan los consumos globales". Para los que no conocen a este grupo musical, ya ha presentado un premio en los Grammy 2019, sus coreografías son copiadas por jóvenes en todo el planeta, "Boy With Luv" su video junto a Halsey rompió récords en YouTube (más de 500 millones de visitas y 12 millones de Likes solo en una de las versiones), homenajearon a The Beatles en el late night de Stephen Colbert y hasta llegaron a los Simpson's ("E My Sports", temporada 30, episodio 17), cuando la familia amarilla creada por Matt Groening se encuentra de viaje por Corea del Sur y, al pasear por la calle, se observa un cartel que dice "BTS Army", en clara referencia a sus fans. Pues bien, la banda surcoreana BTS acaba de lanzar su primer videojuego para celulares que incluye música original de la banda. Destaca LA NACIÓN que "el juego se llama BTS World y los jugadores pueden optar por convertirse en alguno de los siete miembros de la banda para ir superando las diferentes misiones, transformarse en managers y construir nuevas historias de acuerdo a las decisiones que tomen con cada personaje. BTS hizo su debut en 2013 con la canción "No More Dream". Desde entonces, su influencia global no ha parado de crecer y hoy están considerados como los "líderes de la nueva generación" según la revista Time". Abel Makkonen Tesfaye nació en 1990 en Toronto (Canadá) y es conocido como The Weeknd, un cantante, compositor y productor conocido por sus hits como Call Out My Name, Starboy, The Hills, Can't Feel My Face y I Feel It Coming. En octubre de 2018, la marca de indumentaria deportiva y lifestyle PUMA lanzó una colección denominada PUMA x XO Terrains. En una estética inspirada en la moda urbana de los años 90s, la moda urbana de PUMA aprovecha siempre diferentes públicos. PUMA x The Weeknd es la colaboración entre la firma alemana y este cantante canadiense de origen etíope. El 15 de agosto de 2018 salieron a la venta las zapatillas PUMA Cali Remix. Hasta ahí pareciera un lanzamiento más. Pero no. Este modelo inspirado en los años 50s fue diseñado en colaboración con la cantante pop Selena Gómez (1992, Grand Praire Texas, USA). Las nuevas zapatillas PUMA de Selena Gomez son una versión ecléctica del modelo al que nos tiene acostumbrados la actriz y cantante, las sneakers Cali. En esta ocasión llegan en una versión titulada Remix, poseen una mezcla de materiales como goma, cuero y charol y vienen en tonos rosa, blanco y negro, con diferentes vivos. Casualidad o no, Selena y The Weeknd fueron pareja de abril a octubre de 2017, y el lanzamiento de ambos modelos fue casi en simultáneo, si bien el posteo de PUMA en Instagram para el cantante canadiense (Feeling those '90s vibes. #PUMAXO) tuvo 75.698 likes y 612 comentarios, mientras que el que poseía el lanzamiento del calzado de la cantante norteamericana (Strong vibes only. #SGxPUMA is here. @selenagomez) recibió 378.000 me gusta y 1.898 comentarios. En el Lollapalooza de Argentina de 2017, PUMA fue sponsor (luego lo siguió siendo), ya que en uno de los main stage se presentaba The Weeknd y era importante apoyar su presencia. ¿Por qué cuento todo esto y qué tiene que ver con las tendencias? Ahí vamos... Es importante estar atentos a los cruces constantes entre deporte, indumentaria y calzado deportivo, entretenimiento, música, shows, celebridades y contenidos electrónicos. Esa será otra tendencia. El cruce de públicos, a través de nuevos contenidos, influencers y tecnología, siempre considerando al deporte dentro del entretenimiento, en el mismo plano que la música y los juegos, entre otros.

A partir de julio de 2019, el tenista John Robert Isner (1985; Greensboro, Carolina del Norte, USA) es auspiciado por una bebida basada en cannabis. Isner, cuyo mejor ranking a la fecha fue 8° del ATP World Tour, firmó un contrato con Defy, que es un fabricante de bebidas deportivas con infusión de CBD, la molécula del cannabis, planta de la marihuana, y llevará su logo en la gorra, como también las bebidas a los torneos en los cuales participe. Es sabido públicamente que el tenista de 2,08 metros de altura defiende abiertamente el consumo terapéutico de la planta de marihuana, respecto de la recuperación muscular durante la competencia. En su cuenta de twitter, @JohnIsner, publicó "Excited to partner with and be fueled by @DEFY! A key factor in my recovery process that helped get me back on the court faster than planned. #DEFYxIsner" ("¡Emocionado de asociarme y ser abastecido por @ DEFY! Un factor clave en mi proceso de recuperación que me ayudó a volver a la cancha más rápido de lo planeado. #DEFYxIsner"). Según el diario LA NACIÓN, "el CBD también es conocido como uno de los compuestos químicos que se encuentran en la planta de cannabis. Se entiende que tiene varios beneficios para la salud y se están realizando investigaciones para comprender su verdadero potencial y su efecto positivo sobre la salud. Según consigna el portal tennistonic.com, hubo un creciente interés en comprender los beneficios potenciales de los

productos derivados del cannabis. También llamado cannabidiol, es una de las muchas moléculas contenidas en la planta de cannabis, y su uso es importante para tratamientos con pacientes que sufren diversas enfermedades: desde epilepsia a fibromialgia, desde cáncer hasta artrosis, entre otras. Además, no produce efectos de embriaguez, como el THC, que también tiene aplicaciones medicinales". El CEO y cofundador de Defy, Beau Wehrle, dijo en un comunicado: "Defy está liderando el camino en el CBD para los deportes profesionales, conocemos sus beneficios, el impacto en la recuperación y la relación directa con el mejor desempeño. Es emocionante ver cómo el tenis profesional da el siguiente paso importante para mejorar la vida de los atletas". "Juego un deporte en el que perder un solo punto puede ser la diferencia entre ganar un partido o no hacerlo y Defy es un producto específicamente destinado a concentrarme y mejorar mi desempeño en cada punto. Fue genial conocer a Defy como compañía y esperamos trabajar con ellos para ayudar a las personas a lograr un mejor desempeño a través de CBD", escribió Isner. Este hecho no significa que es una tendencia. Probablemente tan solo una acción de marketing en deporte. Pero habrá que estar atentos si la tendencia mundial de considerar al cannabis (y al aceite de cannabis, por ejemplo), como un recurso potencialmente de ayuda a enfermedades y cuestiones de salud, también se vuelca de lleno hacia el deporte. Entonces habrá que considerar un capítulo aparte para su comprensión, tanto como campañas de concientización y aprendizaje.

Desde hace (no mucho) tiempo al día de hoy, se observa que el Street Art se ha transformado en una tendencia clara y concreta de marketing. Quizás más de publicidad que de marketing integral, pero se podrá considerar de manera amplia porque se integra al paisaje de manera armónica, lúdica y de diseño, al tiempo que genera infinidad de promoción y comunicación a través de redes sociales, principalmente Instagram, al ser fotografiados por turistas, pero también por habitantes de las ciudades que los poseen. Por supuesto que también son replicados en facebook y twitter desde ese punto de vista, y desde el diseño probablemente tengan cierta relevancia en Pinterest. Estamos hablando de grafitis, pero no comunes y corrientes, sino de arte urbano, público. Y con diseño y colores que los hacen únicos. Existen ya algunos de ellos como el artista callejero Eduardo Kobra (San Pablo, Brasil; 1976), cuyas obras de arte están realizadas en murales de New York, Los Ángeles, Lexington, Minneapolis, New Jersey y Chicago (Estados Unidos), San Pablo, Brasilia y Río de Janeiro (Brasil), además de Lodz (Polonia) y Moscú (Rusia). Verdaderas (y gigantes) obras de arte de diversas personas históricas y compromisos sociales. Pero volvamos al marketing, que en este caso puede ser incluso considerado ambush marketing (marketing de guerrilla).

Pepsi ya utiliza esta técnica de comunicación asociada al deporte, unificando el fútbol femenino, biking y shows musicales en su campaña "Live for Now". "Live for Now", también conocido como "Live for Now Moments Anthem", es un corto publicitario de 2017 para Pepsi con Kendall Jenner y la canción Lions de Skip Marley. El anuncio fue retirado por la empresa un día después de su distribución debido a las críticas. Los creadores del anuncio fueron ampliamente criticados en los medios de comunicación y redes sociales por intentar sacar provecho de imágenes que imitan las protestas en el movimiento Black Lives Matter, incluyendo Taking a Stand in Baton Rouge, la imagen icónica de una mujer que se acercó a policía fuertemente armada y fue arrestada en una protesta de Baton Rouge en julio de 2016. Pepsi emitió un comunicado diciendo: "Este es un anuncio global que refleja a personas de diferentes estilos de vida que se unen en un espíritu de armonía, y creemos que es un mensaje importante para transmitir. Pepsi estaba tratando de proyectar un mensaje global de unidad, paz y comprensión. Claramente nos perdimos la marca, y nos disculpamos. No teníamos la intención de aclarar ningún problema serio. Estamos eliminando el contenido y deteniendo cualquier implementación adicional. También nos disculpamos por poner a Kendall Jenner en esta posición". Según algunos, parte del problema era que Pepsi no tenía una historia de promover causas de justicia social. Coca-Cola, ESPN, Nike, PUMA, Asics, Reebok, Vans, NETFLIX, adidas y hasta la NBA y varias franquicias también utilizan grafitis como publicidad en vía pública a través de murales en edificios urbanos, orientados a sus campañas globales de posicionamiento, lanzamiento de producto y estrategias de nuevos canales de comunicación en general, apuntando a nuevos públicos de manera creativa. El hecho es que ahora son también las marcas de lujo las que han empezado a utilizar el street art como vía de posicionarse de forma más llamativa y viral. Así es que las marcas de alta gama como Gucci, FENDI o Louboutin se han sumado a la tendencia y están utilizando los grafitis para hacerse más visibles. Es una tendencia, claramente. Pero habrá que tener en cuenta algunas cuestiones, ya que la línea divisoria entre el graffiti y el vandalismo es muy delgada, lo que puede provocar más de un dolor de cabeza a marcas prestigiosas. Por otra parte, se debe tener en cuenta si ese tipo de publicidad está regulado en la ciudad en cuestión, ya que se deben pagar impuestos municipales por exposición de marca comercial, al tiempo que es importante averiguar si determinado mural o edificio permite este tipo de intervenciones artísticas. Por último, recordando el caso de Pepsi, como todo en marketing (y en la vida), es importante ser creíble. Es decir: abrazarse a técnicas de marketing o comunicación novedosas que deben estar alineadas con la historia y contenido de marcas y productos. De otro modo, pasará como con Pepsi, cuyo real problema estuvo en utilizar un concepto de justicia social siendo que

la marca no lo hizo en el pasado, o como podría ocurrir en el caso de las marcas de lujo que los tradicionales compradores no se sientan identificados con el street art y sientan que se populariza una marca que antes era exclusiva para ellos, o para las nuevas generaciones que no consideran que una producto de alta gama invada sus espacios habituales y no lo toma como genuino. El street art es tendencia. Es necesario revisar en cada caso, si es el lugar, la forma y la marca adecuada para que se lo utilice.

No es difícil referirse a la igualdad de género en los tiempos que corren. Y menos hablar de tendencia. Lamentablemente hay que seguir haciéndolo, siendo un tema que debería ser normal y natural, ya que no debería existir diferencia de oportunidades por ser de diferentes sexos. Tal es el caso de los equipos nacionales femeninos y masculinos de fútbol de Noruega que, en diciembre de 2017, realizaron un lanzamiento conjunto respecto de la igualdad. Así lo decían las remeras negras que utilizaron en la conferencia de prensa, con la palabra IGUALDAD en blanco, en tamaño bien visible en el centro. Esta acción fue la primera de carácter mundial a nivel selecciones: la firma de un acuerdo de igualdad en los salarios entre las selecciones nacionales masculina y femenina de Noruega. Maren Mjelde, la capitana, lo recuerda de esta manera: "Fue un gran día. Tuvimos mucha atención. Es un lindo hecho poder haber hecho historia, siendo la primera selección en igualdad de pago. Creo que un gran día para vos, incluso para el equipo masculino. También jugaron un papel importante al darnos parte de su dinero. Por suerte, al hacer esto, nuestra federación está demostrando a otras naciones que es posible. Hay cambios en Nueva Zelanda y creo que en Islandia también. Estados Unidos está luchando. Hay muchas cosas que están pasando, como Dinamarca el año pasado, que tuvo que luchar mucho con su federación, pero están logrando resultados". Durante el lanzamiento, en 2017, el slogan y hashtag fue #sterkeresammen (sterkere sammen), que en noruego significa: "Más fuertes juntos". No hay mucho más para decir después de esa frase, ¿no? Claramente, "los futbolistas noruegos lideran el camino en material de igualdad salarial", tal cual expresó Olympic Channel del Comité Olímpico Internacional en agosto de 2019.

En el libro se mencionó la explosión y revolución definitiva de la mujer en el deporte. También el hecho que en varios clubes de Sudamérica, el fútbol femenino profesional y sus salarios dignos es un fenómeno que ya está ocurriendo. En el cierre de redacción de este capítulo final recibo un WhatsApp de un club que lo menciona por sí solo. "En un día histórico para Racing Club (Argentina), hoy fueron presentadas las 14 jugadoras profesionales que integrarán el plantel de fútbol femenino. De esta manera, reforzamos el compromiso con la disciplina para potenciar el crecimiento que está teniendo en el fútbol argentino". Y continúa: "Este plantel que nos llena de orgullo comenzó a competir a comienzos de 2017, logró el ascenso en 2018 y pudo posicionarse entre los 5 equipos de la Primera División. Además, amplió su cuerpo técnico con médico permanente, psicólogo y editor de videos". El envío era acompañado de 5 fotos del plantel, siendo que, en una de ellas, las futbolistas estaban junto al astro argentino Diego Milito, Director Deportivo del club, y dirigentes, incluyendo al presidente Víctor Blanco, lo que muestra claramente la importancia y trascendencia que esto ha tenido en la institución. Aunque la Asociación del Fútbol Argentino exige un mínimo de salario para las jugadoras de los clubes, Racing Club se sumó a San Lorenzo (el primero en hacerlo), River Plate, Boca Juniors y UAI Urquiza y aumentó esa cantidad. Al finalizar, Milito destacó que "es un salto de calidad y un voto de confianza, sabiendo que es una disciplina en pleno crecimiento. Me comprometo a trabajar para que el equipo femenino pueda jugar de preliminar del masculino".

El nuevo estadio del Tottenham Hotspur Football Club de la Premier League, con sus 62.062 ubicaciones, es considerado el más avanzado tecnológicamente en el mundo. La visión original tiene ciertos puntos de vista de relevancia que es el uso de la tecnología para vivir una amplia gama de experiencias únicas, permanecer más tiempo dentro del estadio, generación de contenido más allá del fútbol y que incluye un acuerdo de 10 años con la NFL para la realización de dos partidos anuales allí y shows y eventos musicales y de entretenimiento en general. Todo ello, para la generación de más ingresos (sport business). "Hemos cambiado la forma en que se usa la tecnología y hemos cambiado los estadios para siempre. Creo que nuestro lugar es el mejor estadio del mundo. Lo que hemos hecho aquí realmente ha excedido todo lo que alguna vez imaginé. Y dado que la columna vertebral de la tecnología y la infraestructura que tenemos es resistente, robusta y escalable, nos permitirá impulsar nuevos desarrollos tecnológicos en el futuro", mencionó Sanjeev Katwa, Chief Information Office del Tottenham, en una nota a Computer Weekly en mayo de 2019. Katwa es CIO de los Spurs desde 2014 y anteriormente había sido director de IT en el Manchester City F.C. de 2010 a 2014, como también ha tenido pasado profesional en Sony BMG Entertainment y MTV Networks International. Tras una inversión total de 850 millones de libras, los fanáticos pueden ya experimentar el nuevo estadio y gastar su dinero allí. Mencionan en el club que han elegido cada partner no en función de imagen y sponsorship, sino de acuerdo a la capacidad y especialización de cada uno. Los altavoces son los más nuevos de Harman Audio y ni siquiera estaban disponibles en ese momento en el mercado. El socio tecnológico estratégico HPE ha implementado una infraestructura de red cableada central que proporciona conectividad segura en el terreno, siendo que la red admite servicios críticos como CCTV, sistemas de gestión de edificios y venta de entradas. La tecnología de pantalla grande suministrada por Daktronics dentro del estadio es un ejemplo de capacidad: hay cuatro grandes pantallas LED dentro del campo de juego, y las dos en el lado sur, cada una de 325 metros cuadrados, son las más importantes en tamaño en cualquier estadio europeo (también hay dos pantallas en el exterior del estadio y tres niveles de paneles de visualización de cinta LED en el interior, que se pueden usar para anuncios y publicidad). El estadio incluye tecnología HPE Aruba con 1.641 puntos de acceso a Wi-Fi que brindan una cobertura del 100%. Más de 700 balizas Bluetooth HPE funcionan en conjunto con una aplicación recientemente creada para brindar a los fanáticos servicios de ubicación, ayudándoles a elegir entre bares, restaurantes y tiendas. Fuera del estadio, el "Tottenham Experience" alberga la tienda del club, que, con 23.000 pies cuadrados, es el espacio comercial más grande en cualquier campo de fútbol en Europa. En el interior, el estadio incluye una gran cantidad de lugares, incluido el "Goal Line Bar" de 65 metros, el bar más largo de Europa, y la propia microcervecería del club. Otras instalaciones incluyen un área familiar e instalaciones corporativas y ofrecen suites y palcos que sirven comida de calibre con estrellas Michelin, salones para tomar sol y "The Tunnel Club", un restaurante y bar con paredes de vidrio que brinda a los fanáticos una vista detrás del túnel de los jugadores. Estas nuevas experiencias nos permiten cumplir el objetivo de mayores ingresos, como también el objetivo de que el espectador llegue mucho tiempo antes al estadio y se quede otro tanto al finalizar; ello contribuye a un mejor flujo del público en controles y accesos. Han puesto el centro de datos (servidores) en un área con una pared de vidrio a la vista del público que, si bien es audaz, permite al club decir "aquí es donde está la tecnología, esto es lo que nos está impulsando, es el corazón del edificio", como menciona el propio Sanjeev Katwa. El nuevo estadio también utiliza arquitectura picocell, con puntos de acceso Wi-Fi montados debajo de los asientos de los fanáticos. Este sistema proporciona conectividad de alto rendimiento a los miles de fanáticos en el estadio. Todas las principales tarjetas de débito y crédito contactless son aceptadas en el estadio sin efectivo (cashless), así como los sistemas de pago móviles y portátiles, incluidos Apple Pay y Google Pay. Katwa dice que visitar otros lugares en todo el mundo, como otros estadios deportivos, pero también aeropuertos y centros comerciales, lo ayudó a ver el valor de impulsar las experiencias de los clientes digitales en la medida de lo posible. En este ejemplo pueden visualizarse varios de los temas que se han desarrollado en el libro: tecnología, experiencias únicas, comportamiento de las nuevas generaciones, green marketing, entretenimiento, desarrollo por capacidades, partnership... El Tottenham Hotspur F.C. fue finalista de la UEFA Champions League en 2019, un hito que significó su primera final en la historia. Evidentemente, los logros deportivos muchas veces son consecuencia de una buena gestión de la organización que se encuentra detrás. Pareciera que los Spurs son uno de ellos.

El contenido que Philipp Ostsieker (Digital Business & Media Manager) publicó en LinkedIn el 9 de agosto de 2019 realmente shockea desde el impacto de las tendencias tecnológicas en deportes. "5G y su impacto en el futuro de los deportes", fue su título. Las redes 5G ofrecen varias ventajas espectaculares sobre las redes 4G actualmente en uso en todo el mundo. En el segmento de gama alta, la tecnología ofrece hasta 20 veces la velocidad, hasta 20 gigabits por segundo para usuarios móviles. Incluso en el extremo inferior, puede entregar de manera confiable velocidades de 100 megabits por segundo. Estos siguen siendo aproximadamente cinco veces más rápidos que la mayoría de las conexiones de Internet domésticas. Tales aumentos de velocidad significan una estabilidad muy mejorada para la transmisión de datos móviles, especialmente para cosas que requieren una gran cantidad de datos, como video y audio de alta calidad. Pero 5G no solo es más rápido, sino que también ofrece un tiempo de respuesta o latencia de fuente a receptor significativamente menor. Mientras que 4G Internet tiene entre 40 y 60 milisegundos de latencia, 5G puede enviar y recibir datos casi instantáneamente, llegando a diez o, en el mejor de los casos, un milisegundo. Mirando el 5G en los deportes, una latencia tan baja significa, entre otras cosas, que es cada vez más improbable que nuestro vecino grite un gol en voz alta antes de que lo veamos en nuestra pantalla. Además de alta velocidad y baja latencia, 5G brilla con la capacidad de trabajar en entornos muy densamente poblados. Esto prácticamente significa que, en teoría, los visitantes del estadio nunca tendrán problemas para enviar un tweet o subir un video a Instagram nuevamente. ¿Cómo va a cambiar la experiencia de los fanáticos en los deportes gracias a 5G? Nicki Palmer, Jefe de Ingeniería de Redes en Verizon, dijo a Digital Trends: "Muchas personas piensan que [la realidad mixta] será la aplicación asesina para 5G porque realmente no se puede experimentar bien con 4G. Imagine que podría comprar asientos virtuales en la línea de 50 yardas para el Super Bowl". Para los productores de contenido, la oportunidad de crear interacciones en tiempo real en realidad aumentada o virtual es mayor que nunca. Según Palmer, la idea de viejos amigos que viven en diferentes lugares pero que se encuentren en un estadio virtual justo a tiempo para el juego ya no es una quimera. Con la ayuda de Korean Telecom (KT), los Juegos Olímpicos de 2018 proporcionaron un anticipo de la competencia: los espectadores en línea pudieron experimentar las mejores actuaciones de saltadores de esquí y trineos en vivo y sin demora. También los equipos y los atletas esperan ventajas con respecto a su entrenamiento. El ex quarterback de la NFL Trent Edwards es cofundador de STRIVR

Labs. La compañía usa la realidad virtual para entrenar a los Dallas Cowboys en la NFL e incluso en la Academia DFB. El enfoque se utiliza para el diagnóstico y entrenamiento de habilidades psicológicas y cognitivas. "La ciencia detrás de todo lo que hacemos es que una vez que se hace pensar a nuestro cerebro que realmente estamos [en la ubicación virtual seleccionada], tiene un impacto real en nuestro cerebro", mencionó Edwards. La Bundesliga también está entregando su primer caso para la temporada 2019-2020. La razón de esto es una colaboración entre Vodafone, VfL Wolfsburg y la Liga Alemana de Fútbol (DFL), a través de una aplicación especial que proporcionará a los fanáticos en el Volkswagen Arena, información y estadísticas en tiempo real en sus teléfonos inteligentes. Braunschweig-Wolfsburg es una región modelo que recibirá más de doce millones de euros en fondos federales entre 2019 y 2022 para expandir 5G. La ciudad de Wolfsburg estará inicialmente cubierta por 5G, que también beneficiará a VfL Wolfsburg. Independientemente de este proyecto, un factor decisivo de éxito 5G es la posibilidad de docenas de integraciones de aplicaciones. En los Sacramento Kings, por ejemplo, los fanáticos podrán "pagar el estacionamiento, encontrar las mejores rutas dentro del estadio, encontrar mejores asientos (gratis), ver repeticiones en vivo desde múltiples ángulos de cámara y pedir comida directamente a sus asientos". ¿Cuándo será relevante 5G en los deportes? Si se desean utilizar los nuevos y emocionantes servicios en el estadio, se necesita un teléfono inteligente habilitado para 5G. Sin una terminal apropiada, no hay (todavía) beneficio para la mayoría de los fanáticos. En perspectiva, cientos de miles de antenas tendrán que ser construidas. Deutsche Telekom se ha fijado el objetivo de alcanzar el 99 por ciento de los hogares en Alemania con una red 5G para 2025. Telekom, Verizon y Vodafone & Co. se encargarán inicialmente del suministro de 5G en grandes ciudades o estadios, de modo que la demanda de los usuarios finales también aumentará continuamente.

El 8 de agosto de 2019, la entidad financiera y bancaria BBVA publicó una nota sobre las startups de inteligencia artificial más prometedoras, diciendo que más allá de las inversiones en investigación y desarrollo de los gigantes de algoritmos digitales como Amazon, facebook o Google, el foco estará en las startups (nuevos emprendimientos). El artículo se basa en el informe de la empresa de análisis CB Insight. Las tendencias en tecnología irán hacia reconocimiento facial, alternativas a plásticos y petróleo, tecnología por voz, robot learning, automatización y digitalización de las empresas, además de eficiencia de las cadenas de suministros. Todas tendencias hacia adelante respecto de inteligencia artificial. SenseTime es la empresa, por lejos, que mayor financiación ha obtenido (1.630 millones de dólares de diferentes accionistas incluyendo Alibaba y Honda), mientras que la segunda, Face++ (608 millones, junto con Lenovo). Lo destacable es que ambas son chinas y están especializadas en reconocimiento facial, lo que anticipa la importancia de ello como tendencia a futuro. Luego le siguen la norteamericana Zymergen (574 millones, orientada en encontrar alternativas a plásticos y petróleo), la británica Graphcore (310 millones, reducción del costo de inteligencia artificial en la nube y centro de datos a través de aceleradores de IPU y el software Poplar), la norteamericana Automation Anywhere (550 millones, automatización de procesos en empresas no digitalizadas a través de software RPA -Robotic Process Automation-), y la también estadounidense UiPath (448 millones, aprendizaje automático de robots para mejorar la eficiencia de las cadenas de suministros). Considerando la valorización de más de 3.000 compañías en todo el mundo según el análisis del perfil de inversores, potencial de mercado, panorama competitivo, equipo humano y grado de innovación tecnológica, surge que existen 11 "unicornios" (más de 1.000 millones de dólares de valorización) que están desarrollando innovaciones en inteligencia artificial y específicamente están focalizadas en sectores de salud, telecomunicaciones, semiconductores, finanzas y comercio minorista. Es importante leer siempre entre líneas e informarse para poder identificar necesidades, soluciones y, principalmente, tendencias. Verlo antes que otros.

Según un artículo del dbiz.today de Claudio Destéfano, columnista invitado de este libro, TOYOTA desarrolla robots para los Juegos Olímpicos de Tokyo 2020. Toyota Motor Corporation, como socio global del Comité Olímpico y Paralímpico Internacional, tiene como objetivo brindar soluciones de movilidad que vayan más allá de la provisión de vehículos durante los Juegos Olímpicos y Paralímpicos que se celebrarán en Tokio (Japón) en 2020. Una de las formas en las que Toyota busca alcanzar este objetivo es participando del "Proyecto Robot Tokio 2020", liderado por el Comité Organizador que reúne al gobierno japonés, al Gobierno Metropolitano de Tokio y a los partners de los Juegos con expertos en materia robótica. En Tokio 2020, Toyota presentará robots que se utilizarán para facilitar la movilidad en diversos lugares y eventos. Nobuhiko Koga, director del Centro de Investigación Frontier de Toyota, dijo que "usamos la tecnología de robots industriales para una variedad de aplicaciones basadas en nuestra dedicación a apoyar las actividades humanas y vivir en armonía con las personas. Por ejemplo, desde 2004 desarrollamos robots de asistencia que apoyan a las personas que no se pueden mover solas, o que se mueven con dificultad. Ahora, como parte de nuestra transformación hacia una empresa de movilidad, estamos ampliando nuestros esfuerzos en materia de robótica para brindar a todas las personas la libertad de moverse. Estas tecnologías proveen más oportunidades para que las

personas experimenten cosas nuevas, conozcan e interactúen con otras personas y para ser movidos emocionalmente. En Tokio 2020 queremos capturar la imaginación de los espectadores al proporcionar robots de apoyo mientras hacemos nuestra parte para que los Juegos sean un éxito". Algunos robots en desarrollo serán la Mascota Oficial de Tokio 2020 Miraitowa / Someity que, además de dar la bienvenida a atletas e invitados en los lugares oficiales, este robot mascota será una forma de ofrecer diversión a los niños; el robot humanoide (THR3) para que personas en lugares remotos puedan interactuar con atletas a través de la proyección de imágenes; el robot de soporte humano (HSR) y el de soporte de entrega (DSR), siendo que el primero guiará a los invitados que necesiten asientos accesibles, alcanzándoles comidas, productos, etc., para que disfruten de la competencia libremente, y el segundo entregará bebidas y otros productos directamente a los espectadores, quienes podrán hacer su pedido desde una Tablet; y el robot de asistencia en eventos de atletismo (FSR), que traerá de regreso materiales y elementos como jabalina, bala, martillo. ¿Tendencias? Sí, por supuesto, robotización, sistematización, rapidez, disminución del margen de error y tiempos de retraso consecuentes, asistencia y entretenimiento a espectadores, niños, discapacitados y fanáticos en general, además de otras cuestiones como seguridad, limpieza y controles. Robótica, deporte y entretenimiento.

Los bots están cada vez más presentes en nuestra vida diaria, y a veces no llegamos a distinguir lo habitual de su existencia. Probablemente muchas personas ni siquiera se han dado cuenta que interactúan con un bot, ya que su nivel de perfeccionamiento crece a pasos agigantados. Además, han aumentado su importancia y trascendencia en las estrategias, tácticas y acciones de marketing. Un bot (palabra que resulta de una aféresis practicada sobre robot) es un programa diseñado para interactuar con otros programas, servicios de Internet o seres humanos de manera semejante a como lo haría una persona. De este modo, realiza tareas repetitivas de manera automática, haciendo más eficientes, más económicos, más rápidos y con menos errores los procesos que para una persona resultarían tediosos y cansadores. Algunos ejemplos de bots son los rastreadores web de los motores de búsqueda de Internet, que recorren los sitios web de forma automática y recopilan información de los mismos de manera mucho más rápida y efectiva de lo que lo haría una persona. La programación de un bot puede estar diseñada para cumplir tareas muy básicas, como recordar alguna tarea o bien automatizar algún proceso. También existen bots con programación más compleja, que buscan realizar actividades que conllevan toma de decisiones; estas decisiones se definen a partir de filtros o parámetros que el programador incluye en el código de programación. Estos robots han invadido facebook Messenger, tanto como plataformas como Kik y WhatsApp, además de estar presentes en websites de comercio electrónico a través de Internet. Los sistemas inteligentes a través de bots como el ecosistema Echo de Amazon, Siri de apple y Google Voice son chatbots informativos que emplean técnicas de marketing y hasta permiten pedir comida donde se automatiza el proceso del delivery, y hasta programar un Uber. ¿Beneficios? Muchísimos. Los clientes no tendrán que esperar escuchando la música hasta que un operador telefónico se libere (ahorro de tiempos y costos), podrá funcionar las 24 horas del día, durante todos los días del año y el margen de error será ínfimo, ya que la tecnología acompaña a todo el proceso de atención y servicio. A su vez, los bots pueden identificar en las conversaciones (o ya tenerlo incorporado en su protocolo), ofrecer productos y servicios extra. Por ejemplo: si alguien adquirió un ticket para un estadio descubierto y están previstas bajas temperaturas (proceso de la información en menos de un segundo), poder recomendarle que lleve su abrigo. También a través de los bots se pueden rastrear patrones de compra y monitorear datos de los clientes y usuarios. Las investigaciones de mercado en sports marketing también tendrán mayor rapidez y menores costos, ya que chatbots basados en inteligencia artificial pueden adaptar las conversaciones en función de las respuestas de los clientes y obtener datos útiles. Wizu es un chatbot específicamente para encuestas conversacionales, que lo ayudan a mejorar la experiencia de los clientes y otorga información valiosa. Los bots deberán ser lo más reales posibles para que sean creíbles, aunque con el crecimiento de la tecnología, la versatilidad de los chatbots aumenta. A lo largo de estos últimos años, los avances tecnológicos en reconocimiento de voz, inteligencia artificial y procesamiento de la información han hecho posible que los comandos de voz se incorporen a algo tan cotidiano como las búsquedas en Internet. La aparición de asistentes inteligentes para el hogar y la oficina han hecho que se popularice aún más esta tecnología presente en los dispositivos móviles, como Alexa de Amazon, Google Home y Cortana de Microsoft, que han sido los pioneros de este auge. ¿Pero buscamos por voz realmente? Todos los estudios indican que sí y con dos datos fundamentales, que nos hacen pensar que esta tendencia es ya una realidad. Los más jóvenes son el segmento que utilizan más este método de búsqueda, y las encuestas coinciden que, quienes se acostumbran a la búsqueda por voz, no regresan al sistema tradicional. Algunas cifras que lo avalan dicen que el 41% de adultos y el 55% de adolescentes de Estados Unidos realizan habitualmente búsquedas por voz; que el 20% de las búsquedas de Google ya son de voz; y que el 65% de los usuarios de Google Home o Alexa no se imagina su vida sin sus dispositivos activados por voz. Microsoft ha publicado que ya hay un 25% de búsquedas de voz que se hacen sobre Windows 10, por lo que la voz ha llegado también a la PC de escritorio. Señores: los comandos por voz y los chatbots... presten atención. "Es por ahí", como dicen los centennials ahora.

"El 81% de los bebés tiene presencia en redes sociales antes de los seis meses", destaca en el titular de un artículo el diario español El Mundo en su sección de Tecnología de agosto de 2019. "No saben hablar, ni siquiera andar y mucho menos usar Internet, pero muchos bebés ya tienen sus fotos en la red, incluso su propia cuenta personal", comienza la nota. Ufff. Según un estudio elaborado por la firma de seguridad informática AVG en 10 países, entre ellos España, el 23 % de los niños tiene presencia en Internet incluso antes de nacer porque sus padres publican imágenes de las ecografías durante el embarazo. El porcentaje se multiplica rápidamente poco tiempo después, ya que el 81 % está en internet antes de cumplir los 6 meses. A partir de esa edad, los menores pueden incluso poseer sus propias cuentas de correo. Según la investigación de AVG, más de un 5% de los niños menores de 2 años dispone de una cuenta de email o un perfil propio en alguna red social. Ante este fenómeno que se ha llamado sharenting (combinación de las palabras "sharing" (compartir) y "parenting" (crianza o paternidad), los expertos alertan: las fotos de los pequeños pueden llegar a más manos de las que se desean.

Según el sitio especializado Puro Marketing, Coca-Cola piensa lanzar para 2020 una serie de latas de Diet Coke sin marca. Esta campaña brandless (sin marca), busca posicionarse en un mercado emocional en el terreno de la diversidad. De esta forma, sin etiquetas (unlabeled producto), es como quieren entrar en la conversación, de tal modo que puedan expresarse respecto de las etiquetas que las personas se ponen a sí mismas, y que les otorgan a los demás. Latas de color metal plateado, con apenas una franja vertical de un color aleatorio en cada una de los packaging de producto: rojo, amarillo, naranja, verde, azul, violeta y coral (una especie de rosa pastel). Ya se han utilizado en eventos y en campañas experimentales, tanto como en testeos y focus groups, por lo que si bien no está decidido aún su lanzamiento general y masivo a la cadena de distribución, el objetivo de Coca-Cola es lanzarlo. Pueden observarse videos en YouTube sobre este contenido que finaliza con la frase: "Estamos removiendo nuestras etiquetas, para empezar una conversación sobre las tuyas". #unlabeled.

Destaca el sitio PuroMarketing en su nota "¿Qué oportunidades abre en marketing deportivo el boom de los eSports?". Que no sólo cada vez más personas practican eSports, sino que aumentan el consumo de contenidos vinculados, siguen a los gamers estrellas y ven por TV y streaming las grandes finales de estos campeonatos. El boom de los eSports es ya incuestionable, como también lo es el hecho que es la siguiente gran actividad que las compañías tienen que tener en cuenta al realizar un plan y estrategia en marketing deportivo. Las previsiones de los analistas (como MarkertingDive) son ya muy optimistas y apuntan a que las marcas y las empresas invertirán cada vez más en publicidad y patrocinios en eSports. Los derechos de transmisión de campeonatos de eSports se triplicaron de 2015 a 2019 según Newzoo, mientras que Warc apuntaba a que, en pocos años, el 85% de los ingresos de los videojuegos será en marca y que en su gran mayoría será por patrocinios, como los casos de Gillette, Pringles, Red Bull y AXE, que poseen sponsorship en competencias de eSports y en diferentes plataformas. Pero aclara que, si bien los eSports tienen mucho potencial, la ventana para entrar y contar con una posición de ventaja está a punto de cerrarse para las marcas generalistas. Las compañías que deseen incluir los eSports en su estrategia y programa de marketing deportivo deberán primero comprender las reglas de juego de este nuevo gran mercado, categoría y disciplina, y fundamentalmente cómo el nuevo target (totalmente transversal, por cierto) consume y se comunica respecto de estos contenidos. Una de esas reglas de juego es comprender que los eSports siguen ciertos canales paralelos con el deporte tradicional, ya que existen eventos, federaciones, equipos, centros de entrenamiento, indumentaria y deportistas (influencer e íconos), si bien los estadios aún permiten una estrategia de largo plazo, ya que los eSports utilizan ámbitos de otras disciplinas deportivas.

Según un estudio de la compañía británica Two Circles, el mercado global de sports marketing tendrá una inversión cercana a los 50.000 millones de dólares. Este estudio también menciona que eso implicará un crecimiento de 4%, sostenido en varios pilares, de los cuales el deporte popular, el deporte femenino y los eSports recibirán el mayor impacto positivo, siendo los principales sponsors los negocios financieros (bancos, tarjetas de crédito, medios de pago, financieras), las líneas aéreas y los sitios de apuestas. Para el período comprendido entre 2020 y 2024 anticipan que seguirá creciendo a una tasa positiva del 6% (alrededor de 65.000 millones de dólares para 2024), si bien habría que estar atentos si terminan siendo prohibidos legalmente los sitios de apuestas, ya que, por ejemplo, en Inglaterra representan el 12% de la inversión de ese país en sports marketing.

Conclusiones finales

Algunas de las tendencias en materia de sport marketing, pero también en marketing y branding en general, fueron ya expresadas. Vendrá bien listar algunas de ellas para poder tenerlas más claramente.

El deporte femenino a nivel global ya no es una necesidad en búsqueda de mostrar una igualdad de oportunidades para la mujer por sobre los hombres. El deporte femenino es una realidad y una poderosa herramienta en marketing deportivo. Todas las personas merecen igualdad de oportunidades. Eso no es una moda, ni una tendencia. Eso es un derecho y una obligación.

La tecnología es un elemento más en la distinción del deporte como expresión humana. Desde Big Data e inteligencia artificial para mejorar los rendimientos y conocer a los consumidores, tanto como las apps deportivas, los elementos de control y verificación (VAR, Ojo de Halcón, TMO, VideoRef), infraestructura y nuevos materiales en estadios, realidad aumentada, publicidad virtual digital y nuevos componentes en indumentaria, calzado y elementos deportivos. Es importante considerar todo esto en el nuevo escenario.

El contenido deportivo seguirá siendo por televisión. Faltará mucho tiempo para que desaparezca como lo han sido el long play (discos), cassette, Compact Disc o Blue Ray. Pero las transmisiones deportivas desde plataformas digitales en redes sociales, a través de twitter o facebook, es el ahora y el futuro. Y más aún si son transmitidas por soportes a través de dispositivos móviles como smartphones, tablets y notebooks, vía Internet y esperemos que próximamente 5G de manera masiva. El streaming es hoy.

NETFLIX cambió la manera de entender también el contenido, tanto como los Smart TV con acceso a Internet, de tal modo que la biblioteca de documentales y series deportivas on demand, al igual que las transmisiones deportivas, considerarán estos escenarios en el futuro inmediato como parte de la estrategia de marketing y comunicación de las marcas. Entretenimiento y deporte se seguirán cruzando. El espectáculo de Cirque du Soleil sobre Lionel Messi (@messicirque) es una gran prueba de ello cuando en su lema dice "Messi10: hay un 10 en cada uno de nosotros".

Las redes sociales construyen espacios reales que ya no son para consultar, sino escenarios para ir, para concurrir. Y cada red social tiene un target, un lenguaje y un estilo que adquiere su propia identidad de tal modo que cumple con una estrategia de marketing diferente según a quiénes, dónde y cómo se quiera comunicar. Es importante que las marcas entiendan que las redes sociales no pueden ser consideradas de manera masiva todas ellas en su conjunto como algo igual. Deben ser segmentadas en función de los objetivos a cumplir. Y actuar de manera constante y en consecuencia. La cantidad y cantidad de followers en el target seguirán siendo importantes, pero más lo será el alcance, el reach y el engagement que las marcas generen en social media.

Así como las redes sociales construirán el perfil de la compañía y ayudarán al cumplimiento de objetivos, la llegada del mensaje a nuevos consumidores y al fortalecimiento del posicionamiento y valor de marca también lo seguirán haciendo con los deportistas y demás figuras relacionadas al deporte como coaches, dueños de franquicias y dirigentes, entre otros. Ellos serán los influencers, y las generaciones digitales prestarán atención a lo que ellos tengan para decir. Una política sólida, consistente, genuina y real con influencers digitales llevará a las marcas a tener aliados en la difusión del mensaje de sus productos y servicios.

Van a seguir surgiendo nuevas herramientas y softwares de gestión que contribuyan a medir el valor objetivo y real de los patrocinios deportivos. Poder determinar el ROI -el retorno sobre la inversión- en materia de sponsorship seguirá siendo una búsqueda inalcanzable. Está muy bien poder establecer un ROI, pero en deportes pareciera que es como la regla matemática que determina que es una condición necesaria, pero no suficiente. Se puede calcular el ROI en patrocinios deportivos. Y se puede hacer de manera objetiva y profesional. Pero queda corto. No alcanza. Por un lado, es imposible dimensionar el verdadero impacto si una marca se vio 100 veces durante un partido, mientras que otra lo hizo solo una vez, pero justo apareció en el ultimo minuto de juego, cuando ese jugador de relevancia mundial hizo el tanto para ganar el partido y alzar la copa del mundo. ¿Cómo medir eso en el tiempo? Esas imágenes no solo quedarán en la retina de los fanáticos, sino que estarán dando vueltas por todo el mundo durante muchos, pero muchos años. Imposible medir eso. Y si el deporte es pasión, es imposible medirla.

Podremos considerar como eGames a los juegos electrónicos, pero mientras que los millennials y centennials (el Comité Olímpico Internacional, entre otros), ya los consideren deportes, los eSports serán otros de los lugares donde las marcas querrán concurrir a comunicarse con una gran masa de nuevos consumidores, ávidos de recibir información de productos y servicios, pero solamente dónde, cuándo y como ellos quieran. Y para eso, habrá que comprender la forma de jugar este nuevo juego-deporte de los eSports, con el objetivo de tener interacción con ellos. El lugar es ahí, también. Seguirán apareciendo las presentaciones reales (y virtuales) de los jugadores de eSports de los clubes, con un nivel de calidad y exposición igual al de la plantilla del plantel profesional.

Difícil expresar el amplio espectro que implican las experiencias únicas. En deportes, las marcas y las instituciones deportivas deben generar momentos inolvidables para los fanáticos y seguidores. No alcanza con un buen acceso, un estadio limpio y que tu equipo gane el partido. El concepto de experiencias únicas va mucho más allá: nuevas atracciones por fuera de lo deportivo como tiendas, restaurants de primer nivel en los estadios, controles y seguridad rigurosos, pero no invasivos, compas con tecnología cashless, e-tickets y hasta propuestas previas y posteriores a las citas deportivas, que sean de agrado del consumidor a través de su conocimiento por el análisis de predicción de perfil de gustos y preferencias. Si además pueden tener un meet & greet con su estrella preferida, darse un baño de jacuzzi a un costado del campo de juego o ingresar a tocar el césped del campo de juego en el entretiempo, mejor.

Hasta hace muy poco, los pagos de sponsorship deportivo incluían opciones como cash y provisión de productos o servicios (canje). En el cash se incluían, si bien en práctica muy poco habitual, bonos, moneda extranjera, tickets de comidas y hasta traveller checks en algún momento. Pues bien, es necesario incorporar las criptomonedas, un elemento de cambio intangible que ya se ha convertido no sólo en un habitual medio de pago, sino también de inversión, al momento de realizar transacciones y contraprestaciones en patrocinios.

La inteligencia artificial asociada a los bots y chatbots harán de las marcas e instituciones deportivas que los utilicen actividades más rápidas y precisas, además de menos costosas. Todo ello, en beneficio de la propia organización y de los fanáticos del deporte en cuestión.

Después de una etapa multicolor en materia de indumentaria deportiva, fundamentalmente en calzado, donde hemos visto colores de lo más llamativos (incluso PUMA hizo un par de botines donde cada pieza tenía un color), estamos viendo una etapa de volver a las fuentes. Después de tanto exceso de color para ver quién se diferenciaba más y quién obtenía la mayor cantidad de miradas, el calzado deportivo está en una etapa de bajar revoluciones. La moda y tendencia actual son la utilización de piezas totalmente blancas, totalmente negras, o la combinación de ambos colores. Así han lanzado modelos Nike, adidas, PUMA, Under Armour, New Balance, Reebok, Topper y más.

También cobrarán mayor relevancia los kits de camisetas diseñados especialmente para los eSports, que luego cobrarán vida para ser vendidos en las tiendas oficiales (por e-commerce), como objetos de culto y diseño, sin haber visitado la casaca un solo campo de juego real.

Seguirán surgiendo nuevas disciplinas deportivas, mientras otras tendrán mayor relevancia. Es el caso de algunos deportes como el beach handball, el breaking y el básquet 3x3, que fueron incluidos en los Juegos Olímpicos de la Juventud Buenos Aires 2018, como también el golf, el rugby y el surf, incluidos en los Juegos Olímpicos.

El turismo para concurrir a un gran evento deportivo seguirá siendo una gran fuente de ingresos para el organizador, pero también para la ciudad, región o país (o países) que lo reciban, que a su vez logran un posicionamiento de marca que repercutirá en futuros turistas a seguir gastando y consumiendo en dichos lugares, tanto en hoteles como transporte, comida, tickets, fees deportivos, merchandising y compras en general de productos, servicios y espectáculos. El viaje como experiencia lúdica a ver una cita deportiva, al tiempo de hacer turismo, es algo que cada vez tomará mayor relevancia.

Debemos cuidar al planeta entre todos, y el marketing deportivo no debe ser ajeno. Las mejores prácticas en Green Marketing en eventos deportivos serán valoradas por los fanáticos, y repercutirán en el valor de marca de esos eventos y federaciones organizadoras, tanto como en las marcas que sean sponsors. Green Marketing en productos, reciclados y ahorro de energía, pero también en la utilización de materiales sustentables y en procesos que sean amigables con el planeta. Ya no debería ser una tendencia sino una exigencia, hasta que se convierta en una práctica habitual y generalizada. El papel gubernamental es clave como organismo regulador.

Es imposible pretender que un mismo mensaje de marketing tenga impacto de igual modo en una persona de 60 años que en otra de 35 y una de 12. Es importante conocer las dos nuevas generaciones que han cambiado la forma de entender, justamente, a las generaciones. Los millennials y centennials tienen una forma totalmente diferente de pensar y sentir su relación con su entorno, y dentro de ese entorno están los productos y servicios que las marcas tienen para ofrecerles como gran masa de actuales y futuros consumidores. Y la Generación Alfa será quien marcará la tendencia en unos años. Las empresas deben conocerlos, investigarlos y poder comprender cómo desean ser interpretados como clientes. El mercado actual es de ellos. Y el del futuro inmediato, también.

No todo en el mundo es Barcelona, Real Madrid, Juegos Olímpicos o los All Blacks. Existe una práctica profesional deportiva de alto

rendimiento y de altísimo poder de concentración de sponsorship. Pero también existe el deporte social, el lúdico. El de las bases. Es importante tener en cuenta que el deporte es una gran herramienta de desarrollo y transformación social. El papel local, provincial y nacional gubernamental es clave en esta tarea de sostener a clubes de barrio, organizaciones deportivas menores, tanto como deportistas de cierta relevancia que merecen apoyo, incluyendo los paradeportes. Debemos considerar una estrategia de deporte y apoyo social como parte de un programa de Responsabilidad Social Empresaria. El deporte es transformador en todo sentido, y desde esta mirada puede contribuir enormemente al posicionamiento y aumento del valor de la marca involucrada. Presencia del Estado en el apoyo, como también en su formación y capacitación.

¿Surgirán otras tendencias en el corto plazo? Sin lugar a dudas que nacerán otras. Los cambios tecnológicos aplicados al deporte harán que eso ocurra, al mismo tiempo que las nuevas conductas de los consumidores de deportes contribuirán en tal sentido.

El deporte seguirá siendo parte del entretenimiento y así debe ser concebido y pensado. Estará el de alto rendimiento (profesional y aficionado), como la práctica deportiva social recreativa.

En todo caso, siempre es importante recordar de qué valores estamos hablando cuando se habla de deportes. El trabajo en equipo, el espíritu de grupo, el esfuerzo, la constancia, la dedicación, el compromiso, la solidaridad, el respeto, la humildad, el logro de objetivos, la superación de obstáculos, el empoderamiento, la igualdad en todo sentido, el liderazgo y la paciencia.

En materia de marketing deportivo es importante el acceso al conocimiento, la capacitación, la actualización de conceptos, la moral de los profesionales y la ética en la gestión y los negocios.

La consultora Future Brand elabora anualmente un estudio donde identifica cuáles son las firmas que poseen sus activos más equilibrados desde el punto de vista de la marca y, por ende, se vislumbran como las "marcas mejor preparadas para el futuro". Su análisis se basa en key points como experiencia en puntos de venta, visión de futuro y redefinición de su categoría de negocio, pero también es en este punto que resulta necesario e importante mencionar la voluntad de mejorar la vida de las personas, la conexión emocional y la capacidad de crear valor sostenible, el deseo de mucha gente en comprarles, porque las personas están dispuestas a pagar más por sus productos y porque las personas quieren trabajar en esas compañías. Interesantísimo que las marcas del futuro se definan por atributos como sustentabilidad, emoción, deseo y mejora de la vida.

Todo ello es clave.

Y nunca por debajo de ellos estarán las personas -lo más importante-, tanto como mantener bien altos los valores humanos y el respeto incondicional.

Y por si faltaba decirlo, no es posible entender el deporte sin la pasión. En definitiva, la pasión es lo que moviliza a las personas en la vida. Como los atletas de la tapa, como las marcas tatuadas, como las redes sociales que lo conectan. Y como las manos de la contratapa que se unen.

Fue un placer compartir estas ideas con ustedes. Y con vos que estas leyendo, en especial.

Gracias por leerme.

Anexo: Glosario

"¿Qué hubiera pasado si no lo hubiese intentado?"
Valentino Rossi.

Actual y nuevo vocabulario en el nuevo marketing deportivo.

Activación: Actividades de marketing que una empresa realiza para promocionar su patrocinio. También se denominan "actividades de lanzamiento". El dinero invertido en la activación es independiente de la cuota de patrocinio pagada a la entidad patrocinada.

Agente comercial: Persona o empresa que vende entidades en busca de patrocinio a cambio de una comisión o cuota. Empresa tercerizada cuya función es promover, negociar y vender los activos y bienes de una compañía que posee los derechos. En sport marketing, se refiere a la empresa responsable de gestionar los patrocinios deportivos de manera externa, de deportistas, entrenadores, estadios, equipos, clubes, eventos y federaciones.

Ajuste automático (escalator): Subida porcentual anual de la cuota de patrocinio en contratos plurianuales. Estos ajustes suelen estar ligados a la inflación.

Análisis del entorno: Proceso por el cual el entorno de una organización es analizado de forma continua en busca de problemas y tendencias, normalmente en relación con importantes grupos de interés.

Análisis estratégico: Proceso de caracterización, análisis y referenciación de la posición de una organización en su entorno.

Aprovechamiento: Actividades generadas por el patrocinador en torno a un patrocinio, en las que el patrocinador invierte con independencia de la cuota pagada a la entidad patrocinada. También se denomina "activación".

Asset (en español, activo): Algo (equipo, club, estadio, evento, federación) o alguien (deportista, ex deportista, entrenador), que es un activo y que se considera útil o ayuda a una persona u organización a tener éxito y lograr los objetivos a través de la visibilidad, masividad y garantía que le da a la marca frente a terceros.

Asuntos públicos: Aspecto público de las comunicaciones empresariales.

Auditoría de patrocinio: Evaluación de cada componente de la estrategia y cartera de patrocinio de un patrocinador en función de ciertos criterios que, a menudo, conducen a un reajuste de la cartera.

Away kit: Ver "Kit".

Brand: Ver "Marca".

Branding: Ver "Marca".

Big Data (en español, grandes datos o grandes volúmenes de datos): Término evolutivo que describe cualquier cantidad voluminosa de datos estructurados, semiestructurados y no estructurados que tienen el potencial de ser extraídos para obtener información, y actuar en consecuencia. Gracias al tratamiento de grandes volúmenes de información que ofrecen los distintos eventos deportivos, es posible ofrecer la oportunidad de mejorar la toma de decisiones en terrenos deportivos tan heterogéneos como el juego en sí mismo, las transmisiones, los jugadores, los técnicos, los fanáticos, las instituciones y organizaciones deportivas y otros.

Cesión de derechos: Derecho de un patrocinador a revender o brindar algunas de las ventajas del patrocinio a otra empresa.

Clubes de barrio: Establecimientos destinados a usos deportivos, sociales y culturales con instalaciones cubiertas y/o descubiertas cuyo ámbito de influencia se limita a la cercanía a su propia ubicación. En general, son clubes pequeños y muy locales y tradicionales.

Cobertura editorial o de prensa: Exposición generada por la cobertura mediática de la entidad patrocinada que incluye mención del patrocinador.

Cobertura enfocada: Cantidad de tiempo en que la identificación del patrocinador está visible para el telespectador durante la emisión del acontecimiento.

Comercializador (vendedor): Organización o empresa que vende un producto o servicio en un acontecimiento. Ver "Agente comercial".

Compensación (make-goods): Ventajas facilitadas a los anunciantes para compensar los malos resultados de un programa.

Compra de tiempo: Cuando un acontecimiento o el patrocinador de un acontecimiento compran tiempo al operador televisivo y son los responsables de vender la publicidad.

Comunicaciones: Medios y técnicas de comunicación interna y externa empleados con los grupos internos y externos.

Comunicaciones comerciales: Disciplina (vocacional) de escribir, presentar y comunicarse en un contexto profesional.

Comunicaciones de marketing: Todos los métodos (publicidad, marketing directo, promoción de ventas, venta personal y marketing y relaciones públicas) empleados por una empresa para comunicarse con sus clientes, presentes y futuros.

Comunicaciones corporativas: Las comunicaciones empresariales son una función de gestión que ofrece un marco y un vocabulario concretos para la coordinación efectiva de todos los medios de comunicación, con el objetivo general de establecer y mantener una relación favorable con los grupos de interés de los que depende la organización. Las comunicaciones estratégicas y las comunicaciones empresariales se refieren al mismo conjunto de características mencionadas arriba.

Comunicaciones internas: Todos los métodos (boletín interno, Intranet...) empleados por una empresa para comunicarse con sus empleados.

Copatrocinadores: Patrocinadores de una misma entidad pero con un nivel jerárquico menor al de los patrocinadores principales. Además, gozan de una gama de ventajas menor que ellos.

Criptomonedas (criptodivisa, del inglés cryptocurrency, o criptoactivo): Medio digital de intercambio que utiliza criptografía fuerte para asegurar las transacciones financieras, controlar la creación de unidades adicionales y verificar la transferencia de activos. Las criptomonedas son un tipo de divisa alternativa y de moneda digital.

Crisis (gestión de la crisis): Momento de gran dificultad o peligro para la organización, que puede amenazar su existencia y continuidad y que requiere un cambio decisivo.

Cuatro P (4 P): Nomenclatura mencionada por McCarthy para el mix del marketing que involucra el producto, la promoción (y publicidad), la plaza (logística o distribución –en inglés, place- y el precio).

Cumplimiento: Entrega de las ventajas prometidas al patrocinador en el contrato.

Declaración de misión: Resumen de la filosofía comercial y dirección de una empresa.

Deporte adaptado: Disciplinas deportivas cuyas reglas han sido adaptadas para que puedan ser practicadas por personas que tengan una discapacidad física, visual e intelectual. Muchos de estos deportes están basados e inspirados en deportes existentes practicados por personas que no tienen ningún tipo de discapacidad. Aunque también, ciertos deportes fueron específicamente creados para personas con discapacidad y sin tener equivalente en algún deporte para personas válidas.

Derecho preferencial: Derecho contractual que concede al patrocinador el derecho a igualar cualquier oferta que la entidad patrocinada reciba durante un período de tiempo específico en la categoría de producto del patrocinador.

Derechos de venta: Capacidad de un patrocinador de recuperar parte o la totalidad de su cuota de patrocinio vendiendo su producto o servicio a la entidad patrocinada, a sus miembros o a los asistentes.

Directrices de patrocinio: Documento producido por un patrocinador que ofrece a las posibles entidades patrocinadas información acerca de los objetivos, mercado objetivo, parámetros, alcance y categorías de inversión de patrocinio realizadas por una empresa.

Discriminación: Es todo aquel comportamiento social, acción u omisión realizada por personas, grupos o instituciones que produce y reproduce desigualdades en el acceso a recursos y oportunidades tan disímiles como comida, servicios de salud, educación o empleo, en favor o en contra de otras personas, grupos o instituciones. Es el acto de separar o formar grupos de personas a partir de criterios determinados. Se refiere a la violación de la igualdad de los derechos humanos por edad, color, altura, capacidades, etnia, familia, género, características genéticas, estado marital, nacionalidad, raza, religión, sexo y orientación sexual. En deportes, la discriminación a la mujer y las personas de color son las más frecuentes.

Donación: Entrega de un producto o dinero en efectivo por parte de una empresa sin esperar ningún beneficio comercial a cambio.

Douyin: Ver "TikTok".

eGames (juegos electrónicos): Competencia internacional de deportes electrónicos basada en equipos nacionales. El primer evento de exhibición de eGames tuvo lugar durante los Juegos Olímpicos de Verano 2016 en Río de Janeiro, Brasil, en la Casa Británica en Parque Lage, Jardim Botânico, del 15 al 16 de agosto de ese año.

Ejecución: Proceso por el cual se otorgan ventajas a un patrocinador, tanto acordadas como adicionales, para ayudarlo a lograr sus objetivos. Ello incluye, además, informar y establecer una comunicación de doble sentido entre el patrocinador y la entidad patrocinada.

Elemento diferencial (ventaja diferencial o punto de diferencia): Atributo que diferencia un producto del de la competencia. El patrocinio puede resultar, a veces, un poderoso punto de diferencia.

Embajador de marca: Persona que promueve la empresa, la marca, los bienes y/o servicios de una compañía. Aumentan las ventas para las empresas al aumentar el conocimiento de la marca. De esta manera realizan recomendaciones basadas en su propia experiencia como consumidor y/o usuario de dicho producto, o simplemente lo utilizan en escenarios que otorgan performance, dándole credibilidad a su mensaje sobre la empresa, la marca, los bienes y/o servicios.

Emblema: Símbolo gráfico único de la entidad patrocinada. Ver "Marca".

En especie (o canje): Término empleado para describir productos, servicios, recursos humanos y conocimientos que se ofrecen en lugar de dinero a cambio de los derechos de patrocinio. En inglés, barter.

Engagement (en español, compromiso o acción): Grado de implicación emocional que tienen los seguidores en redes sociales con una cuenta. Indicador que mide la interacción de la comunidad de usuarios de redes sociales con una cuenta en especial.

Entidad (patrocinada): Entidad única comercialmente explotable (por lo general del ámbito del deporte, las artes, los acontecimientos, el entretenimiento o las causas). Sinónimos: entidad patrocinada, titular de los derechos, vendedor.

Entidad patrocinada: Receptor de la inversión en patrocinio del patrocinador. Ver "Entidad (patrocinada)".

Equivalencias de anuncios o medios: Mide el valor de exposición de un patrocinio sumando toda la cobertura generada y calculando cuál hubiera sido el costo por comprar una cantidad similar de tiempo o espacio para anuncios en el mismo sitio en función de los catálogos de tarifas de los medios.

eSports (deportes electrónicos): Competencias de videojuegos que se han convertido en eventos de gran popularidad. Por lo general, los deportes electrónicos son competiciones de videojuegos multijugador, particularmente entre jugadores profesionales.

Estrategia de comunicación: Conjunto general de objetivos de comunicación y tácticas o programas de comunicación relacionados que una organización elige para apoyar sus estrategias empresariales y/o de mercado.

Estrategia de patrocinio: Documento formal elaborado por una empresa u organización que subraya las directrices de patrocinio, los principios de patrocinio y las estrategias específicas para alcanzar los objetivos. Este documento suele estar muy vinculado con la estrategia de marketing y/o de financiación de una organización. Por lo general, tanto patrocinadores como entidades patrocinadas tienen estrategias de patrocinio implementadas.

Event marketing: Estrategia promocional que vincula a una empresa con un evento (patrocinio de una competición deportiva, festival, etc.) o crea un evento para promover los productos de la compañía. A menudo, el término «Event marketing» es usado como sinónimo de «Event sponsorship» (Patrocinio de eventos). Sin embargo, las actividades no necesariamente envuelven patrocinio (ej. stand de exhibición en una feria).

Exclusividad de categoría: Derecho de un patrocinador a ser la única empresa de su categoría de productos y servicios asociada con la entidad patrocinada.

Facebook: Red social y aplicación gratuita que permite a los usuarios conectarse para interactuar y compartir contenidos a través de Internet. Fue lanzada en 2004. Su fundador es Mark Zuckerberg. Facebook es gratuito para los usuarios y genera ingresos por la publicidad expuesta, que incluye banners y grupos patrocinados. Puede ser utilizado tanto por usuarios particulares para estar en contacto con sus amistades, publicar textos, fotos, videos, etc., o por empresas, marcas o celebridades, que potencian a través de esta red social su comunicación de marca. La visualización de los datos detallados de los miembros está restringida a los miembros de la misma red, a los amigos confirmados, o puede ser libre para cualquier persona. A través de facebook Live realiza transmisiones en vivo de eventos, incluyendo deportivos.

Fan (es español, fanático): Admirador o seguidor apasionado de una persona o cosa.

Fanático: Ver "Fan".

Feed (en español, alimentar): Lugar o listado donde aparecen todas las publicaciones (fotos y vídeos) de las cuentas de Instagram. El feed de un perfil de Instagram es la página donde aparecen todas las publicaciones de un solo perfil.

Follower (en español, seguidor): Término empleado en las redes sociales para describir a una persona (o algo) que está siguiendo una cuenta diferente a esa persona o cosa. Es decir que en su línea de tiempo verá todos los posteos que publique o los usuarios a los que sigue. A diferencia de otras redes sociales como Facebook o Instagram, en Twitter la solicitud de seguimiento no tiene que ser mutua por obligación. Se puede ser follower de alguien y que no sea recíproco. Eso sí: cuando la cuenta es privada, sí es necesario hacer una solicitud de seguimiento para convertirse en seguidor de una determinada cuenta.

Filantropía (mecenazgo): Apoyo a una entidad sin fines de lucro sin esperar ninguna ventaja comercial a cambio.

Filantropía estratégica: Contribución caritativa combinada con un compromiso de marketing, realizada por una empresa a una organización sin fines de lucro a cambio de reconocimiento filantrópico y afiliación de marketing. También conocida como "marketing filantrópico".

FODA (análisis): Método de análisis que evalúa las fortalezas, debilidades oportunidades y amenazas de una empresa.

Fortnite: Videojuego creado en 2017 y desarrollado por la empresa Epic Games. Fue anunciado en los Spike Video Game Awards en 2011. Los modos de juego publicados incluyen "Fortnite Battle Royale", un juego gratuito donde hasta cien jugadores luchan en una isla, en espacios cada vez más pequeños debido a la tormenta, en busca de quedar como la última persona en pie, y "Fortnite: salvar el mundo", un videogame cooperativo de hasta cuatro jugadores que consiste en luchar contra carcasas, criaturas parecidas a zombis, utilizando objetos y fortificaciones. El 26, 27 y 28 de julio de 2019 se disputó el primer Mundial de Fortnite en el Arthur Ashe Stadium de Nueva York, en Estados Unidos, y tuvo 30 millones de dólares en premios (3 millones para el campeón en formato Solo). En representación de Latinoamérica participaron tres argentinos (Thiago "K1ng" Lapp, Tadeo "xOwN" Timermann y Paul "Clipnode" González), una mexicana (Daniela "Danyan Cat" Camacho Martínez) y un brasileño (Eric "Atchiin" Wu).

Fourth kit (cuarto kit): Si bien algunos equipos de clubes nombran así a un posible cuarto diseño de uso de juego en ocasiones especiales, es común que se haga referencia a estos términos para los diseños creados especialmente para utilización de indumentaria del equipo en cuestión, para los videojuegos.

Green marketing (en español, marketing verde): Tipo de marketing de productos que son mostrados como ambientales, con el objeto de ser preferibles por sobre otros. De esta manera, el marketing verde incorpora un gran rango de actividades, incluyendo modificación de productos, cambios a los procesos de producción empaques sustentables, así como la modificación de la publicidad. Otros términos similares usados son marketing ambiental y marketing ecológico.

Grupo de interés: Cualquier grupo o persona que puede influir o verse afectada por la consecución de los objetivos de la organización.

Haters (en español, odiadores): Personas que muestran sistemáticamente actitudes negativas u hostiles ante cualquier asunto en redes sociales. El término "hater" se ha popularizado con el auge del Internet para designar a aquellos individuos que, para expresarse sobre cualquier tema, se valen de la burla, la ironía y el humor negro.

Home kit: Ver "Kit".

Hospitalidad: Recibir a las personas clave (consumidores, clientes, representantes gubernamentales, empleados y otros vips) en un acontecimiento. Por lo general implica entrada, estacionamiento, catering y otros servicios, a menudo en un área designada especialmente, y puede incluir tours por el backstage, conocer a las estrellas, etc.

Identidad empresarial: Perfil y valores comunicados por una organización; el carácter que una empresa quiere establecer en la mente de sus grupos de interés, reforzado por el uso coherente de logotipos, colores, letras y demás.

Identificación del patrocinador: Reconocimiento visual y auditivo del patrocinador (por ejemplo, nombre o isologotipo del patrocinador en ropa de los participantes, equipo, etc.; publicaciones y publicidad de la entidad patrocinada; menciones en anuncios públicos o emisiones radiales o televisivas).

Imagen corporativa: Manera en que una empresa es percibida, según un mensaje concreto y un momento determinado; conjunto de significados inmediatos que una persona deduce como respuesta a una o varias señales de una organización particular en un momento determinado.

Impresiones: Cantidad de veces que una publicación en redes sociales se ha visualizado o podido visualizar potencialmente.

Inclusión: Actitud, tendencia o política de integrar a todas las personas en la sociedad, con el objetivo de que puedan participar y contribuir en ella y beneficiarse en este proceso. Busca lograr que todos los individuos o grupos sociales, sobre todo aquellos que se encuentran en condiciones de segregación o marginación, puedan tener las mismas posibilidades y oportunidades para realizarse como individuos. Se formula como solución al problema de la exclusión y/o discriminación que son causadas por circunstancias como la pobreza, el analfabetismo, la segregación étnica, de género o religiosa, entre otras.

Influencer (en español, influenciador): Persona que cuenta con cierta credibilidad sobre un tema concreto, y por su presencia, masividad y/o influencia en redes sociales, puede llegar a convertirse en un líder de opinión interesante para una marca.

Informar: Proceso continuado por el que se facilita información al patrocinador sobre el rendimiento de su patrocinio en comparación con los objetivos de marketing acordados.

Instagram: Red social y aplicación cuya función es subir fotos y vídeos, además de realizar conversaciones privadas (chats) entre personas. Una característica distintiva de la aplicación es que da una forma cuadrada a las fotografías en honor a la Kodak Instamatic y las cámaras Polaroid. Creada por Kevin Systrom y Mike Krieger, Instagram fue lanzada en octubre de 2010. Actualmente, Instagram cuenta con más de 900 millones de usuarios activos.

Instagram Story: Espacio de Instagram dedicado para publicar fotos, videos, audios y textos que sólo serán visibles en dicha cuenta por solo 24 horas.

Kids (en español, niños/niñas): Jóvenes menores de edad cuyo espectro comienza entre los 3, 4 o 5 años hasta los 12 años inclusive.

Kit: Se le llama al conjunto de indumentaria de juego, generalmente en fútbol, que consta de camiseta, pantalón y medias. A la casaca oficial se la suele llamar en algunos países como "home" (la que utilizan de local), y la alternativa primaria "away" (la que luce en los partidos de visitante, fuera del estadio donde habitualmente es anfitrión el equipo del club).

Lanzamiento: Presentación pública o anuncio de los detalles del acontecimiento, programa o patrocinio, específicamente diseñado para hacer publicidad. A menudo, el lanzamiento supone el inicio de un programa de marketing.

Licencia: Derecho a usar los logotipos y terminología de una entidad patrocinada en productos para su venta al por menor. Nota: Aunque los patrocinadores suelen recibir el derecho a incluir las marcas de la entidad patrocinada en los embalajes y en la publicidad de sus productos, los patrocinadores no tienen por qué ser automáticamente licenciatarios.

Licenciatario: Fabricante que ha obtenido una licencia para producir y distribuir merchandising.

Likes (en español, me gusta): El botón de "me gusta" es una característica presente en las redes sociales. Activar "me gusta" se describe como un modo para que los usuarios y seguidores den una retroalimentación positiva y transmitan su agrado a una publicación en redes sociales. Fue activado por primera vez el 9 de febrero de 2009 en facebook.

LinkedIn: Red social y aplicación profesional orientada más a relaciones comerciales y profesionales que a relaciones personales. Por lo tanto, en esta red social la mayoría de los perfiles de usuarios son empresas y profesionales que buscan promocionarse, hacer networking, generar contenido y realizar negocios. Funciona a partir del perfil de cada usuario, que libremente revela su experiencia laboral, estudios, hobbies y habilidades. Además, pone en contacto a millones de empresas y empleados. Fundada en diciembre de 2002 por Reid Hoffman, Allen Blue, Konstantin Guericke, Eric Ly y Jean-Luc Vaillant, fue lanzada en mayo de 2003.

Marca: Representación simbólica e intangible de una entidad, producto, empresa o servicio, incluidos los emblemas y mascotas, que representa visualmente a los mismos. En inglés, brand. En sentido amplio y moderno, el marketing actual es branding: gestionar la marca con concepto más estratégico de una compañía.

Marketing (creación de marca): Actividades de marketing cuyo principal objetivo es comunicar el posicionamiento, la personalidad y los atributos no funcionales de la marca. Incrementar el valor de la marca.

Marketing de causa: Estrategia promocional que vincula la campaña de ventas de una empresa directamente con una organización sin fines de lucro. Por lo general, incluye una oferta del patrocinador de realizar una donación a la causa mediante la compra de su producto o servicio. A diferencia de la filantropía, el dinero invertido en el marketing de causa es un gasto comercial y no una donación, y se espera que produzca un retorno de la inversión. Tiene un tratamiento fiscal diferente a la donación. Ver "Patrocinio".

Marketing de emboscada: Estrategia promocional en la que un no patrocinador intenta aprovechar la popularidad y/o prestigio de una entidad dando la falsa impresión de ser su patrocinador. Suele ser el método empleado por la competencia de los patrocinadores oficiales de una entidad. El término se usó por primera vez en 1988, en un artículo del New York Times, para explicar las actividades de marketing de emboscada de Kodak durante los Juegos Olímpicos de Los Ángeles en 1984.

Marketing de escenario: Estrategia promocional que vincula un patrocinador con un lugar físico (patrocinio de estadios, pabellones, auditorios, circuitos, recintos, etc.).

Marketing deportivo: Estrategia promocional que vincula una empresa al ámbito del deporte (patrocinio de competiciones, equipos, ligas, etc.). En inglés, sport marketing. Ver "Patrocinio".

Marketing Mix: Ver "Cuatro P".

Mascota: Ilustración gráfica de un personaje, normalmente un dibujo, empleada para promocionar la identidad de una entidad patrocinada. Ver "Marca".

Medios (de comunicación): Miembros o herramientas para difundir noticias; terceros imparciales (representantes de la prensa); canales de comunicación para una determinada campaña.

Merchandising con licencia: Bienes producidos por un fabricante (licenciatario) que ha obtenido una licencia para producir y distribuir las marcas oficiales en productos, como prendas de ropa o recuerdos.

Mezcla de marketing: Ver "Cuatro P".

Misión: Objetivo principal de una empresa online con los valores o expectativas de los grupos de interés.

Municipio: Entidad administrativa que agrupa una localidad o varias, y que puede hacer referencia a una ciudad o a un pueblo. El municipio está compuesto por un territorio claramente definido por un término municipal de límites fijados y la población que lo habita, regulada jurídicamente por instrumentos estadísticos como el padrón municipal y mecanismos que otorgan derechos. El municipio está regido por un órgano colegiado denominado ayuntamiento, municipalidad, alcaldía o concejo, encabezado por una institución unipersonal: el intendente o alcalde. Por extensión, también se usa el término municipio para referirse al ayuntamiento o municipalidad en sí. En la mayoría de los Estados modernos, un municipio es la división administrativa más pequeña que posee sus propios dirigentes representativos, elegidos democráticamente.

Objetivos: Metas definidas y mensurables de una empresa para un período determinado.

Objetivos SMART: Objetivos específicos, medibles, obtenibles, realistas y oportunos.

Oferta: Propuesta ofrecida a un posible patrocinador. También denominada propuesta o paquete de beneficios.

Opción de renovación: Derecho contractual a renovar un patrocinio bajo condiciones específicas. Ver "Derecho preferencial".

Paradeporte: Ver "Deporte adaptado".

Paralímpico: Deporte adaptado (o paradeporte) que forma parte de los Juegos Paralímpicos.

Patrocinador: Organización que paga a una entidad por el derecho a promocionarse y promocionar sus productos o servicios en asociación con dicha entidad.

Patrocinador de medios: Canales de televisión, emisoras de radio, medios escritos y empresas de publicidad exterior que ofrecen dinero o, más frecuentemente, espacio o tiempo publicitario a una empresa patrocinada a cambio de una designación oficial.

Patrocinador nominal: Patrocinador que incorpora su nombre al nombre de la entidad patrocinada (por ejemplo, en golf, VISA Open de Argentina).

Patrocinador presentador: Patrocinador que presenta su nombre justo por debajo del de la entidad patrocinada; por ejemplo, "Peugeot presenta el VISA Open de Argentina". En acuerdos de presentación, el nombre del acontecimiento y el nombre del patrocinador no están plenamente integrados, ya que entre ellos siempre aparecen las palabras "presenta" o "presentado por" (o en inglés, "presented by").

Patrocinador primario o premium: Patrocinador que paga la mayor cuota de patrocinio y recibe la identificación más destacada.

Patrocinador único: Empresa que ha pagado una cantidad de más para ser el único patrocinador de una entidad.

Patrocinio: Relación entre un patrocinador y una entidad patrocinada, en la que el patrocinador paga una cantidad en efectivo o en especie a cambio de acceder al potencial comercial explotable asociado con la entidad patrocinada. Forma especializada de promoción de ventas por la que una empresa financia un evento o apoya una aventura comercial para darse mayor conocimiento.

Patrocinio con derecho nominal: Además de los derechos de patrocinio principales, el patrocinador cuenta con su nombre agregado a la entidad. También se conoce como "patrocinio nominal".

Patrocinio negocio a negocio (B2B, Business to Business): Programa que pretende influir en la conciencia/compra empresarial, por oposición a los consumidores individuales, a menudo promovido con programas de hospitalidad.

Plan de patrocinio: Plan detallado que subraya cómo ejecutará e implementará el patrocinio la entidad patrocinada.

Plan de marketing: El documento guía que establece la misión, visión, valores, estrategia, análisis del contexto, análisis interno, objetivos, nivel de inversión, acciones a realizar, responsables, tiempos de ejecución y métodos de control de las actividades de marketing de una empresa, una marca o un producto.

Política de patrocinio (principios de patrocinio): Documento que indica la filosofía y enfoque de una empresa frente al patrocinio. Ver "Directrices de patrocinio".

Posicionamiento: Personalidad de una marca, empresa, entidad patrocinada o acontecimiento. El marketing de marca agresivo, a menudo, se centra en el posicionamiento. Creación de una imagen para una empresa, producto o servicio en la mente de los grupos de interés, tanto específicamente con dicha entidad como en relación con ofertas y organización de la competencia.

Post: Ver "Postear".

Postear: Acción de enviar un mensaje a un grupo de noticias, foro de discusión, como comentario en sitio web o un blog, a una publicación de redes sociales (facebook, Instagram, twitter, etc.). Un mensaje específico es llamado "post" o "posteo" (mensaje, artículo). En su reemplazo se utiliza "publicar" (y al posteo, "publicación").

Primas: Merchandising de recuerdo producido para promocionar la implicación de un patrocinador con una entidad patrocinada (personalizado con los nombres o isologotipos del patrocinador y la entidad patrocinada).

Problemas (gestión de problemas): Asunto no resuelto (listo para ser decidido) o punto de conflicto entre una organización y uno o varios públicos.

Promociones cruzadas: Actividad de marketing conjunta realizada por dos o más copatrocinadores usando la entidad patrocinada como tema central. En líneas generales: cuando dos o más organizaciones crean oportunidades promocionales que benefician a todas las partes. En inglés, cross promotions.

Property (en español, propiedad o bien o posesión): Término utilizado en patrocinios deportivos para identificar la lista de elementos comercializables (propiedades o bienes o posesiones) de un estadio, club, equipo, evento, deportista, entrenador o federación deportiva. Muy utilizado por empresas terceras comercializadoras (ver "Agente comercial").

Propuesta: Oferta de patrocinio realizada por escrito.

Proveedor: Proveedor oficial de bienes o servicios a cambio de un reconocimiento designado. Este nivel está por debajo del de patrocinador oficial y, por consiguiente, sus ventajas son limitadas. Ver "Proveedor oficial".

Proveedor oficial: Patrocinio de nivel bajo en el que el patrocinador ofrece un producto o servicio al acontecimiento de forma gratuita o a un precio muy reducido. En inglés, Official Supplier.

Publicidad estática: Carteles, vallas, mensajes electrónicos, calcomanías, etc., mostrados in situ y que contienen la identificación del patrocinador.

Publicidad estática virtual: Inserción de publicidad estática electrónicamente no presente en el acontecimiento durante una retransmisión televisiva.

Publicidad perimetral: Publicidad estática alrededor del perímetro de un campo o escenario de un acontecimiento, a menudo reservada para los patrocinadores.

Público objetivo (grupo objetivo/target): El público más apropiado para un producto, servicio o acontecimiento particular.

Publirreportaje: Cuando una empresa compra el derecho a colocar material editorial con un objetivo claramente comercial en una publicación o emisión televisiva a cambio de una cuota. Por lo general, debe incluir alguna mención que indique que se trata de un anuncio pagado.

Reach (en español, alcance): Número de personas que tiene contacto con un mensaje. El término se utilizaba originalmente para el alcance de los periódicos, pero en la actualidad es un término comúnmente utilizado en el ámbito online de redes sociales. Número de usuarios que ha visto una publicación en redes sociales.

Red social: Estructura social compuesta por un conjunto de usuarios (individuos, cosas u entidades) que están relacionados de acuerdo con algún criterio (relación profesional, amistad, parentesco, admiración, etc.). Normalmente se representan simbolizando los actores como nodos y las relaciones como líneas que los unen. En pocos años, las redes sociales digitales se han convertido en un fenómeno global: se expanden como sistemas abiertos en constante construcción de sí mismos, al igual que las personas que las utilizan. Son sitios de Internet formados por comunidades de individuos con intereses o actividades en común y que permiten el contacto entre estos, de manera que se puedan comunicar e intercambiar información, gustos y preferencias.

Relaciones con los medios de comunicación: Función o proceso para atraer la atención positiva y obtener la cobertura positiva de los medios de comunicación.

Relación costo-beneficio: Vínculo basado en los precios de mercado para determinar la cantidad que un patrocinador espera por cada dólar invertido en la cuota de patrocinio.

Relaciones públicas: Función o actividad que pretende establecer y proteger la reputación de una empresa o marca y crear un entendimiento mutuo entre la organización y los segmentos del público con los que necesita comunicarse.

Reputación empresarial: Representación colectiva de un individuo de imágenes pasadas de una organización (inducidas por la comunicación o por la experiencia) establecida con el tiempo.

ROI (siglas en inglés de Return On Investment; en español, Retorno sobre la Inversión): Índice económico y financiero que mide y compara el beneficio o la utilidad obtenida en relación a la inversión realizada. Valor económico generado como resultado de la realización de diferentes actividades de marketing. Con este dato, podemos medir el rendimiento que hemos obtenido de una inversión.

Segmentación: Actividad del marketing consistente en dividir el mercado en grupos homogéneos (segmentos) según diferentes variables y perfiles de consumidores.

Smart devices (en español, dispositivo inteligente): Dispositivo electrónico, por lo general conectado a otros dispositivos o redes a través de diferentes protocolos como Bluetooth, NFC, WiFi, 3G, X10, etc., que puede funcionar hasta cierto punto de forma interactiva y autónoma.

Smartphones (en español, teléfonos inteligentes): Tipo de ordenador de bolsillo con las capacidades de un teléfono móvil (llamada telefónica, servicio de mensajes cortos, etc.). Plataforma informática móvil, con mayor capacidad de almacenar datos y realizar actividades simultáneamente, tareas que realiza una computadora y con una mayor conectividad que un teléfono convencional. El término "inteligente", que se utiliza con fines comerciales, hace referencia a la capacidad de usarse como un computador de bolsillo, y reemplaza incluso a una computadora personal, en algunos casos. Los teléfonos inteligentes fueron popularizándose desde finales de la década del 2000, y durante el transcurso de la década siguiente. Los sistemas operativos móviles más utilizados actualmente son Android y iOS. Las marcas de teléfonos más populares son Samsung, Apple iPhone, Huawei y Xiaomi, entre otros. Casi todos los teléfonos inteligentes también permiten al usuario instalar programas adicionales, habitualmente incluso desde terceros, posibilidad que dota a estos teléfonos de muchísimas aplicaciones en diferentes terrenos. Entre otros rasgos comunes está la función multitarea, el acceso a Internet vía WiFi o redes 2G, 3G, 4G, 5G; algunos también cuentan con funciones multimedia (cámara y reproductor de videos/mp3), programas de agenda, administración de contactos, acelerómetro, Bluetooth, GPS y algunos programas de navegación, así como ocasionalmente la habilidad de leer documentos de negocios en variedad de formatos como PDF y documentos ofimáticos. Los smartphones son un tipo de smart device.

Smart TV: Televisor que se caracteriza por la posibilidad de lograr una conexión inalámbrica a una red de Internet, así como la chance de tener aplicaciones instaladas.

Snapchat: Red social y aplicación de mensajería para teléfonos inteligentes con soporte multimedia de imagen, video y filtros de realidad aumentada. Su mayor característica es la mensajería efímera, donde las imágenes y mensajes pueden ser accesibles solo durante un tiempo determinado elegido por los usuarios. Fue creada en 2011 por Evan Spiegel, Bobby Murphy y Reggie Brown, cuando eran estudiantes de la Universidad de Stanford (Estados Unidos). Los videos y fotografías se conocen como Snaps y los usuarios pueden controlar el tiempo durante el que serán visibles, tras lo cual desaparecen de la pantalla del destinatario y son borrados del servidor de Snapchat. La aplicación se encuentra disponible de forma gratuita para iOS y Android, y solo para mayores de 13 años. Actualmente, Snapchat se encuentra entre las aplicaciones más utilizadas a nivel mundial junto con facebook, WhatsApp, twitter, Instagram y TikTok, siendo esta última la red con la que mantiene una fuerte competencia en atraer a un público muy joven denominado millennials.

Sponsor: Ver "Patrocinador".

Sponsorship: Ver "Patrocinio".

Spotify: Aplicación multiplataforma sueca, empleada para la reproducción de música vía streaming. Cuenta con un modelo de negocio premium y un servicio gratuito básico con publicidad. Permite escuchar listas de reproducción creadas por los propios usuarios. El programa se lanzó el 7 de octubre de 2008 al mercado europeo, mientras que su implantación en otros países se realizó a lo largo de 2009. Ha firmado acuerdos con las discográficas Universal Music, Sony BMG, EMI Music, Hollywood Records, Interscope Records y Warner Music, entre otras. En 2019, el servicio cuenta con un total de 217 millones de usuarios activos y 100 millones son usuarios que pagan por el servicio.

Target: Ver "Público objetivo".

Teens (en español, adolescentes): Adolescentes entre 13 y 19 años.

Third kit (tercer kit): Conjunto de indumentaria de juego (ver "Kit"), que se utiliza en partidos y/o competencias especiales de un equipo de un club, generalmente en fútbol. Tiene la particularidad de que la camiseta corresponde a un diseño que no sigue la tradición de colores oficiales o alternativos secundarios de ese club, sino que su objetivo principal es su venta por atractivo o moda casual-deportiva.

TikTok (también conocido como Douyin): Red social y aplicación de medios de iOS y Android para crear y compartir videos cortos. La aplicación permite a los usuarios crear videos musicales de 3 a 15 segundos y clips cortos de 3 a 60 segundos. Propiedad de ByteDance, la aplicación se lanzó como Douyin en China en septiembre de 2016 y se introdujo en el mercado extranjero como TikTok un año después. En 2018, la aplicación ganó popularidad y se convirtió en la aplicación más descargada en los Estados Unidos en octubre de 2018. Está disponible en más de 150 mercados y en 75 idiomas. Tiene más de 500 millones de usuarios en todo el mundo.

Tourism marketing (en español, marketing de turismo): Promoción de una ciudad, localidad, municipio, provincia, estado, país o región. Su objetivo es definir e identificar las tipologías de turistas-objetivo y desarrollar productos y servicios específicos para satisfacerlas y que las personas viajen a esos destinos. A su vez se utiliza para comunicar unas características turísticas determinadas para atraer a un mercado emisor específico. El marketing de destinos es una herramienta muy utilizada en eventos deportivos de relevancia.

Twitter: Plataforma de microblogging, red social y aplicación que permite comunicarse y compartir contenidos (fotos, videos y textos) en tiempo real desde cualquier lugar en el mundo a través de Internet. La palabra twitter, procedente del inglés, es un verbo que significa 'trinar' o 'gorjear', que es el sonido que hacen los pájaros. Twitter fue creado en marzo de 2006 y lanzado al mercado de habla hispana en noviembre de 2009. Actualmente, cuenta con más de 500 millones de usuarios en todo el mundo. Sirve para difundir noticias e informaciones, mantenerse informado del acontecer local o mundial, para comunicarse con otros usuarios, debatir, polemizar, intercambiar puntos de vista, o simplemente para compartir contenidos de interés. Una de las principales características de twitter es la inmediatez. Y otra de ellas, la brevedad, ya que cada publicación solo puede contener 280 caracteres. También realiza transmisiones en vivo de eventos, incluyendo deportivos.

Valor agregado: Suministro de una ventaja no prevista a un patrocinador. La entidad patrocinada lo realiza básicamente para reforzar la relación con el patrocinador y vincularlo durante un período de tiempo más largo.

Valores: Forma correcta de hacer marketing y vivir la vida. Incluye respeto, esfuerzo, sacrificio, espíritu de equipo, solidaridad, compromiso y pasión. Pueden ser aplicados perfectamente a la gestión profesional y al mundo deportivo.

Videojuegos: Juego electrónico en el que una o más personas interactúan por medio de un controlador, con un dispositivo que muestra imágenes de video. Este dispositivo electrónico, conocido genéricamente como plataforma, puede ser una computadora, una videoconsola o un dispositivo móvil, como por ejemplo un smartphone o tablet.

WE ARE SPORTS: Empresa de marketing deportivo con foco en patrocinios deportivos, culturales y de entretenimiento de eventos, federaciones, deportistas y ex deportistas, entrenadores, celebridades, talentos, estadios, equipos y clubes, tanto como consultoría en sports marketing, marketing y branding. Guillermo Ricaldoni, autor del presente libro, es uno de los socios fundadores y director.

YouTube: Sitio web y aplicación para compartir videos publicados por los usuarios a través de Internet. Por lo tanto, es un servicio de alojamiento de videos. El término proviene del Inglés "you", que significa tú y "tube", que significa tubo, canal, pero se utiliza en argot como "televisión". Por lo tanto, el significado del término YouTube podría ser "tú transmites" o "canal hecho por ti". La idea es idéntica a la televisión, donde hay varios canales disponibles. La diferencia es que los canales son creados por los usuarios, donde pueden compartir vídeos sobre diversos temas de manera sencilla. En YouTube, los videos están disponibles para cualquier persona que quiera verlos. También se puede añadir comentarios sobre cada video. Esta aplicación también aloja una gran cantidad de películas, documentales, videos musicales y videos caseros, además de transmisiones en vivo de eventos. La popularidad alcanzada por algunos videos caseros lleva a las personas desconocidas a convertirse en famosas, que se consideran "celebridades instantáneas". También realiza transmisiones en vivo de eventos, incluyendo deportivos. El sitio web fue fundado en febrero de 2005 por Chad Hurley, Steve Chen y Jawed Karim. En octubre de 2006, la empresa Google Inc. compró YouTube por 1.650 millones de dólares.

Youtuber: Usuario y creador de contenido famoso y masivo de YouTube. Creador y gestor de contenido audiovisual que usa YouTube como su plataforma de comunicación. Los youtubers con los mayores números de suscriptores son considerados influencers. Es decir, personas que ejercen influencia en la opinión pública y, consecuentemente, en el mercado. El mayor rango de influencia que tienen los youtubers recae sobre la llamada Generación Z y los millennials.

Sobre el autor

Guillermo Ricaldoni

Nació en 1972. Está casado con Celeste Colángelo y es padre de Martina y Joaquina. Licenciado en Administración (1995), especializado en Marketing (1995) y postgraduado en Psicología y Marketing (1996) en la Universidad de Buenos Aires (Argentina, se ha graduado y postgraduado con honores).

Ha ocupado posiciones corporativas en Eg3-Grupo Repsol (Jefe de Marketing). PROSEGUR (Gerente de Marketing y Comunicaciones para América Latina), la Asociación de Clubes de Básquetbol (Gerente de Marketing y Prensa de la Liga Nacional de Básquet Argentina) e IMG (Marketing & Commercial Director), donde realiza funciones de marketing, comunicaciones, branding, imagen de marca y patrocinios culturales y deportivos.

Desde 2004 es profesor y coordinador del Módulo de Marketing, del Postgrado "Managment del Deporte" en la Universidad Católica Argentina que forma parte de la Red Universitaria Internacional FIFA/CIES. También ha brindado conferencias sobre Sports Marketing, Sponsorship y Valor de Marca Deportiva en Conexión Fútbol el 1er Seminario Internacional de Fútbol, en el Centro de Managers Deportivos, ESEADE, en la Universidad de Buenos Aires, en la Universidad de Palermo, y en el Círculo de Periodistas Deportivos (Buenos Aires, Argentina). En la Universidad de Costa Rica (San José, Costa Rica), en la Fundación CAFAM (Bogotá, Colombia), en la Universidad Metropolitana (Caracas, Venezuela), en el Comité Olímpico Venezolano (Caracas, Venezuela), en la Universidad Santo Tomás en la sede del Comité Olímpico Chileno (Santiago, Chile), en la Expo Fútbol F11 (Santiago, Chile), en la Fundaçâo Getulio Vargas (San Pablo, Brasil) y en la Universidad de San Martín de Porres (Lima, Perú).

Fue ganador del Premio Mercurio en la categoría "Industria del Deporte" y del Gran Premio Mercurio de Plata 2005 a la excelencia profesional, otorgado por la Asociación Argentina de Marketing por el caso "Reposicionamiento de la Liga Nacional de Básquet".

Fuentes y referencias

Bibliografía y otros elementos de consulta.

Libro "La pasión deportiva del marketing", por Guillermo Ricaldoni (2013, Editorial LIBROFUTBOL.com).

Sitio de UNICEF (unicef.org).

Sitio y newsletter digital "Analítica Sports, innovación y deporte en Latinoamérica", dedicado a la divulgación de la innovación y la tecnología en el deporte.

Artículo del sitio "El orden mundial del Siglo XXI", por David Hernández (2018).

"Manifiesto por la Igualdad y la Participación de la Mujer en el Deporte", portal del Consejo Superior de Deportes (csd.gob.es).

Libro "Elección con el tiempo" de Jon Elster y George Freud Loewenstein ("Choice over time", New York, Russell Sage Foundation; 1993).

Actas del Simposio Europeo del Deporte (Madrid, España; 2010).

Diferentes notas periodísticas del diario Clarín en su sección Deportiva (Argentina).

Diferentes notas periodísticas del diario LA NACIÓN en su sección Comunidad de Negocios y en su sección Deportiva (Argentina).

Diferentes notas periodísticas del diario deportivo Olé (Argentina).

Diferentes notas periodísticas del diario EL DÍA (Argentina).

Diferentes notas periodísticas del diario La Voz del Interior (Argentina).

Sitio Impulso Digital del diario El Mundo (España).

Diferentes notas periodísticas del diario El País (España).

Diferentes notas periodísticas del diario deportivo MARCA (España).

Diferentes notas periodísticas del diario deportivo AS (España).

Diferentes notas periodísticas del diario El Cronista (Argentina).

Diferentes notas periodísticas del sitio Urgente 24 (Argentina).

Revista Forbes.

Sitio LEXLATIN.com.

Blog Mujer y Deporte.

Site 90min.com.

Revista EF Deportes.

El Debate Hoy.

Palco23.com

Retina El País.com

Syltek.com.

Beplusports.com.
Sitio Oro y Finanzas.
Blog The Modern Kids & Family (España).
Revista Retailing (España).
Sitio PuroMarketing (Marketing, Publicidad, Negocios y Social Media en español).
Web Asociación Argentina de Golf.
Web de la Asociación Argentina de Polo.
Web de la Asociación de Cricket Argentina.
Web de la Asociación del Fútbol Argentino.
Web de la Superliga Argentina de Fútbol.
Web de la Confederación Argentina de Hockey.
Web de la Confederación Argentina de Deportes Acuáticos.
Web de la Liga de Videojuegos Profesional.
Web de la Liga Nacional de Básquet (Argentina).
Web de la Unión Argentina de Rugby.
Web de la World Rugby.
Web de la Federación Internacional del Fútbol Asociado (FIFA).
Web del Club Atlético Boca Juniors (Argentina).
Web de Racing Club (Argentina).
Web del Club Universidad Católica /Cruzados (Chile).
Web del Club Atlético Peñarol (Uruguay).
Web del Clube de Regatas do Flamengo (Brasil).
Web del Club Sporting Cristal (Perú).
Web del Deportivo Cali (Colombia).
Web de los Juegos Olímpicos (olympic.org).
Web de los Juegos Panamericanos y Parapanamericanos Lima 2019.
Web de los Juegos Olímpicos de la Juventud Buenos Aires 2018.
Contenido de redes sociales LinkedIn, twitter, facebook, Pinterest, YouTube, airbnb e Instagram.
Sitio de IEBS (Innovation & Entrepreneurship Business School, España).
Sitio Start Up Green.
Sitio World Wide Carbon LLC.
Sitio empresa Control Comercial (Argentina).
Sitio Gestion.org.
Sitio Mglobal Marketing Razonable (España).
Sitio Revitaliza Consultores (México).
Sitio Verdes Digitales (España).
Referencias de Wikipedia.
Y los lugares de consulta y referencia mencionados en este libro.

"No se acaba hasta que se acaba".
Yogi Berra

www.ingramcontent.com/pod-product-compliance
Ingram Content Group UK Ltd.
Pitfield, Milton Keynes, MK11 3LW, UK
UKHW021710190726
13853UKWH00001B/486